Andreas Redtenbacher (Hg.)
Liturgie lernen und leben – zwischen Tradition und Innovation

**PIUS-PARSCH-STUDIEN**
Quellen und Forschungen zur Liturgischen Bewegung
Band 12

Herausgegeben von Andreas Redtenbacher

In Verbindung mit
Univ.-Prof. Dr. Harald Buchinger, Regensburg
Univ.-Prof. Dr. Hans-Jürgen Feulner, Wien
Univ.-Prof. Dr. Ansgar Franz, Mainz
Univ.-Prof. Dr. Basilius Groen, Graz
Univ.-Prof. em. Dr. Andreas Heinz, Trier
Univ.-Prof. Dr. Birgit Jeggle-Merz, Chur/Luzern
Univ.-Prof. Dr. Reinhard Meßner, Innsbruck
Univ.-Prof. em. Dr. Rudolf Pacik, Salzburg

sowie
Abtprimas Bernhard Backovsky CanReg, Klosterneuburg
Apostolischer Protonotar Dr. Rudolf Schwarzenberger, Wien
P. Mag. Winfried Bachler OSB, Salzburg

Andreas Redtenbacher (Hg.)

# Liturgie lernen und leben – zwischen Tradition und Innovation
## Pius Parsch Symposion 2014

FREIBURG · BASEL · WIEN

Der Herausgeber bedankt sich bei folgenden Institutionen
für die Unterstützung dieses Bandes:

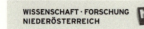

**Liturgiewissenschaftliche Gesellschaft
Klosternenburg e. V.**

MIX
Papier aus verantwor-
tungsvollen Quellen
FSC® C106847

© Verlag Herder GmbH, Freiburg im Breisgau 2015
Alle Rechte vorbehalten
www.herder.de
Umschlaggestaltung: Verlag Herder GmbH
Satz: Claudia Wild, Konstanz
Herstellung: fgb · freiburger graphische Betriebe
Printed in Germany
ISBN 978-3-451-31586-2

# Inhalt

Vorwort .................................................... 9

*Andreas Redtenbacher*
**Hinführung: Pius Parsch und die Liturgie –
60 Jahre nach seinem Tod** ................................ 12

## HAUPTVORTRÄGE

*Andrea Grillo*
**Der Beitrag Pius Parschs zum theologischen und pastoralen
Ansatz der Konstitution „Sacrosanctum Concilium"** .......... 21

*Benedikt Kranemann*
**Religiöser Pluralismus als Herausforderung der Liturgie.
Eine Relecture der Liturgiekonstitution** .................... 41

*Winfried Haunerland*
**Hermeneutik der Reform. Eine päpstliche Mahnung
und ihr liturgisches Potential** ............................. 60

*Cornelius Roth*
**Theologie der Liturgie und/oder liturgische Theologie?
Pius Parsch und sein Standort innerhalb der Liturgietheologie** .. 81

*Rudolf Pacik*
**Die Enzyklika „Mediator Dei" als Anstoß für Pius Parsch** ..... 98

*Joachim Schmiedl*
**Liturgie und Alltag bei Pius Parsch, dem Leipziger
Oratorium und Joseph Kentenich** ........................... 121

*Erwin Mateja*
**Die Liturgische Bewegung in Schlesien** .................... 132

Inhalt

*Hanna-Barbara Gerl-Falkovitz*
**Heiliges Spiel. Zur Anthropologie der Liturgie** .............. 147

*Jürgen Bärsch*
**Fronleichnam – Ein mittelalterliches Fest im Spiegel
der volksliturgischen Erneuerung des 20. Jahrhunderts** ....... 160

*Stefan Böntert*
**Überzeugend, inhaltsreich und mitreißend. Beobachtungen
in den USA zur Predigt im Gottesdienst** .................... 180

*Philipp Harnoncourt*
**Das „Klosterneuburger Ereignis" am 8. Oktober 1954
und seine Folgen. Ein kommentierter Zeitzeugenbericht** ...... 200

*Reinhard Meßner*
**Theologische Ansätze bei Pius Parsch
(Editorischer Hinweis)** .................................. 218

*Benedikt Kranemann*
**Die bekannte/unbekannte Liturgische Bewegung.
Ein Ausblick** ........................................... 219

## KURZVORTRÄGE

*Anton W. Höslinger*
**Bibel und Liturgie** ...................................... 225

*Peter Planyavsky*
**Eine schicksalhafte Konstellation. Klosterneuburg,
die Kirchenmusik und Pius Parsch** ........................ 235

*Sabine Maurer*
**Pius Parsch und die evangelische Theologin Olga
Lau-Tugemann. Konkrete Ökumene in den 1930er Jahren?** .... 256

*Lea Herberg*
**Zeitdiagnose und Liturgie bei Romano Guardini (1885–1968)** .. 274

*Christoph Freilinger*
**Bischof Josef Calasanctius Fließers ‚Epistola de actione liturgica' (1944/1948)** .................................... 289

*Florian Kluger*
**Liturgische Bildung zwischen katechetischem Hausbuch und pfarrlicher Kirchenzeitung. Überlegungen zu Eucharistie und Kommunion bei P. Nicolaus Cusanus SJ (1574–1636) und Pastor Konrad Jakobs (1874–1931)** ................... 303

*Michael P. K. Okyerefo*
**Angst oder Innovation. Die Prägung der katholischen Liturgie durch Pfingstgemeinden in Ghana** ................. 326

## HOMILIE ZUM FESTGOTTESDIENST IN ST. GERTRUD

*Philipp Harnoncourt*
**Die Verklärung Jesu (Mt 17,1–9). Homilie am Zweiten Sonntag der Fastenzeit** ................................. 339

**Autorinnen und Autoren des Bandes** ..................... 343

# Vorwort

Drei bemerkenswerte Gedenkdaten waren Anlass genug für ein international ausgerichtetes liturgiewissenschaftliches Symposion in Klosterneuburg/Wien mit dem Thema: „Liturgie lernen und leben – zwischen Tradition und Innovation. Pius-Parsch-Symposion 2014".

- Zum einen feierten die Augustiner Chorherren mit der 1114 erfolgten Grundsteinlegung ihrer Stiftskirche zugleich die Gründung ihres Hauses vor 900 Jahren.
- Vor genau 60 Jahren verstarb ihr wohl prominentestes und in aller Welt bekanntes Mitglied Prof. Dr. Pius Parsch.
- Vor 50 Jahren wurde die epochemachende Liturgiekonstitution des Zweiten Vatikanischen Konzils „Sacrosanctum Concilium" promulgiert, zu deren Vorgeschichte unumstößlich das Lebenswerk von Pius Parsch gehört.

Das chronologisch bedingte Zusammentreffen der drei bedeutenden Anniversarien muss als providenziell bezeichnet werden. Auf dem Hintergrund der 900-jährigen Geschichte des Chorherrenstiftes Klosterneuburg bekommt die „Volksliturgische Bewegung" von Pius Parsch, die auf dem Zweiten Vatikanischen Konzil und in der darauffolgenden Liturgiereform international reiche Früchte trug, besondere Leuchtkraft und eine historische Tiefendimension: die Liturgische Bewegung des 19. und 20. Jahrhunderts mit ihrer zweiten Etappe der „Volksliturgischen Bewegung" entspricht genuin dem Charisma der Augustiner Chorherren, die sich als „Priestergemeinschaft für den Dienst am Volk Gottes" (Konstitutionen Nr. 1) verstehen. Seit 900 Jahren ist das Stift als herausragende Stätte gelebter Liturgie und Pastoral, der theologischen Arbeit und der Kirchenreform eine „europäische Adresse" (Zit. Bischof Kapellari) und erlebte im Wirken von Pius Parsch weltweite Ausstrahlung. Kardinal Joseph Ratzinger (später Papst Benedikt XVI.) schrieb 2004: „Man macht sich heute kaum noch eine Vorstellung von der Bedeutung, die die Werke von Parsch in den 20er bis 40er Jahren hatten; sie hatten entscheidend das liturgische Bewusstsein der Kirche geformt" (Brief, Archiv des Pius-Parsch-Instituts). Kardinal Franz König berichtete, dass die überwältigende Mehrheit der Konzilsväter Werke von Pius Parsch aus eigener Lektüre kannten, waren sie doch in 17 Sprachen übersetzt worden. Die Reformimpulse von Parsch sind 50 Jahre nach der Promulgation von

„Sacrosanctum Concilium" immer noch nicht voll ausgeschöpft. Heute stehen Liturgie und Liturgiewissenschaft vor Herausforderungen, die dringend eine neue Auseinandersetzung mit den Grundfragen der Liturgiereform und der Liturgiekonstitution nötig machen, deren Hermeneutik auf die großen Meister der Liturgischen Bewegung angewiesen ist. In den 10 Jahren seit dem ersten Pius Parsch Symposion 2004 konnte die Parsch-Forschung dafür einige Bausteine liefern. Seither wurde je länger je mehr bewusst, dass Parsch mehr war, als nur „Textheft-Produzent" im Sinne des Popularisierens der Liturgischen Bewegung – er war eminent auch Theologe. Dies weiter aufzuschließen und fruchtbar zu machen, seine Reformimpulse mit der Liturgiekonstitution des Konzils, vor allem aber mit der gegenwärtigen Situation von Liturgie und Kirche in einer weithin säkularisierten Gesellschaft zu konfrontieren, war die erklärte Absicht des Symposions 2014.

Die Veranstaltung wurde gemeinsam ausgerichtet vom „Pius-Parsch-Institut für Liturgiewissenschaft und Sakramententheologie", der Sektion Österreich der Arbeitsgemeinschaft katholischer Liturgiewissenschafler/innen und dem „Österreichischen Liturgischen Institut". Als Hausherr eröffnete Abtprimas Propst Bernhard Backovsky CanReg das Symposion. Der Apostolische Nuntius in Österreich, Erzbischof Dr. Peter Stephan Zurbriggen hatte ein ausführliches Grußwort an die Teilnehmer des Symposion übermittelt, neben anderen Bischöfen ließ auch der Erzbischof von Wien, Kardinal Christoph Schönborn mündlich Wünsche übermitteln. Insgesamt stellten sich in den folgenden Tagen etwa 100 Referenten, Teilnehmer und Tagesgäste aus dem In- und Ausland dem Thema und konnten im anlassbezogen generalrenovierten Ambiente des Stiftes Kultur und Gastfreundschaft genießen. Am letzten Tag feierte der Abtprimas mit den Teilnehmern die Sonntagseucharistie an der „Wiege der Volksliturgischen Bewegung" in St. Gertrud, es predigte der Altmeister der österreichischen Liturgiewissenschaft, em. Univ. Prof. Prälat Dr. Philipp Harnoncourt.

Inzwischen erschienen in etlichen Periodika mehr oder weniger ausführliche Berichte über das Symposion[1]. Der vorliegende Band dokumentiert

---

1  *L. Herberg*, Eine neue Geschichte der Liturgischen Bewegung. Pius Parsch und der Aufbruch der Kirche am Anfang des 20. Jahrhunderts, Gottesdienst 48 (2014) 89–91; *M. Schneiders*, Liturgie lernen und leben. Bericht vom 2. Internationalen Pius-Parsch-Symposion 2014, in: HlD 68 (2014) 90–93; *U. Buhlmann*, Wegbereiter der Liturgiereform. Symposion zum 60. Todestag des Augustiner Chorherrn Pius Parsch in Klosterneuburg, in: Tagespost vom 22. März 2014; *A. Redtenbacher/M. Schneiders*, „Gedächt-

vollständig die Beiträge aller Referenten der Tagung und stellt zugleich einen wichtigen Baustein für die weitere liturgiewissenschaftliche Forschung über Pius Parsch und seine Rezeption dar.

Klosterneuburg, 1. September 2014 *Andreas Redtenbacher*

---

nis im Gedenkjahr" – der 60. Todestag von Pius Parsch im 900. Jubiläumsjahr des Stiftes Klosterneuburg, in: Jahrbuch der Österreichischen Augustiner Chorherren-Kongregation [In Unum Congregati], 62 (2015), im Druck; *A. Holmes*, Das Pius-Parsch-Symposion 2014, in BiLi 87 (2014) 322f.

# Hinführung: Pius Parsch und die Liturgie – 60 Jahre nach seinem Tod

*Andreas Redtenbacher*

1. Vor genau 50 Jahren war in der Tagesausgabe der „Kathpress" vom 9. März 1964 zu lesen: „Es ist gewiss ein Zufall, dass die Liturgiereform zeitlich fast genau mit dem zehnten Todestag des großen Erneuerers der Liturgie, des Augustiner Chorherren Pius Parsch, zusammengefallen ist, aber es ist ein bedeutender Zufall. Nicht umsonst wurde der Name Pius Parsch in verschiedenen Sessionen des Konzils genannt, und die Beschlüsse der Konzilsväter entsprechen fast zur Gänze seinen Bemühungen. [...] Die Saat, die der Klosterneuburger Augustiner Chorherr Pius Parsch als Pionier der liturgischen Erneuerung in der katholischen Kirche gestreut hat, ist aufgegangen! Sie wird in dem vom Konzil begünstigten Klima der Erneuerung in der Katholischen Kirche reiche Frucht tragen." Chefredakteur von „Kathpress" war damals Dr. Richard Barta, ein enger Weggefährte des großen Kardinals und Konzilsvaters Franz König. Er bestätigte später aus seiner persönlichen Erinnerung: Die überwältigende Mehrheit der Konzilsväter kannte die Werke Parschs aus eigener Lektüre, waren sie doch in 17 Weltsprachen übersetzt. Offensichtlich war das Konzil mit seiner Liturgiekonstitution ohne Parsch nicht denkbar.

2. Es verwundert daher immer noch, dass es um Parsch etwa ein weiteres Jahrzehnt später auffällig still wurde – er verschwand fast völlig aus dem Bewusstsein, und bis auf ganz wenige Ausnahmen auch aus der liturgiewissenschaftlichen Literatur. Man unterstellte Parsch nämlich bald, dass er[1]:

(a) mit den in seinem „Volksliturgischen Apostolat" in Auflagenhöhen von mehr als 30 Millionen erschienenen liturgischen Behelfen zwar höchst verdienstvoll, aber über das Niveau des bloßen Textheftproduzenten nicht wesentlich hinausgekommen sei;

(b) dass er dort, wo er sich in Aufsätzen und Büchern liturgischen Grundsatzfragen stellte, der zwar erfolgreiche Popularisierer der

---

1 Im Folgenden halte ich mich eng an meine Ausführungen in: Der Einfluss von Pius Parsch in der Liturgiekonstitution des II. Vatikanischen Konzils, in: HlD 67 (2013) 230–245, hier: 233 f. Vgl. unten die Anm. 9 und 10.

Anliegen der Liturgischen Bewegung sei, aber ohne wirklich eigene oder gar eigenständige theologische Relevanz;
(c) mit dem Konzil bereits erledigt und sogar überboten worden sei – eine Befassung mit ihm sei daher nicht mehr aktuell und zeitgemäß.
3. Der Versuch, ihn *theologisch* auszuwerten, fand lange Zeit nicht statt: theologisches Denken sprach man ihm mehr oder weniger ab. Erst gegen Ende der 70er Jahre wurde Parsch zaghaft Gegenstand einer expliziten liturgiewissenschaftlichen Befassung, noch 1979 beklagte diesen Mangel Norbert Höslinger in seinem Buch „Mit sanfter Zähigkeit"[2]. Soweit ich sehe, hatte Theodor Maas-Ewerd ihn als erster – aber auch eher historisch – berührt[3], die erste Monographie verfasste Rudolf Pacik als Dissertation bei Johannes Emminghaus über den Gesang bei Parsch[4]. Bisher war Parsch – wo es denn überhaupt geschah – vornehmlich unter historischen und liturgisch-praktischen Perspektiven bearbeitet worden. Erst in den 1980er Jahren setzte zaghaft eine theologische Auswertung ein, die in der Reihe der „Pius-Parsch-Studien" zum Teil dokumentiert ist[5].
4. Zum 50. Todestag von Parsch wurde daher 2004 erstmals ein größeres Symposion über die „liturgiewissenschaftliche Rezeption von Pius Parsch" organisiert[6], das versucht hat, die vorhandenen Ergebnisse zu fokussieren und Parsch auf dieser Basis neu einzuordnen. Das damalige Symposion brachte als wichtiges Ergebnis, dass Parsch ohne ein eigenes theologisches Fundament kaum den enormen Einfluss hätte haben können, den er tatsächlich ausgeübt hatte. Je länger je mehr wurde auch klar, dass sich – vor allem auch angesichts einer angemessenen Hermeneutik der Liturgiekonstitution und in der Folge der

---

2 N. Höslinger, Vorwort, in: ders./Th. Maas-Ewerd (Hg.), Mit sanfter Zähigkeit. Pius Parsch und die biblisch-liturgische Erneuerung (SPPI 4), Klosterneuburg 1979, 8 und: N. Höslinger, Der Prophet ist nicht verstummt. Gedanken anlässlich des 100. Geburtstages von Pius Parsch, in: BiLi 57 (1984) 4–9.
3 Th. Maas-Ewerd, Liturgie und Pfarrei. Der Einfluss der Liturgischen Erneuerung auf Leben und Verständnis der Pfarrei im deutschen Sprachgebiet (theol. Diss. 1969), Paderborn 1969, 1967.
4 R. Pacik, Volksgesang im Gottesdienst. Der Gesang bei der Messe in der Liturgischen Bewegung von Klosterneuburg (theol. Diss. 1974, überarbeitet als SPPI 2), Klosterneuburg 1977.
5 Pius-Parsch-Studien. Quellen und Studien zur Liturgischen Bewegung (PPSt), Bde. 1–10, Würzburg 2004 ff.; Bde. 11 und 12, Freiburg im Br. 2015 ff.
6 W. Bachler/R. Pacik/A. Redtenbacher (Hg.), Pius Parsch in der liturgiewissenschaftlichen Rezeption. Klosterneuburger Symposion 2004 (PPSt 3), Würzburg 2005.

Fortschreibung der Liturgischen Bewegung – als gegenwärtig notwendige Aufgabe stellt, die Theologie der Liturgie bei Pius Parsch zu erheben und aus seinem Gesamtwerk gleichsam „herauszubuchstabieren". Erstaunlicher Weise war es gerade Joseph Ratzinger, der 2004 feststellte: „Man macht sich heute kaum noch eine Vorstellung von der Bedeutung, die die Werke von Pius Parsch in den 20er bis 40er Jahren hatten: sie hatten entscheidend das liturgische Bewusstsein der ganzen Kirche geformt!"[7] Das wäre – aus bloß seelsorglichem Elan und ohne eigenständige Theologie – nicht möglich. Schon Damasus Zähringer, der Erzabt der Benediktinerabtei Beuron und Zeitzeuge sprach angesichts des Todes von Pius Parsch 1954 von *„nicht weiter ableitbaren Ursprünglichkeit"* bei Parsch[8]. Diese hat es sonst wo in der Liturgischen Bewegung nicht gegeben.

5. Am „Symposium Vindobonense II", das vom Institut für Liturgiewissenschaft und Sakramententheologie der Kath. Theol. Fakultät der Universität Wien am 15. November 2013 ausgerichtet wurde, hatte ich versucht, den gegenwärtigen Forschungsstand und die aktuelle Relevanz von Parsch zusammenzufassen. Ich darf Sie auf diesen Beitrag verweisen[9]. Nur auf eines möchte ist auch hier hinweisen: die Theologie, die Parsch in seinem Werk vertreten hatte, beruhte auf einigen wesentlichen und markanten Quellen. Sie in einer Zusammenschau zu sehen und daraus eine genuine „Theologie der Liturgie" bei Parsch zu entfalten, ist m. E. das wichtigste Forschungsdesiderat, das in absehbarer Zukunft zu leisten wäre. Ihre Synthese ergäbe vermutlich auch Überraschungen. Vorrangig geht es dabei um folgende Bezüge[10]:

(a) *Paulus:* Die biblische Theologie des Apostels Paulus ist für ihn entscheidend. Die entsprechenden Stichworte sind: die Leib-Christi-Theologie und die daraus resultierende Ekklesiologie, die Kreuzes- und Auferstehungstheologie, die betonte Christozentrik und

---

7   Brief im Archiv des Pius-Parsch-Instituts Klosterneuburg.
8   Hier zit.: Th. Maas-Ewerd, Pius Parsch und die Liturgische Bewegung im deutschen Sprachgebiet, in: N. Höslinger/ders. (Hg.), Mit sanfter Zähigkeit 79–119, hier 111.
9   Veröffentlicht in: HlD 67 (2013) 230–245, sowie in: A. Redtenbacher (Hg.), Neue Beiträge zur Pius-Parsch-Forschung (PPSt 8), Würzburg 2014, 9–28. Ein Sonderdruck der schriftlichen Fassung des Referates lag den Teilnehmern des Pius-Parsch-Symposions 2014 vor.
10  Im Folgenden halte ich mich großteils wörtlich an die in Anm. 9 angegebene Veröffentlichung, dort finden sich die entsprechenden wiss. Verweisangaben.

Christusmystik des Paulus. Parsch gewinnt sie vorrangig schon aus dem Thema seiner Dissertation: „Die Bedeutung des Kreuzestodes Jesu Christi nach s. Paulus".

(b) *„L'anné liturgique"* von *Prosper Guéranger,* das große Werk des Gründerabtes der liturgischen Reformabtei Solesmes. Die intensive Befassung mit dem Kirchenjahr bleibt für ihn lebenslang grundlegend. Sein eigenes und meist verbreitetes Werk „Das Jahr des Heiles" mit 17 Auflagen wäre ohne diese Befassung undenkbar. Er versteht das liturgische Jahr von innen her: als Entfaltung des ganzen Heilsmysteriums, als sakramentale Größe und als Jahr der Gnade in der wirkmächtigen Gegenwart Christi.

(c) *Die Gnadenlehre bei Matthias Scheeben,* des damals einflussreichen Systematikers. Sie wird zum Fundament seines gesamten Liturgieverständnisses. Liturgie wird in der Folge für Parsch zum Gnadenhandeln Christi, das Leben vermittelt, zum Ausdruck der ursprünglichen und „objektiven Gnadenfrömmigkeit" der Kirche im Gegensatz zur überkommenen und unbiblischen „subjektiven Gebots- und Werkfrömmigkeit". Die Gemeinde wird zu einer Größe von theologischer Dignität, zum konkreten Leib Christi, durchflutet durch das Leben der Gnade, das in ihr waltet und das sie eint. Hier leuchtet zugleich auch ein starker *augustinischer Akzent* durch, dem weiter nachzugehen wäre.

(d) *Pastorale Ansätze:* Sie bezieht Parsch nicht nur aus den eigenen lebensgeschichtlichen Erfahrungen, sondern auch aus dem 1909 erschienenen bahnbrechenden Standardwerk *„Großstadtseelsorge"* des bekannten Pastoraltheologen *Heinrich Swoboda* aus Wien. Das Ziel von Seelsorge und Liturgie ist für Parsch demnach nicht mehr die numerische Rekrutierung von Dominikanten oder die damals übliche kirchliche Versorgung organisierter Vereine, sondern dass die Menschen „Leben haben und es in Fülle haben".

(e) *Maria Laach:* Schließlich bezeichnet er sich selbst als „Schüler Maria Laachs" mit Abt *Ildefons Herwegen* und *Odo Casels* Mysterientheologie. Aber: Die benediktinische und akademisch ausgerichtete Linie der Liturgischen Bewegung erfüllt ihm zuwenig den eigentlichen Sinn der Liturgie, weil sie das Volk Gottes in den Kern der Feier nicht wirklich hinein nimmt. Er begründet daher in Klosterneuburg den zweiten großen Zweig der Reformbewegung und nennt ihn in dezidierter Abhebung die „Volksliturgische Bewegung".

6. Für eine aus diesen Quellenbausteinen erst noch zu erarbeitende Synthese sind aber schon jetzt die folgenden Leitlinien sichtbar:

    *(a) Heilsgeschichtliche Schau der Liturgie: Bibel u n d Liturgie*
    Von Anfang an hatte Parsch nicht nur die Liturgie, sondern auch die Bibel als primäre Quelle des Glaubens und der Theologie im Blick. Denn wenn die Liturgie feiert, was die Bibel als Heilsgeschichte verkündet, können beide aufeinander nicht verzichten. Denn in der Feier verdichtet und kristallisiert sich der biblische Glaube und das Heilshandeln Christi setzt sich hier fort. Liturgie feiert folglich nicht nur die in der Bibel zum Buch geronnene Heilsgeschichte, sondern setzt sie ins Heute fort. Das alles war Parsch mehr bewusst als anderen Vertretern der Liturgischen Bewegung und die Liturgiekonstitution ist fundamental und zugleich sehr konkret von diesen Anliegen geprägt.

    *(b) Der Begriff „Volksliturgie"*
    Parsch ist sich bewusst, dass dieser von ihm in Anspruch genommene Begriff eine Tautologie darstellt. Liturgie ist ja immer schon „leiton ergon", Werk für und mit dem Volk, daher nichts Privates. Parsch behält den Begriff mangels eines besseren Ausdrucks im Deutschen bei, um zu betonen, dass Liturgie nie ein von der Gemeinde abgehobenes Schauspiel sein kann, das nur den Klerus angeht, weil dies dem Wesen der Liturgie selbst widerspricht. Gott ruft sein Volk zusammen und handelt an der Gemeinde der Getauften, die seinem priesterlichen und königlichen Volk zugehören. Jeder einzelne bringt sich selbst mit dem Haupt verbunden dem Vater als „Opfer" dar. Das geht alle an und kann nicht an den Klerus delegiert werden. „Volksliturgie" findet ihr theologisches Fundament in der Leib-Christi-Ekklesiologie und im gemeinsamen Priestertum aller Getauften. Mehr als den ersten Zweig der Liturgischen Bewegung prägen diese Theologumena den von Parsch begründeten zweiten Zweig der „Volksliturgischen Bewegung". Sie sind voll und ganz in den Konzilstext eingegangen.

    *(c) Actuosa participatio: theologisches Existential des Liturgiebegriffs*
    Das ganze Volk wird also in das „Celebrare" des liturgischen Vollzuges hineingenommen. Es ist nun nicht mehr bloß anwesend und zusehend oder übt sich nicht mehr neben dem offiziellen Ritus in Privatgebeten oder Messandachten, sondern es feiert selbst die Feier – freilich unter der notwendigen Leitung eines Vorstehers. Damit ist Parsch in den Kern des Liturgiebegriffes und in die theologische Mitte des liturgischen Vollzuges vorge-

drungen. Denn „actuosa participatio" ist ja nicht ein bloß äußerer oder ritueller Vorgang, bei dem pädagogisierend für möglichst alle eine aktivistische Beschäftigung gesucht wird, sondern sie ist der leibhaft-sakramentale Ausdruck und Vollzug des gnadenhaften Lebensaustausches, den Gott selbst durch die Feier in seiner Heilsinitiative stiftet, also Teilnahme am Leben Gottes selbst. Ihre Elemente sind daher bekanntlich nicht zusätzlich schmückendes Beiwerk, sondern sind selbst der liturgische Vollzug. Darum muss „actuosa participatio" als *theologisches Existential des Liturgiebegriffes* bezeichnet werden, ohne das es keine Liturgie gibt. Parsch hat dies wie kein anderer erkannt, er unterscheidet sich zwar nicht im Grundsatz des Gedankens, aber in der unbeirrten theologischen Konsequenz von anderen Vertretern der Liturgischen Bewegung. Das Konzil hat ihn voll bestätigt, indem es vorrangig diese volksliturgische Linie der Bewegung in die Liturgiekonstitution hat eingehen lassen. Das Anliegen der „Aktiven Teilnahme" aller an der Feier war Parschs alles bestimmendes Credo – und dieser Begriff wurde dann auch der Schlüssel und der „Cantusfirmus-Begriff" des Konzilstextes.

*(d) Erneuerung der Kirche aus der Kraft der Liturgie*
Ein solches Liturgieverständnis bedeutete nicht nur für den Gottesdienst eine – wenn auch auf Basis der Tradition erfolgte – sichtbare Wende. Zu groß sind nämlich die impliziten und expliziten theologischen Konnotationen dieses Liturgiebegriffes, auf denen er aufbaut und die zugleich aus ihm folgen. Parsch war sich mit *Romano Guardini* darin eins, dass es durch eine erneuerte Liturgie insgesamt zu einer von innen her erneuerten Kirche kommen muss, wie das Zweite Vatikanische Konzil ja nachhaltig zeigt. Nicht umsonst stand die Liturgiekonstitution am Anfang der verabschiedeten Dokumente und enthielt „in nuce" bereits vieles, was später breiter zur Entfaltung kam.

7. Ohne Zweifel ist die durch Parsch vorangetriebene „Volksliturgische Bewegung" die alles entscheidende Vollendung der allgemeinen Liturgischen Bewegung und hat den Konzilstext über die Liturgie nicht nur beeinflusst, sondern ihr insgesamt ihren Stempel aufgeprägt. Folgt man dem Urteil wichtiger Referenzautoren wie dem einstigen Liturgiereferenten der deutschen Bischofskonferenz Simon Konrad Landersdorfer OSB, dem Innsbrucker Professor Joseph Andreas Jungmann SJ und Kardinal Joseph Ratzinger – allesamt „unverdächtige" Zeugen – wäre die Liturgische Bewegung ohne Parsch versandet und

hätte ihr Ziel und ihre Rezeption in einer Konstitution des Zweiten Vatikanischen Konzils kaum erreicht. Damit können die liturgiegeschichtliche Bedeutung und die liturgiewissenschaftliche Wertung Parschs nicht mehr bloß in der Sicht einer „österreichischen Variante" als der regionalen Ausprägung der Liturgischen Bewegung gesehen werden, sondern sie liegen in der eigentlichen Vollendung der gesamten Liturgischen Bewegung in der und für die Universalkirche.

8. Im Übrigen ist der Einfluss Parschs in der Liturgiekonstitution *ohne* seine Relecture nicht zu erfassen. Nach Andrea Grillo ist dies ein theologisches Unternehmen, dessen theoretische und praktische Relevanz in der gegenwärtigen Liturgiesituation von dramatischer Aktualität ist[11]. Das theologische Denken von Parsch stellt nicht nur für den Konzilstext selbst, sondern auch für die Liturgiewissenschaft und die Liturgiesituation von Heute eine bedeutende Sinnreserve dar.

---

11  A. Grillo, Der Liturgiebegriff bei Pius Parsch und seine Stellung im Rahmen der Liturgischen Bewegung des 20. Jahrhunderts. Die „unaktuelle" Aktualität einer pastoralen und „volkstümlichen" Perspektive, in: W. Bachler/R. Pacik/A. Redtenbacher (Hg.), Pius Parsch in der liturgiewissenschaftlichen Rezeption 198–200, hier 194.

# HAUPTVORTRÄGE

# Der Beitrag Pius Parschs zum theologischen und pastoralen Ansatz der Konstitution „Sacrosanctum Concilium"

*Andrea Grillo*

> „Wir lassen die Gläubigen nicht bei der Messe zuschauen, oder wie man gern sagt die Messe ‚anhören', wir lassen sie aktiv, tätig teilnehmen: sie sollen mittun, mitbeten, mitsingen, mitgeben, mitopfern, mitempfangen" (Pius Parsch 1926/27)[1]
>
> *Itaque Ecclesia sollicitas curas eo intendit ne christifideles huic fidei mysterio tamquam extranei vel muti spectatores intersint, sed per ritus et preces id bene intellegentes, sacram actionem conscie, pie et actuose participent, verbo Dei instituantur, mensa Corporis Domini reficiantur, gratias Deo agant, immaculatam hostiam, non tantum per sacerdotis manus, sed etiam una cum ipso offerentes, seipsos offerre discant.* (SC 48)

Ich muss offen gestehen, dass die Auseinandersetzung mit dem Denken Pius Parschs für mich schon vor zehn Jahren, anlässlich des Symposions „Pius Parsch in der Liturgiewissenschaftlichen Rezeption" im Jahr 2004, ausschlaggebend für ein besseres Verständnis der Liturgiekonstitution *Sacrosanctum Concilium* war. Das Thema Liturgie ist aber damals wie heute nicht frei von Fallstricken und Gefahren. Als wir, die Teilnehmer des Symposions, vor zehn Jahren, am 20. November, zur Feier des Gottesdienstes nach St. Gertrud gingen, waren wir nicht nur erwärmt von Gefühlen und von der Erinnerung an den großen Chorherren von Klosterneuburg, sondern in der beißenden Morgenkälte auch gefährdet – nämlich vom Eis unter unseren Füßen. Heute halten wir unser Symposion in einem Frühling, der nicht nur meteorologisch ist. Es ist auch ein Frühling der Kirche. Trotzdem dürfen wir das Eis nicht vergessen, das unser Gehen gefährdet. Das Wort des Paulus „Wer also zu stehen meint, der gebe Acht, dass er nicht fällt" (1 Kor 10,12), gilt auch für unser heutiges Gedenken. Mit großer Überzeugung widmen wir uns heute Pius Parsch, seinem Denken und seinem Werk.

Andererseits muss ich ebenso offen zugeben, dass das Verhältnis von Liturgischer Bewegung und Liturgiekonstitution sich im Laufe der Zeit als wesentlich komplexer herausstellte, als man sich das anfangs vorgestellt

---

1 P. Parsch, Bericht über den I. volksliturgischen Einführungskurs in Klosterneuburg, 12. bis 15 August 1927, in: BiLi 1 (1926/27) 301–325, hier 308.

hatte. Pius Parsch steht für mich heute für eine „umfassende *Relecture*" des Verhältnisses von Liturgischer Bewegung und Liturgiereform. Durch meine Auseinandersetzung mit Pius Parsch habe ich mindestens drei Dinge gelernt:
- Eine zu lineare Rekonstruktion der Liturgischen Bewegung erweist sowohl dem historischen Bewusstsein der Kirche als auch der wissenschaftlichen Glaubwürdigkeit der Theologie keinen guten Dienst.
- Entgegen traditionalistischen und nostalgischen Lesarten brauchen wir heute keine Neue Liturgische Bewegung. Wir müssen einfach die Liturgische Bewegung besser verstehen, die auch heute, mitten unter uns, weitergeht.
- Zur anfänglichen, vorkonziliaren Liturgischen Bewegung gehörte ursprünglich und authentisch ein legitimes und begründetes Verlangen nach einer „Reform der Liturgie". Darin können wir auch den Raum und den Anstoß für eine angemessenere und weitsichtigere Relecture der nachkonziliaren Liturgiereform finden.

In anderen Worten: Die Beschäftigung mit Parsch hat es mir ermöglicht, nicht nur die Liturgische Bewegung und die Liturgiereform besser zu verstehen, sondern auch das Verhältnis zwischen beiden.[2]

Ich möchte aus den Gründen, die ich hier nur andeuten konnte, mein Referat in fünf Schritte unterteilen. Zu Beginn werde ich die Notwendigkeit unterstreichen, das Denken Parschs im Kontext einer „neuen Geschichte der Liturgischen Bewegung" zu sehen (1). Hier orientiere ich mich an einem Vorschlag, den vor etwas mehr als zehn Jahren Arnold Angenendt gemacht hat. In einer solchen historischen Perspektive korrespondiert Parsch gut mit dem „pastoralen" Anliegen, das der konziliaren Wende vorausging und sie vorwegnahm (2) und das eine kraftvolle theologische *Relecture* der christlichen Ritualerfahrung nahelegt. Deswegen erkannte er in der Reform eine Notwendigkeit, die kein Selbstzweck ist (4), sondern am geistlichen Profil des Glaubens orientiert ist. Die Verdeutlichung dieser letzten Perspektive wird das letzte Ziel dieser meiner Reflexion des Beitrags von Pius Parsch zu unserem Verständnis des „liturgischen Konzils" sein (5).

---

[2] Vgl. A. Redtenbacher, Der Einfluss von Pius Parsch in der Liturgiekonstitution des II. Vatikanischen Konzils, in: HlD 4 (2013) 230–245.

## 1. Eine „neue Geschichte der Liturgischen Bewegung"

Seit meiner Lektüre der *Quaestio disputata* von Arnold Angenendt, „Liturgik und Historik. Gab es eine organische Liturgie-Entwicklung?" (QD 189) von 2001 bin ich überzeugt, dass der Autor Recht hat, wenn er sagt, dass es nötig ist, eine „neue Geschichte der Liturgie und der Liturgischen Bewegung" zu schreiben. Hier seine Worte:

> „Für die Liturgiker des 20. Jahrhunderts war zentral das Konzept des ‚Objektiven', mit dessen Hilfe sie die ganze Christentumsgeschichte in zwei Perioden aufteilten: eine positive – andauernd bis zum Ende der Romanik – und eine negative – beginnend mit der Gotik –, was alles man aber erst in der eigenen Gegenwart vollauf erkannt zu haben glaubte. Für diese Aufteilung bildete die Liturgie sowohl den wichtigsten Indikator, wie sie zugleich selbst am stärksten davon betroffen war. Dringlichst mußte sie zur objektiven Form zurückgeführt werden. Die Liturgische Erneuerung verstand sich wesentlich von daher. Daß aber, historisch gesehen, diese Licht/Dunkel-Geschichte so gar nicht haltbar ist, ja, daß nach heutiger Forschungslage ein ganz anderes Urteil ansteht *und darum auch eine neue Liturgiegeschichte geschrieben werden muß*, beginnt sich nun erst langsam abzuzeichnen."[3]

Dies ist die These, die er am Ende des ersten Teils des Bandes formuliert und die leitend für seine zahlreichen und detaillierten Untersuchungen ist. Die Überlegungen haben einen beispielhaften Wert: Hier findet sich tatsächlich eine Reihe von Elementen, die es erlauben, einige *Bedingungen der Möglichkeit* der Liturgischen Bewegung zu bestimmen. Sie treten heute so kraftvoll wie vielleicht noch nie (zumindest wie in den letzten 50 Jahren nicht) zutage.

a) Da ist zunächst der Einfluss einer bestimmten „Diagnose der Moderne" auf die Reflexion und die „Praxis" der Liturgischen Bewegung, die von der Liturgischen Bewegung in der katholischen Kirche des 20. Jahrhunderts ausging. Die Auseinandersetzung mit diesem Phänomen erscheint oft ziemlich „kurzatmig" und ist gefangen in der Gegenüberstellung von „progressiven" und „regressiven" Standpunkten. Wir nehmen heute viel stärker als vor einigen Jahrzehnten die Spannungen war, die zwischen der Liturgiereform und der Interpretation der Geschichte bestehen. Wir erkennen einen Widerspruch zwischen dem Streben nach liturgischer Erneuerung und der Auseinandersetzung mit der mittelalterlichen und der modernen Geschichte.

---

3 A. Angenendt, Liturgik und Historik. Gab es eine organische Liturgie-Entwicklung? (QD 189), Freiburg 2001, 106. Hervorhebungen: A. Grillo.

b) Insbesondere ein gewisser christlich-katholischer Skeptizismus gegenüber dem modernen Subjektivismus hat in schwerwiegender Weise die Möglichkeit beeinflusst, nicht nur „die liturgische Frage wahrzunehmen und zu verstehen", sondern ihr darüber hinaus auch in einer befriedigenden und pastoral wirkungsvollen Weise zu begegnen.

c) Das Geflecht zwischen Liturgischer Bewegung, politischem Denken und einer „reaktionären" Rekonstruktion der modernen Geschichte hat jüngst historiographisches Interesse gefunden,[4] das stark von einer im Wesentlichen „politischen" Lesart der Liturgischen Bewegung geprägt ist. Arnold Angenendt hingegen, obwohl er der Beziehung von liturgischen und politischen Anliegen größte Aufmerksamkeit widmet, erliegt nie der Versuchung, die Geschichte zu vereinfachen und den Unterschied zwischen der politischen und der liturgischen Frage aufzuheben oder auch nur abzuschwächen. Er zeigt die Vielfalt der Positionen auf und legt dar, dass Liturgische Bewegung hier nicht auf einen einzelnen Standpunkt reduziert werden kann.

d) Am verdienstvollsten erscheint mir die große Aufmerksamkeit, die dem starken Einfluss der kulturwissenschaftlichen und anthropologischen Forschung auf die Liturgische Bewegung gewidmet wird – ein Einfluss im Übrigen, der später verneint und zensiert wurde, heute aber kraftvoll zutage tritt, nicht zuletzt weil die Geschichtswissenschaft heute gerne auf die Humanwissenschaften zurückgreift. Es könnte sich lohnen, länger bei dieser „Koinzidenz" zu verweilen. Nur ein Historiker, der auch in den Kategorien der anthropologischen Wissenschaften geschult ist, kann in den Anfängen der Liturgischen Bewegung jene Komponenten erkennen, die sich einem rein philologischen oder archäologischen, jedenfalls positivistischen Blick ansonsten restlos entziehen würden. Kurioserweise erweist sich dieser historische Beitrag heute nicht nur für die „Geschichte der Liturgie", sondern auch für die „Theologie der Liturgie" als entscheidend. Auch sie muss wiederentdecken, dass die „theologische Wissenschaft der Liturgie" bei Denkern wie Maurice Festugière, Odo Casel, Romano Guardini und Pius Parsch aus dem Interesse an der „Anthropologie", an der „Religionswissenschaft", am „Phänomen der Religion" geboren wurde. Sie schät-

---

4 Eine Beispiel für eine politische Lesart der Liturgischen Bewegung bietet M. Pajano, Liturgia e società nel Novecento. Percorsi del movimento liturgico di fronte ai processi di secolarizzazione (Biblioteca di storia sociale 28), Rom 2000.

zen diese Dinge nicht einfach als „benachbarte" Disziplinen, sondern als der *theologischen Methode* zuinnerst zugehörig. Das Denken Parschs konnte aus dieser Linie seine Kraft und seine Bedeutung ziehen.

e) Schließlich: Auch heute ist der Optimismus der Reform noch möglich – trotz allem. Will man aber heute dafür einstehen, dass die Liturgiereform legitim ist und ihre Umsetzung wichtig, dann darf man nicht mehr auf Argumente, Urteile, Rekonstruktionen und historisch-theologische Diagnosen zurückgreifen, die inadäquat oder einfältig sind. So setzt man die Zukunft der Reform ernsthaft aufs Spiel. Die Reform ist nicht einfach das Resultat einer „linearen" Vorbereitungsphase, sondern ein spezifisches (kein absolutes) Moment eines komplexes Weges, den wir für gewöhnlich „Liturgische Bewegung" nennen: die Suche nach einer Antwort auf die „liturgische Frage". Um hier erfolgreich zu sein, ist es wichtig, die „Öffnung zur Zukunft" durch eine vorurteilsfreie Lektüre der Vergangenheit neu zu justieren. Um „die Reform wirklich umzusetzen", also um ihren Geist nicht nur intellektualistisch zu erfassen und in den Subjektivismus einer nur individuellen Teilnahme zu verfallen, muss die Geschichte der Liturgie anders gelesen werden. Es muss „eine neue Liturgiegeschichte geschrieben werden" – und vor allem eine neue Geschichte der Liturgischen Bewegung.

## 2. Die Liturgische Bewegung enthält die Liturgiereform und setzt sie fort

Ausgehend von den Beobachtungen, die wir mit Angenendt gemacht haben, können wir eine Reihe von äußerst wichtigen Konsequenzen für die Beziehung zwischen Parsch, *Sacrosanctum Concilium* und unserer heutigen kirchlichen Wirklichkeit ziehen. In der Tat konnten wir in den letzten Jahren Zeugen von einer Art Umschwung in den Perspektiven der Lektüre der Beziehung zwischen Liturgischer Bewegung und *Sacrosanctum Concilium* werden. Ich versuche, diese unerwartete Entwicklung in zwei Positionen zu schematisieren:

a) Seit den 1950er Jahren hatte sich eine lange Tradition tapfer gehalten, derzufolge die Liturgische Bewegung als „Vorbereitung des Konzils und der Liturgiereform" zu gelten habe. Mithilfe eines Kriteriums der rigorosen Kontinuität konnte die Liturgiereform als quasi natürliche Konsequenz der Liturgischen Bewegung angesehen werden.

b) Dem gegenüber wurde in den letzten zwanzig Jahren ein antithetisches Modell formuliert: Die Liturgiereform hat die authentischsten Anliegen der Liturgischen Bewegung verraten. Deswegen muss heute eine „Neue Liturgische Bewegung" ins Leben gerufen werden, um zu den ursprünglichen Zielen der Vorkonzilszeit zurückzukehren. In diesem Modell zeigt sich eine entgegengesetzte Lesart von Liturgischer Bewegung und Liturgiereform.

Um aus dieser Sackgasse zu gelangen, ist es meines Erachtens nötig, die Geschichte anders zu rekonstruieren[5]. Ich schlage dafür folgenden Entwurf vor:
- Man muss sehen, dass der Horizont der Liturgischen Bewegung die „liturgische Frage" ist: Die Krise, die die christlichen Riten (wie alle traditionellen Riten) beim Heraufdämmern der Spätmoderne, nach den großen Revolutionen und dem Entstehen des liberalen Nationalstaates erlebten, der, wie Ernst-Wolfgang Böckenförde einmal gesagt hat, „von Voraussetzungen lebt, die er selbst nicht garantieren kann". In einer Welt, die behauptet, auf Traditionen verzichten zu können, einer Welt, die das Prinzip der Autorität gemäß einer neuen Auffassung von Freiheit radikal infrage stellt, verlieren die Riten unwiederbringlich ihre Evidenz.
- Der Antwortversuch der Liturgischen Bewegung gründete in einem wachsenden Bewusstsein von der Krise der „symbolischen Erkenntnis" (Guardini). Man versuchte, darauf auf verschiedenen Ebenen zu reagieren: Auf geschichtlich-archäologischer Ebene, auf theoretisch-akademischer Ebene und auf praktisch-pastoraler Ebene. Guardini hatte 1953 vorgeschlagen, die Liturgische Bewegung in drei Phasen aufzuteilen: In eine archäologische, eine akademische und eine realistische Phase. Die Existenz der Liturgischen Bewegung beweist, dass man sich der liturgischen Frage bewusst war und dass man versuchte, auf diese Krise angemessen zu reagieren. Im Anschluss an Guardini, aber natürlich aus größerem historischen Abstand, möchte ich eine Relecture der Liturgischen Bewegung vorschlagen. In diese kann meines Erachtens die wesentliche Bedeutung der theoretischen Einsichten und der praktischen Versuche Parschs eingetragen werden.

---

5 Zur Vertiefung dessen, was ich hier nur sehr schematisch ausführen konnte, vgl. A. Grillo, La nascita della liturgia nel XX secolo. Saggio sul rapporto tra Movimento Liturgico e (post-)Modernità, Assisi 2003.

– In der ersten Phase der Liturgischen Bewegung (1903–1947) beginnt der ursprüngliche, experimentierende, prophetische und problematische Weg der Liturgischen Bewegung. Dabei ist eine Vorgeschichte vorauszusetzen, die ihre Wurzeln im 19. Jahrhundert hat, mit Guéranger in Frankreich, den Brüdern Wolter in Deutschland oder Rosmini in Italien. Das dominante Thema dieser Phase war die Wiederentdeckung der Liturgie als „Quelle", verbunden mit der Notwendigkeit der Bildung bzw. Initiation in die liturgische Logik des Glaubens. Gerade Pius Parsch ist in dieser Phase aber der entscheidende Beleg dafür, dass man nicht nur Bildung und Initiation anstrebte, sondern auch schon eine Reform der Liturgie im Blick hatte. Der Gemeinplatz, der neuerdings in einigen nostalgischen Bereichen von Kirche und Theologie wieder auftaucht, dass nämlich die Liturgische Bewegung in ihrer ersten Phase keine Reform gewünscht habe, sondern nur liturgische Bildung, trifft nicht zu. Schon in dieser ersten Phase gibt es ein beeindruckend klares und bewusstes Streben nach Reform – und das mit einer beneidenswerten Kohärenz und Konsequenz.

– Die zweite Phase der Liturgischen Bewegung (1947–1988) deckt einen Zeitraum von vierzig Jahren ab, beginnend mit Pius XII., über das Konzil und die Nachkonzilszeit (mit Johannes XXIII. und Paul VI.) bis hin zu ersten Hälfe des Pontifikats Johannes Pauls II. Hier verwirklicht sich angesichts der liturgischen Fragen Schritt für Schritt die Logik der Reform. Diese Phase, erst vorkonziliar, dann konziliar und schließlich postkonziliar, beherzigt Parschs Erkenntnisse im Europa der 1920er Jahre und entwickelt sie in ihrer Breite und Tiefe weiter. Ein unbeabsichtigter Effekt dieser langen Phase war, dass das „letzte Ziel" der Reform aus den Augen verloren wurde. Es drohte in Vergessenheit zu geraten, dass die Reform das Mittel zu einer neuen Form der gemeinschaftlichen Teilnahme der Kirche am christlichen Ritus war. Die harte Polemik von Parsch gegen das Verständnis von „Teilnahme", wie es die Enzyklika *Mediator Dei* formulierte, klingt heute, aus der Distanz, wie eine Mahnung gegen die Versuchungen, die in dieser Phase entstanden.

– Die dritte Phase der Liturgischen Bewegung (1988–?) beginnt dort, wo der Weg der Reform zu einem Abschluss kommt: Mit dem Schreiben *Vigesimus quintus annus* anlässlich des 25-Jahr-Jubiläums von *Sacrosanctum Concilium*, mit der Approbation des ersten inkulturierten Ritus („Römischer Ritus für die Kirche des Zaire") und dem lefebvrianischen Schisma. Nun wurde es nach und nach deutlich, dass die Reform allein nicht lösungswirksam ist (und es ursprünglich auch nicht sein wollte). Die Figur Pius Parschs kann in dieser Phase nicht nur ein Kriterium für das Verhältnis der ersten und der zweiten Phase liefern, sondern auch an das Erbe des Konzils erinnern: Dass heute die Kirche aufgefordert ist, sich nicht auf eine sterile Alternative festlegen zu lassen, die Alternative nämlich zwischen der traditionalistischen Verabsolutierung der liturgischen Bildung, die nicht die Notwendigkeit der Reform sieht, und der progressistischen Verabsolutierung der Reform, die nicht begreift, dass die Reform allein nicht ausreicht und dass sie nur ein Instrument für die liturgische Bildung sein kann.

Zusammenfassend lässt sich sagen: Die *auctoritas* von Pius Parsch wiederzuentdecken – dies bedeutet nicht nur, eine der „Quellen" von *Sacrosanctum Concilium* hervorzuheben, sondern auch für die heutige Theologie und Pastoral eine im Hinblick auf die Frage des Verhältnisses von liturgischer Bildung und liturgischer Reform ausgewogene Antwort auf die „liturgische Frage" zu finden.

## 3. Parsch, das „pastorale Anliegen" und die „Theologie Johannes' XXIII."

Als Johannes XXIII. am 11. Oktober 1962, acht Jahre nach dem Tod Pius Parschs, das Zweite Vatikanische Konzil eröffnete, übernahm er ausdrücklich die „pastorale" Perspektive als Logik des Konzils. An dieser Stelle möchte ich Ihre Aufmerksamkeit auf die einzigartige Übereinstimmung mit dem Projekt Pius Parschs richten, das er in prophetischer Weise nach der Rückkehr aus dem Ersten Weltkrieg konzipiert hatte. Die Frömmigkeit muss auf einer „anderen Grundlage" neu beginnen: Die Bibel und die Liturgie wurden zum Programm eines Überdenkens der Identität und der christlichen Bildung. Vielleicht kann eine genauere Auseinandersetzung mit dem ursprünglichen Projekt Johannes XXIII. es ermöglichen, am Beginn des Konzils die gleiche Absicht wiederzuentdecken.

In der Tat ist es nicht schwer, die gleiche Sehnsucht nach einem hohen und edlen Konzept der pastoralen Aufgabe zu erkennen, die Parsch mit der Liturgie verband und die Johannes XXIII. dem Konzil anvertraute. Eine neuere Studie von Giuseppe Ruggieri wirft neues Licht auf diesen Aspekt, der oft übergangen oder missverstanden wurde.

In seiner Eröffnungsansprache spricht Johannes XXIII. die pastorale Natur des Konzils an und er tut es auf eine überraschende und unerwartete Weise. In *Gaudet Mater Ecclesia* rechtfertigt er die pastorale Natur des Konzils, indem er den berühmten Satz ausspricht, der im italienischen Original so klingt:[6] „Altra è la sostanza dell'antica dottrina del *depositum fidei* e altra è la formulazione del suo rivestimento" („Denn eines ist die Substanz der tradierten Lehre, d. h. des *depositum fidei*; etwas anderes ist die Formulierung, in der sie dargelegt wird"). Jeder Leser mit gutem Willen wird angesichts dieses Textes glauben, dass der Papst hier von Substanz und Akzidentien spricht, dass er mit metaphysischen Kategorien argumentiert. Ruggieri zeigt hingegen, dass Angelo Roncalli in allen seinen Schriften, ob als Priester, Nuntius, Patriarch oder Papst, den Begriff der Substanz nie auf diese Weise gebraucht; an allen Fundstellen bezeichnet „Substanz" nicht jenes Element, das auf metaphysische Weise die Akzidentien trägt, sondern meint dasjenige, das nährt, das sättigt, das Kraft gibt. Die Bilder, die Angelo Roncalli im Zusammenhang mit „Substanz der tradierten Lehre" gebraucht, sind der Kelch, die Patene, die Bibel, das Brevier oder auch eine sprudelnde Quelle, ein Garten voller Blumen. Das ist die „nahrhafte", „substanzielle" Substanz, die historische Substanz, die Nahrung gibt.[7]

Das ursprüngliche Projekt Johannes XXIII., wie er es am Tag der Eröffnung des Konzils zum Ausdruck brachte, bestand darin, dass das Konzil nicht den Zweck hat, *Definitionen festzulegen oder Verurteilungen auszusprechen* – und das sagt Johannes XXIII. ausdrücklich und Paul VI. wiederholt es genauso – sondern, und das ist die konziliare Wende, von neuem und in ursprünglicher Weise von dem zu erzählen, *was die Beziehung mit dem Mysterium des sich in Jesus Christus offenbarenden Gottes nährt*. Unter den Dokumenten des Konzils sind die vier fundamentalen der Liturgie (SC), dem Wort Gottes (DV), der Kirche (LG) und dem Verhältnis zur Welt (GS) gewidmet: Vier große Wege der nährenden Beziehung, nährend

---

6 Die Ansprache wurde von Johannes XIII. auf Italienisch verfasst, danach musste sie auf Latein vorgetragen werden und wurde darum mit einer gewissen Freiheit ins Lateinische übersetzt; oft lesen wir die Ansprache nicht im italienischen Original, sondern die Übersetzung aus dem Lateinischen; auf diese Weise erhalten wir die Übersetzung einer Übersetzung und so geht, wie wir wissen, die Hälfte des Originals verloren.
7 Das ist die ursprüngliche Intention des Zweiten Vatikanischen Konzils bzw. sein „pastoraler" Auftrag. Zum Verständnis dieser Absicht eines „Dienstes an der Tradition" durch eine Veränderung der Sprache und des Stiles verweise ich auf die grundlegende Studie von G. Ruggieri über die Theologie Johannes XXIII., in der die „wesentliche Tradition" sich wandelt hin zu einer „substantiellen Tradition, die nährt". Vgl. G. Ruggieri, Esiste una teologia di papa Giovanni?, in: Un cristiano sul trono di Pietro. Studi storici su Giovanni XXIII, a cura della Fondazione per le scienze religiose Giovanni XXIII di Bologna, Servitium editrice, Bergamo 2003, 253–274.

mit dem Mysterium Gottes. Das Konzil im Allgemeinen und SC im Besonderen schlagen einen neuen Weg für die Theologie der Liturgie vor. Der klassische Weg soll damit nicht widerrufen werden. Es wird aber die Grundlage wiedergewonnen, auf der die klassische Sprache, die wir auch heute noch verwenden können, überhaupt ihren Sinn gewinnt, aus der sie ihre Kraft bezieht und durch die sie nahrhaft wird. Das ist die große Wende, die eine korrekte Hermeneutik des Konzils bedenken muss. Es handelt sich um ein Element grundlegender Diskontinuität.

Was die Figur Pius Parschs betrifft, so können wir in der „pastoralen Entscheidung" die Entstehung jener Quellen in Europa erkennen, die in den folgenden vierzig Jahren nach ihm anwachsen und im konziliaren Frühling blühen werden, und die dann nicht nur zu einer Veränderung der Liturgie, sondern auch der Kirche führen werden. Im Mittelpunkt dieser Einsicht steht ein neues Paradigma der Teilnahme am Ritus, die mit einer grundlegenden Erneuerung des Begriffes des Ritus selbst korrespondiert. Wie wir sehen werden, können wir auch für diese zweite Entwicklung in Parsch einen wahren Vorläufer des Zweiten Vatikanischen Konzils erkennen.

## 4. Parsch, die Zentralität der „tätigen Teilnahme" und ein neues Ritusverständnis?

Im Mittelpunkt der liturgischen Einsichten Parschs, so wurde schon oft gesehen, steht die Erkenntnis, dass es nötig ist, den Begriff der „tätigen Teilnahme an der Liturgie" zu verändern. Umgekehrt verändert das neue Modell der Teilnahme auch den Begriff des Ritus selbst. Wir widmen uns beiden Aspekten der Frage, zwischen denen ein wechselseitiges Wirkungsverhältnis besteht.

### 4.1 Das neue Paradigma der Teilnahme: *actuosa participatio*

Ohne Zweifel strahlt im Zentrum des Denkens von Parsch besonders intensiv der Anspruch, eine „gemeinschaftliche" Auffassung von Teilnahme wiederzugewinnen. Dies wird besonders deutlich in der Reaktion Parschs auf die Veröffentlichung von *Mediator Dei* und in der Konsequenz, mit der er die Verbindung eines „neuen Paradigmas der Teilnahme" und der Notwendigkeit einer Reform voraussieht. In Bezug auf diese beiden Seiten erscheint Parsch auch nach 70 Jahren als hellsichtigster aller Interpreten. Ihm ist klar, dass die „Natur" der Liturgie eine große Veränderung der Feierpraxis verlangt. Die Einsicht, dass im *intellegere per ritus et preces* die Wahrheit der Begegnung mit der Liturgie liegt, kann nicht nur die Form des Gottesdienstes verändern, sondern auch seine ganze ministeriale und ekklesiale Identität.[8]

## 4.2 Die neue Konzeption des Ritus:
## Vom *ritus servandus* zum *ritus celebrandus*

Auf diese Vision von Pius Parsch reagiert das Konzil nicht nur, indem es die Zentralität eines neuen partizipativen Paradigmas rezipierte (vor allem in SC 48), sondern auch, indem es, zumindest anfanghaft, *einen neuen Ritusbegriff formulierte*. Es ist der Wortlaut von SC 43, der hier unsere Aufmerksamkeit auf sich zieht:

> „Der Eifer für die Förderung und Erneuerung der Liturgie gilt mit Recht als ein Zeichen für die Fügungen der göttlichen Vorsehung über unserer Zeit, als ein Hindurchgehen des Heiligen Geistes durch seine Kirche; er gibt ihrem Leben, ja dem gesamten religiösen Fühlen und Handeln unserer Zeit eine eigene Note."

Mit diesem Text hat sich, unmittelbar nach dem Konzil, einer der besten SC-Experten der italienischen Theologie beschäftigt, Guiseppe Dossetti. Er hat sehr gut die Tatsache ins Licht gerückt, dass die moderne Liturgie aus dem Bewusstsein entsteht, dass das Verstehen des Mysteriums durch die „Riten und Gebete" geschieht. Der rituellen Form kann die konzeptionelle Form nicht untergeordnet werden, ohne die Liturgische Bewegung und die Erfahrung der Liturgie als „Quelle und Höhepunkt" der Kirche zu verraten. Deswegen hätte eine neue Liturgische Bewegung, die eine solche Lösung vorschlagen würde, paradoxe Eigenschaften: Sie wäre nicht neu und sie wäre nicht liturgisch. Sie wäre nur ein Bewegung, aber eine Bewegung, die ausdrücklich in die Vergangenheit gerichtet wäre und nicht in jene Zukunft, die die Kirche mit Recht zu einer anderen symbolischen Kommunikation und Zeugenschaft aufruft.

---

8  Vgl. R. Pacik, „Aktive Teilnahme" – zentraler Begriff in Pius Parschs Werk, in: W. Bachler/R. Pacik/A. Redtenbacher (Hg.), Pius Parsch in der liturgiewissenschaftlichen Rezeption. Klosterneuburger Symposion 2004 (PPSt 3), 31–56; A. Grillo, Der Liturgiebegriff bei Pius Parsch und seine Stellung im Rahmen der Liturgischen Bewegung des 20. Jahrhunderts Die „unaktuelle" Aktualität einer pastoralen und „volkstümlichen" Perspektive, in: ebd. 191–209.

Eine Erweiterung des Verständnisses und ein Wiedergewinnung der symbolischen Form – das ist es, was heute die beste theoretische Ausarbeitung und die beste kirchliche Praxis verdient. Nostalgie für Spitzen und Sehnsucht nach einer Vergangenheit, die nicht wiederkommt, sind dafür der falsche Weg.

Wie Hans Urs von Balthasar schrieb, der gegenüber den authentischen Beweggründen der Liturgischen Bewegung eher skeptisch war[9], muss jede Hoffnung der Selbstrechtfertigung der Kirche aufgegeben werden:

> „Die Kirche kann sich nur in ihrem Herrn verstehen. Es gibt kein Selbstverständnis der Kirche. […] Freilich, die Welt sucht heute ihr Selbstverständnis dadurch, daß sie sich selber ihren Sinn verleiht. Die Kirche wird das nie können."[10]

Nun hat die Liturgische Bewegung gelehrt, dass die grundlegendste und definitivste Form dieses „Nicht-Selbstverständnisses" eben jenes symbolisch-rituelle Handeln ist, in dem das Subjekt Christus und das Subjekt Kirche zwar unterschieden werden müssen, aber nicht voneinander getrennt werden können. Deswegen erscheint die liturgische Bildung, der sich heute die Kirche widmen muss, klar als eine entscheidende Schwelle: Sie würde dem Christen ein sensibles Verständnis und eine verständnisvolle Sensibilität als Erfahrung des Evangelium verleihen.

In gewisser Weise ist die Kirche nur, wenn sie feiert, auf der Höhe dieser elementaren Wahrheit. Nur durch Bildung für diese „Teilnahme am Akt" kann die Kirche sich wirklich von Wort und Sakrament formen lassen – in der spezifischen Form einer symbolisch-rituellen Handlung, die deswegen *fons et culmen* ist, weil sie sich einem *fons* öffnet, der ihr vorausgeht und einem *culmen*, das sie übersteigt. Die rituelle Vernunft erlaubt es der christlichen Vernunft, sich von ihrem Subjekt und Objekt überschreiten zu lassen. Auch die Kirche von heute und morgen muss sich von dieser *ratio ritualis*, deren *ratio* nur die *actio sacra* ist, bilden und formen lassen.

Diese „pastorale Umkehr" ist für uns mit Sicherheit verbindlich, aber auch verheißungsvoll. Und wahrscheinlich nur durch sie könnte tatsächlich jene große Prophetie des Konzils Wirklichkeit werden, denn es hielt fest, dass die Liturgische Bewegung als Durchgang des Heiligen

---

9 Vgl. H. U. von Balthasar, Solo l'amore è credibile, Roma, Borla 1991, 49, Anm. 15, wo er das ganze Phänomen im Grunde auf einen anthropozentrischen Ursprung zurückführt.
10 H. U. von Balthasar, L'elemento cattolico nella Chiesa, in Ders., Maria icona della Chiesa, Cinisello B., San Paolo 1998, 65–82, hier 82.

Geistes nicht nur dem Leben der Kirche eine eigene Note gegeben hat, sondern auch „dem gesamten religiösen Fühlen und Handeln unserer Zeit": *immo huius nostri temporis universam rationem religiose sentiendi et agendi* (SC 43)[11].

Zu dieser großen Transformation des „gesamten religiösen Fühlens und Handelns unserer Zeit" hat das Zweite Vatikanische Konzil aufgerufen[12]. Ohne Angst dürfen wir sie in Angriff nehmen, trotz der Anmaßung und der Hoffnungslosigkeit, die in den letzten zwanzig Jahren Teile der Kirche erfasst haben. Sie müssen aber gerade aufgrund dieser Bedenken in Kauf nehmen, einen Teil ihres traditionellen Einflusses unterminiert zu sehen. Indem sie Bildung und Reform gegenüberstellten, vergaßen sie völlig den ursprünglichen Sinn der Tradition der Liturgischen Bewegung und die Bedeutung des Werkes von Pius Parsch. Er war derjenige Autor, der liturgische Bildung und liturgische Reform kohärent und radikal miteinander verband. Er entdeckte die Liturgie als *fons* wieder und erkannte, dass eine Reform der Riten notwendig war, um es allen zu ermöglichen, Zugang zu dieser Dimension zu erhalten.[13]

Das kirchliche Lehramt hat die prophetische Autoriät Pius Parschs vergessen. Es wurde dadurch unversehens schwach und ängstlich, zögerlich und nostalgisch. Um dem abzuhelfen, müssen wir entschlossen das Zentrum des Denkens von Pius Parsch zurückgewinnen: Den notwendigen Zusammenhang von „tätiger Teilnahme" und Liturgiereform.

---

11  Für eine Einschätzung dieses Ausdrucks als eines der Höhepunkte des ganzen konziliaren Textes vgl. G. Dossetti, Per una „chiesa eucaristica". Rilettura della portata dottrinale della Costituzione liturgica del Vaticano II. Lezioni del 1965 (Tesi e ricerche di scienze religiose), Bologna 2002, bes. 79–82.

12  Die Arbeit des *Istituto di Liturgia Pastorale di Padova* setzt wichtige Impulse bei der Umsetzung dieser ursprünglichen Intention des Konzils, für die sich Parsch so sensibel gezeigt hat. Vgl. insbesondere P. Visentin/A. N. Terrin R. Cecolin (Hg.), Una liturgia per l'uomo. La liturgia pastorale e i suoi compiti, Padova–Abbazia di Santa Giustina 1986; G. Bonaccorso, Il rito e l'altro. La liturgia come tempo, linguaggio e azione (Monumenta studia instrumenta liturgica), Città del Vaticano 2001; A. Grillo, Introduzione alla teologia liturgica. Approccio teorico alla liturgia e ai sacramenti cristiani (Caro Salutis Cardo. Sussidi 9), Padova–Abbazia S. Giustina 2011 (um zehn Kapitel erweiterte Neuausgabe).

13  Als Lesart, die dieses Verhältnis hoffnungslos aus den Augen verliert, indem sie absichtlich einen Bruch zwischen Bildung und Liturgie einführt, vgl. A. Reid, Lo sviluppo organico della liturgia. I principi della riforma liturgica e il loro rapporto con il Movimento liturgico del XX secolo prima del Concilio Vaticano II, Siena 2013.

## 5. Parsch: die Reform der Riten ist notwendig, aber nicht hinreichend

Aus dem, was wir bis hierhin gesagt haben, ergibt sich eine Neubewertung der Verbindung von *actuosa participatio* und Liturgiereform in *Sacrosanctum Concilium*. Auch hier gilt: Das Denken und Handeln, das Parsch vom Ende des Ersten Weltkriegs bis in die 1950er Jahre in Gang gebracht hat, ist nicht nur eine Vorbedingung dessen, was *Sacrosanctum Concilium* und Liturgiereform entwickelt haben. Es ist auch ein Schlüssel für die richtige und weitsichtige Interpretation dieser Reform.

Was das Konzil über das *Aggiornamento* im Sinne der „pastoralen Wende" gedacht hat, stellt sich am hellsten (und vielleicht am missverständlichsten) im liturgischen Leben der Kirche dar. Im Mittelpunkt dieser Wende steht eine einfache aber revolutionäre Idee, die die klerikale Ideologie in der Liturgie überwindet. Pius Parsch war 40 Jahre vor dem Konzil ein Prophet dieser Überwindung. Er verstand schon damals, dass die Liturgie eine „Handlung der ganzen Kirche" ist, des Hauptes und der Glieder, und dass dies bedeutet, dass die ganze Versammlung sich als „Zelebrant" verstehen darf und muss.

Dies ist das große Ziel der Liturgiereform: Eine andere Form der Teilnahme anzustoßen, als diejenige, die für viele Jahrhundert normal (und normativ) war; diese delegierte das Zelebrieren an den „Priester" und ließ die Versammlung schweigend und passiv der Feier beiwohnen. Dieser Wandel manifestierte sich offensichtlich auf der rituellen Ebene; er speiste sich aber aus einer entscheidenden Veränderung der kirchlichen, spirituellen, dogmatischen und pastoralen Perspektive. Diese neugewonnene Verbindung mit der Liturgie erfordert mit Sicherheit einen neuen *Wortschatz*, den wir in den letzten 50 Jahren erarbeitet haben. Heute benötigen wir aber auch einen neuen Kanon des Taktes bzw. der Umgangsformen und der Achtsamkeit.

In der Tat muss im Rahmen der Liturgiereform vor allem dieser Kanon verändert werden: All die Regeln und die Skrupel des „Kanons des priesterlichen Taktes", der vor allem von Trient ausgearbeitet wurde, müssen durch einen „Kanon des kirchlichen Taktes" ersetzt werden, der Regeln für alle ins Spiel bringt: Für den Vorsteherdienst, für die verschiedenen liturgischen Dienste und für die Versammlung. Jeder muss sich berühren lassen, jeder muss die anderen berühren – und den Anderen. Das, was an die Stelle des alten Kanons treten soll, muss in Einheit und Vielfalt erdacht und erarbeitet werden. Das ist heute die kritischste Seite der Liturgiereform. Die Reaktion darf nicht darin bestehen, auf den (potentiell) feinen, aber (de facto) solipsistischen Takt der tridentinischen Messe zurückzublicken.[14] Auf der anderen Seite reicht es aber auch nicht, den „klassischen Kanon" nur durch einen „neuen Wortschatz" zu ersetzen, der die Rollen, die Formen, die Praktiken und die Erwartungen im Wesentlichen unangetastet lässt.

Die „pastorale" Berufung von Konzil, von *Sacrosanctum Concilium* und Liturgiereform braucht eine Kirche, die es 50 Jahre nach diesen prophetischen Anfängen versteht, sich auf einen hohen Stil einzustellen und auf die vornehme Geschicklichkeit, die dieser Akt des neuen Verständnisses der Tradition dringend erfordert. Unser Verstand und unsere Hände gehören auf ebenso tiefgreifende wie radikale Weise zu jenem *intellegere*. Dies ist heute die Herausforderung der Kirche: sich zu dieser Reform fähig zu machen. Es ist nicht zuerst die Kirche, die die Liturgie reformiert, sondern es ist die reformierte Liturgie, die die Kirche erneuert. Sie gibt ihr Worte und Handlungen, damit sie dem Mysterium entspricht, das sich in ihr und für sie offenbart.[15]

Diese Reform beginnt mit Fingerspitzengefühl, mit einem ausgesuchten Takt, in den und von dem wir uns initiieren und einführen lassen müssen. Takt und Initiation sind heute die beachtenswertesten Chiffren des pastoralen Erbes des Konzils – nicht nur in der Liturgie, aber vor allem in ihr.

## 6. Das prophetische Erbe von Pius Parsch

In der heutigen theologischen und liturgischen Auseinandersetzung bleibt Parsch, wie wir gesehen haben, eine wertvolle Ressource. Auf dem Weg der Liturgiereform, wie wir ihn in den letzten zehn Jahren beobachtet haben, war eine zweifache Versuchung festzustellen: Zu behaupten, die

---

14 Ich habe über diese delikate Frage nachgedacht in: A. Grillo, Un bilancio del motu proprio „Summorum pontificum". Quattro paradossi e una intenzione dimenticata, in: Concilium 45 (2009) 125–132. Kürzlich ist die Diskussion gelassen, aber klar weitergeführt worden in: A Grillo/P. De Marco, Ecclesia universa o introversa? Dibattito sul motu proprio Summorum Pontificum, San Paolo 2013.
15 Über die „ganzheitlichen" Implikationen dieses neuen Liturgieverständnisses reflektiert: A. Cardita, „Una sola sintesi vitale a gloria di Dio" (GS 43). Vie moderne di instaurazione liturgica, vie liturgiche di dialogo con il mondo, in: P. Chiaramello (Hg.), Il Concilio Vaticano II e la liturgia, memoria e futuro. Atti della XL Settimana di Studio dell'Associazione Professori di Liturgia, Rom 2013, 83–126.

Reform sei unnötig – oder zu behaupten, sie sei ausreichend. Beide Perspektiven sind keine „Lösung" für das liturgische Problem, sondern selbst sehr problematisch. Gehen wir sie zusammenfassend kurz durch:

a) Die erste Versuchung, die wir die „kleine Versuchung" nennen können, ist sicher jene, die den Zweifel erweckt, dass all das, was wir behandelt haben, in Wirklichkeit nicht nötig sei. Vor einigen Monaten – vor dem Pontifikat von Papst Franziskus – wurde sie häufig gepflegt, auf verschiedenen Ebenen der Hierarchie, zuweilen auch auf schamlose Weise. Sie legte nahe, dass die Dinge, über die wir gesprochen haben, vielleicht irgendeine Elite betreffen, irgendwelche Mönche, irgendeine Pfarrei, aber dass die große Linie der Arbeit des Bistums, der Kirche so weitergehen könne wie bisher. Man verneint zwar nicht die Notwendigkeit des Konzils, sehr wohl aber die Tatsache, dass das Konzil eine Liturgiereform mit den Wirkungen, die wir heute sehen, hätte anstoßen müssen. Vielleicht zeigt sich das Herz dieser Verneinung der Notwendigkeit der Reform in einem exemplarischen Dokument: Dem *Motu proprio* von 2007, das behauptete, die Geltung des vorherigen Ritus wiederherzustellen, und nicht nur dieses Ritus, sondern aller vorhergehenden Riten, als wenn die Reform plötzlich nicht mehr eine Realität gewesen wäre, sondern eine einfache Möglichkeit.

Ich möchte einige Sätze aus einer Ansprache Pauls VI. zitieren. Er äußerte sich in seiner Ansprache an das Konsistorium zur Kreierung der Kardinäle 1976, also kurz vor seinem Tod, über das erneuerte Missale. Er war dabei absolut eindeutig und wischte alle Zweifel und Unsicherheiten beiseite:

> „Der neue Ordo ist nach reifer Überlegung und gemäß Wünschen des II. Vatikanischen Konzils erlassen worden, damit er den alten ersetze. Ähnlich hatte unser heiliger Vorgänger, Pius V., das Missale, das infolge des Trienter Konzils unter seiner Autorität reformiert worden war, als verpflichtend vorgeschrieben. Dieselbe Aufnahmebereitschaft verlangen wir mit derselben höchsten Autorität, die wir von Jesus Christus erhalten haben, auch für alle übrigen liturgischen, disziplinären und pastoralen Reformen, die in diesen Jahren in Verwirklichung der Konzilsdekrete herangereift sind. Jede Initiative, die sie zu verhindern trachtet, kann sich nicht den Anspruch anmaßen, damit der Kirche einen Dienst zu erweisen. In Wirklichkeit fügt sie ihr einen großen Schaden zu."[16]

Dies sind die Worte des Papstes, der die Liturgiereform ausgeführt hat. Sie gesellen sich zu den Worten des Papstes, der sie ursprünglich geplant hat. Johannes XXIII. sagte 1960 im *Motu proprio Rubricarum Instructum*:

---

16 Paulus VI., Summi Pontificis Allocutio. Consistorium Secretum 24 maggio 1976, in: AAS 68 (1976) 369–379, hier 374.

*Nos autem, postquam, adspirante Deo, Concilium Oecumenicum coadunandum esse decrevimus, quid circa huiusmodi Predecessoris Nostri inceptum agendum foret, haud semel recogitavimus. Re itaque diu ac mature examinata,* **in sententiam devenimus, altiora principia, generalem liturgicam instaurationem respicientia, in proximo Concilio Oecumenico patribus esse proponenda;** *memoratam vero rubricarum Breviarii ac Messalis emendationem diutius non esse protrahendam*[17]

Papst Roncalli sagt hier, das Missale teilweise reformieren zu wollen – dies wird später die Reform von 1962 sein, die letzte Version des tridentinischen Missale –, aber auch, dass das Konzil über *alteriora principia* entscheiden wird, es eine vollständige Reform des Missale geben wird und dieses Missale das Missale der ganzen Kirche sein wird. Der erste Papst des Konzils und der Papst, der es abschloss und der die Kirche länger als ein Jahrzehnt nach dem Konzil weiterregierte, sind also absolut eindeutig und bestimmt darin, dass die Liturgiereform eine absolute Notwendigkeit ist, die die Kirche verpflichtet und die den römischen Ritus in einer für alle verbindlichen neuen Form festlegt. Bis 2007 galt, dass von dieser Verbindlichkeit Ausnahmen durch Indulte gemacht werden können.

b) Das wahre Problem, die „große Versuchung" ist es, nicht klar anzuerkennen, dass die Reform – die entgegen dem, was ihre Verleumder sagen, notwendig ist – nicht ausreichend ist. Zu sagen, dass sie nötig ist, heißt zu sagen, dass sie umgesetzt werden muss und dass man sich ihrer Logik unterwerfen muss. Aber sich vorzumachen, dass es reicht, die Reform umzusetzen und dass damit das Problem der Liturgie (die „liturgische Frage") gelöst ist, ist eine fromme Illusion.

Der Einwand, dass die Reform überflüssig ist, stammt aus der kirchlichen Rechten: Die Rechte in der Kirche der 1970er Jahre tendierte dazu zu sagen, dass die liturgischen Reformen nicht obligatorisch seien. Kardinal Siri sagte 1951 dies über die Ostervigil – Pius Parsch war noch am Leben –

---

17 Johannes XXIII., Motu Proprio Rubricarum Instructum, in: AAS 52 (1960) 593–595. Es ist evident, dass das Projekt des bevorstehenden Konzils für eine Spannung zwischen der geplanten Rubrikenrevision und dem Überdenken der „alteria principia" sorgte, die zu einer allgemeineren Reform des römischen Ritus geführt hätten. Jene Ausgabe des Missale Romanum, die zwei Jahre später entstand, war darum für das „Interregnum" zwischen dem Ritus Pius' V. und dem später nach und nach von Paul VI. promulgierten Ritus gedacht, der auf die Liturgiereform folgte. Es handelt sich also um ein Provisorium, aber ein unaufschiebbares, eine Revision des bisherigen Rubrikensystems im Hinblick auf eine ganzheitlichere Neukonzeption, in der man bereits 1962 eine dringende Notwendigkeit sah, die der Papst aber nicht *motu proprio* vorwegnehmen konnte, um nicht dem bevorstehenden Konzil vorzugreifen. Vgl. A. Grillo, Un bilancio del motu proprio „Summorum pontificum".

indem er insinuierte, dass die Reform der Vigil die Möglichkeit offenlasse, so wie zuvor die „Vigil am Morgen" zu feiern. Erzbischof Lefebvre wandte das selbe Argument auf die nachkonziliare Liturgiereform an. In den letzten Jahren haben andere versucht, so zu argumentieren – 40 Jahre später. Es ist eine Illusion der kirchlichen Rechten: Wir tun so, als ob es die Reform nicht gegeben hätte, wir machen so weiter wie zuvor und bewahren so unsere Identität.

Die Illusion der Linken aber ist: Weil wir die Reform gemacht haben, haben wir das Problem gelöst. Aber, wie wir gesehen haben, so ist es nicht. Die Reform hat Texte produziert: Das Stundengebet, den neuen Kalender, die neue Feier der Eingliederung in die Kirche, das neue Messbuch. Doch sie müssen zu Identitätsprinzipien werden – und das ist eine Arbeit, die wir noch fast völlig vor uns haben. Wir haben gerade erst begonnen, den erneuerten Riten das Wort zu erteilen.

Aber wenn wir den Riten das Wort erteilen, müssen wir sie auch wirklich sprechen lassen. Wir erwähnten die „Feier der Eingliederung Erwachsener in die Kirche": Wer diesem Ritus zuhört, dem wird klar, dass zur Taufe des Erwachsenen, aber auch des Kindes, ein Weg von zwei, drei Jahren gehört. Wenn das Kind zu klein ist, muss jemand anders den Weg für es gehen – aber irgendjemand muss gehen. Die „Feier der Eingliederung" bringt in die Kirche die Idee zurück, dass die Taufe die große Schwelle ist. Aber in gewisser Weise braucht es dafür eine Kirche, die sich auf den Weg macht und sich auf dem Weg weiß, die es versteht, ihre „Selbstbezüglichkeit" zu überwinden.

Dies ist einer der Punkte, an dem die Herausforderung am größten ist. Das 50-jährige Konzilsjubiläum zu feiern heißt, sich der Logik zu unterwerfen, dass das Konzil und die Reform nicht ausreichen. Die Konzilsväter haben das Beste getan, was sie konnten. Die erste Generation hat mit großer Energie, Einsatzbereitschaft und Großzügigkeit eine kostbare Reform umgesetzt, die mit der Zeit sicherlich korrigiert, präzisiert und verfeinert werden kann, die aber auf jeden Fall ein großartiges Instrument ist, das wir heute zu benutzen beginnen können um die Glaubenserfahrung in den verschiedenen Gemeinschaften wachsen zu lassen.

Von unserem Gebrauch hängt nun die Bedeutung dieser Geschichte ab, in unseren Händen liegt das Konzept dieses christlichen Lebens. Was diesen „überaus pastoralen" Weg betrifft, bleibt Parsch, heute wiedergelesen, ein großer Prophet – auch für die Kirche des 21. Jahrhunderts. Parsch wird heute sozusagen zur Bedingung dafür, das ursprüngliche Projekt des Konzils in der Kirche von heute umzusetzen und nicht zu zögern, diesen Weg weiterzugehen.

Zum Schluss überlasse ich das Wort einem großen Theologen, der Ende 1965 mit großer Ausgewogenheit das delikate und fragile Schicksal des Konzils hervorhob, das nachfolgende Generationen braucht, die in seine Logik eintreten. In anderen Worten: Der konziliare Stil hängt heute von uns ab, wie auf prophetische Weise Karl Rahner vor fast 50 Jahren feststellte:

> „Das Konzil hat einen Anfang für den aggiornamento, für die Erneuerung, gesetzt, ja sogar für die immer fällige Buße und Bekehrung: den Anfang des Anfangs. Das ist viel. Aber eben nur den Anfang des Anfangs. Alles, fast alles ist noch Buchstabe, aus dem Geist und Leben, Dienst, Glaube und Hoffnung werden können, aber nicht von selbst werden. Die Kirche hat sich zu einer Aufgabe bekannt, aber sie muß erst noch erfüllt werden. Und diese Kirche, das ist eine grundlegende Aussage aus Geist und Feuer, sind wir alle selber."[18]

An diese Worte, mit denen ich ursprünglich meinen Vortrag abschließen wollte, möchte ich nun doch einige Worte eines anderen Jesuiten anschließen, der kein Konzilsvater ist, aber ein „Sohn" des Konzils und der in einem Interview mit „Civiltà Cattolica" diese offene und kraftvolle Einstellung der Hoffnung in Bezug auf das Zweite Vatikanische Konzil so auf den Punkt gebracht hat:

> „Das Zweite Vatikanum war eine neue Lektüre des Evangeliums im Licht der zeitgenössischen Kultur. Es hat eine Bewegung der Erneuerung ausgelöst, die aus dem Evangelium selbst kommt. Die Früchte waren enorm. Es reicht, an die Liturgie zu erinnern. Die Arbeit der Liturgiereform war ein Dienst am Volk, wie eine neue Lektüre des Evangeliums, ausgehend von einer konkreten historischen Situation. Ja, da gibt es Linien, die auf eine Hermeneutik der Kontinuität und eine der Diskontinuität hinweisen. Aber eines ist klar: Die Dynamik der aktualisierten Lektüre des Evangeliums von heute, die dem Konzil eigen ist, ist absolut unumkehrbar. Dann gibt's da spezielle Fragen, wie die der Liturgie nach dem Alten Ritus. Ich denke, dass die Entscheidung von Papst Benedikt klug abwägend gewesen ist als Hilfe für einige Personen, die diese besondere Sensibilität haben. Ich finde aber das Risiko einer Ideologisierung des *Vetus Ordo*, seine Instrumentalisierung, sehr gefährlich."[19]

Der erste Papst, der ein „Sohn des Konzils" ist, Papst Franziskus, gibt unseren Hoffnungen das Wort zurück, er gibt nicht der Verzweiflung und nicht

---

18  K. Rahner, Das Konzil – ein neuer Beginn. Vortrag beim Festakt zum Abschluss des II. Vatikanischen Konzils im Herkulessaal der Residenz in München am 12. Dezember 1965, Freiburg 1966, 14.
19  Antonio Spadaro SJ, Das Interview mit Papst Franziskus. Online verfügbar unter: http://www.stimmen-der-zeit.de/zeitschrift/online_exklusiv/details_html?k_beitrag=3906412 [aufgerufen am 17.7.2014].

der Vermessenheit nach. 50 Jahre später hat das Konzil – unvorhergesehen aber von der Vorsehung gewollt – seinen Ton und seinen Stil wiedergefunden. Wir können sicher sein: Auch Pius Parsch kann in der offiziellen Sprache heute wieder wertgeschätzt und verstanden werden – und darüber freut er sich sicher sehr da oben! Und wir hier unten, wir sind dankbar.

Übersetzung: Dr. Benjamin Leven, Trier.

# Religiöser Pluralismus als Herausforderung der Liturgie. Eine Relecture der Liturgiekonstitution

*Benedikt Kranemann*

## 1. Einführung

Pius Parsch hat 1940 sein Buch über die „Volksliturgie" herausgegeben. Er nahm für sich in Anspruch, diesen Begriff selbst gefunden zu haben.[1] Das Ziel seiner Bemühungen war ein Beitrag zu einer volkskirchlichen Erneuerung und einer Förderung der aktiven Teilnahme des Volkes an der Liturgie. Dieses pastoralliturgische Programm entwickelte Parsch in einer Zeit, für die er über das Sudentenland sagen konnte: „Die Schule bot mir in religiöser Hinsicht nicht viel Anregung. […] Die Mitschüler im Gymnasium waren meist religionslos oder indifferent."[2] Was man in diesem interessanten Buch findet, sind vor allem Impulse und Reflexionen zur Liturgie der Pfarrei. Man stößt aber kaum auf etwas, das darüber hinausweist.

Wenn man hingegen heute nach einer Liturgie für das „Volk" in ganzer Breite fragt, muss man weiter ausholen. Die Zahl der Konfessionslosen ist im deutschen Sprachgebiet gewachsen.[3] Innerhalb der Kirchen begegnet man sehr unterschiedlichen Frömmigkeitspraktiken und Bindungen an die jeweilige Institution. In Gesellschaft und Kirche trifft man häufig auf „Patchworkreligion".[4] Neben der konfessionell gebundenen gibt es längst Spiritualität und religiöse Praxis unter Konfessionslosen, wie groß diese Gruppe auch sein mag. Wenn Danièle Hervieu-Léger von „Religion

---

1   P. Parsch, Volksliturgie. Ihr Sinn und Umfang. Klosterneuburg–Wien 1940, 5 (Nachdruck: Würzburg 2004 [Pius-Parsch-Studien 1]). Zu den „lebensgeschichtlichen Prägungen" von Parsch vgl. A. Redtenbacher, Der Einfluss von Pius Parsch in der Liturgiekonstitution des II. Vatikanischen Konzils, in: HlD 67 (2013) 230–245, hier 231 f.
2   P. Parsch, Volksliturgie (wie Anm. 1) 11.
3   Vgl. T. Kläden, Forcierte Säkularität als Trend, in: R. Hempelmann/H. Schönemann (Hg.), Glaubenskommunikation mit Konfessionslosen. Kirche im Gespräch mit Religionsdistanzierten und Indifferenten (EZW-Texte 226), Berlin 2013, 37–53.
4   Vgl. aus theologischer Perspektive die Analysen zur Situation der katholischen Kirche von R. Bucher, … wenn nichts bleibt, wie es war. Zur prekären Zukunft der katholischen Kirche, Würzburg 2012; H.-J. Höhn, Fremde Heimat Kirche. Glauben in der Welt von heute, Freiburg–Basel–Wien 2012.

in Bewegung" spricht und die so Bewegten als „Pilger und Konvertiten" bezeichnet,[5] Grace Davie über das „believing without belonging" und „vicarious religion" doziert,[6] schließlich José Casanova die Westeuropäer warnt, über der Säkularisierungsthese neue religiöse Entwicklungen neben den traditionellen Religionsinstitutionen nicht wahrzunehmen,[7] ahnt man, was alles mit Pluralisierung angesprochen ist.

Notwendig ist ein intensives Nachdenken darüber, was der Stand der Liturgie in diesem Umfeld ist. Von Pius Parsch und den meisten seiner Zeitgenossen ist, wenn nicht alles täuscht, hier wenig zu erwarten. Sie stellen sich zwar als Theologen den Herausforderungen ihrer Zeit, aber sie sind ganz auf die Pfarrei konzentriert.[8] Doch viele sind heute nicht mehr in dieser Pfarrei und nehmen nur punktuell und bedarfsweise kirchliche Rituale in Anspruch. Sie bewegen sich außerhalb der Kirche, aber suchen anlassbezogen immer wieder den Kontakt: bei einem Fest im Jahreslauf, anlässlich eines Ereignisses in der Familie, in einer Notlage usw. Die Kirche und die Kirchen reagieren darauf zunehmend mit dem, was sie diakonische oder missionarische Liturgie nennen oder auch als niederschwellige Feiern bezeichnen.[9] Letztere sind offensichtlich schwer zu verorten,

---

5 Vgl. D. Hervieu-Léger, Pilger und Konvertiten. Religion in Bewegung (Religion in der Gesellschaft 17), Würzburg 2004.
6 Vgl. G. Davie, Religion in Europe in the 21th Century. The Factors to Take into Account, in: Archives Européennes de Sociologie 47 (2006) 271–296; dies., The Sociology of Religion (BSA new horizons in sociology), Los Angeles 2007; dies., Vicarious Religion. A Methodological Challenge, in: N. T. Ammerman (Hg.), Everyday Religion. Observing Modern Religious Lives, Oxford–New York 2007, 21–35.
7 Vgl. J. Casanova, Die religiöse Lage in Europa, in: H. Joas/K. Wiegandt (Hg.), Säkularisierung und die Weltreligionen, Frankfurt/M. 2007, 322–357.
8 Vgl. T. Maas-Ewerd, Liturgie und Pfarrei. Einfluß der liturgischen Erneuerung auf Leben und Verständnis der Pfarrei im deutschen Sprachgebiet, Paderborn 1969; zum Konzept der Pfarrei als Gemeinde und der „Pfarrfamilie" vgl. A. Poschmann, Das Leipziger Oratorium. Liturgie als Mitte einer lebendigen Gemeinde (Erfurter theologische Studien 81), Leipzig 2001, 70–73; ders., Klosterneuburg und Leipzig – zwei Zentren der liturgischen Bewegung, in: HlD 58 (2004) 133–141, vergleicht die Besinnung auf die Pfarrei bei Parsch und im Leipziger Oratorium.
9 Vgl. dazu in den letzten Jahren Analysen und Konzepte bei H. Bauernfeind, Inkulturation der Liturgie in unsere Gesellschaft. Eine Kriteriensuche – aufgezeigt an den Zeitzeichen Kirche heute, Esoterik/New Age und modernes Menschsein (Studien zur Theologie und Praxis der Seelsorge 34), Würzburg 1998; Benedikt Kranemann [u. a.] (Hg.), Gott feiern in nachchristlicher Gesellschaft. Die missionarische Dimension der Liturgie, Stuttgart 2000; M. Lätzel, Den Fernen nahe sein. Religiöse Feiern mit Kirchendistanzierten, Regensburg 2004; vgl. auch die im Folgenden genannte Literatur.

werden mal als katechumenal, mal als präkatechumenal bezeichnet, heißen Schwellenrituale oder finden im Vorhof der Heiden statt. Solche Bezeichnungen grenzen häufig aus und formulieren damit negativ. „Offene Türen: Feiern mit Menschen auf der Suche nach Gott" wurde jüngst ein Buch sehr sinnvoll betitelt.[10] Was haben die Liturgiekonstitution, was die Liturgietheologie zu solchen Feiern mit Gottsuchern zu sagen? Was hat die Liturgiewissenschaft,[11] was die Liturgie beizutragen, wenn es um religiösen Pluralismus geht?

## 2. Liturgietheologische Überlegungen zur Liturgie im religiösen Pluralismus

Die Antwort ist zunächst einfach: Von ihrem Selbstverständnis her kann die katholische Kirche, die der Liturgie für die eigene Identität eine zentrale Rolle beimisst, an der Liturgiefeier für eine solche Verhältnisbestimmung von Kirche und Pluralismus nicht vorbeigehen. Die Feier des Gottesdienstes – und damit ist hier immer mehr und anderes als allein die Eucharistie gemeint – gehört in die Mitte der Kirche.[12] Wer theologisch über die Veränderungen durch den Pluralismus und die Konsequenzen für den Glauben reflektiert und dabei nach der Zukunft der Kirche fragt, muss deshalb die Liturgie einbeziehen. Das gilt für die Kirche auch und gerade dort, wo sie sich den Veränderungen in der Gesellschaft und hier in erster Linie dem religiös-weltanschaulichen Pluralismus stellt. Die Liturgie spielt eine entscheidende Rolle in diesen Umbrüchen, weil sie als Ritual aufgrund ihrer Zeichensprache und ihrer charakteristischen Möglichkeiten der Glaubensartikulation, nicht zuletzt ihrer Sinnenhaftigkeit

---

10 Vgl. G. Brüske, Offene Türen: Feiern mit Menschen auf der Suche nach Gott. Eine Arbeitshilfe zu niederschwelligen Gottesdiensten, Freiburg/Schw. 2010.
11 Stefan Böntert hat darauf aufmerksam gemacht, dass schon in der liturgiewissenschaftlichen Ausbildung eine Auseinandersetzung mit entsprechenden Phänomenen notwendig ist; vgl. S. Böntert, Identität wahren und Vielfalt wagen. Zu den Aufgaben und Zielen liturgiewissenschaftlicher Aus- und Fortbildung im Umfeld des weltanschaulichen Pluralismus, in: Theologie der Gegenwart 52 (2009) 267–278.
12 Das macht schon vom Titel her der Sammelband mit Aufsätzen von Angelus A. Häußling, Christliche Identität aus der Liturgie. Theologische und historische Studien zum Gottesdienst der Kirche (Liturgiewissenschaftliche Quellen und Forschungen 79), hg. von M. Klöckener u. a., Münster 1997, deutlich.

eigene Beteiligungsformen kennt,[13] die weit über die sogenannte Kerngemeinde hinaus eine kommunikative Wirkung entfalten können.

Das erste Dokument des Zweiten Vatikanums gilt Fragen der Liturgie. In der Liturgiekonstitution entdeckt man bereits zentrale theologische Aussagen, die später in anderen Beschlüssen des Konzils erneut durchgearbeitet werden. Das Konzil sendet, indem es Sacrosanctum Concilium als ersten Text verabschiedet, ein Signal hinsichtlich der Bedeutung des Gottesdienstes aus. Die Liturgiekonstitution ist bekanntlich missverstanden, wollte man sie allein als ein pastoral-, also praxisorientiertes Dokument lesen. Sie beginnt vielmehr mit einer Reihe weitreichender theologischer Aussagen zum Wesen der Liturgie, zu ihrer Theo- und Christozentrik, zum Kirchenbild des Gottesdienstes, zum Verhältnis von Kultur und Liturgie, aber auch zur Theologie des Wortes, zur Teilnahme der Gläubigen usw.[14]

Was darf von einer solchen Theologie in Zeiten des Umbruchs erwartet werden? Das gesellschaftlich-kirchliche Umfeld des Gottesdienstes in unseren Breiten ist kaum strittig: Wir leben in einer kleiner werdenden Kirche und erleben in der Gesellschaft eine abschmelzende Vertrautheit mit der Überlieferung und den Ritualen der Kirche. Zugleich begegnen wir einer großen Vielfalt in den Glaubensbiographien und der religiösen Praxis in der Kirche. Zum Umbruch, den die Kirche derzeit erlebt, gehört die Erfahrung, dass die Zahl derer, die an den Rändern oder außerhalb der Kirche leben, immer stärker zunimmt. Es gilt zugleich wahrzunehmen, dass religiöse Praxis auch jenseits der Kirche vital ist. Es kommt hinzu, dass es Bereiche im kirchlichen Leben gibt, in denen die Grenze zwischen Kirchengliedern und Außenstehenden fließend ist. Das gilt

---

13 Auf die besondere „Sprache" der Rituale macht aus theologischer Sicht H. Zaborowski, Vom Geschehen des Rituals. Hermeneutische Überlegungen, in: IKaZ 42 (2013) 327–339, aufmerksam.

14 Vgl. zu einigen zentralen Aussagen zur Theologie der Liturgiekonstitution W. Haunerland, Culmen et Fons. Zur Rezeption einer liturgietheologischen Spitzenaussage, in: LJ 63 (2013) 137–152; M. Klöckener, Die Zukunft der Liturgiereform – im Widerstreit von Konzilsauftrag, notwendiger Fortschreibung und „Reform der Reform", in: A. Redtenbacher (Hg.), Die Zukunft der Liturgie. Gottesdienst 40 Jahre nach dem Konzil, Innsbruck–Wien 2004, 70–118, bes. 72–88; J. Knop, Ecclesia orans. Liturgie als Herausforderung für die Dogmatik, Freiburg–Basel–Wien 2012, 172–176; K. Richter, Grundlagen des Aufbruchs: Die Liturgiekonstitution „Sacrosanctum Concilium", in: H. Kerner (Hg.), Aufbrüche. Gottesdienst im Wandel, Leipzig–Trier 2010, 85–109, bes. 87–90. Vgl. auch die Beiträge in M. Stuflesser (Hg.), Sacrosanctum Concilium. Eine Relecture der Liturgiekonstitution des II. Vatikanischen Konzils (Theologie der Liturgie 1), Regensburg 2011.

längst nicht mehr nur für die Christmette! Kurz gefasst: Die Zahl der Kirchenmitglieder wird kleiner, die Grenzen zwischen Innen und Außen werden unschärfer, die Kirche wird aber mit ihrem Umfeld pluraler und vielleicht auch offener. Umso dringlicher ist die Frage, was die Lebensmitte ausmacht, auf die nach theologischem Verständnis alle rituell-liturgischen Vollzügen der Kirche hin ausgerichtet sein müssen und um die herum sich immer wieder neu Kirche bildet, was also das theologisch-spirituelle Zentrum ist, aus dem schließlich Gemeinschaft wie Individuum leben können. Gefordert ist eine gleichermaßen prägnante wie sprechende Liturgietheologie, die das Zentrale des Glaubens und das tragende Moment von Kirche lebensrelevant zum Ausdruck bringt.

Eine solche Theologie würde entschieden zu kurz greifen, wenn sie allein auf die Kirche im engeren Sinne fokussieren würde.[15] Dafür gibt es mehrere Gründe: Ein solches Selbstverständnis der Kirche würde wesentlichen Aussagen des Zweiten Vatikanums nicht gerecht. Die Liturgiekonstitution bezeichnet Gott mit 1 Tim 2,4 als denjenigen, der die Rettung aller Menschen will (SC 5). Später ist vom Ruf zu Glaube und Bekehrung die Rede, der der Liturgie vorausgehen muss. (Aber gibt es nicht auch eine Liturgie, die „missionarisch" wirkt?[16]) Mit Blick auf die Heilsprolepse in

---

15 Überlegungen, denen in diesem Zusammenhang nachzugehen lohnt, bietet Hans-Joachim Sander an, der mit Blick auf die Lebenswendefeier im Erfurter Dom von einem „theologischen thirdspace" zwischen Kirche und Gesellschaft spricht. „Dieser *thirdspace* geht vom Geschehen des neuen Ritus aus, den die Lebenswendefeier anbietet. Er nötigt zu einem Diskurs über andere Formen des Lebens und andere Weisen des Glaubens an die Gottespräsenz. Dieser *thirdspace* ist entscheidend für den Respekt vor der anonymen Gegenwart Gottes, weil er sowohl den expliziten Glauben wie das reale Leben auf eine Überschreitung hin öffnet, ohne die es keine Passage im Leben geben kann. Ein solcher dritter Raum ist für den expliziten Glauben an den Stadtbewohner Gott, also den christlichen Glauben, der sich im Dom eindrucksvoll Platz verschafft hat, überaus hilfreich. Denn sonst versagen die vielen Worte, die in diesem Glauben und seinen religiösen Riten über Gott gemacht werden, angesichts der Sprachlosigkeit seiner Präsenz." H.-J. Sander, Weniger ist mehr und Gott steckt in den Details. Der Gottesraum in Lebenswenden und seine urbane Feier, in: Theologie der Gegenwart 56 (2013) 272–287, hier 287. Zur Lebenswendefeier vgl. das Themenheft „Feier der Lebenswende" (= Theologie der Gegenwart 56 [2013], H. 4) und B. Kranemann, Rituale in Diasporasituationen. Neue Formen kirchlichen Handelns in säkularer Gesellschaft, in: S. Böntert (Hg.), Objektive Feier und subjektiver Glaube? Beiträge zum Verhältnis von Liturgie und Spiritualität (Studien zur Pastoralliturgie 32), Regensburg 2011, 253–273.
16 Vgl. dazu schon früh A. Gerhards, Die Rolle des Gottesdienstes für die Weitergabe des Glaubens, in: ders., Erneuerung kirchlichen Lebens aus dem Gottesdienst. Beiträge zur Reform der Liturgie (Praktische Theologie heute 120), Stuttgart 2012,

der Liturgie wird von der Kirche die Verkündigung der Heilsbotschaft an die Nichtglaubenden verlangt (SC 9).[17] Und wieder ein Stück weiter in der Konstitution wird deutlich, dass es einen unterschiedlichen Grad der liturgischen Entwicklung gibt, der mit „Alter, Verhältnissen, Art des Lebens" zusammenhängt (SC 19). An zentraler Stelle kommen nicht nur die Vielfalt des Glaubenslebens in der Kirche, sondern auch die unterschiedlichen Glaubenssituationen in den Blick. Es reicht nicht ein Schwarz-Weiß-Kontrast, um das Glaubensleben zu erfassen, die Lebensverhältnisse in Kirche und Gesellschaft sind komplexer.

Dieser Eindruck verstärkt sich noch, wenn man die Liturgiekonstitution mit anderen Dokumenten zusammenschaut, insbesondere mit der Pastoralkonstitution „Gaudium et spes". In GS 22 wird der Sache nach vom Paschamysterium gesprochen. Ein entscheidender Satz zu Beginn besagt, Christus sei schlechthin „der neue Adam". Indem er das Mysterium des Vaters offenbare, mache er „dem Menschen den Menschen selbst voll kund". Hans Joachim Sander kommentiert: „Wer sich auf Christus einlässt, steht in einer Beziehung zu jedem Menschen und muss deshalb Ausschließungen vermeiden."[18] Er legt GS 22 im Weiteren so aus, dass die Kirche sich nicht von dem trennen darf, was die Menschen bewegt.[19] Er fährt später fort: „Christus ist der locus theologicus proprius der Begegnung der Kirche mit den Menschen, den Adressaten ihrer Botschaft; und die Menschen sind der locus theologicus alienus der Begegnung der Kirche mit Christus, ihrem Gründer und dem Grund ihrer Botschaft. In der Konstellation von innen und außen zwischen beiden realisiert sich die

---

190–208 (zuerst 1995 erschienen); ders., Liturgie: Lern- und Lebensort des Glaubens, ebd. 209–216 (zuerst 2000 erschienen).
17  Leider wird das in Kommentaren wenig aufgegriffen. Vgl. J. A. Jungmann, Constitutio de sacra Liturgia. Konstitution über die heilige Liturgie. Einleitung und Kommentar, in: Lexikon für Theologie und Kirche. Ergänzungsband 1 12 (1966), 9–109, hier 24; E. J. Lengeling, Die Konstitution des Zweiten Vatikanischen Konzils über die heilige Liturgie. Lateinisch-deutscher Text mit einem Kommentar (reihe lebendiger gottesdienst 5/6), Münster 1965, 30 f.; R. Kaczynski, Theologischer Kommentar zur Konstitution über die heilige Liturgie Sacrosanctum Concilium (Herders Theologischer Kommentar zum Zweiten Vatikanischen Konzil 2), Freiburg–Basel–Wien 2004, 1–227, hier 73 f. Kaczynski vermerkt ebd. 72 sogar: „Da sie [die Liturgie; BK] selbst nicht in erster Linie missionarisch ist, muß die Verkündigung des Glaubens vorausgehen."
18  H.-J. Sander, Gaudium et spes, in: G. Bausenhart u. a., Apostolicam actuositatem. Dignitatis humanae. Ad gentes. Presbyterorum ordinis. Gaudium et spes (Herders Theologischer Kommentar zum Zweiten Vatikanischen Konzil 4), Freiburg–Basel–Wien 2005, 581–886, hier 740.
19  Ebd. 741.

pastorale Ortsbestimmung von GS."[20] Gilt das auch für die Liturgie? Kann eine solche Begegnung von innen und außen nicht auch in Liturgie und liturgienaher Feier geschehen?

Eine ausschließliche Konzentration allein auf ein wie immer geartetes Zentrum der Kirche würde auch den gesellschaftlichen Realitäten im deutschen Sprachgebiet nicht gerecht. Es gibt Regionen, und sie befinden sich nicht allein in Ostdeutschland, in denen es neben der Liturgie der Gemeinde eine gottesdienstliche Praxis am Rande oder außerhalb der Kirche gibt, in der insbesondere Benediktionen und einfache Wortgottesdienste zu unterschiedlichen Anlässen und Zeiten im Jahreslauf eine besondere Rolle spielen. Es handelt sich um eine ernsthafte religiöse Praxis, die man aus einer bestimmten theologischen Perspektive als „marginal" bezeichnen könnte,[21] die aber für die Betroffenen von zentraler Bedeutung für das eigene Leben ist. Die britische Religionssoziologin Grace Davie hat von einem „believing without belonging" gesprochen.[22] Arbeiten aus jüngerer Zeit von Otmar Fuchs[23] und Andreas Odenthal[24] fordern eine neue Sicht auf eine solche religiöse Praxis heraus, die, wie sie ausführen, theologisch zu reflektieren ist. Odenthal hat sich jüngst aus gnadentheologischen Überlegungen gegen eine rituelle wie theologische Arroganz gegenüber „Taufscheinchristen" ausgesprochen. „Die christliche Gemeinde hat sich immer schon durch die Offenheit und Öffentlichkeit ihres rituellen Tuns ausgezeichnet, ohne dabei den spezifisch christlichen Gehalt (das Paschamysterium) zu verleugnen."[25]

---

20   Ebd. 742.
21   Vgl. M. Barnard, Voorbij de liturgiewetenschap?!, in: L. van Tongeren/P. Post (Hg.), Voorbij de liturgiewetenschap. Over het profiel van liturgische en rituele studies (Netherlands Studies in Ritual and Liturgy 12), Groningen – Tilburg 2011, 25–35, hier 26, der für eine „a-centrische" Betrachtung der Liturgie plädiert: „Radicaal a-centrisch wil zeggen, dat iedere liturgische vorm dient te worden beschouwd als een particuliere vorm temidden van andere particuliere vormen en dus ook als zodanig benaderd dient te worden; het gaat niet aan onderscheid aan te brengen tussen kernliturgie en liturgie in de marge."
22   Vgl. die Erläuterungen in G. Davie, Religion in Europe (wie Anm. 6) 274–277. Davie hält ebd. 276 fest: „Believing without belonging is a pervasive dimension of modern European societies; it is not confined to the religious lives of European people."
23   Vgl. u. a. O. Fuchs, „Unbedingte" Vor-Gegebenheit des Rituals als pastorale Gabe und Aufgabe, in: Theologische Quartalschrift 189 (2009) 106–129.
24   Vgl. A. Odenthal, Reiche Liturgie in der Kirche der Armen? Zum Über-Fluss gottesdienstlichen Handelns im Kontext einer diakonischen Pastoral, in: ThQ 193 (2013) 282–290.
25   Ebd. 287.

Das ist unter anderen Voraussetzungen auch auf Konfessionslose hin weiterzudenken.

Gefordert ist also eine Kirche, die sich nicht auf sich selbst konzentriert, sondern sich aus theologischen Motiven als eine zur Gesellschaft und in der Gesellschaft offene Kirche versteht. Eine andere Daseinsform von Kirche ist nach dem Konzil und einer Konzilsrezeption, in der sich Kirche immer mehr als „Welt-Kirche", so Peter Hünermann, zu verstehen gelernt hat,[26] ehrlich betrachtet nicht mehr vorstellbar. Notwendig ist eine Kirche, die das Evangelium lebt und die es anderen als lebenswert anbietet, weil sie dieses Evangelium als lebenstragende Kraft versteht und dafür über den eigenen Raum hinaus engagiert sein will. Sie wird sich um eine Liturgietheologie bemühen müssen, deren Programmatik auf das Leben heutiger Menschen hin artikuliert werden kann, und um eine dem entsprechende Liturgie ringen.

## 3. Paschamysterium und Liturgie im religiösen Pluralismus

Es sind also mehrere Aspekte, die für eine Liturgietheologie, wie sie hier zur Diskussion steht, wichtig sind und reflektiert werden müssen: Diese Theologie muss das Wesentliche des Glaubens und hier vor allem des Gottes- wie Menschenbildes wiedergeben. Sie muss auf ganz unterschiedliche Bereiche von Kirche, auf Menschen in Nähe und Distanz zur Kirche und auf ganz verschiedenen Transzendenzerfahrungen hin sprechen können. Sie muss sich schließlich durch Entschiedenheit wie Offenheit auszeichnen.

Wo findet eine solche Liturgietheologie ihre Mitte? Es ist auffällig, dass in letzter Zeit der zentrale theologische Begriff aus Liturgischer Bewegung und Liturgiekonstitution wieder verstärkt durchdacht wird: der Begriff „Paschamysterium".[27] Er geht im Wesentlichen auf den Bene-

---

26 P. Hünermann/Kommentatoren, Schlusswort: Eine „kalligraphische Skizze" des Konzils, in: Guido Bausenhart u. a. (Hg.), Die Dokumente des Zweiten Vatikanischen Konzils: Theologische Zusammenschau und Perspektiven (Herders Theologischer Kommentar zum Zweiten Vatikanischen Konzil 5), Freiburg–Basel–Wien 2006, 447–469, hier 462.

27 Vgl. dazu in jüngerer Zeit B. Jeggle-Merz, Pascha-Mysterium. „Kurzformel" der Selbstmitteilung Gottes in der Geschichte des Heils, in: IKaZ 39 (2010) 53–64; W. Haunerland, Mysterium paschale. Schlüsselbegriff liturgietheologischer Erneuerung, in: G. Augustin/K. Kardinal Koch (Hg.), Liturgie als Mitte des christlichen Lebens

diktiner Odo Casel zurück, wurde – umstritten – in der Auseinandersetzung mit Religionsgeschichte, antiker Literatur und vor allem den Kirchenvätern und östlichem Erbe gewonnen, dann im Konzil rezipiert. Henri Jenny und Aimé-Georges Martimort protegierten den Begriff und die ihm immanente Theologie, wobei, wie Winfried Haunerland anmerkt, „für manche Konzilsväter [...] der Hinweis auf das Paschamysterium offensichtlich nicht problemlos" war.[28] Er wurde implizit zu einem theologisch zentrierenden Begriff von Sacrosanctum Concilium. Der Begriff hat durchaus Staub angesetzt, seine Deutung ist manchmal nicht sehr frisch. Und dennoch besitzt er nach wie vor Potenzial und eröffnet vielfältige Erschließungsmöglichkeiten gerade mit Blick auf die beschriebene Situation der Kirche, wie das eben schon anzitierte erste Kapitel der Liturgiekonstitution zeigt. Es handelt über „Das Wesen der heiligen Liturgie und ihre Bedeutung für das Leben der Kirche" und beginnt mit einem Zitat aus 1 Tim 2,4: „Gott, der ‚will, daß alle Menschen gerettet werden und zur Erkenntnis der Wahrheit gelangen'" (SC 5). Wenn über das Wesen der Liturgie gesprochen wird, steht also bemerkenswerterweise der universale Heilswillen Gottes am Anfang. Man hätte durchaus anders und exklusiver einsetzen können, gerade wenn es um einen zentralen Lebensvollzug der Kirche selbst geht, wählt aber diesen Einstieg. Ihm folgt ein großer heilsgeschichtlicher Entwurf, der Alten und Neuen Bund, Israel und Kirche in den Blick nimmt und in den Mittelpunkt die Erlösung in Jesus Christus stellt. Wenn man zudem auf die Universalität des Heilshandelns Gottes, wie im ersten Satz ausgesprochen, schaut, ist interessant, wie Christus eingeführt wird: Er ist der Sohn, das Fleisch gewordene Wort, der Messias; und dann kommen Kennzeichnungen (Prädikationen), die die Proexistenz Christi beschreiben: Gott hat ihn gesandt, „den Armen das Evangelium zu predigen und zu heilen, die zerschlagen Herzens sind, ‚den Arzt für Leib und Seele', den Mittler zwischen Gott und den Menschen" (SC 5). Das erste Kapitel der Liturgiekonstitution – darauf kommt es an – dreht sich um die Bedeutung der Liturgie für die Kirche, aber es eröffnet hintergründig eine viel weitere Perspektive – mit Konsequenzen für die Liturgietheologie wie -praxis. Es lenkt den Blick, und zwar eingangs, über die

---

(Theologie im Dialog 7), Freiburg–Basel–Wien 2012, 189–209; S. Schrott, Die drei Tage des einen Mysteriums. Das Pascha-Mysterium als Schlüssel zu Liturgie und Triduum Sacrum, in: B. Leven/M. Stuflesser (Hg.), Ostern feiern. Zwischen normativem Anspruch und lokaler Praxis (Theologie der Liturgie 4), Regensburg 2013, 298–315.
28  W. Haunerland, Mysterium paschale (wie Anm. 27) 196.

Kirche hinaus auf alle Menschen. Es sind diese wenigen Sätze und es ist diese kurze theologische Skizze, vor der nun die Theologie des Paschamysteriums entfaltet wird, auch dies mit ganz knappen Strichen: Paschamysterium meint „sein seliges Leiden, seine Auferstehung von den Toten und seine glorreiche Himmelfahrt. In diesem Mysterium ‚hat er durch sein Sterben unseren Tod vernichtet und durch sein Auferstehen das Leben neugeschaffen'" (SC 5).

Die Bedeutung dieser Theologie ist in der Liturgiewissenschaft unbestritten; man müht sich, diese theologische „Kurzformel"[29] auch zu übersetzen. In der jüngeren liturgiewissenschaftlichen Diskussion stehen drei Aspekte im Vordergrund: eine Relecture des Begriffs „Paschamysterium", die Rückbindung aller Liturgiefeier an das Paschamysterium und der Aufweis, dass das Paschamysterium nicht nur die Liturgie, sondern umfassender das Leben von Christen bestimmen soll. Was in der Feier des Paschamysteriums dem Menschen als Wandlung und Freisetzung widerfährt, soll im alltäglichen Leben und Handeln wieder aufscheinen. Für Stephan Wahle geht es in der theologisch entsprechend fundierten Liturgie um „das Widerfahrnis der Transzendenz", aus dem bereits „in der Liturgiefeier [...] ein neues ethisches Miteinander"[30] anbricht. Dieses wiederum soll zur Lebensdeutung werden. Das gelingt aber nur einer Liturgie, die in ihrer theologischen Ästhetik sprechen kann.[31]

Angelus A. Häußling hat in seinen Arbeiten zum Paschamysterium den Aspekt der Zeitgenossenschaft zur Heilsgeschichte profiliert.[32] Die Heilsunmittelbarkeit wird in diesem theologischen Ansatz betont. Die

---

29   Vgl. A. A. Häußling, „Pascha-Mysterium". Kritisches zu einem Beitrag in der dritten Auflage des „Lexikon für Theologie und Kirche", in: ALw 41 (1999) 157–165, hier 164.
30   S. Wahle, Gottes-Gedenken. Untersuchungen zum anamnetischen Gehalt christlicher und jüdischer Liturgie (Innsbrucker theologische Studien 73), Innsbruck–Wien 2006, 456.
31   Auf den Zusammenhang von Ästhetik und gelingender Liturgiefeier macht aufmerksam A. Gerhards, Mimesis – Anamnesis – Poiesis. Überlegungen zur Ästhetik christlicher Liturgie als Vergegenwärtigung, in: ders., Erneuerung kirchlichen Lebens aus dem Gottesdienst (wie Anm. 16) 156-168 (zuerst 2002 erschienen); ders., Liturgie – die ästhetische Gestalt der Kirche zwischen Sein und Werden. Anmerkungen zu neueren Entwürfen einer Theologie der Liturgie, in: G. Augustin/K. Kardinal Koch (Hg.), Liturgie als Mitte des christlichen Lebens (wie Anm. 27) 210–234 (Auseinandersetzung mit den liturgietheologischen Entwürfen von Joseph Ratzinger und Walter Kasper).
32   Vgl. A. A. Häußling, Liturgie: Gedächtnis eines Vergangenen und doch Befreiung in der Gegenwart, in: ders., Christliche Identität aus der Liturgie (wie Anm. 12) 2–10.

Heilstaten sind den Feiernden heute so nahe wie den Gestalten der Heilsgeschichte.[33] Die theologische Dichte des Begriffs bleibt erhalten, gleichzeitig wird seine anthropologische Aktualität in einer Zeit des Umbruchs der Kirche herausgestellt.[34]

Gerade in der Gegenwart mit ihren durchaus gegensätzlichen Signalen für den Status von Religion und Glaube erhält ein solch prägnantes theologisches Programm besondere Bedeutung, weil es die Lebensnähe des Gefeierten unterstreicht. Entscheidend ist zunächst, dass man sich innerhalb der Kirche dieses Programms bewusst ist und Liturgie so feiert, dass die Zusage von geistlicher Zeitgenossenschaft den Menschen überhaupt erreichen kann. Das rituelle Geschehen muss so vollzogen werden, dass erfahrbar wird: Gott ist *dem* Menschen nahe, damals wie heute; diese Nähe aber liegt allem menschlichen Tun voraus, ist gnadenhafte Zuwendung Gottes. Für das Selbstverständnis der Kirche, aber auch der Liturgie ist das eine wichtige Ansage, denn in der Konsequenz ist dann entsprechend Zugewandtheit zum Menschen gefordert – in der Kirche wie in der Liturgie.

Einen Übersetzungsversuch für Paschamysterium hat Karl-Heinrich Bieritz unternommen. Ihm geht es beim „Paschamysterium" um die „Grundfrage menschlicher Existenz schlechthin": den Tod und die Suche nach Sinn und Hoffnung für ein Leben im Angesicht des Todes.[35] Die eigentliche Botschaft lautet: ... *dass das Leben siegt.*"[36] Es geht um die Lebensgeschichte Jesu Christi, aber im Letzten ist es die Geschichte des Menschen, die in einen neuen Horizont gestellt wird. „Der Weg zum Leben tut sich auf", wenn das Pascha Jesu Christi gefeiert wird.[37] Joseph Ratzinger hat mit einer Reihe von Metaphern letztlich Ähnliches gesagt, als er „Pascha" so ‚übersetzte': „Pascha ist ‚transitus' – ist die Dynamik der Überschreitung schlechthin, von Leben zu Tod und von Tod zu Leben,

---

33 Vgl. ebd. 10.
34 Das hat u. a. S. Wahle, Gottes-Gedenken (wie Anm. 30) herausgearbeitet, so ebd. im Kap. 7.2, wo „Liturgie als aktualisierendes Begegnungsgeschehen im Zueinander des Gedenkens Gottes und der Menschen" (ebd. 410) interpretiert wird. Dazu vgl. S. Winter, Liturgie – Gottes Raum. Studien zu einer Theologie aus der *lex orandi* (Theologie der Liturgie 3), Regensburg 2013, 187–200.
35 K.-H. Bieritz, Perspektiven der Liturgiewissenschaft, in: I. Mildenberger/W. Ratzmann (Hg.), Liturgie mit offenen Türen. Gottesdienst auf der Schwelle zwischen Kirche und Gesellschaft (Beiträge zu Liturgie und Spiritualität 13), Leipzig 2005, 9–30, hier 29.
36 Ebd. 30.
37 So S. Schrott, Die drei Tage des einen Mysteriums (wie Anm. 27) 306.

von Welt zu Gott, vom Sichtbaren zum Unsichtbaren, von den Stationen der Zeit in die neue Stadt, ins endgültige Jerusalem hinein."[38]

Für die Kommunikation über theologische Inhalte, die ohnehin heute für viele Menschen wie eine Zumutung wirken,[39] bleiben solche Neuübersetzungen unverzichtbar. Sie sind zugleich ein wichtiger Akt der Selbstverständigung über den Glauben als Voraussetzung für die Außenverständigung. Wenn man sich durch die Grundgedanken der Liturgietheologie hat führen lassen, entdeckt man in SC 9 die bereits erwähnte Aussage, dass sich das Tun der Kirche nicht in der Liturgie erschöpft. Vielmehr ist der Mensch zuvor zum Glauben gerufen. Die Kirche wird durch das Konzil aufgerufen, „denen, die nicht glauben, die Botschaft des Heils" zu verkünden. Die Liturgiekonstitution selbst fordert diese Hinwendung nach außen, und zwar innerhalb der Ausführungen zur Theologie der Liturgie und damit in den sehr grundlegenden Abschnitten der Konstitution. Leider ist das in der Vergangenheit wenig gewürdigt worden.[40] Vielleicht stand dabei die Sorge im Hintergrund, die Liturgie könne für Mission wie Diakonie verzweckt werden. Das ist tatsächlich eine Gefahr, der man entgegentreten muss, will man die Liturgie nicht beschädigen. Deshalb ist es sinnvoll, von missionarischer oder diakonischer Dimension der Liturgie zu sprechen, um zu verdeutlichen, dass es sich um eine unter verschiedenen Dimensionen handelt. Zugleich muss deutlich werden, das im Zentrum der Liturgie die Feier der Offenbarung Gottes in Jesus Christus steht. Dieses Zentrale darf nicht verzweckt bzw. unterschiedlichen Zwecken und Zielsetzungen untergeordnet werden. Ebenso wenig aber kann übersehen werden, dass eine Liturgiefeier Menschen für Evangelium und Glauben ansprechen und begeistern kann. Dafür muss es Liturgien geben, die die Botschaft Jesu Christi in einer glaubwürdigen und überzeugenden Weise feiern – eigentlich die Anforderung schlechthin an jede Liturgiefeier. Dem Evangelium muss gleichsam Raum gegeben werden, die ihm eigene Kraft auch für Menschen zu entfalten, die keiner Glaubensgemeinschaft angehören.

Es geht also zunächst um die Liturgiefeier als Mitte der Kirche selbst. In einem weiteren Schritt müssen Formen für Feiern auch mit Kirchenfernen gesucht werden, in denen in unterschiedlichen Lebenssituationen die Präsenz Jesu Christi und die christliche Hoffnung zum Ausdruck kommen. Es handelt sich um Feiern, die weit über den Kirchenraum hinaus

---

38  J. Kardinal Ratzinger, 40 Jahre Konstitution über die heilige Liturgie. Rückblick und Vorblick, in: LJ 53 (2003) 209–221, hier 212.
39  Vgl. S. Wahle, Gottes-Gedenken (wie Anm. 34) 464.
40  Vgl. o. Anm. 17.

rituell „sprechen" können. Mit ihnen entgrenzt man das, was sich mit Paschamysterium verbindet, über den engeren kirchlichen Binnenraum und eröffnet die Möglichkeit, dass Menschen auch außerhalb der Kirche damit in Kontakt kommen. In einer Zeit des Umbruchs der Kirche muss die Frage gestellt werden, ob innerkirchlich Ritual und Liturgie genug zugetraut wird, wenn es um Kommunikation des Glaubens und dessen, was sich mit Paschamysterium verbindet, gegenüber Konfessionslosen und Suchenden geht.

Es ist allerdings zweifelhaft, ob das genug wahrgenommen wurde und wird. Mit Blick auf die Relecture von Schriften Pius Parschs und kurz nach dem 50-jährigen Jubiläum der Liturgiekonstitution müssen kritische Rückfragen gestattet sein. Teile der Liturgischen Bewegung haben sich ausdrücklich und in ihrer Zeit aus guten Gründen auf einen theologisch und spirituell gewichtigen, aber begrenzten Pfad der Liturgie festgelegt: Tagzeitenliturgie, Eucharistie, die Sakramente, einige wenige Sakramentalien, das Kirchenjahr mit sehr starker Differenzierung und unterschiedlicher Gewichtung. Der Bereich der sog. Volksfrömmigkeit wurde häufig geringgeschätzt. In der nachkonziliaren Reform ist dieser Pfad noch einmal schmaler geworden, insofern – zumindest in Deutschland – die Eucharistie die Normalform der Liturgie wurde, das Andachtswesen weitgehend zusammengebrochen ist, die Tagzeitenliturgie bis auf wenige Ansätze[41] und bei manchen Bemühungen in jüngerer Zeit Marginalie blieb. Damit wird man aber weder dem Anspruch gerecht, das Paschamysterium auch dort vorzuleben und anzubieten, wo man statt von Glauben von Ahnung sprechen muss, noch praktiziert man die Vielfalt der Feiern, in denen sich dieses Paschamysterium im Leben aussprechen kann.

Doch genau das ist gefordert. In GS 19–21 wird das Verhältnis der Kirche zum Atheismus erörtert. Die Ausführungen enden in GS 21 mit einem Absatz, in dem u. a. von der Hoffnung die Rede ist, deren Botschaft Licht, Leben und Freiheit schenkt. GS 22 fährt dann mit der Erklärung fort, dass sich das Geheimnis des Menschen im Geheimnis des Logos erschließt. Im Weiteren wird der Sache nach über das Paschamysterium gehandelt. Der Christ, der dem Ostergeheimnis verbunden ist, geht auf die Auferstehung zu. Das aber ist „alle[n] Menschen guten Willens, in deren Herzen die Gnade unsichtbar wirkt", zugesagt. Die Konstitution hält fest, „daß der Heilige Geist allen die Möglichkeit anbietet, diesem österlichen Geheimnis in einer Gott bekannten Weise verbunden zu sein."

---

41 Vgl. A. Budde, Gemeinsame Tagzeiten. Motivation – Organisation – Gestaltung (Praktische Theologie heute 96), Stuttgart 2013.

Was im Mittelpunkt auch der Liturgie steht, ist den „Menschen guten Willens" zugesagt. Das gilt dann aber nicht mehr nur für die Kirche, sondern weit darüber hinaus. Und es bezieht sich auch nicht mehr nur auf die Liturgie der Kirche im engeren Sinne, sondern fordert zum Bemühen um Rituale heraus, in denen das, was mit Paschamysterium gemeint ist, auch mit Menschen jenseits von Kirche und Glauben begangen werden kann. Wenn sich die Kirche so auf das Glaubensgeheimnis für „die" Menschen beruft, wie sie es in GS 22 tut, muss sie auch nach Feierformen suchen, in den dieses ausgedrückt und zugesagt werden kann. Die Suche nach Ritualen in einer religiös-weltanschaulich pluralen Gesellschaft kann sich auf zentrale Texte des Konzils berufen.

## 4. Und die Praxis?

Was besagt all das über Liturgie und Pluralismus in der Praxis? Religion und Religiöses in der heutigen Gesellschaft sind eine Herausforderung, der sich auch die Liturgiewissenschaft mit Blick auf die Liturgie stellen muss. An anderer Stelle wurde zu zeigen versucht, dass sich die Liturgiewissenschaft beispielsweise mit einer Theologie wie der des Tschechen Tomáš Halík beschäftigen muss:[42] einer Theologie, die sich mit dem Verleugnen und Suchen der ernsthaften Agnostiker und Atheisten, mit dem Ringen um den fernen Gott und mit der Frage nach Gott auseinandersetzt und sich dabei als Lernende begreift.[43] Halík fordert eine Offenheit für die scheue Frömmigkeit des heutigen Zachäus, der sich Jesus nur auf Distanz nähert, und sieht darin eine Chance, neu für die Verborgenheit Gottes und die Notwendigkeit des Suchens und Fragens nach Gott sensibel zu

---

42  Vgl. B. Kranemann, Liturgie in pluraler Gesellschaft. Eine Relecture von Sacrosanctum Concilium, in: Theologie und Glaube 102 (2012) 526–545, hier 544f.; ders., Zwischen theologischer Programmatik und pluraler Praxis: Christliche Feste in Deutschland, in: Ders./T. Sternberg (Hg.), Christliches Fest und kulturelle Identität Europas, Münster 2012, 115–131, hier 127–129.

43  Vgl. insbesondere T. Halík, Geduld mit Gott. Die Geschichte von Zachäus heute. Aus dem Tschechischen übersetzt von V. J. Slezák, Freiburg–Basel–Wien 2011. Er beschreibt den „Weg hin zu den heutigen Zachäus-Menschen – sie stehen am Rande oder befinden sich hinter den sichtbaren Grenzen der Kirchen, in einer Zone von Fragen und Zweifeln, in jener seltsamen Landschaft zwischen den zwei abgeschotteten Lagern derer, die sich ‚im Klaren' sind (nämlich selbstsichere Gläubige und selbstsichere Atheisten)", ebd. 28.

werden. Das Sprechen von der Liturgie würde so in einem veränderten Zusammenhang gesehen, man könnte lernen von den Fragen der „Anderen". Es könnte existenzieller werden. Dann wäre Paschamysterium nicht allein „Kurz*formel*" des Glaubens, sondern ein Schlüsselwort für eine Theologie, die auf Grundfragen des Menschen eingeht. Die Interpretation von Karl-Heinrich Bieritz, Paschamysterium meine, dass der Tod nicht das letzte Wort hat,[44] sondern in Christus das Leben siegt, ließe sich in vielfacher Weise in das Leben heutiger Menschen hineinsagen und in vielen Lebensfeldern feiern.

Dazu sind aber einige Voraussetzungen unverzichtbar:

Notwendig ist eine Liturgie der Kirche, die die Liturgie von ihrem Kerngeschehen her versteht und dieses nicht durch alle möglichen Nebenschauplätze verstellt. Damit wird mit Blick auf die Kirche, die Voraussetzungen der Gläubigen, das Umfeld der Kirche einer Liturgie das Wort geredet, in deren Ritualen die Gegenwart des Paschamysteriums begangen werden kann. Man kann es auch so formulieren: Die christliche Liturgie ist für viele nicht mehr selbstverständlich. Die Kirche soll aber auch mit ihrer Liturgie „Welt-Kirche" sein. Deshalb braucht sie eine Ästhetik der Liturgie, in der sich das Paschamysterium in dieser „Welt-Kirche" aussagen kann.

Es wird eine breiter angelegte Feierkultur benötigt, für die hier Liturgie – die bestimmten Voraussetzungen folgt – und im weiteren Sinne kirchliche Feierformen und Rituale unterschieden werden. Wenn man eine Liturgietheologie vertritt, die von einem zentralen Geschehen her alle Liturgie deutet, dann ist es nur konsequent, die entsprechenden Feierräume zur Verfügung zu stellen. Die Konzentration faktisch auf die Eucharistie ist dann zu eng und dem, was gefeiert werden soll, wie den Menschen nicht angemessen. Darüber hinaus ist nachdrücklich neben einfachen Wortgottesdiensten für eine Aufwertung insbesondere der Benediktionen zu plädieren. Die neuen Feierformen, die sich in den letzten Jahren nicht nur in Ostdeutschland etabliert haben, sind häufig Segnungen, die in verändertem Gewand und Kontext auftauchen: Segnungen Neugeborener, deren Eltern konfessionslos sind; Segnungsfeiern am Valentinstag; Feiern für Paare, die sich die Trauung nicht zutrauen oder die aus kirchenrechtlichen Gründen nicht heiraten können; Segnungen öffentlicher Räume; Segnungen in der Öffentlichkeit im Advent usw.[45]

---

44  Vgl. K.-H. Bieritz, Perspektiven (wie Anm. 35) 29f. und o. S. 51.
45  Vgl. dazu u.a. folgende Literatur: I. Mildenberger/W. Ratzmann (Hg.), Liturgie mit offenen Türen. Gottesdienst auf der Schwelle zwischen Kirche und Gesellschaft

Reinhard Meßner hat von einer Vielfalt der symbolisch-rituellen Handlungen geschrieben, in denen das Paschamysterium zum Ausdruck komme und begegne. Die Sakramentalien und mithin die Benediktionen hat er hier einbezogen. Sie erhalten dadurch einen anderen Stellenwert. Solche Benediktionen, die in unterschiedlichen Lebenssituationen und an verschiedenen gesellschaftlichen Orten gefeiert werden, hängen zusammen mit dem Kern christlicher Liturgie und bringen Menschen, ob es diesen bewusst ist oder nicht, damit in Berührung. Meßner hat – mit Blick auf Christen – geschrieben, das, was Eucharistie feiere, werde „durch die Sachbenediktionen sozusagen in alle Bereiche des Lebens und der Welt, gerade auch des materiellen Lebens und der materiellen Welt hinein, verlängert".[46] Er verknüpft das mit Überlegungen zum eucharistischen Menschen, die man nicht einfach auf Konfessionslose übertragen kann. Aber der Gedanke der Verlängerung des gefeierten Paschamysteriums durch einfache Rituale in die Welt hinein passt sich ein in theologische Überlegungen, wie man einen zentralen Gedanken der Liturgiekonstitution auf heutige Verhältnisse hin denken kann, vielleicht sogar denken muss. Wenn man zudem diesen Bogen zwischen Eucharistie und Segnung schlägt, erreicht man zudem ein Doppeltes: Auch wenn man weiterhin von der Zentralität der Eucharistie sprechen wird, sind andere Liturgien und Feiern nicht marginal. Sie partizipieren an diesem Zentralen und lassen Anteil gewinnen je nach Lebenslage, Ort, Glaubensstand. Für die Liturgie ergibt sich damit aber eine Öffnung, die im Sinne der Sache selbst ist. In einer pluralen Gesellschaft wird eine plurale Liturgie gefeiert. Das zweite: Das Selbstverständnis von Kirche ändert sich.[47] Die verhängnisvolle Konzentration auf den kirchlichen Binnenraum wird in dem Moment aufgebrochen, wo die Kirche so handelt, wie jetzt beschrieben. Die Kirche wird zur Kirche wirklich in der Welt. Diese Öffnung kann nicht ohne die Liturgie und kirchliche Feierformen gelingen, wenn man

---

(wie Anm. 35); J. Block/I. Mildenberger (Hg.), Herausforderung: missionarischer Gottesdienst. Liturgie kommt zur Welt. Wolfgang Ratzmann zum 60. Geburtstag (Beiträge zu Liturgie und Spiritualität 19), Leipzig 2007; M. Widl/A. Schulte (Hg.), Folge dem Stern! Missionarische Projekte am Weihnachtsmarkt (Erfurter theologische Schriften 36), Würzburg 2009, sowie die in Anm. 9 f. genannte Literatur.
46  R. Meßner, Sakramentalien, in: TRE 29 (1998) 648–663, hier 662.
47  Vgl. B. Kranemann, Erfahrungsräume des Transzendenten. Liturgiewissenschaftliche Anmerkungen zu neuen kirchlichen Feierformen, in: J. Freitag/C.-P. März (Hg.), Christi Spuren im Umbruch der Zeiten. Festschrift für Bischof Joachim Wanke zum 65. Geburtstag (Erfurter theologische Studien 88), Leipzig 2006, 201–219, hier 213–215. 218 f.

zum Ausgangspunkt nimmt, was das Konzil unter anderen Voraussagen über die Mitte kirchlich-gläubiger Existenz gesagt hat. Wichtig ist dabei, dass diese Feiern von der Kirche vor Ort, und das wird zumeist eine Gemeinde oder kirchliche Gemeinschaft sein, getragen wird. So erst kommt die ekklesiologische Bedeutung dieser Feiern zum Tragen.

Ein Beispiel, an dem sich diese Überlegungen durchspielen lassen, sind Gedenkfeiern nach Katastrophen.[48] An die Gedenkfeiern nach den Amokläufen in Erfurt und Winnenden ist zu erinnern,[49] an das Totengedenken nach dem Tsunami im Jahre 2004,[50] aber auch an die Trauerfeier für den Sportler Robert Enke.[51] Hier verschärft sich die Situation noch einmal, denn die Kirchen sind häufig nur ein Akteur unter anderen, wenngleich ein gesuchter Akteur. Man steht vor neuen Gegebenheiten, Ablauf, Zeichensprache, Leitungspersonal, Ort, Teilnahmeverhalten, konfessionelle Eindeutigkeit, mediale Präsenz und vieles mehr werden in diesen Feiern zum Teil in deutlichem Unterschied zur allein kirchlich verantworteten Feier definiert.[52] Eine kürzlich erschienene evangelische Publikation spricht gar von „riskanten Liturgien".[53] Soll sich die katholische Kirche an solchen Feiern überhaupt beteiligen? Nach den vorangegangenen liturgietheologischen Überlegungen legt sich die positive Antwort nahe. Das katholische Rituale für die Begräbnisfeier lässt sich auf diese „riskanten Feiern" ein. Es enthält erstmals ein Kapitel „Liturgische

---

48 Vgl. P. Post u.a., Disaster ritual. Explorations of an emerging ritual repertoire (Liturgia condenda 15), Leuven 2003; L.J. Danbolt/H. Stifoss-Hanssen, Gråte min sang. Minnegudstjenester etter store ulykker og katastrofer, Kristiansand 2007; dies., Public Disaster Ritual in the Local Community: A study of Norwegian cases, in: Journal of Ritual Studies 25 (2011) 25–36. Vgl. auch den im Folgenden genannten Sammelband „Riskante Liturgien".
49 Vgl. K. Eulenberger, „Der Boden unserer Herzen ist aufgebrochen". Trauerfeiern nach den Amokläufen in Erfurt (2002) und Winnenden (2009), in: K. Fechtner/T. Klie (Hg.), Riskante Liturgien – Gottesdienste in der gesellschaftlichen Öffentlichkeit, Stuttgart 2011, 33–42.
50 Vgl. M. Meyer-Blanck, Tsunami. Ökumenischer Gottesdienst im Berliner Dom anlässlich der Flutkatastrophe in Südostasien (2005), in: Riskante Liturgien (wie Anm. 49) 21–31; J. Neijenhuis, Klage und Trauer vor Gott zur Sprache gebracht. Beschreibung und Deutung des ökumenischen Gottesdienstes im Berliner Dom zum Gedenken an die Opfer der Flutkatastrophe in Südasien, in: JLH 45 (2006) 34–52.
51 Vgl. S. Beckmayer, „You'll never walk alone". Trauerfeier für Nationaltorhüter Robert Enke (2009), in: Riskante Liturgien (wie Anm. 49) 107–125.
52 Vgl. B. Kranemann, Christliche Feiern des Glaubens und religiöser Pluralismus in der modernen Gesellschaft, in: LJ 56 (2006) 181–201.
53 Vgl. K. Fechtner/T. Klie (Hg.), Riskante Liturgie (wie Anm. 49).

Feiern nach Großschadensereignissen und Katastrophen".⁵⁴ Dieses ist als solches bemerkenswert: Ein liturgisches Buch zeigt sich offen gegenüber „dem Wunsch nach einer öffentlichen Feier, die dem ehrenden Gedächtnis der Toten dienen und der gemeinsamen Trauer Ausdruck geben soll".⁵⁵ Letztlich verlässt man hier den engeren kirchlichen Raum und bekundet die eigene Hoffnung im Raum der Öffentlichkeit. Man lässt sich dabei auf weitreichende Fragen ein: Wie kann in einem solchen Kontext die christliche Erinnerung an die Toten aussehen? Wie können sich die Kirchen in solche Feiern einbringen und damit der Gefahr der gesellschaftlichen Isolation – für den eigenen Glauben und seinen diakonalen Auftrag tödlich – entgehen? Und wie wird an unterschiedlichen Orten eine den Teilnehmern wie der Glaubensbotschaft angemessene Liturgie aussehen? Von Fall zu Fall werden diese Feiern und die Mitwirkung der Kirche variierende Formen annehmen. Wichtiger aber sind die Wahrnehmung menschlicher Leidens- und Lebenssituationen und das Bewusstsein einer Kirche, die sich zur Wahrnehmung solcher Situationen inmitten der Gesellschaft und jenseits der Grenzen des Kirchenraumes herausgefordert sieht und diese Aufgabe auch annimmt. Damit verändert sich die Kirche, und sie verändert auch ihre Rolle in einer in Veränderung befindlichen Gesellschaft.

Doch das alles ist nicht ohne Voraussetzungen zu haben.⁵⁶ Es bedarf der starken, selbstbewussten Ortskirche, die die skizzierte Liturgietheolo-

---

54 Vgl. Die kirchliche Begräbnisfeier in den Bistümern des deutschen Sprachgebietes. Zweite authentische Ausgabe auf der Grundlage der Editio typica 1969 (Rituale Romanum auf Beschluß des Hochheiligen Ökumenischen Zweiten Vatikanischen Konzils erneuert und unter der Autorität Papst Pauls VI. veröffentlicht), Freiburg–Basel–Wien 2009, 341–346; Die kirchliche Begräbnisfeier. Manuale, herausgegeben im Auftrag der Deutschen Bischofskonferenz, der Österreichischen Bischofskonferenz und der Schweizer Bischofskonferenz sowie des Bischofs von Bozen-Brixen und des Bischofs von Lüttich, Trier 2012, 203–209.
55 Die kirchliche Begräbnisfeier. Pastorale Einführung. 28. Februar 2009. Hg. vom Sekretariat der Deutschen Bischofskonferenz. Bonn 2009 (Arbeitshilfen 232), 39, Nr. 85.
56 Viele kirchliche Verordnungen und innerkirchliche Diskussionen der letzten Jahre zur Liturgie haben in die Irre geführt: die Instruktion „Liturgiam authenticam" zur Liturgiesprache (2001) (vgl. B. Kranemann/S. Wahle (Hg.), „… Ohren der Barmherzigkeit". Über angemessene Liturgiesprache [Theologie kontrovers], Freiburg–Basel–Wien 2011, neue zentralistische Entwicklungen im Liturgierecht, die Stärkung reaktionärer Kreise – die übrigens eindeutig die Theologie des Paschamysterium ablehnen – (vgl. P. Hünermann Exkommunikation oder Kommunikation? Der Weg der Kirche nach dem II. Vatikanum und die Pius-Brüder [Quaestiones Disputatae 236], Freiburg–Basel–Wien 2009), das leichtfertige Zerreden von Errungenschaften

gie auf das eigene gesellschaftlich-kulturelle Umfeld hin durchbuchstabiert.[57] Es bedarf neuer Weisen der Teilnahme: der Teilnahme aus der ganzen Kirche, die eben ihr Wissen um gesellschaftliche und kulturelle Kontexte und ihre Fähigkeiten für eine solche Liturgie einbringen können muss; aber auch eine neue Offenheit für unterschiedliche Formen und Intensitäten der Teilnahme derer, die von außen hinzukommen, um mitzufeiern. Es ist eine Haltung in der Kirche notwendig, die in der Liturgiekonstitution noch nicht zur Sprache kommt, aber von anderen Dokumenten her diejenigen, die für die Liturgie Verantwortung tragen und sie feiern, fordert: nicht nur zu bezeugen, sondern auch zu hören, den Dialog zu suchen mit jenen, die nicht zur Kirche gehören, den Suchenden, den – wie Tomáš Halík sagt – „Zachäusmenschen" mit ihrer „scheuen Frömmigkeit".[58] Im Mittelpunkt muss das Bewusstsein um das stehen, was Kirche im Letzten trägt und was sie mit anderen teilen möchte, die Gottesbotschaft vom Sieg des Lebens in Christus. So kann man vielleicht neu zu dem gelangen, was Pius Parsch in seiner Zeit und unter anderen Voraussetzungen „Volksliturgie" genannt hat.

---

des Konzils und der nachkonziliaren Kirche, das unter dem Label „Reform der Reform" geschieht.
57 Vgl. Bucher, ... wenn nichts bleibt, wie es war (wie Anm. 4) 196.
58 T. Halík, Geduld mit Gott (wie Anm. 43) 90 f. formuliert: „Mit dem Begriff der scheuen Frömmigkeit bezeichne ich nicht nur den Frömmigkeitsstil eines Teils der Christen, sondern auch die Distanz eines großen Teils der Bevölkerung Tschechiens (insbesondere der einflussreichen Bildungsschicht) zur kirchlichen Form des Christentums – eine Distanz, die wir jedoch nicht mit Atheismus verwechseln sollten."

# Hermeneutik der Reform. Eine päpstliche Mahnung und ihr liturgisches Potential

*Winfried Haunerland*

Mit dem Zweiten Vatikanischen Konzil sei die Französische Revolution in die Kirche eingedrungen, denn: „Die Freiheit ist die [...] Religionsfreiheit, die dem Irrtum ein Recht einräumt. Die Gleichheit ist die Kollegialität, mit ihrer Zerstörung der persönlichen Autorität, der Autorität Gottes, des Papstes und der Bischöfe – das Gesetz der Zahl. Und schließlich die Brüderlichkeit: Das ist der Ökumenismus. Mit diesen drei Worten ist die revolutionäre Ideologie von 1789 ‚das Gesetz und die Propheten' geworden."[1]

So urteilt 1985 Erzbischof Marcel Lefebvre und gibt damit einem Grundgefühl mancher traditionalistischer Katholiken Ausdruck. Das Zweite Vatikanische Konzil habe keine Reform gebracht, sondern eine Revolution, deren Ergebnis zwar keine neue Republik, aber doch eine neue Kirche sei, was einen katholischen Weihbischof zu dem Buchtitel verleitet: „Die ‚alte' Kirche ist mir lieber."[2] Gibt es also wirklich eine neue Kirche, weil das Konzil die alte verabschiedet hat?

In der Tat findet sich die revolutionäre Semantik nicht nur bei den Konservativen und Traditionalisten. Auch jene, die dankbar auf das Zweite Vatikanische Konzil und seine Folgen schauen, haben sich nicht gescheut, in den konziliaren Entscheidungen „eine ‚kopernikanische' Wende" und zumindest das „Ende des Mittelalters in der Liturgie" zu sehen.[3] Muss man insofern nicht von fast revolutionären Beschlüssen sprechen?

Aber nicht alles, was als neu erlebt wird, ist revolutionär. Oder ist es wirklich – wie ein Bischof im Überschwang sagte – ein revolutionärer Akt, wenn Papst Benedikt XVI. seinen Rücktritt erklärt? Das Lexikon für Theologie und Kirche versteht jedenfalls Revolution als „einen unerwarteten und weitreichenden Bruch mit einem vorher herrschenden Gesellschafts- und Staatsverständnis" und als „Umwälzung von [...] Rechtsverhältnissen, die durch eine gut organisierte Gruppe mittels Massenaktionen

---

1  M. Lefebvre, Offener Brief an die ratlosen Katholiken, hg. v. der Priesterbruderschaft St. Pius X., Wien 1986, 148.
2  M. Ziegelbauer, Die „alte" Kirche ist mir lieber. Ein Plädoyer für die Wiederentdeckung des Katholischen, Buttenwiesen 2002.
3  E. J. Lengeling, Liturgie – Dialog zwischen Gott und Mensch, hg. u. bearb. v. K. Richter, Freiburg–Basel–Wien 1981, 15.13.

von latenter oder offener Gewalt im Namen von programmatischen Ideen herbeigeführt wird"[4]. Demnach wird man mit der Revolutionsmetaphorik doch etwas vorsichtiger sein und sachgerecht von Reform und Erneuerung sprechen.

Ganz in diesem Sinn hat Papst Benedikt XVI. am 22. Dezember 2005 in seiner Weihnachtsansprache vor dem Kardinalskollegium davor gewarnt, das Zweite Vatikanische Konzil mit einer „Hermeneutik der Diskontinuität und des Bruches" zu interpretieren. Der Hermeneutik der Diskontinuität stellte der Papst allerdings keine „Hermeneutik der Kontinuität" entgegen, sondern eine „Hermeneutik der Reform". In einem ersten Schritt soll versucht werden, die Legitimität und den Sinn dieses Anliegens nachzuzeichnen. Aufgezeigt werden soll sodann, inwiefern dieser Zugang für die Interpretation der Konstitution *Sacrosanctum Concilium* und ihre Einordnung in die Liturgie- und Theologiegeschichte sachgerecht ist. Darüber hinaus ist zu fragen, welches Potential in einer solchen Hermeneutik im Blick auf die unerledigten Impulse für die Liturgische Erneuerung und das gottesdienstliche Leben liegt.

## 1. Welche Hermeneutik ist sachgerecht?

### 1.1 „Hermeneutik der Diskontinuität und des Bruches" oder „Hermeneutik der Reform"

Es dürfte nicht unnötig sein, die Ausführungen des Papstes selbst in Erinnerung zu rufen. Denn sehr schnell wurde ihm selbst von renommierten Theologen wie Peter Hünermann[5] und Walter Kirchschläger[6] unterstellt, er habe in seiner Weihnachtsansprache von einer „Hermeneutik der Kon-

---

4 K.-H. Nusser, Art. „Revolution", in: LThK 8 ($^3$1999) 1144–1147, hier 1144. Die Abkürzungen im Original wurden im Text aufgelöst.
5 Vgl. P. Hünermann, Excommunicatio – Communicatio. Versuch einer Schichtenanalyse der aktuellen Krise, in: HerKorr 63 (2009) 119–125, hier 124.
6 Vgl. W. Kirchschläger, Kirche im Aufbruch. Der Weg zum Konzil (KKB 1), Wien–Graz–Klagenfurt 2012, 115. – Ohne ausdrücklichen Bezug auf die Weihnachtsansprache wird allein dieser Begriff auch zitiert bei G. Greshake, Das II. Vaticanum und seine Zukunft. Persönliche Erinnerungen und subjektive Randbemerkungen, in: P. Thull (Hg.), Ermutigung zum Aufbruch. Eine kritische Bilanz des Zweiten Vatikanischen Konzils, Darmstadt 2013, 174–184, hier 182.

tinuität" gesprochen.⁷ Leider – so muss man allerdings ergänzen – wurde der Papst auch in römischen Dokumenten so zitiert⁸ und hat in späteren Reden selbst den undifferenzierteren Begriff benutzt.⁹

In seiner Ansprache beim Weihnachtsempfang 2005 erwähnt der Papst gewisse Schwierigkeiten bei der Rezeption des Zweiten Vatikanischen Konzils und weist darauf hin, alles hänge ab „von einer korrekten Auslegung des Konzils oder – wie wir heute sagen würden – von einer korrekten Hermeneutik, von seiner korrekten Deutung und Umsetzung."¹⁰ Benedikt XVI. führt dann weiter aus:

„Auf der einen Seite gibt es eine Auslegung, die ich ‚Hermeneutik der Diskontinuität und des Bruches' nennen möchte; sie hat sich nicht selten das Wohlwollen der Massenmedien und auch eines Teiles der modernen Theologie zunutze machen können. Auf der anderen Seite gibt es die ‚Hermeneutik der Reform', der Erneuerung des einen Subjekts Kirche, die der Herr uns geschenkt hat, unter Wahrung der Kontinuität; die Kirche ist ein Subjekt, das mit der Zeit wächst und sich weiterentwickelt, dabei aber immer sie selbst bleibt, das Gottesvolk als das eine Subjekt auf seinem Weg."¹¹

---

7 Vgl. als einfühlsame Interpretation des päpstlichen Anliegens K. Koch, Das Zweite Vatikanische Konzil zwischen Innovation und Tradition. Die Hermeneutik der Reform zwischen der Hermeneutik bruchhafter Diskontinuität und der Hermeneutik ungeschichtlicher Kontinuität, in: Benedikt XVI. und sein Schülerkreis/Kurt Koch (Hg.), Das Zweite Vatikanische Konzil. Die Hermeneutik der Reform, Augsburg 2012, 21–50; ebd. 27 auch die Kritik an der fehlerhaften Interpretation bei Peter Hünermann und Bernd Jochen Hilberath.
8 Vgl. Benedikt XVI., Nachsynodales Apostolisches Schreiben Sacramentum Caritatis. 22.02.2007, Nr. 3 Anm. 6 (VApS 177, 12); die Gestaltung der Anmerkungen wird nicht unbedingt der Papst selbst übernommen haben. Der Begriff taucht auch auf in einer Einladung des Präfekten der Kongregation für den Gottesdienst und die Sakramentenordnung an die Präsidenten der Bischofskonferenzen zur Teilnahme an einem Kongress zum 50- Jahr-Jubiläum der Liturgiekonstitution (Brief vom 02.10.2013).
9 Vgl. Benedikt XVI., Ansprache an die Teilnehmer an dem von der Kleruskongregation organisierten theologischen Kongress zum Priesterjahr. 12.03.2010 (hier zit. nach: http://www.vatican.va/holy_father/benedict_xvi/speeches/2010/march/documents/ hf_ben-xvi_spe_20100312_clero_ge.html; download am 07.01.2014). Ders., Ansprache an die Versammlung der italienischen Bischofskonferenz. 24.05.2012 (hier zit. nach: http://www.vatican.va/holy_father/benedict_xvi/speeches/2012/may/documents/hf_ ben-xvi_spe_20120524_cei_ge.html; download am 07.01.2014) spricht allerdings von einer „Hermeneutik der Kontinuität und Reform".
10 Benedikt XVI., Ansprache an das Kardinalskollegium und die Mitglieder der Römischen Kurie beim Weihnachtsempfang. 22.12.2005 (VApS 172, 10 f.).
11 Ebd. 11.

Das Problem der ersten Auslegung und ihrer Anwendung liegt auf der Hand:
„Die Hermeneutik der Diskontinuität birgt das Risiko eines Bruches zwischen vorkonziliarer und nachkonziliarer Kirche in sich."[12]

Doch auch eine Kirche, die sich der Hermeneutik der Reform verpflichtet weiß, kann Diskontinuitäten und Brucherfahrungen nicht ausschließen. Der Papst erinnert an die Notwendigkeit, das Verhältnis von Glaube und neuzeitlichen Wissenschaften, von Kirche und modernem Staat, von christlichem Glauben und Weltreligionen, insbesondere von Kirche und Glaube Israels neu zu bestimmen. Für Benedikt

„ist klar, dass in all diesen Bereichen, die in ihrer Gesamtheit ein und dasselbe Problem darstellen, eine Art Diskontinuität entstehen konnte und dass in gewissem Sinne tatsächlich eine Diskontinuität aufgetreten war. Trotzdem stellte sich jedoch heraus, dass, nachdem man zwischen verschiedenen konkreten historischen Situationen und ihren Ansprüchen unterschieden hatte, in den Grundsätzen die Kontinuität nicht aufgegeben worden war – eine Tatsache, die auf den ersten Blick leicht übersehen wird."[13]

Und Papst Benedikt stellt dann heraus:
„Genau in diesem Zusammenspiel von Kontinuität und Diskontinuität auf verschiedenen Ebenen liegt die Natur der wahren Reform."[14]

Offensichtlich muss die Kirche zu jeder Zeit immer wieder fragen, was denn das „Bleibende im Wandel"[15] ist, was gleichsam als Zeitbedingtes auch überholt sein kann und wie das bleibend Gültige in eine neue Zeit und eine neue Situation hinein zu übersetzen ist. Insofern geht es nicht einfach um undifferenzierte und ungeschichtliche Kontinuität, sondern um jene Form der Weiterentwicklung, in der das Wichtige und Verbindliche neu entdeckt, zum Leuchten gebracht und besser gelebt werden kann. Reform bedeutet von daher immer auch Diskontinuität oder – etwas weniger negativ formuliert – Innovation. Um ihrer Identität willen kann die Kirche nicht auf Erneuerung verzichten. Dieselbe Identität setzt aber auch eine grundlegende Kontinuität voraus, deren Substanz und Gesetze immer neu gesucht werden müssen. Das ist – so wird man im Anschluss an Papst Benedikt XVI. sagen können – das Wesen von Reform.

---

12  Ebd. 11.
13  Ebd. 16.
14  Ebd. 16.
15  Vgl. diesen Ausdruck im Buchtitel: R. Ahlers/P. Krämer (Hg.), Das Bleibende im Wandel. Theologische Beiträge zum Schisma von Marcel Lefebvre, Paderborn 1990.

Um der Identität der Kirche willen ist eine solche Reform zu jeder Zeit notwendig, weil formale Unveränderlichkeit zwar formale Kontinuität sichert, aber dennoch in der Substanz zur Auflösung der Kirche und ihres Auftrags führen kann. Oder mit einem Wort, das Henri de Lubac zugesprochen wird: „Nur die Feinde der Kirche wollen, dass sie bleibt, wie sie ist."

## 1.2 „Hermeneutik der Reform" oder „Hermeneutik der Evangelisation"

Nun haben Mariano Delgado und Michael Sievernich jüngst gewürdigt, dass Papst Benedikt mit seiner „Hermeneutik der Reform" die unangemessene Alternative einer Hermeneutik des Bruches oder der Kontinuität überwunden hat. Sie selbst aber plädieren „dennoch für eine ‚Hermeneutik der Evangelisierung'"[16] und meinen, dass die Kirche „auch den Mut zu größeren Diskontinuitäten haben sollte, eben zu einem ‚Sprung nach vorn'"[17], wie sie im Anschluss an die Ansprache formulieren, die Papst Johannes XXIII. bei der Konzilseröffnung gehalten hat. Damit steht zumindest die Frage im Raum, ob nicht die unheilvolle Alternative einer Hermeneutik des Bruches oder der Kontinuität in einer ganz anders gearteten Hermeneutik aufgehoben werden müsste.

Tatsächlich liegt eine Hermeneutik der Evangelisierung auf einer anderen Ebene als die Hermeneutiken des Bruches, der Kontinuität oder der Reform. Denn die Frage nach der Identität der Kirche und – wie hier gleich konkretisiert werden soll – ihrer Liturgie wird bei einer Hermeneutik der Evangelisierung wesentlich von einer Idee und einem Auftrag her beantwortet. Die grundlegende Gestalt von Kirche und ihrer Liturgie wird dann nicht nur sekundär, sondern diese Gestalt steht zur Disposition, wenn dies von einer bestimmten theologischen Erkenntnis her notwendig erscheint. Es dürfte gerade die korrigierende Funktion einer Hermeneutik der Reform sein, dass sie die Kirche vor revolutionären Sprüngen bewahrt, die ihre geschichtliche und damit auch ihre theologische Identität in Frage stellt.

Damit wird nicht geleugnet, dass Evangelisierung ein hermeneutischer Schlüsselbegriff sein könnte, mit dem sachgerecht gefragt werden kann, auf welches Ziel hin eine Kirche sich entwickeln soll, die aus der

---

16  M. Delgado/M. Sievernich, Zur Rezeption und Interpretation des Konzils der Metaphern, in: Dies. (Hg.), Die großen Metaphern des Zweiten Vatikanischen Konzils. Ihre Bedeutung für heute, Freiburg–Basel–Wien 2013, 15–32, hier 30.
17  Ebd. 31.

Kraft des Konzils lebt. Aber ein solcher hermeneutischer Schlüsselbegriff könnte im Anschluss an die programmatische Eröffnung der Liturgiekonstitution ebenso die „Vertiefung des christlichen Lebens" (vgl. SC 1) sein oder im Anschluss an eine bemerkenswerte Konzilsinterpretation Hermann Josef Pottmeyers auch die „Subjektwerdung aller"[18]. Im Gegensatz bzw. in Ergänzung zu solchen inhaltlichen Hermeneutiken wird mit einer „Hermeneutik der Reform" zu Recht eingefordert, dass es nicht um eine neue Kirche gehen darf, sondern dass die grundlegende Identität dieser Kirche nur fortbesteht, wenn ihr Fortschritt kein Bruch mit ihrer Geschichte als ganzer ist.

Für die Entwicklung der Liturgie enthält eine verabsolutierte inhaltliche Hermeneutik darüber hinaus die große Gefahr, dass die Liturgie selbst nur noch in ihrer Funktion für die Evangelisierung (oder in ihrer Funktion für andere Ziele) betrachtet wird. Liturgie ist aber zuerst und wesentlich die Antwort auf den biblisch bezeugten Stifterwillen Jesu (vgl. Lk 22,19 und 1 Kor 11,24: „Tut dies zu meinem Gedächtnis") und damit ein zweckfreies Handeln der kirchlichen Gemeinschaft. Sie darf auch für noch so ehrenwerte Anliegen nicht instrumentalisiert werden.[19] Mit einer Hermeneutik der Reform erinnert sich die Kirche daran, dass ihre Liturgie nie nur der Gottesdienst der hier und jetzt versammelten Gemeinde ist, sondern diese eingebunden bleibt in die Gemeinschaft der Kirche der Zeiten. Ein radikaler Bruch, der um eines theologischen Zieles willen gefordert wird und bei dem eine grundlegende Kontinuität nicht mehr wahrgenommen werden kann, führt unweigerlich zu einer neuen, nicht aber zu einer erneuerten Liturgie. Gäbe es einen solchen radikalen Bruch, wäre in der Tat die traditionalistische Kritik an der Liturgiereform berechtigt und die „nachkonziliare Kirche" das Ergebnis einer Revolution oder einer neuen Reformation.[20] Gerade weil aber alle Innovationen und Ver-

---

18  Vgl. W. Haunerland, Tätige Teilnahme aller. Liturgiereform und kirchliche Subjektwerdung, in: StdZ 231 (2013) 381–392; dazu H. J. Pottmeyer, Kontinuität und Innovation in der Ekklesiologie des II. Vatikanums. Der Einfluß des I. Vatikanums auf die Ekklesiologie des II. Vatikanums und Neurezeption des I. Vatikanums im Lichte des II. Vatikanums, in: G. Alberigo/Y. Congar/H. J. Pottmeyer (Hg.), Kirche im Wandel. Eine kritische Zwischenbilanz nach dem Zweiten Vatikanum, Düsseldorf 1982, 89–110, hier 107.
19  Vgl. dazu W. Haunerland, Instrumentalisierung des Gottesdienstes? Zum Umgang mit der Liturgie nach dem 2. Vatikanum, in: MThZ 60 (2009) 222–233.
20  Vgl. hierzu insgesamt K. Koch, Die Konstitution über die Heilige Liturgie und die nachkonziliare Liturgiereform. Innovation und Kontinuität im Licht der Hermeneutik der Reform, in: Das Zweite Vatikanische Konzil. Die Hermeneutik der Reform (wie Anm. 7) 69–98.

änderungen unter dem Gebot standen und stehen, das Wesen der Kirche und ihres Gottesdienstes für unsere Zeit besser zu verstehen und zu realisieren, muss man auf einer grundlegenden Kontinuität bestehen. Dies wird kleinere und größere Brucherfahrungen der Einzelnen nicht verhindern, darf aber nicht erkauft werden mit „Abschaffungen und Unterbrechungen der heilsgeschichtlichen Kontinuität"[21]. Deshalb dürfte weiterhin die Hermeneutik der Reform hilfreich sein, um Kirche zu verstehen und auch auf Zukunft hin zu leben.

### 1.3 „Hermeneutik der Reform" als „Hermeneutik der Erneuerung" und „Hermeneutik der Wandlung"

Freilich bleibt der Begriff einer „Hermeneutik der Reform" interpretationsbedürftig und löst nicht alle Fragen. Walter Kardinal Kasper hat 2011 in seinem ekklesiologischen Entwurf die bleibende Bedeutung des Zweiten Vatikanischen Konzils herausgestellt und dabei auch nach der richtigen Konzilshermeneutik gefragt. Er greift Papst Benedikts Wort von der „Hermeneutik der Reform" grundsätzlich zustimmend auf, sieht aber die Gefahr, dass Reform als die geradezu schematische Wiederherstellung älterer Formen und Traditionen missverstanden werden kann. Dem hält er entgegen:

„Reform bedeutet [...] nicht nur Rückführung auf den Ursprung oder auf eine frühere als authentisch angesehene Traditionsgestalt, sondern Erneuerung, damit das Alte, Ursprüngliche und bleibend Gültige nicht alt aussieht, sondern in seiner Neuheit neu zur Geltung und neu zum Leuchten kommt."[22]

---

21 M. Delgado/M. Sievernich, Zur Rezeption (wie Anm. 16), 31 stellen zwar hier – unter Verweis auf K. Rahner – nur die Frage, legen allerdings doch nahe, dass nach ihrer Auffassung eine solche Abschaffung oder Unterbrechung in Apg 15 bezeugt sei. Vgl. dazu K. Rahner, Theologische Grundinterpretation des II. Vatikanischen Konzils, in: ders., Schriften zur Theologie XIV, Zürich – Einsiedeln – Köln 1980, 287–302, hier 296 (226 bei Delgado/Sievernich ist zu korrigieren). Rahner bezieht sich hier auf die „für die Heidenchristen proklamierte Abschaffung der Beschneidung" und die damit verbundenen Umbrüche, meint aber, dass „es für uns hier gleichgültig ist, ob sich diese Umbrüche schon auf Jesus oder ausdrücklich erst auf Paulus berufen können oder sich sonstwie und sonstwo im Apostolischen Zeitalter ereigneten". Es dürfte doch kühn sein, die Umbrüche der normativen Anfänge in biblischer Zeit zur Legitimation von Umbrüchen der Gegenwart heranzuziehen.
22 W. Kasper, Katholische Kirche. Wesen – Wirklichkeit – Sendung, Freiburg – Basel – Wien 2011, 35.

Kasper plädiert deshalb dafür, man solle „die Hermeneutik der Reform als eine Hermeneutik der Erneuerung verstehen und [konsequenterweise auch] von einer Hermeneutik der Erneuerung sprechen"[23]. In der Tat ist das Evangelium keine Botschaft, die nur von der Vergangenheit erzählt. Vielmehr enthält das Evangelium immer einen unverbrauchten und uneingelösten Überschuss, der ohne Bruch, aber mit „einer schöpferischen Kontinuität in der Erneuerung"[24] auch Neues und Unerwartetes möglich und wahrscheinlich macht. Mit Kaspers Worten: „Das Evangelium ist nie einfach das Altbekannte, sondern das ewige Neue."[25]

Hier knüpft Roman A. Siebenrock an und regt an, das Zweite Vatikanische Konzil mit einer „Hermeneutik der Wandlung" zu verstehen und zu realisieren.[26] Siebenrock schreibt:

„Eine ‚Hermeneutik der Wandlung' ist in der Lage nicht nur Neues in der Geschichte zu würdigen, sondern Neues als Möglichkeit des biblischen Gottes zu erwarten (Offb 21,5). […] In dieser Hermeneutik wird der Kirche eine doppelte Treue zugemutet: die Treue zur apostolischen Überlieferung, aber ebenso die aufmerksame Treue für jenen Christus, der auf uns zukommt und die ganze Geschichte zum Advent werden lässt. […] Deshalb ist Reform und Erneuerung nicht nur nötig wegen Missstand und Defizit, sondern auch um die Fülle des Geheimnisses Christi erfahren zu können."[27]

Und Siebenrock kommt von daher zu dem nachvollziehbaren Schluss: „Eine ‚Hermeneutik der Wandlung' sieht Erneuerung und Reform als Normalfall des christlichen Lebens an."[28]

In der Tat kann mit der „Hermeneutik der Reform" ein Programm verbunden werden, das nur das, was es bisher schon in der Geschichte gegeben hat, als legitim anerkennt. Geht man aber davon aus, dass Reform sich nicht nur auf die Kirche bezieht, wie sie schon gewesen ist, sondern auch auf jene Kirche, wie sie sein soll, dann wird deutlich, dass die Kirche immer herausgefordert bleibt, mehr zu sich selbst zu kommen und sich immer neu zu dem zu wandeln, was ihr von ihrem Herrn aufgetragen ist.

---

23 Ebd. 36.
24 Ebd. 35.
25 Ebd. 36.
26 Vgl. R. A. Siebenrock, „Siehe, ich mache alles neu!" – „Hermeneutik der Wandlung". Von der rechten Weise, das Zweite Vatikanische Konzil zu realisieren, in: C. Böttigheimer (Hg.), Zweites Vatikanisches Konzil. Programmatik – Rezeption – Vision (QD 261), Freiburg-Basel-Wien 2014, 101–139.
27 Ebd. 136 f.
28 Ebd. 137.

Mit dieser Voraussetzung ist es eine Frage der Argumentation und Debattenstrategie, ob man die „Hermeneutik der Wandlung" als eine „Hermeneutik der Reform" verstehen will und dabei immer beachten muss, dass auch Wandlung eine grundlegende Kontinuität voraussetzt, oder ob man die „Hermeneutik der Reform" als eine „Hermeneutik der Wandlung" versteht und dabei beachtet, dass Reform nicht nur rückwärtsgewandt, sondern auf die größeren Möglichkeiten Gottes gerichtet sein muss.

Im Folgenden soll davon ausgegangen werden, dass die drei genannten Hermeneutiken der Reform, der Erneuerung und der Wandlung in ihrem Grundanliegen übereinstimmen, sich dabei aber gegenseitig interpretieren können. In diesem Sinn dürfte es sinnvoll sein, den in dieser Debatte genetisch ersten Begriff der „Hermeneutik der Reform" beizubehalten und so deutlicher erkennen zu lassen, dass der entscheidende Anstoß von Papst Benedikt gekommen ist und die weitere Diskussion und die folgenden Überlegungen der Versuch sind, sein Anliegen weiterzuführen und zu vertiefen.

## 2. Wie erweist sich die Hermeneutik der Reform bei der Interpretation der Liturgiekonstitution?

### 2.1 *Participatio actuosa*

Zu den beliebten Gegenüberstellungen gehört, dass die Liturgie vor dem Konzil Klerusliturgie gewesen sei, während sie nun als Feier der Gemeinde verstanden würde.[29] Wer dem entgegenhält, die Liturgie gehöre weder dem Klerus noch der Gemeinde, sondern sei doch immer zuerst ein Handeln Christi, sagt zwar etwas theologisch unangreifbar Richtiges, trifft aber nicht den Kern dessen, was mit dieser Gegenüberstellung gemeint ist. Denn in der Tat gab es in der Zeit vor dem Zweiten Vatikanischen Konzil die Vorstellung, nur der Klerus sei zu liturgischem Handeln befähigt, so dass etwa noch am Vorabend des Konzils nach der Instruktion über die Kirchenmusik und die heilige Liturgie von 1958 in Sängerchören nur die Kleriker einen „ihnen zukommenden, unmittelbaren amtlichen Dienst" ausüben, Laien männlichen Geschlechtes aber nur einen „unmit-

---

29  Vgl. W. Haunerland, Vom „Gottesdienst" zur „Gemeindefeier"? Prinzipien und Herausforderungen nachkonziliarer Liturgiereform. H. Hollerweger zum 75. Geburtstag, in: ThPQ 153 (2005) 67–81.

telbaren, *jedoch* übertragenen amtlichen Dienst"[30] wahrnehmen können. Frauen dagegen seien – wie es auch Pius X. 1903 in seinem Motu proprio *Tra le sollecitudini* in Erinnerung gerufen hat – zu einem echten liturgischen Amt nicht fähig.[31] Ist es dann nicht wirklich ein Bruch, wenn das Konzil lehrt, die *participatio actuosa* aller Gläubigen sei vom Wesen der Liturgie her gefordert, und wenn insofern die Liturgie als Feier der gesamten Versammlung angesehen wird und damit alle getauften Laien auch ohne besondere Beauftragung als Träger der Liturgie verstanden werden?[32]

Nun sieht man nicht erst seit dem Zweiten Vatikanischen Konzil Liturgie als Gottesdienst der Kirche. Im Gegensatz zu anderen Frömmigkeitsübungen, deren Pflege weitgehend der Verantwortung der einzelnen Gläubigen überlassen bleibt, ist die Liturgie Glaubensausdruck, d. h. Glaubenszeugnis und Glaubensvollzug der ganzen Kirche und damit für die Kirche unersetzlich. Im Blick auf diese ekklesiale Dimension des Gottesdienstes schien es lange Zeit angemessen, dass die Liturgie allein von denen vollzogen wird, die zum amtlichen Handeln für die Kirche berechtigt sind, den Klerikern. Im 20. Jahrhundert wuchs nun das Bewusstsein, dass nicht nur die Kleriker für die Kirche handeln, sondern dass alle Glieder der Kirche an der Sendung der Kirche teilhaben und deshalb kirchlich und damit auch für die Kirche handeln.[33] Dieses neue ekklesiale Bewusstsein musste Konsequenzen für die Liturgie haben. Sie war gerade nicht deshalb den Klerikern zugeordnet worden, weil sie deren Privileg gewesen wäre, sondern weil diese die Kirchlichkeit des gottesdienstlichen Handelns zum Ausdruck brachten. Wenn aber die kirchliche Würde aller Getauften wieder deutlicher wahrgenommen wird, dann wird auch verständlich, warum alle Getauften zur Trägerschaft im Gottesdienst vom Wesen der Liturgie her berufen sind.

---

30 Ritenkongregation, Instruktion über die Kirchenmusik und die heilige Liturgie im Geiste der Enzykliken Papst Pius' XII. Musicae sacrae disciplina und Mediator Dei. 03.09.1958, Nr. 93 (Dokumente zur Kirchenmusik 113 f.).
31 Vgl. Pius X., Motu proprio Tra le sollecitudini. 22.11.1903, Nr. 13 (Dokumente zur Kirchenmusik 31).
32 Vgl. zum Prinzip der participatio actuosa statt anderer B. Jeggle-Merz, Tätige Teilnahme in Sacrosanctum Concilium. Stolperstein oder Impulsgeber für gottesdienstliches Feiern heute?, in: LJ 63 (2013) 153–166; dort 153 f. Anm. 1 ausführliche Bibliographie früherer Beiträge.
33 Vgl. W. Haunerland, Sensus ecclesialis und rollengerechte Liturgiefeier. Zur Geschichte und Bedeutung des Artikels 28 der Liturgiekonstitution, in: H. J. F. Reinhardt (Hg.), Theologia et Jus Canonicum (FS Heribert Heinemann), Essen 1995, 85–98.

Mit dem ekklesiologischen Prinzip der tätigen Teilnahme der ganzen Gemeinde an der Liturgie als dem obersten Prinzip der liturgischen Erneuerung bricht das Konzil also nicht mit der kirchlichen Überzeugung, dass Liturgie wesentlich der Gottesdienst der Kirche ist, sondern weitet diese Sicht im Blick auf ein vertieftes Verständnis der Kirche von sich selbst.[34] Was als Bruch mit einem klerikalistischen Verständnis empfunden werden kann, verdeutlicht vielmehr in seiner Substanz, warum in der Vergangenheit dem Klerus dieser wesentliche Vollzug der Kirche übertragen war. Die grundlegende Kontinuität erlaubt nicht nur diese Akzentverschiebung, sondern verlangt sie, damit das eigentliche Anliegen der klerikalen Verantwortung für den Gottesdienst wieder deutlicher wahrgenommen und zeitgemäß realisiert werden kann. Natürlich korrigiert das Konzil damit eine weitverbreitete Vorstellung, greift dabei aber ältere Sichtweisen wieder auf und steht so in einer grundlegenden Kontinuität: Das ist Reform.

### 2.2 *Mysterium paschale*

In ähnlicher Weise schien auch das zweite Reformprinzip, die liturgietheologische Ausrichtung auf das Paschamysterium, manchen ein Bruch mit der Tradition zu sein. Sakramententheologisch setzten viele eher bei der Menschwerdung Gottes an und sahen von daher in der Liturgie die Fortsetzung der Inkarnation. Im Blick auf die Messfeier war dagegen der Opfergedanke leitend und die Soteriologie war wesentlich auf den Tod Jesu bezogen. War es da nicht eine unerhörte Neuerung, wenn jetzt das Ostergeheimnis zum Schlüssel der Liturgietheologie erklärt wird?

Diese Fragestellung gab es schon bei der Vorbereitung des Konzils und in den Konzilsverhandlungen selbst.[35] Aber man konnte sich doch für die-

---

34 Vgl. W. Haunerland, Participatio actuosa. Programmwort liturgischer Erneuerung, in: IKaZ 38 (2009) 585–595.
35 Vgl. Ders., Erneuerung aus dem Paschamysterium. Zur heilsgeschichtlichen Leitidee der Liturgiekonstitution, in: IKaZ 41 (2012) 616–625, hier 619 f.; ders., Mysterium paschale. Schlüsselbegriff liturgietheologischer Erneuerung, in: G. Augustin/K. Koch (Hg.), Liturgie als Mitte des christlichen Lebens (Theologie im Dialog 7), Freiburg–Basel–Wien 2012, 189–209, hier 195–197; jetzt auch S. A. Schrott, Pascha-Mysterium. Zum liturgietheologischen Leitbegriff des Zweiten Vatikanischen Konzils (Theologie der Liturgie 6), Regensburg 2014; dazu auch W. Haunerland, Der liturgietheologische Leitbegriff des Zweiten Vatikanischen Konzils. Anmerkungen zu einer wichtigen Studie über das Pascha-Mysterium, in: LJ 64 (2014) [im Druck].

sen Ansatz entscheiden, weil er aus der größeren Tradition legitimiert war. Dabei ist natürlich klar, dass das Paschamysterium nicht nur auf die Auferstehung bezogen ist, sondern auch – wie das Konzil sagt – „sein seliges Leiden" (SC 5) umfasst. Das aber heißt zuerst: Wo vom Paschamysterium gesprochen wird, ist vom Kreuzestod Jesu die Rede, aber sein Tod ist dabei nicht von seiner Auferstehung getrennt. Die sakramentale Vergegenwärtigung des Opfertodes Jesu in der Eucharistie kann gerade deshalb höchst passend in der Theologie der Liturgiekonstitution mit *mysterium paschale* bezeichnet werden, weil es dort mit den Worten Johannes Pauls II. um die „sakramentale Vergegenwärtigung des durch die Auferstehung vollendeten Opfers Christi"[36] geht.

Mehr noch: Wo vom Paschamysterium gesprochen wird, geht es um das Christusmysterium als Ganzes, das dabei von seiner entscheidenden Zuspitzung und Erfüllung in Tod und Auferstehung betrachtet wird. Bekanntlich steht im Hintergrund dieses Ansatzes die Mysterientheologie Odo Casels, die Joseph Ratzinger einst als die „vielleicht fruchtbarste theologische Idee"[37] des 20. Jahrhunderts bezeichnet hat. Benedikt Kranemann kann zu Recht herausstellen:

„,Pascha-Mysterium' ist eine theologische Kurzformel, die eine Zersplitterung des Christusgeschehens überwinden und das Heilsgeheimnis wieder als Einheit sehen wollte und will. Dafür musste Casel die Konzentration von Theologie und Spiritualität auf Inkarnation und Kreuzestod überschreiten"[38].

Gemeinsam ist also den liturgietheologischen Ansätzen bei Inkarnation und Kreuzestod ebenso wie dem liturgietheologischen Ansatz beim Paschamysterium, dass die Liturgie wesentlich von ihrem Christusbezug und näher hin vom Christusereignis her verstanden wird. Indem das Konzil ältere Ansätze neu aufnimmt und die anderen Perspektiven integriert, kann es Christusereignis, Gottesdienstfeier und christliche Existenz neu in den Blick nehmen. Nicht das staunende und dankbare Verweilen vor dem

---

36  Johannes Paul II., Enzyklika Ecclesia de Eucharistia. 17.04.2003, Nr. 15 (3. Aufl.: VApS 159, 15).
37  J. Ratzinger, Die sakramentale Begründung christlicher Existenz, Meitingen–Freising 1966, hier zit. nach: ders., Theologie der Liturgie. Die sakramentale Begründung christlicher Existenz (JRGS 11), Freiburg–Basel–Wien 2008, 197–214, hier 197.
38  B. Kranemann, Die Theologie des Pascha-Mysteriums im Widerspruch. Bemerkungen zur traditionalistischen Kritik katholischer Liturgietheologie, in: P. Hünermann (Hg.), Exkommunikation oder Kommunikation? Der Weg der Kirche nach dem II. Vatikanum und die Pius-Brüder (QD 236), Freiburg–Basel–Wien 2009, 123–151, hier 145.

Geheimnis der Menschwerdung und der Realpräsenz in den eucharistischen Gestalten, sondern die Hineinnahme des Christen in die Selbsthingabe Christi und damit die Prägung des christlichen Lebens durch das Christusereignis werden so wieder deutlicher bewusst. Es ist also offensichtlich, dass es eine grundlegende Kontinuität gibt, die aber dennoch mit einer Innovation aus der Tradition nicht einfach nur fortgeführt, sondern neu fruchtbar gemacht wird.

## 3. Enthält die Hermeneutik der Reform auch ein auf die Zukunft gerichtetes Potential?

Von der Begriffsbildung her geht es der Hermeneutik zuerst und grundlegend um das Verstehen. Aber das Verstehen der Vergangenheit hat auch Konsequenzen für das Gestalten der Zukunft. Ganz in diesem Sinn hat Roman Siebenrock daran erinnert, dass Hermeneutik nicht nur eine akademische Frage ist, sondern eine existentielle Seite hat.

„Es kann nicht erstes Anliegen theologischer Hermeneutik sein, das Konzil historisch oder systematisch einzuordnen. Es geht vielmehr darum, es zu leben."[39]

Unter diesem Gesichtspunkt ist also nicht nur zu fragen, wie die Entwicklungen in der Vergangenheit angemessen interpretiert und eingeordnet werden, sondern auch, welche Konsequenzen sich aus einer „Hermeneutik der Reform" im Blick auf gegenwärtige und zukünftige Herausforderungen der Kirche ergeben können.

### 3.1 Reform der Reform

Nachdem Papst Benedikt XVI. im Jahr 2007 mit dem Motu proprio *Summorum pontificum* die liturgischen Bücher von 1962 als außerordentliche Form des römischen Ritus zugelassen hat,[40] ist es ein wenig stiller gewor-

---

39  R. Siebenrock, „Siehe, ich mache alles neu" (wie Anm. 26) 111.
40  Vgl. Benedikt XVI., Apostolisches Schreiben Motu proprio Summorum Pontificum. 07.07.2007 (VApS 178, 4–19); dazu W. Haunerland, Ein Ritus in zwei Ausdrucksformen? Hintergründe und Perspektiven zur Liturgiefeier nach dem Motu proprio „Summorum Pontificum", in: LJ 58 (2008) 179–203; M. Klöckener, Wie Liturgie verstehen? Anfragen an das Motu proprio „Summorum Pontificum" Papst Benedikts XVI., in: ALw 50 (2008) 268–305.

den um die Forderung nach einer Reform der Liturgiereform. Verschiedentlich hatte man sich zuvor auf Joseph Kardinal Ratzinger berufen. Dabei konnte der Eindruck entstehen, der Begriff „Reform der Reform" reagiere auf die Einschätzung, die jetzige Reform der Liturgie entspräche nicht dem Willen des Konzils, so dass man noch einmal auf dem Stand von 1962 oder vielleicht auch noch 1965 anzusetzen habe. In einem Brief aus dem Jahr 2003 führt der Kardinal aus, dass der Römische Ritus der Zukunft „vollständig in der Tradition des überlieferten Ritus" stehen müsse;
„er könnte einige neue Elemente aufnehmen, die sich bewährt haben, wie neue Feste, einige neue Präfationen in der Messe, eine erweiterte Leseordnung – mehr Auswahl als früher, aber nicht zuviel – eine ‚Oratio fidelium', d.h. eine festgelegte Fürbitt-Litanei nach dem Oremus vor der Opferung, wo sie früher ihren Platz hatte."[41]

Diese Äußerung konnte so verstanden werden, dass nach Ratzingers Auffassung die wahre Reform des Messbuches von 1962 noch aussteht, wenn diese auch die Erfahrungen mit dem Missale von 1970 nutzen soll.

Allerdings hatte Joseph Ratzinger, als er im Jahr 2001 von einer „Reform der Reform" sprach, unmissverständlich deutlich gemacht, dass die Reform der Reform sich auf das reformierte Messbuch beziehen müsste.[42] In der Tat verdiente eine „Reform der Reform" nur dann ihren Namen, wenn sie eine Weiterführung der Reform Pauls VI. wäre, diese gegebenenfalls auch korrigierte, das Messbuch von 1970 aber nicht nur zu einem Steinbruch machte, aus dem man für einen zweiten Versuch das eine oder andere Element herauszubrechen sucht.

Die Zulassung der außerordentlichen Form des römischen Ritus steht hierzu jedoch in einer gewissen Spannung. Bleibt die Kirche auf dem von Papst Benedikt XVI. gewählten Weg und integriert sie in die liturgischen Bücher von 1962 „neue Heilige und einige der neuen Präfationen"[43], geht

---

41  Joseph Ratzinger, Brief an Heinz Lothar Barth vom 23. Juni 2003, hier zit. nach: M. Schneider, Zur Beurteilung der Liturgiereform und der Tridentinischen Messe im theologischen Werk Joseph Ratzingers (Edition Cardo 152), Köln 2007, 60. – Schneiders Buch blendet leider vollständig die Frage aus, ob es bei Ratzingers Überlegungen zur Liturgie und bei seinen Beurteilungen der Liturgiereform Entwicklungen gibt.
42  Vgl. J. Ratzinger, Bilanz und Perspektiven, in: Theologie der Liturgie (wie Anm. 37) 657–682, hier 673. Allerdings hat Ratzinger ebd. 681 bereits auch ausgeführt: „Aber in der Zukunft wird man meines Erachtens daran denken müssen, das Missale von 1962 zu bereichern, in dem [!] man neue Heilige einführt […] Man könnte auch an die Präfationen denken, die gleichfalls aus dem Schatz der Väter der Kirche kommen".
43  Benedikt XVI., Brief an die Bischöfe anlässlich der Publikation des Apostolischen Schreibens Motu proprio Summorum pontificum über die römische Liturgie in ihrer Gestalt vor der 1970 durchgeführten Reform. 07.07.2007 (VApS 178, 21–27, hier 24).

es gerade nicht um eine „Reform der Reform", sondern bestenfalls um „eine alternative Umsetzung" der konziliaren Reformbestimmungen.[44] Die Instruktion *Universae Ecclesiae*, die von der Päpstlichen Kommission *Ecclesia Dei* am 30. April 2011 veröffentlicht wurde, hat diesen nicht unproblematischen Weg für die außerordentliche Form zwar ausdrücklich bestätigt, aber offensichtlich noch nicht wirklich vollzogen.[45]

Eine konsequente Weiterentwicklung der Liturgiereform, also eine „Reform der Reform", die diesen Namen verdient, kann allerdings nicht auf der Basis des Missale von 1962 geschehen. Man wird sogar die Frage stellen müssen, ob die Wiederzulassung der liturgischen Bücher von 1962 im Gegensatz zur päpstlichen Absicht gerade den Eindruck verstärkt hat, dass die erneuerten *Editiones typicae* neue liturgische Bücher seien, bei denen die Diskontinuität größer als die Kontinuität gewesen ist. Indem der Papst allerdings darauf besteht, dass es „keinen Widerspruch zwischen der einen und der anderen Ausgabe des Missale Romanum"[46] gibt, geht er davon aus, dass die eine *lex credendi* in unterschiedlichen Formen der *lex orandi* zum Ausdruck kommen kann. Das Verhältnis der beiden liturgischen Ordnungen ist also gerade nicht von ihren real existierenden Spannungen her zu definieren, sondern von ihrer Übereinstimmung im Grundsätzlichen zu bestimmen. Die „Hermeneutik der Reform", die im Blick auf die Interpretation des Konzils gefordert wird, ist offensichtlich auch eine geeignete Hermeneutik zur Interpretation verschiedener liturgischer Rezeptionsstufen des römischen Ritus.

### 3.2 Kontinuität und synchrone Einheit

Die Wiederzulassung der liturgischen Bücher von 1962 und ihre Iuxta-Position neben die auf Weisung des Zweiten Vatikanischen Konzils erneuerten liturgischen Bücher werfen nicht nur inhaltliche Fragen auf, sondern auch die formale Frage nach der Allgemeinverbindlichkeit einer vom Konzil angeordneten Liturgiereform. Papst Benedikt, der keinen Zweifel an der Verbindlichkeit des Zweiten Vatikanischen Konzils selbst

---

44 Vgl. das Projekt einer alternativen Umsetzung bei B. W. Harrison, Die nachkonziliare Liturgie: Zur Vorbereitung einer „Reform der Reform", in: F. Breid (Hg.), Die heilige Liturgie. Referate der „Internationalen Theologischen Sommerakademie 1997" des Linzer Priesterkreises in Aigen/M., Steyr 1997, 329–368, hier 362.
45 Vgl. Pontificia Commissio Ecclesia Dei, Instructio Universae Ecclesiae. 30.04.2011, Nr. 25, zit. nach: Notitiae 48 (2011) 271–279, hier 277.
46 Benedikt XVI., Brief an die Bischöfe (wie Anm. 43) (VApS 178, 25).

aufkommen lässt, unterscheidet – durchaus mit Recht – das Konzil und seine Beschlüsse von der faktischen Liturgiereform. Offen bleibt allerdings bisher, wie denn die verbindlichen Reformimpulse des Konzils auch in jener Gestalt der Liturgie umgesetzt werden können und sollen, die 1962 in Kraft war und jetzt als außerordentliche Form des römischen Ritus in einer Kirche, die sich insgesamt dem Zweiten Vatikanischen Konzil verpflichtet weiß, wieder in Geltung ist.

Allerdings hat der Papst mit seiner innovativen Entscheidung auf eindrucksvolle Weise unterstrichen, dass die Einheit der Kirche nicht von der Einheitlichkeit ihrer Liturgie abhängt und dass dies nicht nur für die großen eigenständigen Riten gilt, sondern dass auch innerhalb des römischen Ritus eine gewisse Pluriformität möglich ist. Ja, der Papst selbst war sogar der Überzeugung, dass der größeren kirchlichen Einheit mit einer größeren liturgischen Vielfalt gedient ist. Kurt Kardinal Koch hält allerdings *Summorum Pontificum* nur für einen ersten Schritt eines Weges und geht davon aus, „dass es in Zukunft wieder einen gemeinsamen Ritus geben wird"[47]. Aber ist dies eine Sehnsucht, die mit der Hermeneutik der Reform zu vereinbaren ist?

In der Sache wird man nämlich überlegen müssen, ob die grundsätzliche Einschätzung, dass eine gewisse Pluriformität innerhalb des römischen Ritus der Einheit dient, nur im Blick auf jene Gläubigen, die der Liturgie in ihrer Gestalt von 1962 verpflichtet sind, richtig ist oder ob diese Einsicht nicht auch für andere Gläubige und ihre kulturellen und spirituellen Voraussetzungen fruchtbar werden müsste.

Anders gesagt: Die Einheitlichkeit, die Papst Paul VI. bei der Herausgabe der erneuerten liturgischen Bücher eingefordert hat, ist nach Einschätzung von Papst Benedikt XVI. zum Hindernis für die Einheit der Kirche geworden. Weil Einheitlichkeit nur ein Mittel, nicht aber ein Wert an sich und damit kein eigentliches Ziel ist, steht diese Einheitlichkeit zur Disposition, insofern sie zum Hindernis für die Einheit wird. Einheit erlaubt also nicht nur Vielfalt, sondern verlangt sie offensichtlich auch nach Einschätzung des letzten Papstes. Für den Papst war deshalb sogar die partielle Rücknahme oder Suspension einer Reform legitim, weil sie die Kontinuität im Wesentlichen nicht betrifft.

Damit ist die Frage der Inkulturation, aber auch die Frage der Anpassung der römischen Liturgie an unterschiedliche Kulturen und Sprachen, Mentalitäten und kirchliche Teilgruppen wieder auf der Tagesordnung.

---

47  K. Koch, Die Konstitution über die Heilige Liturgie (wie Anm. 20), 87.

Mit einer liturgischen Strategie der Einheitlichkeit, die offensichtlich hinter den Instruktionen *Varietates legitimae*[48] und *Liturgiam authenticam*[49] steht, ist das Motu proprio *Summorum pontificum* nicht zu vereinbaren. Mit einer solchen Strategie wird aber auch nicht ernst genommen, dass die Kirche heute mehr als in der Vergangenheit eine Weltkirche ist und dass unsere Gesellschaften vieles von ihrer Geschlossenheit verloren haben und durch zunehmende Ungleichzeitigkeiten bestimmt werden.

Natürlich darf die Kirche die Zerrissenheit und Unübersichtlichkeit der Welt nicht einfach widerspiegeln und verdoppeln. Aber sie muss sich doch fragen, ob sie nicht auf unterschiedliche Situationen unterschiedlich reagieren muss, so wie sie im Laufe der Zeit ihr eines Wesen und die ihr grundlegend eingestiftete und anvertraute Liturgie im Sinne der Hermeneutik der Reform immer wieder erneuern musste, indem sie immer neu und immer mehr das zu realisieren suchte, was in den konkreten Realisationen anderer Zeiten auf andere Weise verwirklicht wurde.

Wenn nun Kontinuität diachron die Einheit sichert,[50] dann wird auch eine synchrone Einheit nicht größere Übereinstimmung brauchen, als jene Übereinstimmung, die die Kontinuität diachron sichert. Der Wunsch nach Einheitlichkeit und Uniformität in der Liturgie korrespondiert mit der Ideologie ihrer weitgehenden Unveränderlichkeit in der Geschichte. Aber auch umgekehrt gilt: Wer um die Variabilität der römischen Liturgie in ihrer Geschichte weiß, muss damit rechnen und dafür offen sein, dass es auch in der Gegenwart eine Vielfalt gibt, geben darf und geben muss, die – unbeschadet einer grundlegenden Einheit der Kirche und ihrer Liturgie – den Ungleichzeitigkeiten ihrer Teilkirchen und Feiergemeinschaften geschuldet ist. Stimmt das, dann folgt aus der Hermeneutik der Reform, dass sich die katholische Kirche als Weltkirche um ihrer Einheit willen nicht von der Sehnsucht nach Einheitlichkeit und Uniformität leiten lassen darf.

---

48 Vgl. Kongregation für den Gottesdienst und die Sakramentenordnung, Instruktion Varietates legitimae. 25.01.1994 (VApS 114).
49 Vgl. Kongregation für den Gottesdienst und die Sakramentenordnung, Instruktion Liturgiam authenticam. 28.03.2001 (VApS 154).
50 Vgl. in diesem Sinn Benedikt XVI., Nachsynodales Apostolisches Schreiben Sacramentum Caritatis, Nr. 3 (VApS 177, 11 f.): „Konkret geht es darum, die vom Konzil beabsichtigten Änderungen innerhalb der Einheit zu verstehen, die die geschichtliche Entwicklung des Ritus selbst kennzeichnet, ohne unnatürliche Brüche einzuführen." Im Blick auf diese Einheit verweist Benedikt dann in Anm. 6 „auf die Notwendigkeit einer Hermeneutik der Kontinuität" (wie Anm. 8).

## 3.3 Inkulturation und Vielfalt

Programmatisch hatte bereits das Zweite Vatikanische Konzil erklärt:
„In den Dingen, die den Glauben und das Allgemeinwohl nicht betreffen, wünscht die Kirche nicht eine starre Einheitlichkeit der Form zur Pflicht zu machen, nicht einmal in ihrem Gottesdienst" (SC 37).[51]

Auf kluge Weise hat dasselbe Konzil eine sehr konkrete Anweisung gegeben, wie liturgische Reformen ansetzen und umgesetzt werden sollten. Es verlangte nämlich nicht nur „gründliche theologische, historische und pastorale Untersuchungen", die Beachtung allgemeiner Gestaltgesetze der Liturgie und die Auswertung jener „Erfahrungen, die aus der jüngsten Liturgiereform und den weithin schon gewährten Indulten gewonnen wurden". Nach dem erklärten Willen des Konzils sollten auch

„keine Neuerungen eingeführt werden, es sei denn, ein wirklicher und sicher zu erhoffender Nutzen der Kirche verlange es. Dabei ist Sorge zu tragen, daß die neuen Formen aus den schon bestehenden gewissermaßen organisch herauswachsen." (SC 23)

Das Konzil rechnet also durchaus mit Neuerungen und weiß, dass diese mit Brucherfahrungen verbunden sein können. Um aber die grundlegende Kontinuität erlebbar und erfahrbar zu machen, sollen die neuen Ausdruckselemente, die mit diesen Neuerungen verbunden sind, nicht aus einem Gegensatz heraus kreiert werden, sondern eine Weiterentwicklung früherer Formen sein.

Unter diesem Gesichtspunkt ist daran zu erinnern, dass das Konzil nicht nur allen seinerzeit geltenden Riten, sondern ausdrücklich „allen rechtlich anerkannten Riten gleiches Recht und gleiche Ehre zuerkennt" (SC 4).[52] Damit sollte zumindest die Möglichkeit nicht ausgeschlossen werden, dass sich neben dem römischen, dem Mailänder und dem altspanischen Ritus weitere eigenständige Riten entwickeln könnten. In der Instruktion *Varietates legitimae* hat die Kongregation allerdings ausdrücklich herausgestellt:

„Das Bemühen um Inkulturation strebt nicht die Schaffung neuer Ritus-Familien an; wenn den Bedürfnissen einer bestimmten Kultur ent-

---
51  Vgl. zur Interpretation auch W. Haunerland, Gottesdienst in katholischer Weite – Perspektiven der Vielfalt in der Einheit, in: Pastoralblatt 65 (2013) 359–364.
52  Vgl. zum Folgenden R. Kaczynski, Theologischer Kommentar zur Konstitution über die heilige Liturgie Sacrosanctum Concilium, in: HThK Vat.II 2 (2009) 1–227, hier 58–60.

sprochen werden soll, geht es um Anpassungen im Rahmen des römischen Ritus."[53]

Ganz auf dieser Linie hält auch die Instruktion *Liturgiam authenticam* den römischen Ritus für ein hinreichendes „Instrument wahrer Inkulturation" und folgert daraus:

„Das Werk der Inkulturation, von dem die Übersetzung in die Volkssprachen einen Teil ausmacht, soll daher nicht gleichsam für einen Weg gehalten werden, um neue Arten oder Familien von Riten einzuführen. Im Gegenteil ist zu beachten, dass alle Anpassungen, die eingeführt wurden, um den kulturellen und pastoralen Erfordernissen entgegen zu kommen, Teile des römischen Ritus und darum ihm harmonisch einzufügen sind."[54]

Nun kann man in diesen Bestimmungen durchaus einen Gegensatz zum Willen der Konzilsväter sehen. Allerdings ist es in der Tat nicht leicht zu sagen, wie ein gänzlich neuer Ritus zu schaffen und einzuführen wäre. Liturgiegeschichtlich hat sich ja nicht ein einziger christlicher Ritus in unterschiedliche Riten aufgeteilt, sondern man wird wohl eher sagen müssen, dass die Vielzahl der liturgischen Traditionen sich in den größeren Familien konsolidiert und so eher einen gewissen Zug zu wachsender Einheitlichkeit gezeigt hat. Soll ein neuer Ritus keine Kopfgeburt oder Schreibtischarbeit sein, muss er sich aus bereits bestehenden Formen entwickeln. Ein gänzlich neuer Ritus, wie er etwa in den Kirchen der Reformation für die Feier des Abendmahles entwickelt wurde, war faktisch auch ein Zeichen eines Bruches, nämlich der Kirchenspaltung, die neben die „alte" Kirche eine „neue" gesetzt hat.

Die von Papst Benedikt eingeforderte Hermeneutik der Reform könnte im Blick auf neue Riten zu Recht daran erinnern, dass diese in einer grundlegenden Kontinuität mit bereits bestehenden katholischen Riten stehen müssen. Ob dann die neuen Riten als Ausprägungen des römischen Ritus bezeichnet oder ihnen langfristig eine größere Eigenständigkeit zugesprochen wird, ist von daher primär eine Definitionsfrage.

In seinem Apostolischen Schreiben *Evangelii gaudium* hat Papst Franziskus deutlich gemacht, dass „nicht direkt mit dem Kern des Evangeliums verbundene, zum Teil tief in der Geschichte verwurzelte Bräuche"[55] grundsätzlich zur Disposition stehen müssen, wenn sie der Weitergabe

---

53 Instruktion Varietates legitimae, Nr. 36 (VApS 114, 20).
54 Instruktion Liturgiam authenticam, Nr. 5 (VApS 154, 13).
55 Franziskus, Apostolisches Schreiben Evangelii gaudium. 24.11.2013, Nr. 43 (VApS 194, 37).

des Evangeliums im Wege stehen. Dies wird man wohl auch für die Liturgie und ihre Ausfaltungen in den unterschiedlichen Kulturen sagen müssen. Die „Hermeneutik der Reform" verlangt um der Identität und Fruchtbarkeit der Liturgie willen auch den Abschied von liturgischen Bräuchen, wenn diese das, was sie einst und an bestimmten Orten bezeichnet haben, heute und in anderen Kontexten nicht mehr zum Ausdruck bringen. Sie erinnert aber zugleich daran, dass das Neue nicht im souveränen Rückgriff auf andere Traditionen oder eigene Ideen erfunden werden kann, sondern in einer erkennbaren Kontinuität mit dem stehen muss, was vorher war. Insofern war schon auf dem Zweiten Vatikanischen Konzil der Vorschlag des Missionsbischofs Wilhelm Duschak utopisch, einen neuen Ritus der Messe, eine „Missa oecumenica" oder „Missa orbis", allein im Rückgriff auf das biblisch bezeugte Stiftungshandeln Jesu im Abendmahlssaal zu entwickeln.[56]

In der Tat wäre es wünschenswert, wenn auch im Bereich der Liturgie etwas von der heilsamen „Dezentralisierung" realisiert wird, deren Notwendigkeit Papst Franziskus verspürt, wenn er sagt:

„Es ist nicht angebracht, dass der Papst die örtlichen Bischöfe in der Bewertung aller Problemkreise ersetzt, die in ihren Gebieten auftauchen."[57]

Ohne Zweifel jedenfalls läge es auf der Linie der Liturgiekonstitution des Zweiten Vatikanischen Konzils, wenn auch die liturgischen Kompetenzen der Bischofskonferenzen gestärkt und ernster genommen würden und diese ihren Beitrag für die Inkulturation der Liturgie besser leisten. Realistisch formuliert Papst Franziskus:

„Aber dieser Wunsch [des Konzils] hat sich nicht völlig erfüllt, denn es ist noch nicht deutlich genug eine Satzung der Bischofskonferenzen formuliert worden, die sie als Subjekte mit konkreten Kompetenzbereichen versteht, auch einschließlich einer gewissen authentischen Lehrautorität. Eine übertriebene Zentralisierung kompliziert das Leben der Kirche und ihre missionarische Dynamik, anstatt ihr zu helfen."[58]

---

56 Vgl. seine Konzilsrede vom 5. November 1962 in: Acta Synodalia Sacrosancti Concilii Oecumenici Vaticani II. Volumen I: Periodus Prima. Pars II: Congregationes Generales X–XVIII. Typis Polyglottis Vaticanis 1970, 109–112. – Auf diesen Vorschlag verweist schon E. J. Lengeling, Die neue Ordnung der Eucharistiefeier. Allgemeine Einführung in das römische Meßbuch. Endgültiger lateinischer und deutscher Text. Einleitung und Kommentar (Lebendiger Gottesdienst 17/18), Münster ²1971, 228.
57 Franziskus, Apostolisches Schreiben Evangelii gaudium Nr. 16 (VApS 194, 19).
58 Ebd. Nr. 32 (VApS 194, 30).

Freilich: Den Bischöfen und Bischofskonferenzen müssten keine kleinteiligen Einzelvorschriften gemacht werden, wenn sie sich tatsächlich einer Hermeneutik der Reform verpflichtet wissen, die bei aller notwendigen Innovation die grundlegende Kontinuität im Blick behält. Denn eine Kirche, die ihrem Anfang und damit ihrem Stifter treu bleibt, braucht zwar ständig Umkehr und Erneuerung, aber muss wissen, dass es sie nur gibt, wenn sie das Glaubenszeugnis und die Glaubenspraxis ihrer Vorfahren aufnimmt und in aktualisierter Weise weiterträgt.

# Theologie der Liturgie und/oder liturgische Theologie? Pius Parsch und sein Standort innerhalb der Liturgietheologie

*Cornelius Roth*

## Hinführung

Die theologische Bedeutung des volksliturgischen Ansatzes von Pius Parsch wird – nachdem er lange Jahre nur als liturgischer Praktiker galt – seit etwa 10 Jahren deutlich gesehen.[1] Einig ist man sich darin, „dass seine Wirkung ohne eigenes, zumindest implizites theologisches Konzept undenkbar bleibt", und sieht das Desiderat, „die Parsch eigene Theologie der Liturgie aus seinem Schrifttum zu erheben und in einer Synthese systematisch darzustellen."[2] Als Bausteine seiner „Theologie der Liturgie" werden u. a. genannt: die stark auf Paulus aufbauende Christozentrik, die ebenfalls paulinische Idee des mystischen Leibes Christi, die Gnadenlehre im Sinn des personal-dialogischen Austausches zwischen Gott und Mensch und das allgemeine Priestertum der Gläubigen, auf dem das für Parsch vielleicht kennzeichnendste Prinzip der aktiven Teilnahme des Volkes an der Liturgie gründet.[3]

Wenn man die bisherigen Äußerungen zur Theologie Parschs betrachtet, fällt allerdings auf, dass terminologisch zwei Begriffe immer wieder unkritisch nebeneinander verwendet werden: die „Theologie der Liturgie"

---

[1] Vgl. R. Stafin, Eucharistie als Quelle der Gnade bei Pius Parsch. Ein neues Verhältnis zwischen Gott und dem Menschen (PPSt 2), Würzburg 2004; W. Bachler/R. Pacik/A. Redtenbacher (Hg.), Pius Parsch in der liturgiewissenschaftlichen Rezeption. Klosterneuburger Symposion 2004 (PPSt 3), Würzburg 2005; B. J. Krawczyk, Der Laie in Liturgie und Theologie bei Pius Parsch (PPSt 6), Würzburg 2007. Parsch bezeugt allerdings selbst: „Ich war bei allen meinen Arbeiten stets Praktiker und niemals Theoretiker oder Systematiker." Vgl. P. Parsch, Volksliturgie. Ihr Sinn und Umfang (PPSt 1), Würzburg 2004, 12 (Vorwort zur zweiten Auflage 1952).
[2] Beide Zitate aus: A. Redtenbacher, Der Einfluss von Pius Parsch in der Liturgiekonstitution des II. Vatikanischen Konzils, in: HlD 67 (2013) 230–245, hier 234.
[3] Zum letzten Punkt vgl. R. Pacik, „Aktive Teilnahme" – zentraler Begriff in Pius Parschs Werk, in: W. Bachler/R. Pacik/A. Redtenbacher (Hg.), Pius Parsch in der liturgiewissenschaftlichen Rezeption 31–52.

und die „liturgische Theologie".[4] Hier ergibt sich eine gewisse Unschärfe, insofern – spätestens seit den Arbeiten von Alexander Schmemann[5], Aidan Kavanagh[6] und David W. Fagerberg[7] – deutlich zwischen einer „Theologie der Liturgie" und einer „liturgischen Theologie" unterschieden werden muss. Helmut Hoping drückt diesen Unterschied folgendermaßen aus: „Während eine Theologie der Liturgie mit dem Wesen der christlichen Liturgie zu tun hat, erschließt die liturgische Theologie die der Liturgie und ihrem Ritus eingeschriebene Theologie."[8] Vergleiche man etwa die eucharistietheologischen Ausführungen Schmemanns mit denen Joseph Ratzingers, werde deutlich, dass „Schmemann die der heiligen Liturgie eingeschriebene Theologie ausgehend von ihren Gebeten und rituellen Elementen erschließt", während „Ratzingers Beiträge zur Eucharistie stärker einen allgemeinen liturgietheologischen Charakter"[9] haben.

Wo hat in dieser Unterscheidung Pius Parsch seinen Platz? Betreibt er eher liturgische Theologie oder Theologie der Liturgie? Kann man seine liturgietheologischen Aussagen überhaupt systematisieren? Diesen Fragen soll im Folgenden nachgegangen werden. Dabei wird zunächst noch ein-

---

4  A. Redtenbacher, Der Einfluss von Pius Parsch, spricht zum einen von „Bausteinen zur Theologie der Liturgie bei Pius Parsch" (ebd. 235 f.), verwendet aber ebenso den Begriff der „liturgischen Theologie" (ebd. 241), wenn es darum geht, die Einheit von liturgischer Theorie und liturgischer Praxis bei Parsch hervorzuheben. Ähnlich B. Krawczyk, „Der neue Laientyp" – christologische und ekklesiologische Grundlagen der aktiven Teilnahme der Laien an der Liturgie nach Pius Parsch, in: W. Bachler/R. Pacik/A. Redtenbacher (Hg.), Pius Parsch in der liturgiewissenschaftlichen Rezeption 140–167. Für Krawczyk ist zum einen Parschs „Theologie der Liturgie" „praktisch auf die Lehre vom Mystischen Leib und vom allgemeinen Priestertum beschränkt" (ebd. 146 f.), zum anderen spricht er von den „Inhalte(n) seiner liturgischen Theologie" und führt dabei „das göttliche Leben der Gnade", „Christus als Zentrum der Liturgie" und „die Definition von Liturgie selbst als ‚gebetetes Dogma'" an (ebd. 161). Auch Stafin, Eucharistie, passim, ist in seiner Terminologie nicht eindeutig. Allgemein sieht er in Parschs theologischen Gedanken zu Gnade, Mysterium und Eucharistie „keine Möglichkeit, daraus eine liturgietheologische Synthese zu schaffen" (ebd. 284).
5  A. Schmemann, Introduction to liturgical theology, New York–Crestwood 2003 (Erstdruck 1966).
6  A. Kavanagh, On liturgical theology. The Hale Memorial Lectures of Seabury-Western Theological Seminary 1981, New York 1984.
7  D. W. Fagerberg, Theologia prima. What is liturgical theology?, Chicago ²2004.
8  H. Hoping, Kult und Reflexion. Joseph Ratzinger als Liturgietheologe, in: R. Voderholzer (Hg.), Der Logos-gemäße Gottesdienst. Theologie der Liturgie bei Joseph Ratzinger, Regensburg 2009, 12–25, hier 19.
9  Ebd. Zu Schmemanns Eucharistietheologie vgl. A. Schmemann, Eucharistie. Sakrament des Gottesreichs, Einsiedeln–Freiburg 2005.

mal die Unterscheidung der genannten Begriffe anhand einiger ihrer Vertreter verdeutlicht, um dann eine Einordnung Pius Parschs zu versuchen.

## 1. Theologie der Liturgie: Joseph Ratzinger und Cipriano Vagaggini

Zunächst seien zwei Vertreter genannt, die in ihren Werken eine dezidert theologische Sicht auf die Liturgie haben und insofern für eine „Theologie der Liturgie" stehen können: Joseph Ratzinger und Cipriano Vagaggini.

Der emeritierte Papst hat den ersterschienenen Band seiner gesammelten Schriften der „Theologie der Liturgie" gewidmet.[10] Obwohl er als Fundamentaltheologe und Dogmatiker einen eher systematischen Ansatz hat, spielt die Liturgie in seinen Überlegungen immer eine entscheidende Rolle. So schreibt er im Vorwort des genannten Bandes über seine Herangehensweise an die Liturgie: „Es ging mir nicht um die spezifischen Probleme der Liturgiewissenschaft, sondern immer um die Verankerung der Liturgie im grundlegenden Akt unseres Glaubens und so auch um ihren Ort im Ganzen unserer menschlichen Existenz."[11] Von daher ist es nicht verwunderlich, dass sich Ratzinger nicht mit allen möglichen Gottesdienstformen und liturgischen Spezialthemen auseinandersetzt, sondern seinen Fokus v. a. auf die Eucharistie legt. Dabei ist ihm besonders die Übereinstimmung von dogmatischem Gehalt und liturgischer Gestalt wichtig, die er in den Entwicklungen nach dem Konzil z. T. auseinanderdriften sieht.

Als Liturgietheologe ist Ratzinger – ähnlich wie Pius Parsch – zum einen von der Mysterientheologie Odo Casels und zum anderen von der kosmisch-eschatologischen Dimension der Liturgie, wie sie uns von der östlichen Tradition bekannt ist, beeinflusst. Dabei betont er v. a. das christologische Zentrum der Liturgie: „Theologie der Liturgie – das bedeutet, dass Gott durch Jesus Christus in der Liturgie handelt und dass wir nur durch ihn und mit ihm handeln können. Aus Eigenem können wir den Weg zu Gott nicht bauen. Der öffnet sich nur, wenn Gott selbst Weg wird. Und wiederum: Wege des Menschen, die nicht bei Gott enden, sind

---

10 Vgl. J. Ratzinger, Theologie der Liturgie. Die sakramentale Begründung christlicher Existenz, Gesammelte Schriften Band 11 (= JRGS 11), Freiburg–Basel–Wien ²2008.
11 Ebd. 6.

Unwege. Theologie der Liturgie – das heißt des Weiteren, dass in der Liturgie der Logos selbst zu uns spricht und nicht nur spricht: Er kommt mit Leib und Seele, Fleisch und Blut, Gottheit und Menschheit, um uns mit sich zu vereinigen, zu einem ‚Leib' zu machen."[12]

Joseph Ratzinger siedelt die Liturgie zwischen dem historischen Gründungsgeschehen in Kreuz und Auferstehung Jesu (Paschamysterium) auf der einen und der Vollendung der Anschauung Gottes in der Ewigkeit auf der anderen Seite an. In diesem „Zwischenzustand", in dem sich das normale Leben des Christgläubigen abspielt, hat die Liturgie mit ihren Zeichen und Bildern, mit ihrer Verleiblichung und Symbolik ihren Platz und eine wichtige Aufgabe: „Die Theologie der Liturgie ist in besonderer Weise ‚symbolische Theologie', Theologie der Symbole, die uns dem Verborgen-Gegenwärtigen verbinden."[13] Sie offenbart uns gleichsam die Herrlichkeit Gottes und hat damit insgesamt einen revelatorischen Charakter. „In der christlichen Liturgie ist die ganze Heilsgeschichte, ja, die ganze Geschichte des menschlichen Suchens nach Gott gegenwärtig, aufgenommen und ihrem Ziel zugeführt. Christliche Liturgie ist kosmische Liturgie – sie umfasst die ganze Schöpfung, die ‚auf das Erscheinen der Söhne Gottes wartet' (Röm 8, 19)."[14] So kann man mit Bernhard Kirchgessner als „Mosaiksteine" seiner Theologie der Liturgie festhalten[15]: den Festcharakter der Liturgie, das Heilige Spiel, die kosmische Liturgie, den Logosgemäßen Gottesdienst, die ars celebrandi sowie die Wechselwirkungen zwischen Liturgie und Schönheit bzw. Liturgie und Kunst. Joseph Ratzinger gelingt damit alles in allem ein faszinierender Blick auf das Wesen der Liturgie aus systematischer und geistlicher Perspektive, vom konkreten Vollzug der Liturgie (deren Texten und Riten) geht er dabei aber selten aus.

Der zweite Liturgietheologe, der über „den theologischen Sinn der Liturgie" reflektiert und in diesem Sinn eine „Theologie der Liturgie" betreibt, ist der Benediktiner Cipriano Vagaggini (1909–1999).[16] Er definiert die Begriffe „Theologie der Liturgie" und „liturgische Theologie"

---

12  Ebd. 655.
13  Ebd. 68 (aus: Der Geist der Liturgie).
14  Ebd. 655.
15  Vgl. B. Kirchgessner, „Ein Fest, in dem das Große auf uns zutritt". Mosaiksteine einer Theologie der Liturgie Joseph Ratzingers – Papst Benedikt XVI., Passau ²2011.
16  Vgl. C. Vagaggini, Il senso teologico della liturgia. Saggio di liturgia teologica generale, Cinisello Balsamo 1957 (⁶1999). Die gekürzte deutsche Übersetzung und Bearbeitung stammt von A. Berz: C. Vagaggini, Theologie der Liturgie, Einsiedeln 1959. Zu Vagaggini vgl. C. Roth, Theologische Liturgie im Geist „moderner Monastik". Cipriano Vagaggini als traditionsbewusster Erneuerer der Liturgie, in: LJ 59 (2009) 246–268.

folgendermaßen: Theologie der Liturgie bedeutet „das Studium der Liturgie nicht allein unter dem rubrizistischen und historischen Aspekt, sondern als Erforschung ihrer Natur und ihrer Eigenheiten im Licht allgemeiner Prinzipien und der wissenschaftlichen Methode der dogmatischen Theologie."[17] Ausgangspunkt ist also die Dogmatik. Eine liturgische Theologie befasst sich hingegen mit dem theologischen Wert des liturgischen „Materials", wie es in den heiligen Riten und Texten enthalten ist, mit jenen speziellen Nuancierungen, partikulären Hinsichten und eigenen Grenzen, die sie haben.[18] Ausgangspunkt ist hier die Liturgie. Während „Theologie der Liturgie" also eine Art abstrakte „Liturgiedogmatik" bezeichnet, begreift die „liturgische Theologie" den Glauben in seiner Verwirklichung in der Feier des Gottesdienstes – samt seiner Riten und Texte – als „locus theologicus".

Vagaggini tendiert vor dem Hintergrund dieser Unterscheidung eindeutig zu einer „Theologie der Liturgie", denn er ist weniger an konkreten liturgischen Vollzügen interessiert, um von ihnen aus eine Theologie zu entwickeln, sondern bleibt einem philosophisch-ontologischen Ansatz treu und behandelt damit die Liturgie als locus theologicus eher abstrakt im Sinn einer „theologischen Liturgie".[19] Zwar sieht Vagaggini durchaus die Bedeutung des Rituellen für die Theologie. Von daher kann er auch sagen, dass die Liturgie der Theologie etwas geben kann, was die übrigen Offenbarungsquellen ihr nicht zu geben vermögen. Doch ist dies nichts anderes als die Realisierung des Heilsdramas, das – zuvor – durch das Lehramt, die Bibel und die Vätertheologie dem Glaubenden vermittelt wurde.[20] Damit gibt die Liturgie der Theologie etwas zurück, was sie

---

17 Vgl. C. Vagaggini, Liturgia e pensiero teologico recente. Inaugurazione del Pontificio Istituto liturgico, Roma 1961, 42: „Teologia della liturgia: cioè, studio della liturgia non solo sotto l'aspetto rubricale e storico, ma indagine della sua natura e delle sue proprietà alla luce dei principi generali e del metodo scientifico della teologia dogmatica."
18 Ebd.: „Teologia liturgica: cioè, rilievo del materiale di valore teologico contenuto nei sacri riti e nei sacri testi, con quelle sfumature speciali, in quelle prospettive particolari e con quei limiti propri con cui sono ivi effettivamente contenuti."
19 Vgl. A. Grillo, Einführung in die liturgische Theologie. Zur Theorie des Gottesdienstes und der christlichen Sakramente. Übers. v. M. Meyer-Blanck, Göttingen 2006, 176: „Er (Vagaggini, CR) geht von einem dogmatischen Verständnis bestimmter Inhalte des christlichen Glaubens aus und bezieht diese auf die Liturgie, um zu zeigen, wie diese in entscheidender Weise jene zu bereichern vermag."
20 Vgl. C. Vagaggini, Liturgia e pensiero teologico recente 75: „La liturgia dà alla teologia qualcosa che le altri fonti della rivelazione, per sè sole, non possono dare. Cos'è questo qualcosa? È la realizzazione concreta nei sacri riti, a modo di dramma

zuvor von ihr empfangen hat, nämlich den rituellen Vollzug der Glaubenswahrheiten. So wird der Primat des Deduktiven gegenüber dem Induktiven und liturgisch Konkreten durchgehalten.[21] Die liturgischen Fragen, mit denen er sich besonders beschäftigt hat (Hochgebete, Konzelebration, Leseordnung, Weiheliturgie, Firmritus) haben deshalb auch alle eine explizit theologische Komponente.

## 2. Liturgische Theologie: Alexander Schmemann, Aidan Kavanagh, David W. Fagerberg

Mit Ziel und Methode einer liturgischen Theologie im eigentlichen Sinn verbindet sich bis heute der Name des russisch-orthodoxen Priesters Alexander Schmemann (1921–1983), der in Estland geboren wurde, in Frankreich aufwuchs und seine theologischen Studien absolvierte, und seit 1951 am St. Vladimir's Orthodox Seminary in New York lehrte, dessen Dekan er seit 1962 war. Schmemann geht in seinen zahlreichen Veröffentlichungen von einer Krise der orthodoxen Kirche aus, die darin besteht, dass sie ihr doppeltes Fundament der lex orandi und lex credendi verloren habe. Dabei orientiert er sich sowohl an der orthodoxen Tradition mit ihrem Blick auf die eschatologische Dimension der Liturgie als auch an der Liturgischen Bewegung in Deutschland, die für ihn – mit Ausnahme Odo Casels und Maria Laachs – v. a. eine praktische Erneuerungsbewegung des kirchlichen Lebens war. In dieser Hinsicht nimmt er also den volksliturgischen Ansatz Parschs positiv wahr. Die praktisch-liturgische Bewegung formte für Schmemann gleichsam die notwendigen Bedingungen für die liturgische Theologie, insofern sie den Fokus auf die gottesdienstlichen Erfahrungen als Zentrum des ganzen kirchlichen Lebens legte. Daraus ergab sich dann

---

reale ed attuale per ognuno che vi prenda parte, delle realtà insegnate dal magistero e proclamate dalla bibbia e dai Padri."

21   Ähnlich urteilt D. Terstriep, Weisheit und Denken. Stilformen sapientialer Theologie, Rom 2001, 399: „Vagagginis Perspektive hat den Hang, zeitlose Ideen in der Liturgie zu sehen oder sie aus ihr abzuleiten, ohne ihre konkrete historische Gestalt *wahr*zunehmen und diese selbst schon als Bedeutungsträger zu verstehen, aus dem eine inhaltliche Essenz nicht ohne Verlust – wenn überhaupt – destilliert werden kann. Der Kult wird also tendenziell von der Theologie her gelesen, statt Ausgangspunkt theologischer Reflexion zu sein" (Hervorhebung im Original).

in einem zweiten Schritt die streng theologische Analyse der liturgischen Erfahrung und der kirchlichen Tradition.[22]

Wie definiert Schmemann die liturgische Theologie? Sie ist für ihn zunächst ganz schlicht die Erklärung der Bedeutung des gottesdienstlichen Lebens der Kirche, allerdings nicht in einem rubrizistischen oder ästhetischen, sondern in einem streng theologischen Sinn.[23] Liturgische Theologie bemüht sich um eine theologische Erklärung des Gottesdienstes, indem sie in drei Schritten vorgeht: Zunächst muss sie so klar wie möglich die Kategorien und Ideen finden, mit denen sich das Wesen der liturgischen Erfahrung der Kirche ausdrücken lässt; dann muss sie diese Kategorien mit den Ideen in Beziehung setzen, mit denen die Theologie die Glaubenslehre der Kirche auszudrücken versucht; und schließlich soll sie den eigenen Wert der liturgischen Erfahrung herausarbeiten, indem sie die lex orandi (rule of prayer) als das Fundament der lex credendi (rule of faith) verdeutlicht. Liturgische Theologie geht also vom Gottesdienst der Kirche aus – dabei spielt die historische Betrachtungsweise eine entscheidende Rolle – und erklärt dann das Gesetz des Betens als Gesetz des Glaubens. Insofern ist sie nichts anderes als die theologische Interpretation der lex orandi.[24] Liturgie und liturgische Theologie sind der eigentlichen Theologie gleichsam „vorgeschaltet". So wie zwischen dem Text der Hl. Schrift und seiner Anwendung in der Dogmatik die biblische Theologie steht, steht zwischen dem Gottesdienst bzw. dem Gebetsleben der Kirche und der spekulativen Durchdringung desselben in der Dogmatik die liturgische Theologie. Daher sprechen spätere Interpreten des Ansatzes Schmemanns (Kavanagh, Fagerberg) auch von der liturgischen Theologie

---

22  Vgl. A. Schmemann, Introduction 15: „In the first place it created the necessary conditions for liturgical theology by its focus on worship, by its experience of worship as the centre of the whole life of the Church. And second, in its inner development, it finally pointed up the need for a strictly theological analysis of the data of the liturgical experience and tradition of the Church."
23  Ebd. 16: „Liturgical theology is the elucidation of the meaning of worship." Zum Folgenden ebd. 16–27. Vgl. auch ders., Liturgy and Eschatology, in: T. Fisch (Hg.), Liturgy and Tradition. Theological reflections of Alexander Schmemann, Crestwood–New York 1990, 100: „The Liturgy is not to be treated as an aesthetic experience or a therapeutic exercise. Its unique function is to reveal us the Kingdom of God."
24  A. Schmemann, Introduction 20: „It is evident that liturgical theology must begin with the historical study of worship. [...] But after historical analysis there must come a theological synthesis – and this is the second and major part of liturgical theology. The theological synthesis is the elucidation of the rule of prayer as the rule of faith, it is the theological interpretation of the rule of prayer."

als der theologia prima und setzen sie von der eigentlichen systematischen Theologie als theologia secunda ab.[25]

Die Liturgie ist also der Wurzelgrund bzw. die „ontologische Bedingung der Theologie für das angemessene Verständnis des Kerygmas, des Wortes Gottes."[26] David W. Fagerberg drückt es so aus: Sie ist erstens theologia prima (und damit Quelle aller sekundären Theologie), und zweitens lex orandi (und damit in den historischen Riten der Kirche enthalten).[27] Liturgische Theologie geht als lex orandi von der Struktur des Gottesdienstes aus, so wie er in normalen Gemeinden gefeiert wird. Insofern lebt sie – nach Aidan Kavanagh – aus Prinzipien wie der Einfachheit, der Gemeinschaftlichkeit und der Alltagsbezogenheit. Einfach ist sie in dem Sinn, als liturgische Theologie nicht nur von der akademischen Elite betrieben wird; gemeinschaftlich ist sie, als sie im Normalfall nicht von einem Studenten allein betrieben wird, sondern die Gemeinschaft braucht; und alltagsbezogen ist sie, weil sie vom täglichen (Tagzeitenliturgie), wöchentlichen (Sonntag) und jährlichen (Kirchenjahr) Rhythmus der Liturgie lebt.[28]

Das alles zeigt die Praxisbezogenheit der liturgischen Theologie. Sie ist immer auf den konkret gefeierten Gottesdienst einer liturgischen Gemeinde bezogen und schaut auf die gesamte Struktur des Gottesdienstes. Sie versteht den Gottesdienst als Ganzen als locus theologicus. Liturgische Theologie ist mithin nicht einfach ein Teil der Theologie, sondern „der Versuch, die Theologie zu verstehen, die sich als und durch Liturgie offenbart."[29] Als solche hat sie eine eigene Struktur. Schmemann sieht die

---

25 A. Kavanagh, On liturgical theology 74 f.: „I hold that it is theology being born, theology in the first instance. It is what tradition has called *theologia prima*. [...] It is also to argue that doing liturgical theology comes closer to doing *theologia prima* than *theologia secunda* or a 'theology of the liturgy', and that doing primary theology places a whole set of requirements on the theologian which are not quite the same as those placed on a theologian who does only secondary theology" (Hervorhebung im Original).
26 A. Schmemann, Debate on the Liturgy: Liturgical Theology, Theology of Liturgy, and Liturgical reforms, in: St. Vladimir's Theological Quarterly 13 (1969) 217–224, hier 218.
27 D. W. Fagerberg, Theologia prima 41.
28 Vgl. A. Kavanagh, On liturgical theology 89: „It is *proletarian* in the sense that it is not done by academic elites; it is *communitarian* in the sense that it is not undertaken by the scholar alone in his study; and it is *quotidian* in the sense that it is not accomplished occasionally but regularly throughout the daily, weekly, and yearly round of the assembly's life of public liturgical worship" (Hervorhebung im Original).
29 H. Hoping, Kult und Reflexion 17 (Zitat von Schmemann).

Eucharistie im Zentrum der liturgischen Theologie, will aber in ihr ebenso die Initiationssakramente Taufe und Firmung, die Liturgie der Zeit und die anderen sakramentalen und nicht-sakramentalen Feiern als „Liturgie der Heiligung des Lebens" behandelt wissen. Dabei ist der Fokus nicht auf das „Wie" gerichtet (das hat sich im Lauf der Zeit immer geändert und wird sich immer ändern[30]), sondern auf das „Was", auf den theologischen Gehalt der liturgischen Feier.[31]

## 3. Pius Parsch und seine Liturgietheologie

### 3.1 Schwerpunkt auf der liturgischen Theologie

Versuchen wir nun, Pius Parsch mit seinem volksliturgischen Ansatz in dieser Diskussion zu verorten, liegt eine Antwort scheinbar klar auf der Hand. Parsch betreibt liturgische Theologie, insofern er als Liturgiepraktiker ganz vom Vollzug der Liturgie ausgeht und seine Gedanken vom gefeierten Gottesdienst her entwickelt.[32] Seine liturgischen Erklärungen zur Hl. Messe und zum Kirchenjahr, zur liturgischen Predigt und zum Brevier oder auch die Übersetzung des Rituale Romanum[33] zeigen, dass

---

[30] Den Vorwurf der Rubrizistik macht Schmemann vor allem der scholastischen Theologie.
[31] A. Schmemann, Introduction 9: „Liturgical study of this kind, known in the West as the study of ‚rubrics', answers the question how: how worship is to be carried out according to the rules, […] But it does not answer the question what: what is done in worship."
[32] Vgl. A. Redtenbacher, Der Einfluss von Pius Parsch 241: „Liturgiewissenschaft geht hier ganz vom Vollzug der Feier aus und führt wieder zu ihm hin. Sie erhebt und erforscht, was die Kirche in der Feier vollzieht, interpretiert es theologisch – auch unter Berücksichtigung des geschichtlichen Vollzugs – ordnet es ins Gesamt der Theologie ein und führt wieder hin zu einem vertieften, nun aber sachgerechten inneren und äußeren Vollzug: Wir könnten das durchaus Mystagogie nennen. Auch eine solche mystagogische Liturgiewissenschaft hat aber eine ‚kritische Funktion' gegenüber der konkreten Gestalt und Feierpraxis. Dies erinnert an die Patristik und die Ostkirche, die Parsch einst in Kiew näher kennenlernte. Hier sind bekanntlich Theologie und Dogmatik die Weiterentwicklung der liturgischen Doxologie, und Theologie insgesamt ist immer zugleich ‚liturgische Theologie'. Auch bei Parsch sind theologisches Denken und liturgischer Vollzug in einer letzten konzeptionellen Einheit aufgehoben."
[33] Vgl. P. Parsch, Messerklärung im Geist der liturgischen Erneuerung. Neu eingeleitet von Andreas Heinz (PPSt 4), Würzburg 2006; ders., Das Jahr des Heiles. Neu eingeleitet von Harald Buchinger (PPSt 7), Würzburg 2008; ders., Die liturgische Predigt.

Parsch in erster Linie die konkrete Liturgie (und insbesondere die Eucharistie) vor Augen hat. Dabei möchte er Laien und Priester zu einem bewussteren Mitfeiern der verschiedenen Gottesdienstformen führen.

Auch vor dem Hintergrund der Definition Kavanaghs von der liturgischen Theologie als einer Theologie, die proletarian, communitarian und quotidian betrieben wird, kann man Pius Parsch als Vertreter einer liturgischen Theologie bezeichnen. Liturgie ist für ihn zunächst immer auf das einfache Gottesvolk bezogen (proletarian), ja Liturgie kann es ohne das Volk überhaupt nicht geben. Eines seiner Hauptziele sieht er darin, den Gläubigen in der Gemeinde ein vertieftes Verständnis der Liturgie und ihrer Riten zu vermitteln. „Das Volk hat viel Sinn für Liturgie. Man kann sagen: Die Seele ist von Natur aus liturgisch."[34] Man könne z. B. an Volks- und Familienbräuchen, aber auch an der Naturfreudigkeit der Liturgie anknüpfen. Nicht zu unterschätzen sind die psychologischen Elemente, die auch für die heutige Suche nach einer zugleich gott- wie menschengemäßen Liturgie wichtig sind: die Muttersprache, die Heimat schenkt; die aktive Teilnahme, die neues Interesse und neues Verstehen wecken kann; das Ansprechen der Sinne und das schon genannte Pflegen von Bräuchen.[35] Ich halte diese psychologischen Elemente auch im 21. Jahrhundert nicht für überholt.[36] Auch der von ihm geprägte Begriff „Volksliturgie" (den er aus verschiedenen Gründen eher kritisch sieht) zeigt den Bezug seiner liturgischen Theologie zum Glauben der normalen Gottesdienstbesucher. Es geht ihm darum, dass die Gläubigen verstehen, was „da vorne" „gespielt" wird und selbst in irgendeiner Form daran teilnehmen können.[37] So definiert Parsch Volksliturgie als „Liturgie der Kirche mit

---

10 Bände, Klosterneuburg 1948–1955; ders., Breviererklärung im Geiste der liturgischen Erneuerung, Klosterneuburg 1940; ders. (Hg.), Römisches Rituale deutsch. Neu eingeleitet von Jürgen Bärsch. Festgabe für Rudolf Pacik (PPSt 10), Würzburg 2012.
34  Ders., Volksliturgie 159.
35  Vgl. ebd. 160–163.
36  Allerdings hat Parsch aus der heutigen Perspektive eine etwas zu ideale Vorstellung von der Wirkung seiner volksliturgischen Maßnahmen. Dass mit der aktiven Teilnahme an der Liturgie (vor und nach dem Konzil) „in kurzer Zeit […] in den Christengemeinden ein neues religiöses Leben erstehen" (163) würde, ist von der Zeit Lügen gestraft worden.
37  Sehr anschaulich ist Parschs Beispiel von einem Chinesen, einem Deutschen und einem Schauspieler, die alle auf ihre Weise an einem Theaterstück in einem deutschen Schauspielhaus teilnehmen. Der Chinese gleicht dem Gros der Gottesdienstbesucher, weil er rein gar nichts versteht; der deutsche Besucher versteht zwar etwas, weil er der Sprache kundig ist, verhält sich aber rein passiv (vergleichbar dem Besuch einer Liturgie in einer Abtei); der Schauspieler schließlich nimmt aktiv teil und ist selbst

besonderer Betonung der Aufgabe und Rolle des Volkes im Rahmen des christlichen Kultes", wobei es ihm nicht um eine Emanzipation der Gläubigen vom geweihten Amtsträger geht, sondern um die „Rückkehr zu dem alten Zusammenspiel von Priester und Volk in der Liturgie, wie es vom Anfang an war".[38]

Parsch erläutert dieses Zusammenspiel anhand der Akklamationen der Messfeier: „Es wäre nicht schwer, aus der Liturgie selbst zu beweisen, daß das Volk stets in aktiver Teilnahme gedacht ist. In den liturgischen Texten kommt diese Auffassung auf jeder Seite zum Ausdruck. Nur wenige Beispiele: Der Priester fordert das Volk zum Mittun auf durch Dominus vobiscum! Oremus! Sursum corda! Per omnia saecula saeculorum, durch Orate fratres, die letzte Bitte vom Pater noster in der Messe, das Ite missa est. Wie oft sprechen die Orationen von familia, populus tuus, oblationes populi. Die Liturgie spricht genug vom Volk als Opfernden. [...] Bei dem Orate fratres sagt der Priester zum Volk: ‚Betet, Brüder, daß mein und euer Opfer wohlgefällig sei [...]'."[39] Liturgie hat nach Parsch also etwas Dialogisches, und hinter dem Dialog, der zwischen Priester und Volk geführt wird, steht der eigentliche Dialog zwischen Gott und den Menschen: „Liturgie hat eine doppelte Seite: eine menschliche und eine göttliche. [...] Von menschlicher Seite ist die Liturgie Hofdienst vor dem göttlichen König. [...] Von göttlicher Seite ist die Liturgie göttliches Einwirken, das Einströmen der Gnade, die Erlösungswirksamkeit Christi; sagen wir, die Fortsetzung des Erlösungswirkens des Herrn. So stellt also die Liturgie die Form dar, in der der heilige Austausch zwischen Gott und Mensch sich vollzieht."[40] Ihren Kulminationspunkt hat dieser Austausch in Jesus Christus, insofern er der „Mittler dieses Tauschgeschäftes" ist. „Er bringt als Haupt der Menschheitsfamilie Gott die vollkommenste Ehre und Anbetung dar und andererseits ist er wieder der Gnadenspender, durch den alle Gnade in die Glieder des Gnadenleibes einströmt. Das Meßopfer ist Mittelpunkt aller Liturgie, in ihm ist das Tauschgeschäft am klarsten sichtbar."[41]

Als ein zweites Kennzeichen liturgischer Theologie ist nach Kavanagh die Gemeinschaftlichkeit zu nennen (communitarian). Auch dafür steht

---

Akteur im Spiel (dem gleicht das Ideal der volksliturgischen Bewegung). Vgl. P. Parsch, Volksliturgie 109 f.
38  Ebd. 99.
39  Ebd. 118 f.
40  Ebd. 94 f. Nahezu wörtlich noch einmal ebd. 167. Anschaulich ist in diesem Zusammenhang auch das Bild von der Liturgie als der „Lunge der Kirche". Vgl. ebd. 267.
41  Ebd. 95. Ähnlich ebd. 192.

der Klosterneuburger Chorherr.⁴² Parsch gewinnt seine Theologie zwar auch aus der Beschäftigung mit der Liturgie im Privatstudium. Die Einflüsse von Odo Casel hinsichtlich der Mysterientheologie, von Joseph Andreas Jungmann hinsichtlich der historischen Entwicklung der Messfeier, aber auch von Matthias Joseph Scheeben hinsichtlich der Gnadenlehre sind zu Recht hervorgehoben worden.⁴³ Dennoch ist die gottesdienstliche Gemeinschaft als solche, die er sich in St. Gertrud in Klosterneuburg als eine Art „Elitegemeinde" heranzog⁴⁴, für ihn zentrale Quelle theologischer Erkenntnis, ein eigener locus theologicus. Parsch drückt es so aus: „Die Liturgie ist gemeinschaftsbildend, sie vermag, den Geist der Gemeinschaft in der Pfarre zu wecken, ja die Pfarre zur Pfarrfamilie zu machen. Haben wir nicht die vergangenen Jahrzehnte viel zu sehr den Subjektivismus und Individualismus gepflegt und gefördert? In der Pfarre von gestern gab es kein Wir, sondern eine Summe von Ich, sei es in den Vereinen, sei es in den Einzelpersonen. Die Liturgie aber stellt die Gemeinschaft über das Ich. Wenn die Gläubigen gemeinsam gebetet, geopfert und gefeiert haben, dann wachsen sie zusammen zur Liebesgemeinschaft."⁴⁵ Das Gesagte gilt für die Pfarrliturgie allgemein, besonders aber für die sonntägliche Eucharistiefeier, die als eine Art Manifestation der Kirche angesehen werden kann. „Da, bei der Sonntagsmessfeier, ist der Herzschlag des christlichen Gemeindelebens; nirgends steht der Pfarrer größer da wie gerade hier, wenn er mit seinen Pfarrkindern das göttliche Opferlamm darbringen und ihnen das Lebensbrot reichen darf."⁴⁶ Daher sollte der Priester „an erster Stelle Liturge" sein.⁴⁷

---

42  Vgl. zum Folgenden B. Krawczyk, „Der neue Laientyp" 153–160; R. Stafin, Eucharistie 278–284.
43  Vgl. R. Stafin, Eucharistie 213–235.
44  Nach Parschs Angaben bestand sie „aus etwa 200 bis 300 religiösen Menschen, darunter mehr als 100 Jugendlichen" (P. Parsch, Volksliturgie 284). Zu seinen Bemühungen um eine „intensive Arbeit an der Elite", für die man ein „Maximalprogramm" aufstellen müsse, vgl. ebd. 291.
45  Ders., Liturgie und Seelsorge, in: Lebe mit der Kirche 12 (1946) 143–146, hier 144. Zum gemeinschaftlichen Leben in der Gemeinde und der Urkirche vgl. ders., Volksliturgie 277–285.
46  Ders., Der Seelsorger als Liturge, in: BiLi 6 (1931/32) 185–196, hier 193.
47  Ders., Volksliturgie 167. Es wird wahrscheinlich in der Parsch-Forschung bisher zu wenig gesehen, dass sich viele seiner Ausführungen auch auf die *ars praesidendi* des Priesters beziehen, nicht nur auf die Teilnahme des Volkes. Allerdings verbindet er mit dieser Bewusstseinsschärfung für den liturgischen Leiter bisweilen ein sehr zeitbedingtes Priesterbild, das den Priester in eine problematische, christologisch überzogene Mittlerstellung zwischen Gott und die Menschen stellt. Vgl. ebd. 167: „Was ist ein

Aus der sonntäglichen Eucharistiefeier erwächst für Parsch die eucharistische Ekklesiologie. Die Kirche als Ganze und die konkrete Gemeinde vor Ort leben aus Gottes Gnade, die ihr vor allem in der Eucharistie (aber auch in der Taufe) geschenkt werden.[48] Insofern ist die Eucharistie nicht nur „Quelle der Gnade" (Roman Stafin), sondern auch Ursprung der Kirche. Die Kirche kommt sowohl historisch als auch theologisch von der gefeierten Eucharistie her (Ecclesia de Eucharistia).[49] Für Parsch ist die Eucharistie das Fundament seiner Ekklesiologie, die sich dogmatisch an der Lehre vom Mystischen Leib Christi orientiert.[50]

Als drittes Kennzeichen einer liturgischen Theologie ist noch die Alltäglichkeit (quotidian) zu nennen. Liturgie lebt von der täglichen, wöchentlichen und jährlichen Wiederholung und versteht diesen zyklischen Rhythmus ebenfalls als einen locus theologicus. Pius Parsch spricht von einer „liturgische(n) Formung der Zeit"[51] und fordert die Seelsorger und Gläubigen auf, sich ein liturgisches Zeitgefühl anzueignen und wieder ein „Gefühl für den Rhythmus des Kirchenjahres" zu bekommen.[52] Er unterscheidet den liturgischen Tag, der durch Messfeier, Stundenliturgie und

---

Priester? Er ist Mittler zwischen Gott und den Menschen; er steht zwischen beiden: er hat Gottes Rechte zu vertreten den Menschen gegenüber und die Pflichten der Menschen Gott gegenüber zu betreiben, er hat aber auch Gottes Gnadengeschenke den Menschen zu vermitteln." Vgl. auch ebd. 241: „Das aber erwartet das erwachte Christentum vom Priester. Er sei ein ‚Geist'licher, vom Heiligen Geist geführt und ein Werkzeug des Gottesgeistes, er soll der säkularisierten Welt Geistesfülle bringen. Er soll nur soweit zu ihr herabsteigen, um ihr die Hand zu reichen und sie emporzuziehen in das Reich der Übernatur, in dem er ganz und gar wohnt und verwurzelt ist."

48 Parsch macht hin und wieder auf die gemeinschaftsbildende Bedeutung der Taufe aufmerksam, wenn er z. B. davon spricht, dass der Aufbau der Pfarrfamilie „vom Taufbrunnen und Altar aus" geschieht oder vorschlägt, dass die Taufe wenigstens einmal jährlich zur Osterzeit unter aktiver Teilnahme der Gemeinde stattfinden sollte. Vgl. B. Krawczyk, „Der neue Laientyp" 158.

49 Vgl. die Enzyklika Ecclesia de Eucharistia von Papst Johannes Paul II. an die Bischöfe, an die Priester und Diakone, an die gottgeweihten Personen und an alle Christgläubigen über die Eucharistie in ihrer Beziehung zur Kirche, 17. April 2003 (= VApS 159), Bonn 2003, Einleitung, 5: „Die Kirche lebt von der Eucharistie. Diese Wahrheit drückt nicht nur eine alltägliche Glaubenserfahrung aus, sondern enthält zusammenfassend *den Kern des Mysteriums der Kirche*" (Hervorhebung im Original).

50 Vgl. P. Parsch, Volksliturgie 280: „Nun ist uns der dogmatische Grund aufgegangen: wir stehen als Glieder des mystischen Leibes in ontischer Gemeinschaft wie die Finger einer Hand. Wir sind auch in religiöser Beziehung aufeinander angewiesen, wir dürfen nicht religiösen Individualismus treiben. Christus will Gottesdienst in der Gemeinschaft."

51 Ebd. 135.
52 Ebd. 340 f.

das Lesen der Hl. Schrift geprägt ist, die liturgische Woche mit dem Zentrum des Sonntags (der als Tauftag wiedergewonnen werden sollte), und das liturgische Jahr mit dem Triduum sacrum als Kulminationspunkt (eines seiner Hauptanliegen war die Wiedergewinnung der Osternacht als wirkliche Nachtfeier am Karsamstagabend). Hinzu kommt die persönliche liturgische Lebensgestaltung durch den Empfang der Sakramente, die eine individuelle Note besitzt, denn jede/r hat seinen/ihren eigenen Tag der Taufe, der Firmung, der Erstkommunion, der Erstbeichte usw. Parsch spricht gerne von „vier konzentrische[n] Kreise[n]"[53] oder einem „vierfachen Rhythmus"[54], wenn er eine liturgische Lebensgestaltung des Christen skizziert. Der Mensch, der aus diesem vierfachen Rhythmus lebt, entwickelt eine liturgische Frömmigkeit, die wie so vieles bei der Reform an der Alten Kirche Maß nimmt.[55] Eine solche Frömmigkeit, die aus der gefeierten Liturgie erwächst – man denke an die Mystagogischen Katechesen Cyrills von Jerusalem – betont den Primat der Gnade Gottes. Parsch macht dies z. B. an der Beschreibung des Kirchenjahres als „Jahr des Heiles" deutlich, das er nicht historisch, sondern sakramental versteht (und deshalb nicht mit dem 1. Advent, sondern mit dem Sonntag Septuagesima in der damaligen Vorfastenzeit beginnen lassen möchte): „Sakramental nenne ich es, wenn es vom Leben der Gnade beherrscht wird, etwa so, wie die Jahreszeiten den natürlichen Lebensrhythmus der Schöpfung bestimmen." – „Wir wollen ganz besonders die Gnade in den Mittelpunkt stellen; ja die Liturgie und ihre heilige Zeit soll im Dienst der Gnade stehen."[56] Letztendlich wird im „Jahr des Heiles" immer nur das eine Gnadengeheimnis Gottes gefeiert, das er den Menschen in seinem Sohn Jesus Christus geschenkt hat. Von hier aus ist es nur noch ein kleiner Schritt zur Beschreibung des Kirchenjahres als Feier des Paschamysteriums Christi im Kreislauf des Jahres (SC 102).

Der Christ, der sich von den liturgischen Zeiten prägen lässt, lebt für Parsch eine Art „Gnadenfrömmigkeit", die er einer eher an der Moral ausgerichteten „Gebotsfrömmigkeit" gegenüberstellt. In der Gnadenfrömmigkeit steht Gott im Mittelpunkt (Theozentrik), in der Gebotsfrömmigkeit der Mensch, der sich die Frage stellt, was er tun müsse, um in den

---

53  Ebd. 345.
54  Ebd. 433.
55  Ebd. 127: „Wir müssen zuerst aus der vorhandenen Liturgie den altchristlichen Geist, die Frömmigkeit der alten Kirche, uns zu eigen machen. Das ist unsere große Aufgabe. Es wäre ungeschickt, ja ein Verbrechen, wenn wir die Liturgie nach den Bedürfnissen unserer Zeit ummodeln würden."
56  Vgl. P. Parsch, Das Jahr des Heiles 33.36.

Himmel zu gelangen (eine Anthropozentrik mittelalterlicher Provenienz, die sich von der Anthropozentrik der Neuzeit, der Moderne und der Postmoderne unterscheidet). Die Liturgie mit ihren Festen und Zeiten, mit ihren Sakramenten und ihren heiligen Zeichen stellt Gott in den Mittelpunkt und ist damit gleichsam sinnenhafter und alltäglicher Ausdruck der Herrlichkeit Gottes. „Das also ist die liturgische Frömmigkeit, die reifste Frucht der liturgischen Bewegung. Ihr tiefster Grund ist die Herrschaft Gottes. Gott steht wieder im Mittelpunkt, der Mensch wird entthront."[57]

## 3.2 Ansätze einer Theologie der Liturgie

Auch wenn nach dem Bisherigen deutlich geworden sein dürfte, dass Pius Parsch von seinem Ansatz her eher Vertreter einer liturgischen Theologie ist, finden sich bei ihm doch auch Stellen, wo er in einer eher abstrakten Form von dogmatischen Lehren ausgeht. In seiner Beschreibung der Entwicklung der volksliturgischen Bewegung schreibt er etwa: „Das Gebäude der Liturgie erhebt sich auf den großen dogmatischen Grundlagen, als da sind: die Kirche als Corpus Christi mysticum, das göttliche Leben der Gnade, das allgemeine Priestertum als Voraussetzung der aktiven Teilnahme an dem Kult, ganz besonders aber steht wieder Christus im Mittelpunkt. Die Sakramente erhalten wieder neue Bedeutung und Kraft. Wir erkennen viel tiefer die Wahrheit des Satzes: Liturgie ist gebetetes Dogma."[58]

In ähnlicher Weise versucht Parsch auch die aktive Teilnahme der Gläubigen an der Liturgie als Folge dogmatischer Lehren darzustellen: „Hat die aktive Teilnahme eine dogmatische Grundlage? Ja, sie ist eine Folgerung der Lehre vom Corpus Christi mysticum, auf die Papst Pius XII. erst vor kurzem in der Enzyklika ‚Corpus Christi mysticum' vom 29. Juni 1943 aufmerksam gemacht hat, und der mit dieser zusammenhängenden Lehre vom allgemeinen Priestertum."[59]

Hier und an anderen Stellen hat man den Eindruck, Parsch möchte sich aufgrund seiner zur damaligen Zeit revolutionären Forderungen irgendwie dogmatisch (und päpstlich) absichern. Dieser Tendenz begegnet man im Schrifttum des Klosterneuburger Chorherrn immer wieder.

---

57  Ders., Volksliturgie 130.
58  Ebd. 48.
59  Ebd. 114. An anderer Stelle nennt Parsch zusätzlich noch „das Glaubensbewußtsein, daß die Kirche, also auch jeder Christ, wirklich und wahrhaft an dem Opfer der Messe teilnimmt, also mitopfert (ebd. 356)."

Die Liturgiewissenschaft (im Sinn einer liturgischen Theologie) als „theologia prima" zu bezeichnen und damit die Dogmatik als „theologia secunda" herabzustufen, war in der Zeit der Neuscholastik, in der er groß wurde, noch nicht möglich. Auch wenn er immer wieder auf die Bibel und die Alte Kirche rekurrierte und das Mittelalter mitsamt der Scholastik sehr kritisch sah, traute sich Parsch wohl (noch) nicht ganz, sich vom scholastischen Verständnis der Theologie als Korrekturinstanz für alle anderen kirchlichen Vollzüge (auch der Liturgie) zu lösen.

Es stellt sich hier die alte und viel diskutierte Frage nach dem Verhältnis von lex orandi und lex credendi. Bildet die Liturgie (als lex orandi) die Voraussetzung bzw. „ontologische Bedingung" (Schmemann) für die Theologie (die lex credendi), wie es das ursprüngliche Axiom insinuierte (legem credendi lex statuat supplicandi[60]), oder gilt die genaue Umkehrung, die Pius XII. in Mediator Dei formulierte, dass nämlich die Theologie die Liturgie zu prägen und zu kontrollieren habe (lex credendi legem statuat supplicandi[61])? Wenn Parsch von den „dogmatischen Grundlagen" spricht, auf denen sich das Gebäude der Liturgie erhebt, könnte man auch an die zweite Variante denken. Damit wäre aber die Liturgie nicht mehr theologia prima (wie es in der liturgischen Theologie der Fall ist).

Tatsächlich hat Parsch, der ja von seinem Orden nicht als Liturgiker, sondern als Bibelwissenschaftler und Pastoraltheologe eingesetzt wurde, seine dogmatischen „Lieblingsthemen" nicht aus der gefeierten Liturgie gewonnen, sondern aus der Hl. Schrift, v. a. von Paulus.[62] Er betreibt eine biblische Theologie, deren Themen er in der Liturgie wiederzufinden sucht, sei es das allgemeine Priestertum in den ausdeutenden Riten der Taufe und Firmung (Chrisamsalbung), die Lehre vom Mystischen Leib Christi in der Rollenverteilung zwischen Priester und Volk in der Liturgie, oder die Gnadenwirklichkeit Gottes im Rhythmus des Kirchenjahres. In diesem Sinn kann man bei Parsch auch von einer biblisch begründeten „Theologie der Liturgie" sprechen. Die von ihm ins Leben gerufene Zeitschrift „Bibel und Liturgie" bringt dies zum Ausdruck.[63]

---

60  DH 246.
61  Pius XII., Enzyklika *Mediator Dei,* in: AAS 39 (1947) 540 f.
62  Seine Dissertation schrieb er über das Thema: „Die Bedeutung des Kreuzestodes Jesu Christi nach dem heiligen Paulus". Vgl. N. Höslinger/T. Maas-Ewerd (Hg.), Mit sanfter Zähigkeit. Pius Parsch und die biblisch-liturgische Erneuerung (SPPI 4), Klosterneuburg 1979, 20.24.
63  Vgl. P. Parsch, Volksliturgie 348: „Von ‚Bibel und Liturgie' aus habe ich die ganze Theologie, die ganze Herrlichkeit des Gottesreiches neu entdeckt. [...] Bibel und

## Fazit

In seinem Grundlagenwerk zur liturgischen Theologie macht Andrea Grillo darauf aufmerksam, dass die liturgische Theologie niemals in Reinform auftritt, sondern „zwar primär im Zusammenhang der Reintegration des Ritus entstanden ist und fortlebt, aber von Anfang an deutliche Spuren der Voraussetzung und auch – wir müssen sagen: leider – der Verdrängung in sich trägt."[64] Grillo behandelt im Zusammenhang mit der Reintegration des Ritus und dem Entstehen einer liturgischen Theologie v. a. die französische Diskussion des 19./20. Jahrhunderts (P. Guéranger, L. Beauduin, M. Festugière), die der liturgischen Theologie eine historisch-philologische, pastoraltheologische und philosophisch-anthropologische Richtung gegeben hat. Es ist nicht ganz abwegig, auch Pius Parsch hier einzuordnen, v. a. in das pastoraltheologische Anliegen Lambert Beauduins, der nur 10 Jahre älter war als Parsch. Dessen Bemühen um eine liturgische Frömmigkeit des Volkes und die pastorale Sorge zeigen sich auch im Werk Pius Parschs. Sein volksliturgisches Anliegen gründet in einer biblisch-pastoralliturgischen Theologie, die vom gefeierten Gottesdienst ausgeht und ihn theologisch reflektiert, zuweilen aber auch theologische Lehren zur Voraussetzung der liturgischen Betrachtungen macht. Insofern ist auch die Liturgietheologie von Pius Parsch nicht in Reinform zu haben.

---

Liturgie sind die lebendig sprudelnden Quellen, aus denen lebensvolle Theologie und Wissen vom Gottesreich fließt."
64  A. Grillo, Einführung in die liturgische Theologie 122.

# Die Enzyklika „Mediator Dei" als Anstoß für Pius Parsch

*Rudolf Pacik*

## 1. „Nach uns kommt eine Liturgie im Geist und in der Wahrheit für alle" (Pius Parsch im Juni 1946)

### Anfängliche Zurückhaltung

Pius Parsch bezeichnete sich selbst als Volksliturgiker – und wird weithin so wahrgenommen: als einer, der die Liturgie den Leuten erschloss und Modelle für die gemeinschaftliche Feier entwickelte. Darüber hinaus aber war Parsch der *Vordenker einer Liturgiereform*. Es ging ihm nicht nur um angemesseneren Vollzug innerhalb des geltenden Ritus, sondern auch um Veränderungen.

Zunächst, in der Zeit zwischen den Weltkriegen, sprach Parsch über konkrete Reformen nur zurückhaltend. Am Ende seines Vortrags beim ersten internationalen liturgischen Kongress in Antwerpen (22.–27.7.1930) deutete er immerhin das Problem der Sprache an: „Wir wollen selbstverständlich gehorsame Kinder des apostolischen Stuhles sein und wir beugen uns auch seinen Weisungen; doch als Führer der liturgischen Erneuerung in Österreich und aus zehnjähriger Erfahrung heraus spreche ich meine Überzeugung aus, daß es für das liturgische Leben des deutschen Volkes sehr förderlich wäre, wenn der Landessprache ein größerer Spielraum eingeräumt würde."[1] Ein programmatischer Artikel vom Oktober 1931 betont (wiederum) die Loyalität, aber ebenso Offenheit im Studium der Liturgie: „Wir setzen sofort voraus, wir wollen keine Utopisten sein [...]. Wir wollen aber auch keine Revolutionäre gegen kirchliche Vorschriften sein, wollen uns jedoch mit Fragen ernst befassen, auch wenn sich die Ergebnisse mit der gegenwärtigen Übung und Gesetzgebung nicht decken."[2] In der Rubrik „Werkraum" der Zeitschrift „Bibel und Liturgie" durfte frei-

---

1 P. Parsch, Die liturgische Aktion in Osterreich [sic], in: BiLi 4 (1929/30) 501–509, hier 509. Leicht verändert abgedruckt in: P. Parsch, Volksliturgie. Ihr Sinn und Umfang. [Unveränderter Nachdruck der 2., erweiterten Auflage.] (PPSt 1), Würzburg 2004, 37–47. (Im Folgenden wird diese Ausgabe von „Volksliturgie" mit dem Sigel VL² abgekürzt.) Der zitierte Passus fehlt hier.
2 Ders., Wo steht die volksliturgische Bewegung?, in: BiLi 6 (1931/32) 6–8, hier 8.

mütig diskutiert werden, auch über konkrete Reformideen einzelner.³
Noch zum Jahresanfang 1938 äußert sich Parsch vorsichtig, wobei er auch
zwei Postulate nennt. Der Bewegung sei es „nicht so sehr darum zu tun,
liturgische Reformen zu erstreben. Gewiß hätten wir manche Wünsche in
bezug auf liturgische Feier und Textgestaltung. Doch das sind nicht vordringliche
Anliegen. Wir suchen zuerst den Geist, die Seele uns und den
Christen einzuflößen, dann wird sich der Geist selbst einen Körper schaffen.
Vor einer vorzeitigen Umgestaltung von Text und Brauch schrecken
wir zurück [...], da wir uns sagen, die ehrwürdige Form muß uns noch den
altchristlichen Geist künden und dann sind wir auch noch lange nicht
fähig, liturgieschöpferisch zu sein. Unsere Aufgabe ist es, das überlieferte
Gut zu durchdringen und daraus den liturgischen Geist ausstrahlen zu lassen.
Was wir gegenwärtig an liturgischen Reformen erstreben, ist die Rückführung
der Osternachtfeier und der immer mehr eindringende Gebrauch
der Landessprache in die Liturgie. In Sachen der Osternachtfeier erfahren
wir aus verläßlichen Quellen, daß sich einige Bischöfe in Rom ernstlich
einsetzen, die Zeremonien vom Morgen des Karsamstags auf den Abend
oder die Nacht zu verlegen. Damit würde einem innigen Wunsche vieler
Liturgiefreunde Rechnung getragen werden. Daß die Ritualien, die in den
letzten Jahren erschienen, der Landessprache Eingang verschafft haben, ist
bekannt. Möge es auch gelingen, in der Vormesse, die Wortgottesdienst ist,
die deutsche Sprache durchzusetzen, wie es bereits bei anderen Nationen
gestattet ist (z. B. bei den Tschechen)."⁴

## „Reform" – ein Unwort?

Parschs Zurückhaltung erklärt sich wohl dadurch, dass von Reform zu
reden noch in der Zwischenkriegszeit nicht opportun war. Ein Beispiel:
Der Salzburger Neutestamentler Josef Dillersberger veröffentlichte in der
von ihm geleiteten „Katholischen Kirchenzeitung" 1931 ein „Pfingstgebet
aus Zeitnot", eine Bitte an den heiligen Geist, die Starre der Kirche aufzubrechen.⁵
Darin heißt es: „Geist des Herrn, der Du das Neue liebst, wann

---
3  Z.B.: F. Weidmann, Über Reformen in Missale und Brevier, in: BiLi 7 (1932/33)
450–461. Antworten darauf werden ebd. 492–498 wiedergegeben. Eine weitere Reaktion:
J. Bonell, Über Reformen in Missale und Brevier, in: BiLi 8 (1933/34) 32–35.
4  P. Parsch, Wo steht unsere Bewegung Ende 1937?, in: BiLi 12 (1937/38) 168–172,
hier 170; geringfügig überarbeitet (Titel: Im Jahre 1938) auch in: VL² 47–53, hier 50 f.
5  J. Dillersberger, Pfingstgebet aus Zeitnot, in: Katholische Kirchenzeitung [Salzburg]
71 (1931) Nr. 21 (21.5.1931) 183.

wirst Du erneuern das Antlitz Deiner Kirche? Wann wirst Du uns zeigen, wie viel Altes in ihr verschwinden darf und soll – damit ihr Antlitz wieder neu und schön und jung wird? *Wenn Du willst*, vor Deinem Sturmeswehen schwindet das Alte und neu wird alles! […] Aber noch ist es oft hart, Heiliger Geist, an Dich zu glauben und qualvoll ist es, an das Gebet, daß Du das Angesicht der Erde erneuerst, noch ein Alleluja anzufügen![…] *Zweitausendvierhundertundvierzehn Canones hat das Gesetzbuch Deiner Kirche heute!* Weh dem, der daran zu rühren wagt. […] Die Zahl der Rubriken […] ist Legion! […] Aber wenn einer wagte, die Messe anders zu feiern! Lebendiger, mit regerer Teilnahme des Volkes – gar in der Volkssprache! Und das, weil Du ja doch in *allen* Zungen geredet hast am Pfingsttage! […] Zeig uns, wie wir frei werden von der Knechtschaft des Buchstabens. Frei für die Liebe an diesen vielen, geknechteten Menschen. Laß wieder wehen den Sturm deiner Liebe! Ja, laß es wieder *stürmen* in deiner Kirche! Mach *neu* ihr Angesicht! Laß das Banner der *Freiheit* wieder wehen über den Kindern Gottes! Dann werden sie wieder an dich glauben, heiliger Sturmbraus des Herrn, Erneuerer der Menschheit, Geist der Liebe und Freiheit! Amen!" – Dieser Text löste einen Skandal aus. Dillersberger wurde von der Schriftleitung abgezogen, als Spiritual des Priesterseminars abgesetzt und verlor die Lehrbefugnis.

**Neuer Mut nach 1945**

Nach dem Zweiten Weltkrieg, in einem Artikel vom Juni 1946 („Ist die Volksliturgie schon am toten Punkt?")[6], formuliert Parsch schon mutiger. Dies liegt wohl an der gewandelten Situation, die er auch umreißt:[7] 1940 errichtete die Fuldaer Bischofskonferenz ein Liturgisches Referat, ebenfalls 1940 wurde die deutsche Liturgische Kommission gegründet (der aus dem ehemaligen Österreich Pius Parsch und Josef Andreas Jungmann angehörten).[8] Der Streit um die liturgische Bewegung während

---

6  P. Parsch, Ist die Volksliturgie schon am toten Punkt? In: Lebe mit der Kirche 12 (1946) H. 3 (Juni 1946) 13–17; erweitert und überarbeitet in: VL² 53–61.
7  In der erweiterten Fassung des Artikels stellt Parsch die Ereignisse um die liturgische Erneuerung ausführlicher dar: die Krise während des Zweiten Weltkriegs, deren Ausgang und die Folgen – bis hin zur Gründung diözesaner Liturgiekommissionen sowie der Liturgischen Kommission für Österreich, der nun erlaubten Abendmesse und dem Psalterium Pianum von 1945 (VL² 54–57).
8  Vgl. J. Wagner, Liturgisches Referat – Liturgische Kommission – Liturgisches Institut, in: LJ 1 (1951) 8–14.

des Zweiten Weltkriegs ging zu deren Gunsten aus: Das römische Reskript vom 24.12.1943 an den Vorsitzenden der Fuldaer Bischofskonferenz erlaubte die volksliturgischen Messformen (sogar das Deutsche Hochamt).[9] Und 1946 beauftragte Pius XII. die Historische Sektion der Ritenkongregation, eine Diskussionsgrundlage für eine allgemeine Liturgiereform auszuarbeiten.[10]

In dem Artikel von 1946 gibt Parsch zunächst einen Rückblick. Gegenüber der monastisch geprägten liturgischen Bewegung sei es für die volksliturgische Bewegung – „ein Werk göttlicher Providenz"[11] – stets schwieriger gewesen; sie habe einen Mittelweg zwischen Vorschriften und dem Ideal der tätigen Teilnahme aller suchen müssen, weshalb sie oft des Ungehorsams und des unkirchlichen Verhaltens verdächtigt worden sei.[12] Die „Feuerprobe" habe die Volksliturgische Bewegung während des Kriegs bestanden, als die pastoralen Aktivitäten eingeschränkt waren. Die Gemeinschaftsmesse habe sich verbreitet; Laien pflegten das Stundengebet und läsen selbstständig die Bibel; von der Erneuerung seien alle Bereiche des kirchlichen Lebens erfasst.[13]

Wie sieht die Zukunft der volksliturgischen Bewegung aus? „Da sie bisher von unten ausging, mußte sie die bestehende kirchliche Liturgie als gegeben voraussetzen. Jetzt aber tritt sie in ein neues Stadium, sie wird von der kirchlichen Obrigkeit geleitet; jetzt wird sie auf die klassische Liturgie erneuernd und belebend einwirken."[14]

Dass die Bischöfe nun selbst die volksliturgische Arbeit leiten (und sich von Personen der volksliturgischen Bewegung beraten lassen), ermögliche auch neue Freimütigkeit; „denn wir sprechen nur unsere Meinung aus und überlassen der kirchlichen Behörde die Entscheidung."[15] So kann Parsch nun die Notwendigkeit von Reformen (also nicht nur einer verbes-

---

9  Vgl. T. Maas-Ewerd, Die Krise der Liturgischen Bewegung in Deutschland und Österreich. Zu den Auseinandersetzungen um die „liturgische Frage" in den Jahren 1939 bis 1944 (StPaLi 3), Regensburg 1981.
10  Sacra Congregatio Rituum. Sectio historica, Memoria sulla riforma liturgica (S. Hist. 71), Vatikanstadt 1948 [richtig: 1949; Druck abgeschlossen am 25.6.1949]. Vgl. R. Pacik, „Last des Tages" oder „geistliche Nahrung"? Das Stundengebet im Werk Josef Andreas Jungmanns und in den offiziellen Reformen von Pius XII. bis zum II. Vaticanum (StPaLi 12), Regensburg 1997, 75–103.
11  P. Parsch, Ist die Volksliturgie schon am toten Punkt? 14.
12  Ebd. 13 f.
13  Ebd. 14.
14  Ebd. 15.
15  Ebd.

serten Praxis) hervorheben. Die „fossile Liturgie" vergleicht er mit einem in Bernstein eingeschlossenen Insekt[16] und mit dem toten Knaben, den Elija wiederbelebt (1 Kön 17,19–23). „Was Wunder, wenn sie [die Volksliturgie] die rudimentären und erstorbenen Formen und Texte wieder mit Leben erfüllen will?"[17] Als Beispiel nennt Parsch die Prozessionsgesänge der Messe, den Friedenskuss, „die Vormesse als Ganzes" (= Eröffnung und Wortliturgie), d. h. Zulassung der Volkssprache[18], schließlich die Osternachtfeier am Morgen des Karsamstags. „Jeder Versuch, sie zu verschieben und an den richtigen Zeitplatz zu stellen, wurde als Ungehorsam gegen die Kirche gedeutet. Da spürt man schon, wie das Insekt im Bernstein der Liturgie sich bewegt und lebendig wird. Vielleicht nach 50 Jahren wird man einmal den Kopf schütteln, daß es möglich war, die Osternachtfeier Samstag früh zu begehen."[19]

Den gesamten Aufsatz durchzieht ein starkes Selbstbewusstsein: „Wir werden es vielleicht nicht mehr erleben; aber wir sind Sämänner einer kommenden Blütezeit der Liturgie, wir haben den Dienst eines Vorläufers, nach uns kommt eine Liturgie im Geist und in der Wahrheit für alle, Priester und Laien. [...] Und wir glauben an den Beistand des Hl. Geistes sowohl für die Geistesträger als für die Amtsträger."[20] (Die „Geistesträger" sind natürlich die Pioniere der Erneuerung!)

Neue Aufgaben stellen sich nach Parsch für Messe, Rituale, Stundengebet (Parsch wünscht ein eigenes Laien-Brevier nach dem Vorbild des anglikanischen Book of Common Prayer), Bibel. – Bezüglich der Messfeier nennt Parsch an Erreichtem die Hochamtsregel (in Gemeinschaftsmessen wird nur das laut gesprochen bzw. gesungen, was im Hochamt Priester und Chor laut vortragen) sowie die 1943 gegebene Erlaubnis des Deutschen Hochamtes. Nun brauche man Vertonungen der Messgesänge, Ordinarium und Proprium, mit den vollständigen deutschen Texten; Parsch spricht von bereits vorliegenden „gelungenen Versuchen" (ohne Klosterneuburg

---

16  So schon in: P. Parsch, Wo steht unsere Bewegung Ende 1937? 168 f.
17  Ders., Ist die Volksliturgie schon am toten Punkt? 15.
18  „Vielleicht ist die Zeit nicht allzu ferne, wo sogar die ganze Vormesse mit Lesungen und Gesängen auch vom Priester in der Landessprache gehalten werden kann." (Der Lektor – den Parsch ebd. 14 als Surrogat bezeichnet – würde dadurch hier überflüssig.) Ebd. 16.
19  Ebd. 15. – Vgl. dazu T. Maas-Ewerd, Pius Parsch und die Erneuerung der Osterfeier, in: N. Höslinger/ders. (Hg.), Mit sanfter Zähigkeit. Pius Parsch und die biblisch-liturgische Erneuerung (SPPI 4), Klosterneuburg 1979, 215–239.
20  P. Parsch, Ist die Volksliturgie schon am toten Punkt? 15.

ausdrücklich zu nennen).²¹ Neue Übersetzungen sollten *„Sprech- und Feiertexte"* sein, also eine für den Vortrag geeignete Sprachgestalt aufweisen; diesbezügliches Material gebe es bereits in der Diözese Linz.²²

## 2. Die Enzyklika „Mediator Dei" (20.11.1947) – für oder gegen die liturgische Bewegung?

**Lob der Enzyklika**

Etwa eineinhalb Jahre nach dem programmatischen Artikel Parschs erschien die Enzyklika Pius' XII. „Mediator Dei" (20.11.1947). – Mehrfach wurde sie als „Magna Charta der liturgischen Erneuerung" gerühmt, wie etwa im Fastenhirtenbrief 1958 des damaligen Erzbischofs von Mailand, Giovanni Battista Montini²³ („la magna carta della rinascita liturgica della Chiesa"; n. 8). Der Tadel mancher Missbräuche durch die Enzyklika, schreibt Montini, richte sich nicht gegen die liturgische Erneuerung, ja

---

21 Vgl. dazu: R. Pacik, Volksgesang im Gottesdienst. Der Gesang bei der Messe in der Liturgischen Bewegung von Klosterneuburg (SPPI 2), Klosterneuburg 1977, 155–216.

22 P. Parsch, Ist die Volksliturgie schon am toten Punkt? 16. Im Hinblick auf gemeinsames Sprechen und Singen geformte Texte enthält das Volksmissale: G. Huber/K. Kammelberger (Hg.), Weg des Lebens. Deutsches Sonntagsmeßbuch mit allen Hochfesten 1. u. 2. Kl. der römisch-katholischen Kirche und der österreichischen Diözesen, Linz 1948. (In vielen weiteren Auflagen und Bearbeitungen erschienen.)

23 G. B. Montini, Fastenhirtenbrief 1958 über die liturgische Erziehung; deutsch in: LJ 8 (1958) 166–178, hier 168; italienisches Original: http://www.chiesadimilano.it/cms/documenti-del-vescovo/g-b-montini/lettere-pastorali/l-educa zione-liturgica-1. 2907. – Als erster hat wohl Ambroos Verheul OSB (1916–2005) diese Bezeichnung verwendet: De Magna Charta der Liturgische Bewegung, in: TLi 32 (1948) 4–16; vgl. T. Maas-Ewerd, Papst Pius XII. und die Reform der Liturgie im 20. Jahrhundert, in: M. Klöckener/B. Kranemann (Hg.), Liturgiereformen. Historische Studien zu einem bleibenden Grundzug des christlichen Gottesdienstes (FS Angelus Häußling) (LQF 88), Münster 2002, Bd. 2, 606–628, hier 610, Anm. 46. Weitere Autoren: G. Cicognani, Pius XII. und die Erneuerung der Liturgie aus dem Geist der Seelsorge, in: J. Wagner/Liturgisches Institut (Hg.), Erneuerung der Liturgie aus dem Geiste der Seelsorge unter dem Pontifikat Papst Pius['] XII. Akten des Ersten Internationalen Pastoralliturgischen Kongresses zu Assisi. Deutsche Ausgabe, Trier 1957, 25–47, hier 25. Ferdinando Antonelli (1896–1993) in seinen Aufzeichnungen: vgl. N. Gianpietro, Il Card. Ferdinando Antonelli e gli sviluppi della riforma liturgica dal 1948 al 1970 (StAns 121; ALit 21), Rom 1998, 32.

diese werde „denkbar autoritativ empfohlen" (ebd. n. 7). Gerade letzterer Hinweis zeigt aber, dass man „Mediator Dei" – zur Zeit ihres Erscheinens ebenso wie später – nicht allgemein positiv verstand.

**Mehrdeutigkeiten**

Tatsächlich machte es der Text schwer, die erneuerungsfreundliche Tendenz zu sehen, besonders, wenn man den Hintergrund – vor allem den Streit um die liturgische Bewegung in Deutschland während des Krieges und dessen für die Bewegung positive Ergebnisse – nicht kannte. Die Enzyklika[24] enthält zahlreiche „sowohl – als auch"-Aussagen. Die liturgische Bewegung lobt der Papst (n. 4–6) und tadelt zugleich deren Auswüchse (n. 7–9). Liturgie hat zwar den Vorrang vor der Privatfrömmigkeit (n. 37), doch private Frömmigkeitsübungen sind kein Gegensatz zur Liturgie und werden empfohlen (n. 32–37.53–54.170–183). Die Teilnahme aller Gläubigen wird an mehreren Stellen hervorgehoben (n. 79.87–93.97–104.148), freilich von der priesterlichen Gewalt der Ordinierten abgegrenzt (n. 38–43.81–83). Die Enzyklika lobt das Bemühen um die aktive Teilnahme (n. 104.108), betrachtet sie aber nicht als notwendig (n. 105) und nimmt traditionelle Formen der Messfrömmigkeit in Schutz (n. 105–107). Am Latein als Zeichen der Einheit und Schutz gegen Irrtum soll festgehalten werden, aber auch die Landessprachen können nützlich sein (n. 59). Mit der Unterscheidung von „menschlichen und göttlichen Bestandteilen" (n. 49) wird die Wandelbarkeit der Liturgie zugegeben (n. 48–56); allein dem Papst aber steht es zu, den Gottesdienst zu ordnen (n. 43.44.57–59). Die Kommunion der Gläubigen in der Messe, und zwar mit in dieser Feier konsekrierten Hostien, wird empfohlen (n. 117–119), doch auch die Kommunion außerhalb der Messe verteidigt (n. 120); zur Vollständigkeit der Messfeier gehört allein die Priester-Kommunion, die Kommunion des Volkes ist erwünscht (n. 111–114). Auch wenn die Teilnahme der Gläubigen wichtig ist, ja das Volk das Opfer mit darbringt (n. 79–96), so werden Privatmessen und das gleichzeitige Zelebrieren mehrerer Messen verteidigt (n. 94–95).

---

24 „Mediator Dei" wird hier nach der mit Absatznummern versehenen Herder-Ausgabe (Freiburg 1948) zitiert – und, wo um der Deutlichkeit willen notwendig, mit dem Sigel MD.

## Unterschiedliche Interpretationen

Ein Beispiel für unterschiedliche Deutungen von „Mediator Dei" bieten drei Veröffentlichungen im Jahrgang 1948 des Salzburger Klerus-Blattes, von denen eine sogar eine Reaktion Roms hervorrief.[25] Abt Benedikt Reetz von Seckau stellte in Heft 8 (10.4.1948) die Enzyklika in 26 Frage-Antwort-Punkten vor[26], wobei er bestrebt war, den Inhalt ausgewogen (mit allen et-et-Aussagen) wiederzugeben, wenn auch bisweilen in etwas eigenwilliger Auslegung. So sagt er in Punkt 22 über die außerliturgischen Andachtsformen (MD n. 34–37), die Enzyklika empfehle sie, aber befehle sie nicht; die liturgische Frömmigkeit sei Pflicht, die außerliturgische nur angeraten.[27] In Punkt 20 geht Reetz auf die Mysterienlehre Odo Casels ein: „Meines Erachtens spricht unsere heilige Liturgie nicht so, ‚als ob' diese Mysterien der Erlösung gegenwärtig wären, sondern sie rechnet in ihren Texten mit der mystischen, d. h. sakramentalen (nicht historischen) Gegenwart der Erlösungsmysterien."[28] – Offenbar gingen über diesen Artikel Beschwerden ein, sodass Erzbischof Andreas Rohracher sich am 5.7.1948 an das Heilige Offizium wandte. Die Antwort kam am 25.11.1948: Reetz' Interpretation in den Punkten 20 und 22 seines Artikels wird abgelehnt. Die Schriftleitung brachte einen entsprechenden Beitrag in Heft 26 (25.12.1948), der auch den römischen Brief zitiert.[29]

Schon in Heft 9 (1.5.1948) war ein weiterer Artikel erschienen: „Durch ‚Mediator Dei' verurteilte Irrtümer"[30]; auch diese müssten fairerweise, so die Schriftleitung im Vorspann, herausgestellt werden. In 13 Punkten listet der Autor Einseitigkeiten und Übertreibungen auf, mit denen der Papst sich auseinandersetzt. „Es liegt in der Natur der Sache, d. h. im Charakter der päpstlichen Rundschreiben, daß sie meist das Wort ergreifen, wenn Kontroversen oder Mißstände vorliegen und zu beheben sind." Als Anlass der Enzyklika sieht der Verfasser also die „*Verurteilung und Zu-*

---

25  Hl. Offizium, Brief an Erzbischof Andreas Rohracher (25.11.1948), in: C. Braga (Hg.), Documenta ad instaurationem liturgicam spectantia. 1903–1963, Rom 2000, n. 2120–2123.
26  B. Reetz, „Mediator Dei", in: Klerus-Blatt 81 (1948) 57–59.
27  Ebd. 58.
28  Ebd.
29  Schriftleitung, Um das rechte Verständnis der Enzyklika „Mediator Dei", in: Klerus-Blatt 81 (1948) 201 f.
30  A. Sch.[enker], Durch „Mediator Dei" verurteilte Irrtümer, in: Klerus-Blatt 81 (1948) 66 f.

*rückweisung von Irrtümern*", wenn er auch die „autoritative positive Darlegung liturgischer Frömmigkeitsformen" anerkennt.[31]

## 3. „... eine Philippika der Auswüchse der liturgischen Bewegung". Parschs erste Reaktion auf „Mediator Dei" (März/April 1948)

### Die Enttäuschung überwiegt

Durch die Enzyklika „Mediator Dei" sah Parsch sein Werk nicht bestätigt, sondern angegriffen, jedenfalls zunächst. Im März- und im Aprilheft 1948 der Zeitschrift „Lebe mit der Kirche" veröffentlichte er den kritischen Aufsatz: „Die neue Enzyklika und unsere Bewegung", im Juniheft außerdem eine diesbezügliche Erklärung.[32]

Wie beurteilt Pius Parsch hier die Enzyklika grundsätzlich? Er wolle, sagt er einleitend, „die meritorischen Werte dieser Urkunde herausstellen", lobt sie auch: „Wir haben hier wohl die *erste offizielle Anerkennung der liturgischen Bewegung* von Seite des Apostolischen Stuhles in einer Enzyklika und die Aufzählung ihrer Früchte vor uns."[33] Doch schaut Parsch vor allem auf die Stellen, die wirkliche oder angebliche Übertreibungen tadeln. „Nun, nach dieser lichtvollen Erklärung [= MD n. 4–6] sehen wir, wie die Stirne des Papstes sich mit Sorgenfalten runzelt, und er spricht: So sehr mich die heilsamen Früchte der liturgischen Erneuerung trösten, so sehr bekümmert es mich, daß manche Teilnehmer dieser Bewegung *das Maß überschreiten und Lehren verkünden, die sich als schädlich erweisen*. [...] *Wir horchen auf*; das besorgte Wort des Papstes macht auf einmal den Rundbrief *zu einer Philippika der Auswüchse der liturgischen Bewegung*."[34] Auch das Fazit am Schluss ist negativ: „Wir sagen es offen heraus, manche

---

31 Ebd. 66.
32 P. Parsch, Die neue Enzyklika und unsere Bewegung, in: Lebe mit der Kirche 14 (1947/48) 137–144.169–178; Ders., Erklärung, in: Lebe mit der Kirche 14 (1947/48) 233. Überarbeitete Fassung des Artikels: Die neue Enzyklika „Mediator Dei" und die Volksliturgie, in: VL² 61–87. (Hier wird immer der ursprüngliche Text aus „Lebe mit der Kirche" angeführt.) – Dazu: T. Maas-Ewerd, Zur Reaktion Pius Parschs auf die Enzyklika „Mediator Dei", in: N. Höslinger/ders. (Hg.), Mit sanfter Zähigkeit 199–214.
33 P. Parsch, Die neue Enzyklika 137 f.
34 Ebd. 138.

Teile des Hirtenbriefes haben uns enttäuscht. Er ist zum Teil wenig positiv gehalten. Entgleisungen und Überspitzungen sind bei der jungen Bewegung gewiß vorgekommen; doch scheint es uns, diese sind zu stark in den Vordergrund getreten, so daß die positive Weiterführung vielleicht gelitten hat. Und wir fürchten, daß die Gegner der liturgischen Bewegung aus diesem Rundbrief Kapital schlagen werden."[35] (Das ausführliche negative Resümee fehlt in der 2. Auflage [1952] des Buches „Volksliturgie. Ihr Sinn und Umfang"; auch sind einige Ausdrücke abgeschwächt.)

Parsch ist überzeugt, dass der päpstliche Tadel die Volksliturgische Bewegung – „eine Reformbewegung und eine Erneuerungsbewegung"[36] – nicht ganz trifft. Er sorgt sich um ihr Image, betont ihre Loyalität. Dies zeigen Bemerkungen wie: „Wir Freunde der liturgischen Bewegung legen höchsten Wert darauf, in Glaube und Sitte wahre und echte Kinder der heiligen Kirche zu sein; [...]."[37] „Die liturgische Bewegung hierzulande steht also ganz hinter der Lehre des Papstes."[38] „Wir glauben nicht, daß wir da vom Geiste der Kirche abweichen."[39] „Wir sind weit entfernt, dem Papstbrief zu widersprechen [...]."[40] Das Volksliturgische Apostolat sei „eine wahrhaft katholische Aktion"[41]. – Der Artikel schließt: „Wir wollen gehorsame Kinder der Kirche bleiben, aber mit *sanfter Zähigkeit* unsere Ziele verfolgen, die nach unserer Überzeugung kirchlich und wohlgefällig sind. Wir wenden das Wort des Gamaliel für unsere Bewegung an: Ist unser Werk menschlichen Ursprungs, dann wird es zerfallen. Wenn es aber von Gott ausgeht, dann wird es keine Macht vernichten (Apg 5,39)."[42]

Auch die „Erklärung" von Juni 1948 – die auf Kritik reagiert – endet ähnlich: „Sollten aber meine Worte doch den Anschein einer Unehrerbietigkeit haben, so bin ich bereit, dies gutzumachen. Ich will ein gehorsamer Sohn der heiligen Kirche sein und bleiben."[43]

---

35   Ebd. 178.
36   Ebd.
37   Ebd. 138.
38   Ebd. 140 f.
39   Ebd. 174.
40   Ebd. 175.
41   Ebd. 178.
42   Ebd.
43   Ders., Erklärung.

## Die menschliche Seite der Liturgie: änderbar – und reformbedürftig

Parsch bespricht die Enzyklika ihrer Abfolge nach, wobei er sich – verständlicher Weise – mit jenen Aussagen genauer auseinandersetzt, welche die liturgische Erneuerung betreffen (natürlich auch anerkennt, wo Ideen der Bewegung aufgegriffen werden). Alles detailliert nachzuzeichnen ist hier nicht möglich. Doch auf eine Passage sei eingegangen: jene, die MD n. 48–64 (über die Entwicklung der Liturgie) behandelt[44]; sie erscheint mir als Schlüsselstelle von Parschs Aufsatz. Wie Parsch diesen Abschnitt wertet, zeigt seine Überleitung: „Der Papst kommt zu einer weiteren Beanstandung in der liturgischen Bewegung: *die Neuerungssucht und die eigenmächtige Änderung der liturgischen Bräuche.*"[45] Anschließend wird aus MD n. 49 zitiert, der beginnt: „Die heilige Liturgie enthält nämlich menschliche und göttliche Bestandteile; die letzteren lassen, da sie vom göttlichen Erlöser festgesetzt sind, natürlich in keiner Weise Änderungen durch Menschenhand zu; die ersteren dagegen können den Forderungen der Zeiten, Verhältnisse und Seelen entsprechend mannigfache Umgestaltungen erfahren, so wie sie die kirchliche Hierarchie unter dem Beistand des Heiligen Geistes für recht findet." – Zwar anerkennt Parsch die alleinige Kompetenz der Hierarchie, die Liturgie zu ändern (vgl. MD n. 57); dennoch beurteilt er das Werden des Gottesdienstes und dessen konkrete Gestalt kritisch: Auch wenn sich die Liturgie unter dem Beistand des Heiligen Geistes entwickelt habe (vgl. z. B. MD n. 49. 60. 62), sei sie zugleich „Menschenwerk, das immer wieder vervollkommnungsfähig ist"[46]. Als Beispiele nennt er die seltene Kommunion im Mittelalter, die lateinisch vorgetragenen Schriftlesungen, das Verlegen der Osternachtfeier. „Es war auch viel menschlicher Unverstand mitbeteiligt."[47] Gerade in der Zeit der Erstarrung sei die Liturgie durch Rubriken festgeschrieben worden; dagegen wolle die liturgische Bewegung den Gottesdienst „lebendig vollziehen". Und hier plädiert Parsch für Änderungen: „Wir alle aber müssen, getragen von aufrichtiger Liebe zur Kirche, nicht von Neuerungssucht, bekennen: *Das Haus der Liturgie*[48] *ist wohl ehrwürdig und schön, aber erneuerungsbedürftig.*" „Eine gründliche Reform der Liturgie, nicht so sehr

---

44 Ders., Die neue Enzyklika 141–144.
45 Ebd. 141.
46 Ebd. 142.
47 Ebd. 143.
48 Ebd. 143. Das Bild der Liturgie als Gebäude verwendet auch Josef Andreas Jungmann in der Einleitung zu: Missarum Sollemnia. Eine genetische Erklärung der römischen Messe, Bd. 1, Wien ¹1948, 2 f.

im Geist der Rubriken, sondern im Geist der liturgischen Bewegung, ist ein Gebot der nahen Zukunft."[49] Die rechten Architekten der Erneuerung seien nicht die Rubrizisten. Parsch schlägt vor, Rom möge nach dem Vorbild der deutschen Liturgischen Kommission ein internationales vatikanisches Gremium einrichten, bestehend aus den namhaftesten Liturgikern und Vertretern der liturgischen Zentren, das eine wirkliche Liturgiereform fördert.[50] „Es stehen ja große Probleme bevor; die Brevierreform, die Festreform, die Meßbuchreform; alle diese Reformen sollten aber vom Geist der liturgischen Bewegung und nicht allein von den Rubriken getragen werden."[51] Vermutlich wusste Pius Parsch von den einschlägigen Bestrebungen in Rom, scheint allerdings die Mitarbeiter der Ritenkongregation wenig zu schätzen.[52]

**Programmpunkte**

Für Parsch bietet die Auseinandersetzung mit „Mediator Dei" den Anlass, eigene Vorstellungen über die Liturgie zu verdeutlichen. Dazu einige Hinweise:

---

49 P. Parsch, Die neue Enzyklika 144.
50 In diesem Zusammenhang plädiert Parsch dafür – wie schon vorher in: Ist die Volksliturgie schon am toten Punkt? 15 –, Amtsträger und Geistesträger mögen bei der Reform zusammenwirken (143).
51 Ders., Die neue Enzyklika 143.
52 Ende Januar 1948 sandte die Direktion der Zeitschrift „Ephemerides Liturgicae" an etwa 100 Personen ein vertrauliches Rundschreiben, in dem Vorschläge für eine Erneuerung des Breviers sowie anderer liturgischer Bücher erbeten wurden. Da Josef Andreas Jungmann ein Exemplar erhalten hat, kann man annehmen, dass auch Parsch zu den Adressaten gehörte oder zumindest von dieser Umfrage wusste. (Der eine Seite umfassende gedruckte Brief enthält weder Anrede noch persönliche Unterschrift. Jungmanns Exemplar trägt – handschriftlich eingesetzt – das Datum 28.1.1948 und die Nummer A/02. Der Text ist teilweise verwertet im Vorwort der Redaktion zum 62. Jahrgang: In annum 1948 praeloquium, in: EL 62 (1948) 3–5, hier 4.) – Seit 1946 erarbeiteten Josef Maria Karl Löw CSsR, Generalrelator der Historischen Sektion der Ritenkongregation, und Ferdinando Giuseppe Antonelli OFM, Vizerelator, die Memoria sulla Riforma liturgica, die 1949 erschien (s. oben Anm. 10). Am 28.5.1948 wurde die schon länger geplante Reform-Kommission errichtet; außer Löw und Antonelli gehörten ihr an: Alfonso Carinci, Sekretär der Ritenkongregation; Anselmo Albareda, Präfekt der Vatikanischen Bibliothek; Augustin Bea, Rektor des Päpstlichen Bibelinstituts; Annibale Bugnini, Schriftleiter von „Ephemerides Liturgicae" und Kommissions-Sekretär. Vorsitzender war jeweils der Präfekt der Ritenkongregation, 1948–1953 also Kardinal Clemente Micara.

- Parsch plädiert dafür, die Privatmessen einzuschränken. Stattdessen sollen auch Priester an der Gemeinschaftsmesse teilnehmen und kommunizieren; die Konzelebration wird angestrebt. Die Messe ist „Gemeinschaftsopfer jeder christlichen Gemeinde", nicht Privatandacht des Priesters.[53]
- Die Eucharistieverehrung gehört nicht zum volksliturgischen Programm. Sie muss man nicht eigens fördern, weil sie ohnehin reichlich gepflegt wird.[54] „Es gibt wohl keinen wesensgemäßeren Anbetungskult der Eucharistie als die Liturgie selbst."[55]
- Die regelmäßige Kommunion der Gläubigen (gemäß den Dekreten Pius' X.) innerhalb der Messe (nicht vorher oder nachher) und „ex hac altaris participatione" soll gefördert werden.[56]
- Ein eigenes Laien-Stundengebet wäre wünschenswert, ebenso, dass die von Pius X. begonnene Brevierreform wieder aufgenommen wird.[57]
- Der Heiligenkult soll zurückgedrängt werden, der Gesamtkalender nur Gedenktage von Heiligen verzeichnen, die für die ganze Christenheit Bedeutung haben.[58]
- Was das Verhältnis zwischen Liturgie und anderen Frömmigkeitsübungen betrifft, so haben letztere ihr Recht. Doch stecken in der Liturgie bereits alle spirituellen Inhalte (nicht die Formen). Einheit, das Zusammenfinden liturgischer und außerliturgischer Spiritualität, wäre das Ideal. „Es geht doch nicht an, daß zwei Frömmigkeitsformen in einem Menschen nebeneinanderlaufen, wobei die eine offizielle und überragende nur vollzogen wird, die andere private die Religiosität bestimmt."[59]

---

53  P. Parsch, Die neue Enzyklika 170.
54  Beinahe süffisant schreibt Parsch (ebd. 171): „Nun beschäftigt sich der Brief mit dem außerliturgischen Anbetungskult der Eucharistie. Streng genommen gehört dieser Abschnitt nicht mehr zur Liturgie; doch die Enzyklika spricht besonders gern von ihren Grenzgebieten."
55  Ebd. 172.
56  Ebd. 171.
57  Ebd. 173.
58  Ebd. 174.
59  Ebd. 174–177; Zitat 176.

## 4. „Menschliches in der Eucharistiefeier". Die 3. Auflage von Parschs Messerklärung (1950) als Kompendium der Reform

### Stichwort-Geber „Mediator Dei"

Das Juni- und das August-Heft 1950 von „Bibel und Liturgie" bringt zwei Beiträge über die Messe: „Menschliches in der Meßfeier" und „Baustile in der Meßfeier"[60]. Sie stammen aus der im Druck befindlichen 3. Auflage von Parschs Messerklärung.[61] Beide Abschnitte – im Buch die Kapitel V. „Menschliches in der Eucharistiefeier" und XXIX. „Die Stile der heutigen Messe"[62] – sind, ebenso wie XIV. „Die Wortfeier als Gebetsstil"[63], gegenüber den bisherigen Auflagen ganz neu. Der Titel „Menschliches" spielt eindeutig auf „Mediator Dei" n. 49 an.[64]

„Wir haben im Laufe unserer bisherigen Untersuchung gesehen, daß die Eucharistiefeier etwas Göttliches ist, das von Menschlichem umkleidet ist. Kern und Wesen ist von Christus bestimmt und eingesetzt, die Umkleidung oder das Gewand ist von der Kirche in der Zeit geschaffen. Dieses Gewand ist vergänglich, kann ‚veralten', kann ‚gewechselt' werden (Ps. 101). Dieses Gewand ist auch vervollkommnungsfähig."[65] So beginnt das Kapitel V. der neu bearbeiteten Messerklärung. Parsch versucht zu zeigen, dass es legitim sei, auf die Erneuerungsbedürftigkeit der konkreten Liturgie hinzuweisen; er betont aber auch die Zuständigkeit der Hierarchie für Reformen.[66] Anhand eines Blitzdurchgangs durch die Gottesdienst-Geschichte stellt Parsch dann dar, wie es zur gegenwärtigen (unvollkom-

---

60  Ders., Menschliches in der Meßfeier, in: BiLi 17 (1949/50) 245–249; ders., Baustile in der Meßfeier, in: BiLi 17 (1949/50) 272–275.
61  Ders., Meßerklärung im Geiste der liturgischen Erneuerung, 3., erweiterte Aufl., Klosterneuburg 1950; im Folgenden nach der Neuausgabe angeführt (mit Sigel ME³): ders., Messerklärung im Geist der liturgischen Erneuerung. Neu eingeleitet von A. Heinz (PPSt 4), Würzburg 2006.
62  ME³ 95–106.375–379.
63  ME³ 201–204.
64  Der an das Vorwort des Buches anschließende Vorspann „Ein großer Schatz" wendet das biblische Gleichnis auf „das *heilige Opfer*" an, das eben für die meisten Christen „unbekannt und vergraben" sei. Am Ende wird MD n. 199 zitiert: „Das erhabene Opfer des Altars ist das vornehmste Werk des göttlichen Kultes; darum muß es auch Quelle und Mittelpunkt der christlichen Frömmigkeit sein." (ME³ 25)
65  ME³ 95.
66  ME³ 95f.

menen) Gestalt der Messfeier gekommen ist.[67] Das Wirken der liturgischen Bewegung kennzeichnet er als Versuch, die Schwächen der heutigen Liturgie auszugleichen; „dennoch sind diese Maßnahmen nur Surrogate".[68] Der gegenwärtige Zustand der Messliturgie drängt also zur Erneuerung.

Es ist sicher kein Zufall, dass der Jahrgang 1949/50 von „Bibel und Liturgie" auch sonst von Reform handelt. Darin wird nämlich – in Fortsetzungen – Annibale Bugninis Artikel aus „Ephemerides Liturgicae" abgedruckt, in dem er die Ergebnisse der von der Zeitschrift 1948 initiierten Umfrage darstellt.[69]

Diese dritte Auflage der Messerklärung aus dem Jahr 1950 unterscheidet sich von den früheren (1930 und 1935), wie Parsch selbst im Vorwort (datiert mit Ostern 1949)[70] sagt, durch zwei Neuerungen: (1) „Zuerst benützte ich die wissenschaftlichen Ergebnisse der Liturgiegeschichte in reicherem Maße." Hier verweist Parsch auf Jungmanns 1948 erschienenes Werk „Missarum Sollemnia". (2) Das neu bearbeitete Buch bringt Reformvorschläge.

### Ritengenetische Erklärung der Liturgie

Schon die ersten zwei Auflagen der Messerklärung hatten das Werden der Messe und ihrer Teile kurz erläutert (was die Vorworte jeweils erwähnen). Jungmanns „Missarum Sollemnia" dürfte aber Parschs Denken über Liturgie besonders beeinflusst haben. Jungmann forderte in seinem Werk Reformen nicht ausdrücklich[71]; doch als Konsequenz aus der geschicht-

---

67   ME³ 96–99.
68   ME³ 99.
69   Für eine allgemeine liturgische Reform. Aus „Ephemerides Liturgicae", in: BiLi 17 (1949/50) 75–79.112–116.175–177.248–253.276–280. Original: A. Bugnini, Per una riforma liturgica generale, in: EL 63 (1949) 166–184 (datiert mit März 1949).
70   ME³ 23 f.
71   J. A. Jungmann, Missarum Sollemnia. Eine genetische Erklärung der römischen Messe, Bd. 1–2, Wien 1948. In der Einleitung spricht Jungmann immerhin von „Weiterentwicklung" (Bd. 1, 2). Die dem Werk zugrunde liegende theologische Prämisse – Kirche als Volk Gottes, Liturgie als Feier der ganzen Gemeinde (Bd. 1, 3 f.) – enthält freilich schon selbst Kritik an der Entwicklung und an der konkreten Gestalt der Messe. – Im Vorwort zur 5. Auflage (1962) hebt Jungmann hervor, „daß sich die beinahe tausendjährige Starre der Liturgie an entscheidender Stelle, in der Reform der Osterliturgie, zu lösen begonnen hat" (Bd. 1 [⁵1962], X). Unter den Wirkungen seines Buches nennt er, daß „das Verständnis für maßvolle Reformen am geheiligten Ritus gefördert wurde" (Bd. 1 [⁵1962], XI).

lichen Darstellung lagen sie nahe. Parsch interpretierte „Missarum Sollemnia" wohl ähnlich wie Mitarbeiter der römischen Ritenkongregation. Denn schon am 26.10.1948 schrieb der Vizerelator der Historischen Sektion der Ritenkongregation, Josef Löw CSsR, an Jungmann: „Der Erste, der in Rom Ihr neuestes Werk hatte kaufen können, war ich [...]." Löw bat Jungmann, Ideen für den „zunächst als reine Annahme gedachten Fall" einer Mess-Reform darzulegen („wenn Sie Ihre allgemeine Messgeschichte über Pius X. hinaus hätten fortführen wollen"). Jungmann sandte Löw am 6.11.1948 ein knappes, eine Maschinenseite umfassendes Schreiben.[72] Und am 23.1.1950 erbat der Präfekt der Ritenkongregation, Kard. Clemente Micara, von Jungmann ein Gutachten zur Reform des Missale.[73]

Nach Jungmann hilft die ritengenetische Methode[74], den Sinn liturgischer Formen – die „Idealbilder", „Urbilder"[75], „Grundgestalt und Grundgedanken"[76] – freizulegen. Wie bei einem alten, immer wieder veränderten und erweiterten Gebäude musste man auch bei der Liturgie „die alten Baupläne zur Hand nehmen, um den Sinn der ursprünglichen Anlage zu erfassen".[77] – Die genetische Vorgangsweise, mit deren Hilfe das Neue „als wiederentdecktes Ursprünglich-Altes legitimiert werden konnte", beschränkte sich damals freilich nicht auf die Liturgiewissenschaft. Sie war, wie Max Seckler betont, vor dem II. Vaticanum „eine Art *Untergrundmethode*" der Theologie überhaupt; sie ermöglichte es, dass „unantastbare Fixierungen der Gegenwart durch historische Erforschung der Quellen gleichsam hinterlaufen und aufgelöst werden".[78]

---

72 Zum ganzen vgl. auch A. Bugnini, Padre Jungmann e la riforma liturgica, in: B. Fischer/H. B. Meyer (Hg.), J. A. Jungmann. Ein Leben für Liturgie und Kerygma, Innsbruck 1975, 26–30.
73 „Attesa la Sua particolare competenza sulla liturgia della Messa, Le sarei grato se Ella volesse prospettare liberamente quelli che secondo Lei sarebbero i punti più importanti che si dovrebbero tener presenti nella riforma del Messale." – C. Kard. Micara, Brief an J. A. Jungmann (23.1.1950), Typoskript, 2 S., hier S. 1.
74 „der Nachvollzug der über viele Jahrhunderte gehenden Genesis". J. A. Jungmann, Missarum Sollemnia, Bd. 1, 2.
75 Ebd. 5f.; „Urbild" übernimmt er (und zitiert S. 5 die Stelle) von S. v. Radecki, Wort und Wunder, Wien 1942, 51.
76 J. A. Jungmann, Gewordene Liturgie. Studien und Durchblicke, Innsbruck 1941, VI. – In einem unveröffentlichten Manuskript vom 25.4.1944 verwendet Jungmann das Wort „Gestalten" und beruft sich hierfür auf Romano Guardini.
77 J. A. Jungmann, Liturgie der christlichen Frühzeit bis auf Gregor den Großen, Freiburg/Schw. 1967, 10f. – Ähnlich: ders., Missarum Sollemnia, Bd. 1, 2f.
78 M. Seckler, Theologie (röm.-kath., Gegenwart), in: TRT[4], Bd. 5, Göttingen 1983, 186–193, hier 187.

## Erstarrtes lebendig machen

Zu den Reformvorschlägen sagt Parsch im Vorwort: „Dabei suche ich die erstarrte heutige Form der Messe mit neuem Leben zu erfüllen. Das ist der zweite Punkt, auf den ich in dieser Auflage mein besonderes Augenmerk richtete. Die Meßfeier ist seit dem Mittelalter vielfach unlebendig und durch periphere Beigaben undurchsichtig geworden. Die Volksliturgie mit dem Grundsatz der aktiven Teilnahme aber hat unser geistiges Auge geschärft. Wir sehen jetzt klarer die Funktion der einzelnen Teile, den Aufbau der ganzen Feier und wir lernen Wesentliches vom Peripheren zu unterscheiden. Dies führt uns auch dazu, Vorschläge zu machen, wie das ‚Herrenmahl' der Zukunft aussehen könnte. Damit will ich keineswegs zum Ausdruck bringen, daß ich die heutige Gestalt der Meßfeier eigenmächtig reformieren wolle.[79] Dazu habe ich kein Recht. Ich bin mir bewußt, daß der Heilige Stuhl allein das Recht der liturgischen Gesetzgebung hat. Doch glaube ich, daß nach dem Ratschluß Gottes Geistesträger und Amtsträger zusammenwirken müssen. Die Geistesträger geben für die Gesetzgebung die fachlichen Unterlagen, die Amtsträger die Autorität. Nur so können Reformen zum Segen der Kirche erwachsen. Ich mache in diesem Buche selbstverständlich nur Vorschläge für die Vervollkommnung der Eucharistiefeier, die disziplinärer, nicht dogmatischer Natur sind. Zu solchen Vorschlägen ist jeder Christ berechtigt, zumal wenn er eine fachmännische Eignung zu haben glaubt und seine Vorschläge in Unterordnung unter die gesetzte Obrigkeit vorlegt. Nicht unfruchtbare Nörgelei, sondern heiße Liebe zur Kirche bewegt mich, daß der Edelstein in ihrer Krone, die Eucharistie, in einer möglichst vollendeten Fassung erscheine. Aber auch der von allen Seiten gehörte und geteilte Ruf nach der Una Sancta drängt uns, an einem vollkommenen Herrengedächtnis zu arbeiten, um auch da, soweit es an uns liegt, den getrennten Brüdern entgegenzukommen."[80]

Die neu bearbeitete Messerklärung enthält nicht nur in den zusätzlichen Kapiteln, sondern auch an vielen anderen Stellen – oft, aber nicht immer durch die Zwischenüberschrift „Volksliturgie" eingeleitet – Vorschläge für Reformen (verbesserte Feierpraxis und/oder Neu-Ordnung)

---

79   Ähnlich auch J. A. Jungmann, Missarum Sollemnia, Bd. 1, 6: „An nicht wenigen Stellen aber wird die objektive Betrachtung auch weniger gelungene Bildungen oder nachträgliche Verderbnisse anerkennen müssen. [...] Selbstverständlich bedeutet das nicht, daß nun jeder einzelne auf eigene Faust reformieren könne."
80   ME³ 23 f.

bzw. Kritik am Bestehenden. Dabei distanziert sich Parsch, wie schon in anderen Publikationen und auch hier im Vorwort, von jeglicher Eigenmächtigkeit und betont die Zuständigkeit der Kirchenleitung[81], spricht von Vorschlag, Anliegen, Anregung, Bitte, Wunsch, Utopie[82]. In der Kritik verwendet Parsch deutliche Worte: „Schönheitsfehler"[83] „Wildwuchs"[84], „Missbrauch"[85], „Abfall von einem Wesensgut der Kirche"[86], „Wesenswidriges"[87]. Und mehrmals beklagt er an der gegenwärtigen Liturgie die Erstarrung und Versteinerung[88], die zugunsten einer lebendigen Feier gelöst werden müssten, das Mitschleppen von Rudimenten[89]; den „Dornröschenschlaf", aus dem die liturgische Bewegung Erstarrtes wecken müsse[90], usw.

## Das Herrenmahl der Zukunft

Im Folgenden fasse ich Parschs Vorschläge aus der neuen Messerklärung zusammen, und zwar gemäß dem Ablauf der Messe. Heute, mehr als 50 Jahre nach dem II. Vaticanum, wirken sie wenig spektakulär. Um ihnen gerecht zu werden, muss man sie mit der Ordnung und Praxis seiner Zeit vergleichen.

*Introitus*: Das Staffelgebet spielt in der Gemeinschaftsmesse eine untergeordnete Rolle. Der Introitusgesang begleitet die Einzugsprozession von Priester und Assistenz. Er soll, gleich ob im Chor gesprochen bzw. auf einem Ton rezitiert oder (vorzugsweise in deutschem Choral) gesungen, nicht nur die Antiphon, sondern mehrere Psalmverse umfassen. Auch ein Zeitlied und ein Propriumslied, etwa aus dem „Meßsingbuch"[91], sind

---

81 Z.B. ME³ 23f.96.99.
82 Z.B. ME³ 24.144.168.181–184.216.270.304.360.362.379 („Dies ist mein Restaurierungsprojekt. Ich weiß ja, es ist eine Utopie […]").
83 ME³ 237.368.
84 ME³ 237.368.
85 ME³ 306 (die Messe vor ausgesetztem Allerheiligsten!).
86 ME³ 319 (Schwinden der Gläubigenkommunion).
87 ME³ 375.
88 ME³ 144.181.383.
89 ME³ 145. 383.
90 ME³ 143. 195.
91 P. Parsch (Hg.), Meßsingbuch. Deutsche Gesänge für die Betsingmesse, Klosterneuburg 1937. Dieses Buch enthält Paraphrasen der Sonn- und Festtagsproprien in

möglich. Für die Propriumstexte allgemein bräuchte es eine zum Vortrag geeignete Textgestalt, wie sie z. B. in der Diözese Linz veröffentlicht wurden.[92]

*Kyrie*: Das Kyrie sollte zu einer Fürbittlitanei ausgebaut werden (oder die Oratio communis am Ende des Wortgottesdienstes wird wieder belebt). Dafür bringt Parsch ein komplettes Textbeispiel aus dem Ambrosianischen Ritus.[93]

An der *Kollekte* hebt Parsch neben der knappen Sprache vor allem den theologischen Stil hervor und betrachtet ihn als Vorbild jeden (auch des volkstümlichen) Betens: zum Vater durch den Sohn im Heiligen Geist. An Wünschen meldet Parsch an: die Zahl der Orationen einzuschränken, die (lange) Schlussformel sparsamer zu verwenden; zudem zeigt er das Problem einer der deutschen Sprache angemessenen Übersetzung auf: „Der eingeschachtelte Relativsatz wird immer undeutsch bleiben", doch alles in Hauptsätze aufzulösen nehme der Sprache ihre Kraft.[94]

*Wortgottesdienst* (Schriftlesungen und Zwischengesänge): Wort- und Mahlfeier sind die „Hauptelemente" der Messe.[95] Die Lesungen dürfen nicht still vollzogen, sondern müssen dem Volk verkündet oder ihm zumindest verständlich gemacht werden: durch Verteilen deutscher Texte; dadurch, dass der Priester auf der Kanzel die Lesungen deutsch verkündet; durch den Einsatz eines Lektors. Gerade für die biblischen Lesungen wünscht Parsch dringend die Volkssprache (mit Berufung auf 1 Kor 14,19). – Das Wort Gottes soll auch entsprechend geehrt werden: durch eine Evangeliums-Prozession, Glockenläuten, überhaupt den ehrfürchtigen Umgang mit der Heiligen Schrift. Neben der Volkssprache wünscht Parsch mehr Abwechslung in der Auswahl: vor allem an den Heiligengedenktagen (statt der Commune-Lesungen einen De-Tempore-Leseplan) und innerhalb der Fest-Oktaven; eine dreigliedrige Leseordnung sollte wieder eingeführt werden (Prophet – Epistel – Evangelium).

---

Strophenform, mit Melodien bekannter Kirchenlieder versehen. Dazu R. Pacik, Volksgesang im Gottesdienst 97–104.
92  ME³ 143–145. So schon P. Parsch, Ist die Volksliturgie schon am toten Punkt? 16.
93  ME³ 155–157. Oratio fidelium: ME³ 198.
94  ME³ 167 f.
95  ME³ 376.

Regelmäßig sollte eine *Homilie* gehalten werden (wobei Parsch auf seine geplante Reihe „Die liturgische Predigt" verweist).[96]

*Gabenbereitung*: Die Gebete sind Priester-Texte; darum sollte das Volk nur wenige gemeinsam sprechen.[97] Die Gabenbereitung wird vom im Chor gesprochenen oder gesungenen Offertoriumsgesang (notfalls von der betreffenden Strophe aus einer Messlied-Reihe) begleitet. Es sollte eine Gabenprozession („Opfergang") stattfinden: ein Hostienopfergang (idealerweise mit in der Pfarre hergestelltem Brot) und/oder ein Gabenopfergang (mit Naturalgaben, je nach Kirchenjahrzeit etwa Weihrauch, Kerzen ..., aber auch mit Geld – wobei Parsch hier die Verbindung von Caritas und Eucharistie betont). Der Vorgang der Geldkollekte sollte „veredelt" werden: indem nur während des Offertoriums gesammelt wird, möglichst durch Mitglieder des Kirchenrats, fallweise durch einen Priester, den Ministranten mit Kerzen begleiten.[98]

*Eucharistiegebet*: Anregungen für den Vollzug innerhalb der gegebenen Ordnung und Reformwünsche bzw. Kritik – beides findet sich in Parschs Messerklärung. Pastoralliturgisch rät Parsch u.a. dazu, die Kanonstille konsequent einzuhalten (ohne Orgelspiel, ohne Lied, natürlich auch ohne Geräusche wie Husten oder Räuspern); Mementos und Anamnese vom Vorbeter laut sprechen zu lassen (damit das Volk am Ende mit Amen antworten kann), überhaupt das Memento zu pflegen; die angemessene Haltung sei das Stehen („circumstantes"!) – hier hebt er die Bedeutung der Zelebration versus populum hervor[99]. Wichtig sei die Erziehung zum Opferbewusstsein, d.h. den Leuten soll klar werden, dass es im Kanon um das Opfer geht, nicht um die Anbetung.[100]

---

96 ME³ 181–184. Ein kompletter Vorschlag für den Verlauf des „Wortgottesdienstes" (der nach Parschs Terminologie auch die Eröffnung mit meint) findet sich ME³ 199f.
97 In den volkstümlichen Formen der Gemeinschaftsmesse war es vielfach üblich, dass die Gemeinde das „Suscipe" und das „Offerimus", auch das „In spiritu humilitatis" gemeinsam deutsch sprach. Ich erinnere mich auch an die volksliturgische Begleitung des (vom Priester still vollzogenen) Kanons: Der Vorbeter trug Kurztexte zu den Mementos, zum „Communicantes" und zum „Nobis quoque" vor; alle beteten das „Unde et memores" sowie das „Per ipsum" (deutsch: „Durch Christus ...").
98 ME³ 217–219.237.
99 ME³ 199.305.
100 ME³ 304–306.

An der Entwicklung des (römischen) Kanons bis zur Gegenwart kritisiert Parsch, dass darin das Lob zurücktrete gegenüber dem Bittgebet (nicht zuletzt noch durch die Teilung der Fürbitten[101], während die alten Hochgebete diese am Ende enthielten). Außerdem beklagt er den leisen Vollzug des ursprünglich laut vorgetragenen Textes; dies mache den zentralen Teil zur Sache des Priesters, was dem Charakter der Messe als Gemeinde-Feier widerspreche.[102]

Bezüglich der *Präfation*, die der älteste Rest der Eucharistia (und Bestandteil des Eucharistiegebets) sei, wünscht Parsch, dass künftig die Zahl der Präfationen vermehrt werde, vor allem für die Sonntage nach Pfingsten und den Advent. (In volksliturgischen Messen könne der Lektor ohnehin einen anderen Text vortragen.)[103]

*Kommunionteil:* Parsch bedauert vor allem den Rückgang der Kommunionhäufigkeit im Lauf der Geschichte. Noch bis Gregor I. sei die Kommunion „Wesensbestandteil"[104] der Messe gewesen. Die nachlassende Kommunionfrequenz sei erst nach dem Trienter Konzil, vor allem aber durch Pius X. korrigiert worden.[105] – Auch hier mischen sich Hinweise zur Verbesserung der Praxis mit weiter gehenden Reformvorschlägen: a) Die *Kommunion der Gläubigen in (je)der Messe* soll der Normalfall sein. In der Gestaltung soll man das Mahl betonen (Pius Parsch verwendete in St. Gertrud einen eigenen weiß gedeckten Kommuniontisch, dicke Hostien, Ablutionswein für alle als Ersatz für den eucharistischen Wein etc.). Es sollen Hostien ausgeteilt werden, die in der betreffenden Messe konsekriert wurden. Der Friedenskuss soll auch in der Gemeinde vollzogen werden: mit Hilfe einer Paxtafel oder durch Händereichen. Die Communio (Antiphon mit Psalm) soll die Kommunion begleiten. b) Parsch wünscht als *Materie* gesäuertes Brot (um das Mahl zu betonen), die Kommunion für die Gläubigen unter beiden Gestalten – sowie die Abschaffung der Absolution und des Confiteors vor der Gläubigenkommunion; diese Riten

---

101 Parsch spricht bezüglich des Eucharistiegebetes nicht von Interzessionen, sondern stets von Fürbitten.
102 ME³ 245 f. 377.
103 ME³ 269–271; dass der Einsatz des Lektors hier Vorteile hat (auch bei der Auswahl von Schriftlesungen etwa für die Rorate-Messen) deutet Parsch schon früher an: Ist die Volksliturgie schon am toten Punkt? 16.
104 ME³ 318.
105 ME³ 218–320.

stammten aus der Krankenkommunion (und stünden gar nicht im Missale).[106]

Im *Abschluss* der Messe sollen das Letzte Evangelium – von Parsch als „Wildwuchs" bezeichnet[107] – und die Leoninischen Gebete[108] wegfallen

### Ein Restaurierungs-Projekt

Im Kapitel XXIX. „Die Stile der heutigen Messe" legt Parsch das „Projekt einer Restaurierung" vor, indem er den Ablauf einer erneuerten Messe kurz beschreibt. Es ist eine Minimalform, welche die stille Messe ersetzen soll: fast ohne Gesang, mit im Chor gesprochenen Texten.[109] – Die Beschreibung gebe ich hier als Übersicht wieder:

VORBEREITUNG DER GEMEINDE
Staffelgebet und Confiteor

VORMESSE
Einzug, begleitet vom Introitus (Psalm mit Antiphon)
Litanei (hier – oder Fürbittgebet am Ende des Wortgottesdienstes)
Oration 1
Prophetenlesung
Zwischengesang (Psalm[teil])
Gloria
Oration 2
Epistel
Zwischengesang (Psalm[teil]; „tractusartig" gesprochen)
Evangeliumsprozession zum Ambo
Evangelium

---

106   ME³ 360–364.
107   ME³ 368.
108   ME³ 375. „Die drei Ave nach der Stillmesse sind stilwidrig gegen jeden Gebetsstil, daß man nicht aufhören darf, dagegen zu eifern."
109   ME³ 378 f.; vgl. 145. – Ebd. 199 f. beschreibt Parsch die Vormesse, hier „Wortgottesdienst" genannt, genauer; auch dies ist hier berücksichtigt. – Die von Parsch geschaffenen Modelle (Chormesse und Betsingmesse) sehen natürlich Gesang vor; vgl. R. Pacik, Volksgesang im Gottesdienst, sowie die Schilderung einer Sonntagsmesse in St. Gertrud: VL² 32–36.

Predigt (als „wesentlicher Bestandteil der Messe")
Credo
ev. hier Fürbitten (statt in der Eröffnung)

**OPFERMESSE**
Friedenskuss
Opfergang des Volkes, begleitet von einem Sprechchor; kein Priestergebet außer der Secreta.
Kanon als „laut gesungenes oder gesprochenes Preisgebet" (wobei die Mementos an die spezielle Anamnese anschließen); Doxologie mit (einziger) Elevation
Paternoster ohne Embolismus
Friedenskuss (wenn nicht vor dem Opfergang)
Brotbrechung, währenddessen Agnus Dei
(Keine stillen Vorbereitungsgebete)
Kommunion der Gläubigen unter beiden Gestalten und mit gesäuertem Brot, währenddessen Kommuniongesang
Postcommunio
Entlassung und Segen
(kein Schlussevangelium; „selbstverständlich keine drei Ave Maria.")


## Schluss: „Mediator Dei" als Anstoß

Aufgrund der Ereignisse in Rom und im deutschen Sprachgebiet seit 1940 war Parsch zuversichtlich, dass in näherer Zukunft Reformen möglich seien. Die Enzyklika „Mediator Dei" sah er, jedenfalls zunächst, als Rückschritt und als Angriff auf die volksliturgische Arbeit. Immerhin brachte ihm gerade jene Passage von MD n. 49, in der göttliche und menschliche (daher änderbare) Bestandteile der Liturgie unterschieden werden, eine Art Befreiung. „Mediator Dei" bildete also in zweifachem Sinn einen Anstoß für Pius Parsch: (1) Parsch fühlte seine Bewegung ungerecht beurteilt, versuchte deshalb seine Anliegen zu verteidigen und die Konturen seines Programms zu schärfen. (2) Aufgrund von MD n. 49 ließen sich nun ganz legitim Reformen fordern.

# Liturgie und Alltag bei Pius Parsch, dem Leipziger Oratorium und Joseph Kentenich

*Joachim Schmiedl*

Liturgie ist, wie die Konstitution Sacrosanctum Concilium hervorhebt, Gipfelpunkt und Quelle allen kirchlichen Handelns. Sie dient der Heiligung des Menschen und der Verherrlichung Gottes[1]. Das liturgische Leben zu fördern und immer wieder zu erneuern, wird vom Zweiten Vatikanum als eine wichtige Frucht der pastoralliturgischen Bewegung bezeichnet[2]. Dieser Aufgabe haben sich die Protagonisten der Liturgischen Bewegung der ersten Hälfte des 20. Jahrhunderts gestellt. Sie haben es im Sinne einer ausgearbeiteten Theologie der Liturgie getan, wie Odo Casel (1886–1948)[3], oder als eine Mischung aus wissenschaftlicher Reflexion und praktischer Erprobung, wie Romano Guardini (1885–1968)[4] in seinen populären liturgischen Büchlein und in der Mitarbeit an der Jugendbewegung des Quickborn, oder ausdrücklich im Dienst der liturgischen Erneuerung vor Ort. Zu letzteren darf sicher Pius Parsch (1884–1954) gezählt werden, aber auch das Leipziger Oratorium mit Heinrich Kahlefeld (1903–1980), Theo Gunkel (1898–1972) und Josef Gülden (1907–1993).

Es mag überraschen, in dieser Reihe auch den Gründer der Schönstatt-Bewegung, Joseph Kentenich (1885–1968), zu sehen, der gemeinhin nicht zu den Vorreitern der Liturgischen Bewegung gezählt wird. Der gemeinsame Hintergrund all dieser Persönlichkeiten des mitteleuropäischen Katholizismus ist der Zeithorizont des geistigen Aufbruchs nach dem Ersten Weltkrieg. Die Liturgische Bewegung fand ihre auffälligste Resonanz unter jungen Erwachsenen und Studierenden. Die aktive Mitfeier der Liturgie, wie sie sich etwa in der Kryptamesse in Maria Laach[5]

---

1 Vgl. SC 10.
2 Vgl. SC 43.
3 Nach wie vor grundlegend: A. Schilson, Theologie als Sakramententheologie. Die Mysterientheologie Odo Casels (Tübinger theologische Studien 18), 2. Aufl., Mainz 1987.
4 Vgl. H.-B. Gerl-Falkovitz, Romano Guardini. Konturen des Lebens und Spuren des Denkens (Topos-Taschenbücher 553), 2. Aufl., Kevelaer 2010.
5 Vgl. M. Conrad, Die "Krypta-Messe" in der Abtei Maria Laach. Neue Untersuchungen zu Anfang, Gestaltungsformen und Wirkungsgeschichte, in: ALw 41 (1999) 1–40.

oder den Gottesdiensten des Burgkaplans Romano Guardini in der von Dominikus Böhm (1880–1955) neugestalteten Kapelle von Burg Rothenfels zeigte, setzte sich auch im Gemeindekontext durch. Dazu trugen die liturgiebewegten jungen Priester bei, die ihre Prägung in den Nachkriegsjahren erhalten hatten. Manche von ihnen schlossen sich der werdenden Schönstatt-Bewegung an. Auf diese Weise musste sich Joseph Kentenich auch mit den Anliegen der Liturgischen Bewegung auseinander setzen. Er tat dies, indem er eine Verbindung herstellte zwischen seinem Anliegen einer Alltagsgestaltung aus dem Glauben und der Liturgie. Hierin besteht denn auch eine Verwandtschaft mit der liturgischen Lebensgestaltung, wie sie von Pius Parsch und den Mitgliedern des Leipziger Oratoriums unternommen wurde. Diese drei Ansätze der Liturgischen Bewegung sollen im Folgenden in ein Gespräch miteinander gebracht werden.

## 1. Liturgische Alltagsgestaltung nach Joseph Kentenich

In den Jahren, in denen die Liturgische Bewegung in Deutschland und Österreich ihren Ursprung hatte, entstand auch die Apostolische Bewegung von Schönstatt[6]. Erwachsen aus einer Marianischen Kongregation des Studienheims der Pallottiner in Vallendar-Schönstatt, hatte sich um eine kleine Kapelle herum eine Gemeinschaft entwickelt, für die eine intensive Beziehung zu Maria, die sie unter dem Titel „Mater ter admirabilis" verehrten, in Verbindung mit pädagogischer Arbeit an sich selbst und christlichem Apostolat charakteristisch war. Diese drei typisch ignatianischen Schwerpunkte – Marienverehrung, Selbstheiligung und Apostolat – verbanden sich mit einem starken Bemühen um Gemeinschaft (Bildung von Gruppen) und der Zentrierung um das Kapellchen in Schönstatt. Zusammengehalten wurde die Bewegung, die sich nach dem Ersten Weltkrieg vor allem unter Theologiestudenten, jungen Priestern und Lehrerinnen verbreitete, durch die Person des Pallottiner-Paters Joseph Kentenich[7], der eine umfangreiche Vortrags- und Exerzitientätigkeit ausübte und dabei eine hohe Sensibilität für die Zeichen der Zeit zeigte.

---

6 Vgl. H. Brantzen u. a. (Hg.), Schönstatt-Lexikon. Fakten – Ideen – Leben, 2. Aufl., Vallendar-Schönstatt 2002.
7 Vgl. G.M. Boll, ... vor allem mein Herz. Joseph Kentenich – Pädagoge und Gründer, Vallendar 2012; J. Schmiedl (Hg.), In seiner Spur. Festschrift zum Gedenken an den 100. Jahrestag der Priesterweihe von Pater Joseph Kentenich, Vallendar 2010.

Anfang der 1920er Jahre kam Kentenich mit der Liturgischen Bewegung in Berührung. Theologiestudenten der Schönstatt-Bewegung setzten sich mit liturgischen Bestrebungen in den Priesterseminaren auseinander und suchten nach einer Erneuerung der Liturgie als zentralem spirituellem Element. Das Stundengebet wurde neu und positiv bewertet. Vorträge und Gruppenbesprechungen setzten sich mit der Bedeutung der Liturgie und der Feier der Eucharistie auseinander. Der Akzent Kentenichs zielte von Anfang an auf die persönliche Aneignung der Liturgie.

Der Würzburger Spiritual Konrad Hock (1868–1935) propagierte eine „Übung der Vergegenwärtigung Gottes"[8]. Zusammen mit einer ähnlichen asketischen Praxis der Ordensgründerin Klara Fey sah Kentenich darin einen Ansatzpunkt, den „Wandel mit Gott" im Alltag zu einem Programmpunkt seiner Spiritualität zu machen. Der Fuldaer Diözesanpriester und spätere Männerseelsorger Hermann Schmidt forderte einen regelmäßigen „Wandel mit dem eucharistischen Gott". Liturgie, so die alltagspraktische Anwendung, müsse in den Gesamtorganismus des religiösen Lebens integriert sein.

Ein zweiter Punkt der Liturgischen Bewegung, der aufgegriffen wurde, betrifft das kirchliche Gemeinschaftserlebnis. Im gemeinsamen Feiern des Gottesdienstes manifestierte sich eine neue Erfahrung von Kirche. Das war die Quintessenz der Feier der Kar- und Osterliturgie in Maria Laach ebenso wie der Kreise um Burg Rothenfels und den „Burgkaplan" Romano Guardini, für den die Kirche „in den Seelen"[9] erwachte. Für die werdende Schönstatt-Bewegung wurde der Bezug zum „corpus Christi mysticum" wichtig. Liturgie hilft, zu einer solidarischen Lebensgemeinschaft mit Christus zu gelangen.

Die Thomas-Renaissance der Zwischenkriegszeit, aber auch die Edition der Werke des Kölner Theologen Matthias Joseph Scheeben (1835–1888) und die Frage nach dem Stellenwert außergewöhnlicher Gotteserfahrungen (Mystik) für das Wachstum religiösen Lebens überhaupt, regten die theologische Diskussion um das Verhältnis von Natur und Übernatur (Gnade) an. P. Kentenich sah darin eine unterschiedliche Akzentuierung von Religiosität. Er rechnete die Jesuiten zu den Anthropozentrikern, die Benediktiner zu den Theozentrikern und sah darin legitime Differenzierungen der Frömmigkeit. Er selbst vertrat eine Mittelposition: die Gnade passe sich der menschlichen Natur an. Er warnte vor einem weltverneinen-

---

8 Vgl. K. Hock, Die Übung der Vergegenwärtigung Gottes. Ein Büchlein für Seelen, die nach Vollkommenheit streben, 9. Aufl., Würzburg 1920.
9 R. Guardini, Vom Sinn der Kirche. Fünf Vorträge, 5. Aufl., Mainz 1990, 19.

den Pessimismus und forderte die menschliche Mitwirkung im Erlösungsgeschehen – den Part der Natur – ein.

Seit 1927 nahm P. Kentenich mehrfach ausdrücklich zu Fragen der Liturgie und ihrer Theologie Stellung. Ihn interessierten dabei weniger liturgische Kunst und liturgische Formen. Sein Ziel war die theologische Sensibilisierung für die Liturgie und vor allem die praktisch-pädagogische Anwendung auf das persönliche Leben.

1926 hatte die Fuldaer Bischofskonferenz auf Initiative der Laacher Benediktiner neben der ignatianischen Form auch „Liturgische Exerzitien" gestattet, deren Methode in der Anknüpfung an liturgische Texte bestand. P. Kentenich nahm das zum Anlass, um 1927 selbst mehrfach solche Exerzitien anzubieten[10]. In längeren Ausführungen über die Eucharistie als Opfer griff er Gedanken Guardinis (Messe als Drama), Odo Casels und Scheebens (Messe als Mysterium der Menschwerdung Gottes und Gottwerdung des Menschen) auf. Er bezeichnete die Eucharistiefeier als „Mittel-, Ausgangs-, Sammel- und Höhepunkt" des Tagewerkes. Seinen Zuhörern empfahl er, die liturgischen Texte zur Grundlage der persönlichen Meditation zu nehmen und auf ihre Relevanz für das eigene Leben zu befragen, ja den Tagesablauf in Verbindung zu bringen mit den einzelnen Teilen der Messfeier. Er interpretierte die Eucharistiefeier in ihrer christologischen, ekklesiologischen und soteriologischen Relevanz, ausgedrückt durch den Ternar „Huldigungs-, Heiligungs- und Heilmittel". Von der Messe aus lasse sich die Heiligung des Lebens gestalten. Die Huldigung durch Christus an den Vater, das Opfer des Kreuzes, wie es in der Messe gegenwärtig gesetzt wird, die Stärkung durch Christi Leib und Blut – all das solle nicht ein punktueller Akt sein, sondern sich auswirken in einem Leben aus diesen Wahrheiten. Durch die Liturgie solle eine innere Linie in das Leben hineinkommen, die nicht nur den Sonntag, sondern auch den Werktag heilt und heiligt.

Die bedeutendste Äußerung Kentenichs zur Liturgie war ein Exerzitienkurs, den er in den Jahren 1938/1939 mehrfach für Priester hielt[11]. Unter dem Titel „Liturgische Werktagsheiligkeit" setzte er sich ausführlich mit dem liturgischen Gottesbild, der Eucharistie und den übrigen Sakramenten, den Sakramentalien und Gesetzmäßigkeiten der Liturgie in Bezug auf Raum und Zeit auseinander. Bedeutsam ist die Definition von Liturgie, die in der Fassung der gedruckten Disposition des Exerzitienkurses lautet:

---

10  Diese Exerzitien sind noch nicht ediert. Sie liegen in mehreren Mitschriften vor.
11  Vgl. J. Kentenich, Liturgische Werktagsheiligkeit. Priesterexerzitien. Hg. u. bearb. von R. Stein, Vallendar-Schönstatt 1997.

„Katholische Liturgie ist das heilige, geheimnisvolle Tun des Gottmenschen Jesus Christus als Haupt seiner Kirche (und das heilige, geheimnisvolle Mittun seiner Braut, der Kirche), um den Vater zu verherrlichen und die Welt zu vergöttlichen." Ziel der Liturgie ist also die Verherrlichung des Vaters durch das Erlösungswerk Jesu Christi und das Mithandeln der Kirche. Der sekundäre Zweck der Liturgie ist die „consecratio mundi", von Kentenich mit den Termini „entteufeln", „entsündigen", „entsäkularisieren" und „entprofanisieren" negativ und mit „vergöttlichen" und „verklären" positiv beschrieben.

Eine solche Alltagsspiritualität, von Kentenich in einem 1937 erstmals herausgegebenen aszetischen Handbuch als „Werktagsheiligkeit"[12] bezeichnet, kennt die drei Dimensionen der Beziehung zu Gott, zum Mitmenschen und zur Umwelt. Der Beziehung zu Gott („Gottgebundenheit") entsprechen in der Liturgie die Zeremonien und Körperhaltungen, die Musik und die Psalmen, das Farbenspiel und die Festkultur, die Symbole und symbolischen Handlungen bei den Sakramenten und Sakramentalien. Das Gebet solle die ganze Zeit durchdringen, den Rhythmus von Tag, Woche und liturgischem Jahreskreis berücksichtigen und um die Feier der Eucharistie zentriert sein. Liturgie schafft, so Kentenich, einen neuen Menschentyp, den er als christlichen Humanisten bezeichnet. Der Christ findet in der Liturgie Beheimatung, weil dadurch alle Räume des menschlichen Daseins von einer übernatürlichen Atmosphäre durchdrungen werden. „Die Liturgie macht die einzelne Persönlichkeit diasporafähig und missionsfähig. Der Mensch muß, nachdem er so in katholischer Heimat aufgewachsen ist, die Fähigkeit bekommen, als echt katholischer Mensch auch andere Räume zu heiligen. Er muß katholische Atmosphäre schaffen können."[13]

Diese organische, Persönlichkeit, Welt und Umwelt durchdringende Sichtweise von Liturgie wirkt sich nach Kentenich auch auf das außerliturgische Leben aus: „Wir müssen uns dazu erziehen, die großen Ideen der Liturgie auch außerhalb der liturgischen Funktionen innerseelisch zu verarbeiten in Betrachtung, Lesung, Exerzitien."[14] Beispiele dafür, wie er sich diese Verbindung dachte, gab Kentenich bereits 1927 in „Liturgischen Exerzitien". In Abendbetrachtungen leitete er dazu an, sich auf die Feier der Eucharistie des folgenden Tages durch eine Christus-Meditation

---

12  Vgl. A. Nailis, Werktagsheiligkeit. Ein Beitrag zur religiösen Formung des Alltags, Vallendar 1997.
13  J. Kentenich, Liturgische Werktagsheiligkeit 225.
14  Ebd. 129.

des Tagesevangelium vorzubereiten: „Für unser Streben hat besonders das Evangelium großen Wert. Der Gottmensch kommt jeden Tag zu uns in die Seelen, um das göttliche Leben zu erneuern, zu vervollkommnen und zu formen. Jeden Tag kommt er in einer bestimmten Absicht. Diese Absicht gibt uns das Evangelium an. Da habe ich denn auch meine Betrachtung. Ich muß sie einbauen in die hl. Messen. Der Heiland kommt zu mir, um mir das zu sagen, was er damals als historischer Christus gesagt hat."[15]

Kentenich setzte sich für eine ganzheitliche Sicht von Theologie und Glaubensleben ein. Er wollte die innere Verbundenheit der theologischen Inhalte der Liturgie verdeutlichen. Kreuz und Auferstehung, Karfreitag und Ostern, Menschsein und Gottsein in Jesus Christus gehörten für ihn deshalb untrennbar zusammen. Der Sinn der Inkarnation war nicht der Tod Jesu am Kreuz, sondern die Botschaft des Lebens in seiner Auferweckung. Auch wenn Liturgie keineswegs den Schwerpunkt der Verkündigungsarbeit Joseph Kentenichs bildete, war sie für ihn doch ein neuralgischer Punkt. Denn gerade bei manchen Vertretern der Liturgischen Bewegung spürte er eine ausgesprochene oder unausgesprochene Ablehnung der Volksreligiosität.

Letztlich aber äußerte sich Kentenich zur Liturgie weniger aus einem wissenschaftlichen denn aus einem pädagogischen Interesse. Sein Zentralanliegen war, dass Liturgie nicht neben dem Alltagsleben gefeiert wurde, sondern eine gegenseitige Bereicherung zustande kam. Die „Tagesmesse" sollte zur „Lebensmesse" werden, die Eucharistiefeier Ausgangs- und Zielpunkt des Tagewerks sein. Lebensgestaltung aus dem Geist der Liturgie wollte er leisten. Kentenich befand sich damit durchaus in Übereinstimmung mit den Vertretern anderer Bewegungen und Verbände der Zwischenkriegszeit, etwa aus dem Bund Neudeutschland oder Quickborn. Das Unterscheidende liegt aber wohl darin, dass Kentenich einen konsequenten Akzent auf das Individuum legte. Der Mensch sollte sich – auch durch die Liturgie – formen lassen zu einem Abbild Christi und Marias. „Liturgiefähig" war für Kentenich derjenige, der aus dem Geist der Liturgie sein Leben gestalten konnte, dessen Alltagsleben um die Liturgie kreiste und der daraus seine Schwungkraft bezog.

Wie dem gleichaltrigen Guardini war auch für Kentenich die innere Haltung, mit der Liturgie gefeiert wird, entscheidend. Beide wollten den liturgischen Akt nicht vom Gebet trennen, also nicht „in der Messe beten", sondern „die Messe mitfeiern". Dazu bedurfte es einer profunden pädago-

---

15  Nicht edierte Mitschrift 9.

gischen Hinführung und einer regelrechten Liturgieschule. Einem liturgischen Purismus, der Liturgie auf die Feier der Eucharistie und der Sakramente reduzierte, wollte P. Kentenich allerdings nicht zustimmen. Auch in der Volksfrömmigkeit, wenngleich einer stetig zu läuternden, sah er einen wichtigen Beitrag zum spirituellen Wachstum.

## 2. Liturgie und Diakonie im Leipziger Oratorium

Das pastoralliturgische Anliegen, wie es in seiner pädagogischen Variante bei Kentenich dargestellt wurde, prägte auch die Tätigkeit des Leipziger Oratoriums[16]. 1930 übernahmen mehrere junge Priester die Liebfrauen-Pfarrei in Leipzig-Lindenau. Die Leipziger Gemeinde war eine Arbeiterpfarrei mit geringer religiöser Praxis und hohen Kirchenaustrittszahlen. Die Oratorianer-Priester, die während des Studiums in Innsbruck und bei einem Gastnoviziat in Beuron den Liturgiewissenschaftler Josef Andreas Jungmann und die benediktinische Form der Liturgie kennengelernt hatten, übernahmen als pastorales Konzept für ihre Diasporagemeinde das Laienapostolat in der Form der Katholischen Aktion. Die Gemeinde sollte eine Pfarrfamilie werden. „Liturgie als der kirchliche Weg des religiösen Lebens", wie es Werner Becker formulierte[17], forderte das Bekenntnis zum gemeinsamen Priestertum aller Gläubigen als Fundament einer neuen „Gemeindetheologie der Ellipse".

Der besondere Ansatz dieses pastoralliturgischen Konzepts zeigte sich in Leipzig-Lindenau im sozialen und diakonischen Engagement. In den Worten Josef Güldens: „Viel Sekundäres darf und muß unter den Tisch fallen, nie aber: der Gottesdienst und der Caritasdienst."[18] Die Probleme der Gemeindemitglieder sollten, so Theo Gunkel, ihren Platz in der Feier der Liturgie haben: „Daß wirklich unser Gottesdienst, besonders das ‚Brotbrechen', die Feier der Eucharistie, zu einer schönen gemeinsamen Feier werde, daß unser Gottesdienst wirklich eine Anbetung Gottes in Geist und Wahrheit sei – und daß wir hier immer wieder eins werden durch Christus mit dem Vater und untereinander am gemeinsamen Tisch

---

16  Die Zitate sind entnommen aus: A. Poschmann, Das Leipziger Oratorium. Liturgie als Mitte einer lebendigen Gemeinde (Erfurter Theologische Studien 81), Leipzig 2001.
17  W. Becker, Die Wirklichkeit der Kirche und das Ärgernis, Leipzig 1957, 26.
18  J. Gülden, Seelsorge in Notzeiten, in: K. Borgmann (Hg.), Anruf und Zeugnis der Liebe. Beiträge zur Situation der Caritasarbeit, Regensburg 1948, 78–101, hier 81.

der Kinder Gottes – und daß dann diese Gemeinschaft nicht an der Kirchentür aufhört, sondern mit hinausgeht und sich bewährt im Leben, besonders in der tatkräftigen Sorge und Hilfe füreinander – das werden die Zielpunkte sein, auf die wir immer wieder hinblicken und nach denen wir uns richten müssen!"[19]

Auf diese Ziele richteten die Leipziger Oratorianer in der Zwischenkriegszeit ihre Pastoral aus. Dazu gehörte vor allem eine fundierte religiöse Bildung der Gemeinde durch mystagogische Predigten und Erklärung der einzelnen Teile der Liturgie. Eine sinngerechte Rollenverteilung sollte der Gemeinde helfen, den Gottesdienst mit Verständnis mitfeiern zu können. Besonderes Gewicht legten die Oratorianer auf zwei gottesdienstliche Elemente, nämlich den Opfergang der Gläubigen und das Allgemeine Gebet der Fürbitten. Die Gabenbereitung wurde verbunden mit Geld- oder Sachspenden der Gläubigen. Mit Kriegsbeginn wurden die Anliegen und Sorgen der Menschen in der Form der Fürbitten, die zu jener Zeit nicht verpflichtend üblich waren, eingeführt. Der Alltag und seine Bedrängnisse wurden auf diese Weise in den Gottesdienst mit hineingenommen. Durch die Feier der Liturgie wurden die Gemeindemitglieder für die diakonischen Nöte ihrer Mitchristen sensibilisiert. Die Liturgie sollte den Alltag der Gemeinde durch das soziale Engagement, durch Diakonie und Bruderhilfe gestalten.

## 3. Pius Parsch und die liturgische Gemeinde

Die Koordinaten einer alltagstauglichen liturgischen Erneuerung bei Pius Parsch brauchen nicht ausführlich dargelegt zu werden. Drei Richtungen sollen kurz genannt werden.

Liturgie und Alltag vollzog sich bei Pius Parsch in der Gemeindeseelsorge. Das gehört zum Proprium der Augustiner-Chorherren, bekam aber bei Parsch eine besondere Komponente, insofern sich Seelsorge in der experimentellen Form der „Gottessiedlung" St. Gertrud realisierte. Was er seit Mitte der 1920er Jahre aufbaute, war „eine ideale Opfer- und Gebetsgemeinschaft, eine Kultgemeinschaft, wie man sie wohl selten findet. […] Nicht die Liturgie ist die Hauptsache, wenn sie auch einen wichtigen

---

[19] T. Gunkel, Ansprachen im Hochamt des Kirchweihfestes, in: K. Borgmann (Hg.), Parochia. Handreichungen für die Pfarrseelsorger, Kolmar [1943] 41–62, hier 45.

Raum einnimmt, sondern das göttliche Leben, das Leben in Fülle."[20] Die Umrahmung der Eucharistie durch gemeinsame Mahlzeiten, Singeabende und Versammlungen von Gruppen der Gemeinde war das Besondere der Volksliturgie in St. Gertrud. Gemeinde und Gemeinschaft gehörten für Pius Parsch engstens zusammen.

Liturgie verband sich seit seinem Theologiestudium und besonders seit seiner Tätigkeit als Feldkurat im Ersten Weltkrieg mit der Bibel. Nicht nur die wissenschaftliche Exegese zog ihn an, „sondern die historische Wirklichkeit, das Leben und die Lehre Christi, die mir aus den Evangelien entgegenleuchtete"[21]. So wurde Parsch zum Förderer einer volksliturgischen und gleichzeitig volksbiblischen Bewegung. Private und gemeinsame Bibellektüre, regelmäßige Bibelstunden in Klosterneuburg, Predigten im Anschluss an den jeweiligen Schrifttext, preiswerte Bibelausgaben für Schule und Volk waren die Mittel für die Popularisierung der über Jahrhunderte hin der katholischen Bevölkerung verschlossenen ganzen Heiligen Schrift. In kreativer Aneignung der zeitgenössischen Leben-Jesu-Paraphrasen, etwa von Franz Michel Willam (1894–1981) und Romano Guardini, teilte Parsch die Evangelien in fünf Abschnitte ein, die von der Jugend, seiner Vorbereitung auf die Tätigkeit als Messias, die Messiasverkündigung, die Jüngerschule und die Vorbereitung auf das Leiden reichten. Parsch wollte die Bibel wieder zum „Erziehungs-, Lehr- und Lebensbuch der Christen"[22] machen. Nur so könne sie den christlichen Alltag gestalten helfen: „Die Heilige Schrift soll unser Lebensbuch sein. Die Bibel hat Gegenwartscharakter; Gott hat sie uns allen, aber auch jedem Christen auf dem Lebensweg gegeben, um *uns* zu erkennen und *Gott* zu erkennen [...] Die Frage ist vielmehr: Was sagt die Schriftstelle mir? In der rechten ‚Anwendung' empfange ich die Schrift als das auch mir zugedachte Gotteswort."[23]

Eine dritte Koordinate bei Pius Parsch war seine sich im Laufe des Wirkens verändernde Einstellung zu einfachen Formen der (Volks-) Frömmigkeit. Vor dem Zweiten Weltkrieg fanden sich bei ihm Beurteilungen der Volksfrömmigkeit als subjektiv und individualistisch, als peri-

---

20 Zit. nach: N. Höslinger, Die Liturgische Gemeinde St. Gertrud in Klosterneuburg, in: ders./T. Maas-Ewerd (Hg.), Mit sanfter Zähigkeit. Pius Parsch und die biblisch-liturgische Erneuerung (SPPI 4), Klosterneuburg 1979, 177–185, hier 178.
21 Zit. nach: A. Stöger, Pius Parsch und die Bibelbewegung, in: N. Höslinger/T. Maas-Ewerd (Hg.), Mit sanfter Zähigkeit 120–154, hier 123.
22 Zit. nach: ebd. 144.
23 Zit. nach: ebd. 145.

pher und dürftig²⁴. Darin ging er konform mit den anderen Vertretern der Liturgischen Bewegung, die anderen als den Hochformen einer reinen, „objektiven" Liturgie wenig abgewinnen konnten. Seine eigenen Seelsorgserfahrungen in der Wiener Pfarre Floridsdorf ließen ihn im Anschluss an Matthias Joseph Scheeben den Primat der göttlichen Gnade²⁵ betonen. Parsch sprach von „Gnadenfrömmigkeit" in Absetzung von „Gebotsfrömmigkeit". Das Wesen des Christentums sei, wie er in einem Vortrag ausführte, „nicht so sehr der Glaube, auch nicht die Moral, sondern das göttliche Leben der Gnade"²⁶. Die aus verschiedenen Quellen kommenden Erneuerungswellen der ersten Hälfte des 20. Jahrhunderts flossen bei Parsch am Ende seines Lebens in einem großen Strom zusammen: „Ich spreche nicht mehr gerne von liturgischer Bewegung, von Bibelbewegung, von Eucharistischer Bewegung; das waren die Kinderschuhe und es führte leicht zu Einseitigkeit und Überspitzung, so daß die Harmonie litt. Wir sprechen jetzt lieber von einer christlichen Gesamterneuerung, von christlicher Renaissance […] wir wollen nicht Einseitigkeit, sondern Fülle und Ausgewogenheit."²⁷

## 4. Eine ganzheitliche liturgische Alltagsspiritualität

Joseph Kentenich, das Leipziger Oratorium und Pius Parsch stehen für unterschiedliche Zugangswege zur liturgischen Erneuerung. Für Kentenich war das Leben aus der Liturgie ein zentraler Teil seines spirituellen Konzepts aus Alltagsgestaltung („Werktagsheiligkeit"), Leben aus dem Gottesbund in marianischer Modalität („Bündnisfrömmigkeit") und apostolischer Verfügbarkeit („Werkzeugsfrömmigkeit"). Das Leipziger Oratorium zielte auf die Verbindung von liturgischer Erneuerung und sozialem Engagement – Religion und Leben in ihrer Verwiesenheit aufeinander. Pius Parschs volksliturgisches Anliegen diente der Vertiefung der gemeinschaftlichen Feier der Liturgie als Ausdruck einer lebendigen Gemeinde.

---

24  Zit. nach: N. Höslinger, Pius Parsch und die Erneuerung der christlichen Frömmigkeit, in: ders./T. Maas-Ewerd (Hg.), Mit sanfter Zähigkeit 155–174, hier 155.
25  Vgl. M. J. Scheeben, Die Herrlichkeiten der göttlichen Gnade. Frei nach Eusebius Nieremberg dargestellt. Neu bearbeitet durch Albert Maria Weiß. Mit einem Anhang über das Verhältnis von Natur und Übernatur, 14. Aufl., Freiburg 1925.
26  Zit. nach: N. Höslinger, Pius Parsch und die Erneuerung der christlichen Frömmigkeit 168.
27  Zit. nach: ebd.

Bei allen drei gewählten Beispielen steht die Eucharistie im Mittelpunkt, ihre Feier und das Verständnis von Wort und Handlung. Liturgie, die nach SC 10,2 die „Heiligung der Menschen in Christus und die Verherrlichung Gottes" zum Ziel hat, muss erklärt und verstanden werden. Deshalb nehmen Mystagogie und liturgische Bildung einen zentralen Platz ein. Die Aneignung der liturgischen Texte und Handlungen geschieht über die Meditation und die religiöse Bildungsarbeit, wobei sowohl bei Kentenich als auch bei Parsch ganz im Sinn des ignatianischen Exerzitienbüchleins der Zugang zur Person Jesu Christi über die in den Evangelien berichteten Lebensstationen geht. Damit Liturgie nicht Selbstzweck wird oder bleibt, bedarf es der Umsetzung im Alltag. Diese ist bei Kentenich sehr offen formuliert, wenn er fordert, die Tagesmesse müsse zur Lebensmesse werden. Bei Parsch realisiert sich Liturgie in den Aktivitäten der Gemeinde und das Leipziger Oratorium sieht die Prüfung der Echtheit liturgischer Frömmigkeit in der Diakonie der Gemeinde. Immer aber, und darin sind alle drei Ansätze auch heute noch eine pastorale Herausforderung, geht es um eine ganzheitliche Gestaltung christlichen Alltagslebens.

# Die Liturgische Bewegung in Schlesien

*Erwin Mateja*

Am 25. September 1975 hatten die Studenten des Schlesischen Priester-Seminars in Krakau die Möglichkeit, einem Vortrag des Oppelner Liturgieprofessors Helmut Sobeczko über „Die Geschichte der Liturgischen Bewegung in Schlesien" beizuwohnen.[1] Gleich am Anfang seines Vortrages betonte er, dass das Problem der Liturgischen Bewegung in Schlesien bis dahin noch keinerlei wissenschaftliche Bearbeitung erfahren hatte. In der Zwischenzeit jedoch entstand unter seiner Leitung eine Doktorarbeit über das Werk des schlesischen Vertreters dieser Bewegung, Dr. Stanislaus Stephan.[2] Bis heute aber gibt es noch keine Monographie über das Zentrum der Liturgischen Bewegung in Schlesien, die Benediktinerabtei in Grüssau. So soll wenigstens in diesem Beitrag der Versuch unternommen werden, die Liturgische Bewegung in Schlesien im Zusammenhang mit der Tätigkeit Stephans und den Benediktinern in Grüssau darzustellen.

## 1. Die bildende Verlagsarbeit von Stanislaus Stephan

Wer die Arbeit Stanislaus Stephans in Schlesien mit dem berühmten Pius Parsch in Österreich vergleicht, hat sicher Recht, hatten doch beide durch ihre Verlagsarbeit starken Einfluss auf Priester wie auch auf Laien. Ein gravierender Unterschied zwischen diesen beiden führenden Persönlichkeiten lag aber in der Zielsetzung. Während Pius Parsch das Hauptgewicht der Liturgischen Bewegung in der Aktivierung der Gläubigen während des Gottesdienstes sah, hat der schlesische Repräsentant zusätzlich, wenn nicht hauptsächlich, das Gewicht auf die Bildung der Geistlichen in dieser Beziehung gelegt. Stephan war nämlich überzeugt, dass die pastorale

---

1 Vgl. H. Sobeczko, Z dziejów ruchu liturgicznego na Śląsku, in: Wiadomości Urzędowe Diecezji Opolskiej 33 (1976) 117–123.
2 Vgl. H. Ekert, Ks. Stanisław Stephan (1867–1926) jako pionier ruchu liturgicznego na Śląsku, Opole 1999.

Umsetzung der liturgischen Reform nur dann wirklich und langfristig gelingen könne, wenn zunächst die Geistlichen in ihrem Handeln und Wandeln zutiefst von dieser Reform überzeugt wären.[3] Einen nächsten Unterschied zwischen den beiden Protagonisten der Liturgischen Bewegung finden wir in der praktischen Umsetzung der Liturgischen Erneuerung. Wenn Pius Parsch im Augustiner Chorherren-Stift in Klosterneuburg (Österreich) aufs „Liturgische Apostolat" der Gläubigen setzte und vor allen Dingen die liturgischen Änderungen an die damaligen seelsorglichen Gegebenheiten anpassen wollte,[4] so muss Stephan in der Gruppe derer gesehen werden, die fest an die traditionelle Liturgie gebunden waren: Er war der Meinung, dass die Gläubigen die lateinische Liturgie kennen lernen, tief in sie hinein wachsen müssten und durch aktives Mitwirken ihr Leben geistlich bereichert werden könne.

An dieser Stelle sollte man vor allen Dingen auf die praktischen Folgen der von ihm eingeführten Erneuerungen schauen. Er war nämlich überzeugt, dass die Liturgie nur dann Einfluss auf das christliche Leben der Gläubigen haben könne, wenn sie für diese verständlich gemacht würde. Genau das wollte er erreichen. Mit diesem Ziel übersetzte er zunächst die lateinischen liturgischen Texte und versah sie gleichzeitig mit Erklärungen, die für die Gläubigen zugänglich waren. Dabei richtete er sich streng nach den Normen der vorgegebenen Römischen Liturgie. Als Resultat dieser Anstrengungen gilt das 1897 in Breslau herausgegebene Werk: *Begleiter der Christen beim kirchlichen Gottesdienst. Übersetzung und kurzgefasste Erklärung der gewöhnlichen kirchlichen Gebete und Gebräuche*. Während dieses Buch für aktive Gestalter der liturgischen Gottesdienste, etwa für Küster und Organisten, geeignet war, richtete sich das im gleichen Jahr herausgegebene Gebetbuch für die Karwoche „Die Charwoche mit den kirchlichen Gebeten und Gebräuchen" an alle Gläubigen. Wie begehrt ein solches Büchlein war, belegen die 22 Auflagen mit nahezu 1 Million Exemplaren.[5] Das tiefe Erleben des Oster-Mysteriums in den liturgischen Handlungen durch die Gläubigen, das sich in der großen Nachfrage ausdrückt, ermutigte Stephan so sehr, dass er kurz vor seinem Tod noch einmal das Gebetbuch bearbeitete. Er fügte die in der Zwischenzeit veröffentlichten Liturgischen Erneuerungen hinzu,

---

3 Vgl. H. Sobeczko, Z dziejów ruchu liturgicznego na Śląsku 118.
4 Vgl. F. Kolbe, Die Liturgische Bewegung, Aschaffenburg 1964, 52.
5 Vgl. J. Gotschalk, Stanislaus Stephan (1867–1926), in: Schlesische Priesterbilder 5 (1967) 81.

die die Gläubigen ermuntern sollten, sich auch an das Stundengebet anzuschließen.[6]

Nicht zuletzt lag in Stephans Tätigkeitsbereich auch die Bildung der Priesteramtskandidaten. Er war der Auffassung, dass künftige Priester ein gutes Fundament haben müssen. Stephans Meinung nach konnten dies nur das Messbuch und das Brevier leisten. Diese bezeichnete er daher als „die Bücher des priesterlichen Lebens".[7] So übersetzte er selbst auch mit großer Sachkenntnis das Römische Messbuch.[8] Mit dieser Überarbeitung wollte er den Priestern zu Hilfe kommen und gab ihnen nicht nur die Übersetzung aller Teile des Römischen Messbuchs an die Hand, sondern fügte zu jedem Teil auch einen theologisch-seelsorglichen Kommentar hinzu. Mit diesen Kommentaren erlangte er bei den Seelsorgern ein tieferes Verständnis für die von ihnen zelebrierten eucharistischen Mysterien.

Da er auch die Bildung der Laien für notwendig hielt, gab er ein Jahr später das zweiteilige Messbuch: „Des Christen Gottesdienst. Übersetzung und Erklärung des Römischen Messbuches für den täglichen Gebrauch" heraus. Stephan war als Pfarrer realistisch genug um zu wissen, dass ein Großteil der Gläubigen ausschließlich am Sonntag und an Feiertagen zur Kirche kommt. Für sie hat er noch im selben Jahr ein kleineres Messbuch herausgegeben, das ihnen ermöglichte, bis in die Quellen der römischen Liturgie vorzudringen. Dieses Messbuch trug den Titel: „Des Christen Sonntagsdienst". Hierzu sollte man bedenken, dass diese Gebetbücher millionenfach herausgegeben wurden. Zu dem von Stephan angestrebten vertieften Verstehen der liturgischen Handlungen durch die Gläubigen trugen diese Bücher nicht wenig bei – auch durch ihren bewusst niedrig angelegten Preis.

Die letzten aktiven Jahre des schlesischen Vorreiters der Liturgischen Bewegung konzentrierten sich auf das römische Stundengebet. Dazu hielt er zahlreiche Vorlesungen, viele davon für Priester. Leider ist nur ein Teil dieser Vorträge veröffentlicht worden.[9] Stephan beschränkte dabei sein

---

6   Vgl. K. Weinmann, Die Feier der heiligen Karwoche. Die Ausgabe der Edicio Vaticana in moderner Notation mit deutscher Übersetzung und Erklärung von Pfarrer Dr. Stephan, München 1925, 9.
7   T. Maas-Ewerd, Liturgie und Pfarrei. Einfluss der Liturgischen Erneuerung auf Leben und Verständnis der Pfarrei im deutschen Sprachgebiet, Paderborn 1969, 106.
8   Vgl. S. Stephan, Der Priester am Altar. Übersetzung und Erklärung des römischen Messbuches für Priester, Marklissa 1923.
9   Das Offizium der Woche nach seinem Inhalt. Zwei Vorträge des Pfarrers Dr. Stephan auf dem Brevierkursus in Breslau, in: Die Seelsorge 6 (1927/28) 3–26.

Wirkungsfeld nicht auf die eigene Diözese. 1926 trat er neben berühmten Verfechtern der Liturgischen Bewegung wie P. Parsch, A. Stonner, A. Hammenstede oder O. Heiming im zweiten Wiener Liturgischen Kurs für Priester auf (13.–16. August). Sein Referat betitelte er damals mit „Exegetische Behandlung der Brevierpsalmen".[10] In dem Bewusstsein, dass das Brevier-Gebet für das geistliche Innenleben des Priesters zentral sein soll, übersetzte er das Brevier außerdem in die deutsche Sprache. Natürlich ergänzte er die Übersetzung mit den entsprechenden Erläuterungen.[11] Dieses Werk bot die erste Übersetzung des Stundengebetes seit der Brevier-Reform von Pius X. Spezialisten bezeichneten es als vorbildlich und als Pionierarbeit.[12] Sogar von protestantischer Seite kam dem römisch-katholischen Priester große Anerkennung zu.[13] Nichtsdestoweniger fanden sich auch Rezensenten, die zwar der Arbeit zustimmten, jedoch auch auf einige Mängel aufmerksam machten, die in kommenden Auflagen behoben werden müssten.[14] Unbeeinträchtigt von diesen kritischen Bemerkungen nahm er sich vor, die Früchte seiner langjährigen Arbeit über die Psalmen zu veröffentlichen.[15] Er ging davon aus, dass die liturgische Erneuerung nur dann die breiten Massen erreichen wird, wenn die Gläubigen sich auch die Psalmen aneignen werden, besonders in den Pfarreien.[16]

Selbst Geistlicher, wusste er umso besser, wie es mit dem Leben und der Seelsorge seiner Mitbrüder im geistlichen Stand bestellt war. Er war überzeugt, dass nur das liturgische Leben der Seelsorger selbst einen wirksamen Einfluss auf die Erneuerung des religiösen Lebens der Gläubigen habe. So unterstrich er besonders die permanente liturgische Schulung der Seelsorger. Er selbst organisierte liturgische Schulungen für Geistliche, in denen er Unterrichtsstunden gab und liturgische Vorlesungen hielt. In der Mehrheit wurden diese Schriften dann auch veröffentlicht.

---

10  Die exegetische Behandlung der Brevierpsalmen, Der Seelsorger 3 (1926/27) 272–279.319–323.
11  S. Stephan, Das Kirchliche Stundengebet oder Das römische Brevier, Bd. 1: Advent bis Ostern, München 1926, Bd. 2: Ostern mit Schluß des Kirchenjahres, Regensburg 1927.
12  Vgl. W. Dürig, Schlesiens Anteil an der liturgiewissenschaftlichen Forschung und an der liturgischen Erneuerung im deutschen Katholizismus, in: Archiv für Schlesische Kirchengeschichte 9 (1951) 21.
13  A. Rose, Pionier der volksliturgischen Erneuerung. Zum 50. Jahrestag des Todes von Erzpriester Dr. Stephan, in: Deutsche Tagespost 1976, Nr. 128, 6.
14  Mehr über diese Rezensen siehe: H. Ekert, Ks. Stanisław Stephan, 69–71.
15  S. Stephan, Psalmenschlüssel, Marklissa (o. J.).
16  Ebd. 5.

Hier ein kurzer Einblick in die Texte. Eine eigenständige Übersicht der theologischen Liturgie bereitete er, zunächst in deutscher Sprache, für die Mitglieder der Apostolischen Union vor,[17] danach auch in lateinischer Sprache.[18] In diesem Werk wollte Stephan den Gläubigen bewusst machen, wie wichtig die christozentrische Auffassung der Liturgie ist. Form und Inhalt dieser Arbeit waren damals total neu in der liturgischen Literatur, und prägten ein neues Liturgieverständnis unter den Seelsorgern.

Für Stephan war die zentrale Position der Eucharistie als Quelle und Höhepunkt allen kirchlichen Wirkens etwas Selbstverständliches. Zu diesem Thema hat er anlässlich der Diözesan-Synode 1925 eine Arbeit vorbereitet,[19] die er den Priestern als fundamentalen Lehrstoff für Unterricht, Messe, Predigten, geistige Lesungen, Meditationen, aber auch für Konferenzen im Dekanat und für Versammlungen an die Hand geben wollte.[20] Folgende Neuausgaben bestätigen nur die immer größer werdende Nachfrage und Notwendigkeit dieses Buches in der Seelsorge.

In seiner Bildungsarbeit hat es Stephan nicht unterlassen, auch die seelsorglichen sakramentalen und außersakramentalen Verbindungen anzusprechen. So hat er beispielsweise immer wieder die Ehevorbereitung junger Menschen im Visier gehabt. Um dieses Ziel zu erreichen, erarbeitete er eine vorbildliche Ausgabe der Ehevorbereitung.[21] Auch für die Begräbnisliturgie erarbeitete er eine Ausgabe,[22] die den Gläubigen zu tiefer und bewusst voller Teilnahme an diesem Geschehen verhelfen sollte.

Die hier auserwählten, charakteristisch für die Bildungsarbeit angeführten Werke sind zumeist aus Stephans Vortragstätigkeit sowohl für geistliche als auch für weltliche Zuhörer entstanden. Nicht zu vergessen sind die unendlich vielen unveröffentlichten Texte, die er in Vorträgen, liturgischen Wochen, Kursen, liturgischen Konferenzen verwendete.

---

17  Ders., Christus in der Liturgie. Ein (auf einem praktisch-wissenschaftlichen Kursus für den Seelsorgsklerus gehaltener, erweiterter) Vortrag zunächst als Manuskript den Teilnehmern an den Kursen und den Mitgliedern der Unio Apostolica gewidmet, Marklissa 1922.
18  Ders., De elementis Liturgiae christianae, Regensburg 1924.
19  „Tuet dies" oder „macht was ihr wollt"? Gedanken über die christliche Opferfeier (zunächst als Manuskript vorgelegt den Teilnehmern der Breslauer Diözesansynode 1925) Marklissa 1925.
20  Ebd. IV.
21  Das Sakrament der Ehe (im Brautunterricht), Marklissa (o. J.).
22  Die kirchliche Begräbnisfeier, Anleitung für das Volk zur rechten Teilnahme an der kirchlichen Begräbnisfeier von Pfarrer Stephan, Marklissa (o. J.).

Wir erfahren aus einem Brief Stephans an seinen Kollegen, dass er von Herbst 1924 an ungefähr 150 liturgische Vorträge hielt und noch viel mehr Einladungen hatte.[23]

Wenn es um die allgemeine Betrachtung der Tätigkeit Stephans geht, ist es unerlässlich, auch noch auf einen weiteren ihn charakterisierenden Zug aufmerksam zu machen. Da die Liturgie im Laufe der Jahre zu seinem Hauptanliegen wurde, lag es nahe, einen eigenen Verlag zu gründen, um möglichst viele Menschen zu erreichen. Nach der Verlagsgründung 1918 publizierte Stephan hier alle seine Werke – außer vier größeren, deren Ausgabe er dem Kösel-Pustet-Verlag (Regensburg–München) anvertraute. Mit der Gründung kam er als einzigartiger Pionier allen anderen Initiativen dieser Art zuvor. So kam etwa in Wien ein Liturgischer Verlag erst 21 Jahre später, in Paris 25 Jahre später zustande. In seiner außergewöhnlichen Voraussicht hatte Stephan übrigens auch noch die Absicht, für die schlesische Geistlichkeit eine liturgische Zeitschrift herauszugeben. Dieses Vorhaben wurde leider durch seinen frühen Tod durchkreuzt.

## 2. Das Wesen des Stanislaus Stephan – Liturgie

Die Vertreter der Liturgischen Bewegung wussten, dass die Erneuerung des religiösen Lebens der Gläubigen eine Erklärung der Liturgie wie auch das Wesen der Kirche erforderte.[24] Deswegen haben sie sich nicht nur von der strikten liturgischen Rubrizistik verabschiedet, sondern auch eine ganz neue Methode zum Verständnis der Liturgie erarbeitet. Auch Stanislaus Stephan hat in seinen Arbeiten solch eine Vision der erneuerten Liturgie verfolgt. Hier seine eigenen Worte: „Unser Gottesdienst, die christliche Liturgie, ist nicht die Liturgie, die nur Versammlung und Kenntnis von geschichtlichen Tatsachen und Entwicklungen sein will, auch nicht die Liturgie, die gleichbedeutend ist mit Rubrizistik, sondern die Liturgie, von der Er selbst gesagt hat, dass, wer sie auf sich wirken lässt, ihm gemäß leben wird, also seine Lebensart nachahmen, als ein Abbild, als Träger echten christlichen Lebens auftreten wird. Es ist die Liturgie, die vor unseren Augen die Demut des Herrn bis zum Sterben

---

23 Vgl. H. Ekert, Ks. Stanisław Stephan 84 f.
24 Vgl. B. Neunheuser, Sto lat ruchu odnowy liturgicznej zapoczątkowanego przez O. Prospera Gueranga. Przeszłość i perspektywy, in: Ruch Biblijny Liturgiczny 29 (1976) 204.

darstellt, um in uns dieselbe Demut anzuregen und sie mit der des Herrn zu einer Einheit zu verschmelzen, und dann im liturgischen Mahle die Demut des Herrn uns in die Seele zu legen".[25] Die heilsgeschichtliche Reflektion brachte Stephan zur Feststellung, dass von Anfang an alle Menschen Gott Ehre erwiesen durch feierliche Opfergaben, welche nichts anderes darstellten als eine Liturgie.[26] Hier muss man auch hervorheben, dass Stephan großen Wert auf die Präsentation des eigentlichen Inhalts der Liturgie legte, sowohl im heilsgeschichtlichen wie auch im christologischen Kontext. Auch hatte er es nicht unterlassen zu unterstreichen, das Grundlage für die christliche Liturgie die Gegebenheit ist, dass jegliche Liturgie des Menschen aufgrund der Sünde unvollkommen und begrenzt und daher auch nicht imstande ist, Gott so zu verherrlichen, wie es ihm geziemt. So hat Gott selbst eine Liturgie geschaffen, die ihm gebührt. Es ist also die Liturgie Christi, dessen Leben und Walten eine einzige Liturgie war. Sie erreichte ihren Höhepunkt im blutigen Kreuzesopfer auf Golgota. Eine solche Vision der Liturgie Christi hat auch Orientierungslinien für die Zukunft, denn sie wurde zum Fundament der kirchlichen Liturgie, die bis zum Ende der Welt gegenwärtig sein wird.[27]

Das zweite grundlegende Gewicht der Liturgie liegt in ihrem kirchlichen Charakter. Nach Stephan ist die Kirche die Braut Christi, sein Leib, kurz, seine immerwährende Erfüllung. Diese einzigartige Einheit Christi mit der Kirche ist natürlich eine geistige Einheit. Christus als Haupt der Kirche gibt ihr seine Liturgie. In ihr ist er auch selbst immer der Hauptzelebrant, denn nur durch ihn wird sie vollzogen, die Kirche ist dann nur die Gemeinschaft, die hier und jetzt, auf Befehl Christi handelt. Zu Zeiten Stephans waren es nur wenige, die diese Theologie der Liturgie vertraten. Bald fand sie Wiederhall in der Enzyklika Mediator Dei, dann auch in der Liturgiekonstitution des Zweiten Vaticanum.

Den kirchlichen Charakter der Liturgie ergänzt Stephan durch die kosmische Dimension. Nach seiner Auffassung ist die Liturgie eine instauratio oder besser gesagt eine recapitulatio omnium in Christo, also für jede Zeit eine Eingliederung des Kosmos in Christus als seinem Haupt. Großartiger, vollständiger und allseitiger konnte sie gar nicht erdacht werden.[28]

---

25  S. Stephan, Wort und Unwort der gegenwärtigen Volksmissionsarbeit, Paulus 1 (1924) 185.
26  Ders., Christus in der Liturgie 15.
27  Ebd. 16.
28  Ebd. 37.

In so einem Verständnis der Liturgie erkennt man deutlich ihre kultische Gleichstellung. Jedoch muss man hier festhalten, dass Stephan immer auch ihren heilig machenden Wert betonte. Nach seinen Vorstellungen ist sie die wirksamste Leitung und Erziehung der Menschheit zur Verähnlichung mit Christus, die Pflanzschule oder das Seminar für vollendete Heiligkeit, gleichsam ein Treibhaus für beschleunigte Heiligenbildung.[29]

Der soteriologische Bereich in der Liturgie versetzt den Menschen automatisch in den eschatologischen Bereich. Nach Stephan ist hier nicht nur eine Richtung für den Segensstrom Gottes vorgegeben, der die irdischen Teilnehmer der liturgischen Handlungen erreicht. Seine Früchte erreichen auch die Teilnehmer der himmlischen Zelebration. Hier muss man wiederum unterstreichen, dass sowohl in der eschatologischen, wie auch in der kosmischen Vision der Liturgie betont wird, dass Christus selbst die erlöste Menschheit durch die volle Teilnahme in der Liturgie zu seiner vollen österlichen Herrlichkeit führt.

Eine wichtige Angelegenheit, auf die Erzpriester Stephan auch aufmerksam machte, ist auch der Zusammenhang zwischen Liturgie und Ethik, also der Zusammenhang mit dem täglichen Leben ihrer Teilnehmer. Stephan war ein aufmerksamer Beobachter des Weltgeschehens und wusste genau, dass sich das Leben in der Ehe und Familie, das Berufsleben, das kulturelle, wirtschaftliche, politische und gesellschaftliche Leben der heutigen Christen öfter ohne Beziehung zur geistigen Vergegenwärtigung Christi durch die Liturgie gestaltet. Jede andere Annahme wäre weit entfernt vom Leben, wie es uns die ersten christlichen Gemeinden vorlebten. So erhoffte er sich auch, eine Liturgie zu schaffen, die nicht nur ein gesammeltes Gebetsgeflecht sei, ohne Einfluss auf das Leben der Teilnehmer. Die Liturgie soll zur Heilung der bisherigen bedrohten Lebensform der Menschheit führen und den Kosmos so gestalten, dass er sich zur Vollkommenheit entwickeln kann. In diesem Sinne bezeichnet er die Liturgie als Retterin der Welt aus der Not der Gegenwart.[30]

An dieser Stelle könnte man sich zum Vergleich auch an die Aussagen anderer berühmter und führender Theologen der Liturgischen Bewegung heran wagen. Inhaltlich wäre dies aber einen eigenen Beitrag wert. Hier und jetzt möchte ich mich daher nur auf den Vorschlag Stephans beschränken, einen Vergleich seiner Version mit der liturgischen Arbeit von Pius

---

29  Ebd. 37.
30  Ebd. 39.

Parsch vorzulegen. Dies tat auch schon Walter Dürig 1979.[31] Damals erinnerte er an die Worte Parschs: Ich bin Jünger des ersten deutschen Volksliturgikers, Erzpriester Dr. Stephan von Marklissa.[32] Wenn Parsch sich als Jünger Stephans bezeichnet, dann muss man darunter, aller Wahrscheinlichkeit nach, im weiteren Sinn verstehen, dass er in dem schlesischen Liturgiker ein Vorbild sah, dessen, durch Papst Pius X. bestärkte Intentionen er übernahm und sich von ihnen anregen ließ. Dürig hat aber bemerkt, dass Pius Parsch seinen Weg als unabhängig erklärte, indem er seinen Weg mit dem Begriff „Volksliturgie" bezeichnete. „Liturgie" begriff er vom Standpunkt der Gläubigen, also von ihrem Standpunkt im Gottesdienst, aus.[33] Hier muss man unterstreichen, dass Stephan den Terminus „Volksliturgie" mied. Schon Walter Dürig hat geschrieben: „Diese Wortprägung ward dem theologisch und philologisch hochgebildeten, aus der Schule Kardinal Luis Billot kommenden Stephan wohl philologisch zu ungenau und theologisch zu missverständlich; philologisch ungenau, weil die Etymologie des Wortes Liturgie und seine bedeutungsgeschichtliche Entwicklung nicht nur „Werk für das Volk", sondern auch „Werk des Volkes" besagen und weil damit der Begriff „Volksliturgie" in gewisser Hinsicht eine überflüssige Tautologie ist, theologisch missverständlich, weil die Ausdrucksform damals geeignet war, den Stellenwert des in persona Christi handelnden priesterlichen Liturgen zu verdunkeln und die Grenzen zwischen der katholischen Auffassung vom Priestertum und dem reformatorischen Amts- und Gemeindeverständnis zu verwischen. Aus diesem Grunde sprach auch Stephan nie von Volksliturgie, sondern von Liturgie als opus publicum, ein gemeinsames Volkswerk, d.h. der Priester und der Laien."[34]

Bis jetzt haben wir über Stephans zahlreiche Übersetzungen liturgischer Texte, des Messbuches und des Stundengebetes aus dem Lateinischen ins Deutsche gesprochen. An dieser Stelle möchte ich aber noch sein Verständnis von der Bedeutung der Sprache in der Liturgie ansprechen. Dank seiner unbeschränkten Kenntnis der hebräischen, griechischen und lateinischen Sprache folgerte er: „Wir müssen viel mehr als bisher die einzelnen Wörter und Sätze durch den Urtext beleuchten, viel

---

31  Pius Parsch und Stanislaus Stephan, in: N. Höslinger/T. Maas-Ewerd (Hg.), Mit sanfter Zähigkeit. Pius Parsch und die biblisch-liturgische Erneuerung (SPPI 4), Klosterneuburg 1979.
32  Ebd. 264.
33  P. Parsch, Volksliturgie. Ihr Sinn und Umfang, Klosterneuburg – Wien 1952, 129.
34  W. Dürig, Pius Parsch und Stanislaus Stephan 265.

mehr die Ergebnisse der Exegese in die Liturgie hineintragen und in den Übersetzungen viel mehr die Regeln anwenden, die sonst für die Übersetzung weltlicher Schriften aufgestellt werden."[35] Nach diesem Prinzip hat er sich selbst auch die Exegese so mancher Wörter vorbehalten, die, wie er meinte, zum besseren Verständnis des Geistes der einzelnen liturgischen Handlungen führt. Zu diesen Wörtern zählte er beispielsweise: vita, lux, lumen, propter, caro, corpus, testamentum, pascha, gratias agere.[36] Außerdem erstellte er ein alphabetisches Verzeichnis mit Übersetzungen der im Messbuch vorhandenen lateinischen Wörter, um den Priestern und Gläubigen die intensive Anteilnahme und das Verstehen der liturgischen Handlungen zu erleichtern.[37] Hier wird man vielleicht stutzig, bedenkt man seine Haltung zur lateinischen Sprache in der Liturgie. Einerseits übersetzte er die liturgischen Bücher ins Deutsche, anderseits behält er in denselben streng die lateinische Sprache bei. Tatsächlich haben sich in dieser Zeit angesehene Vertreter der Liturgischen Bewegung schon längst und im größeren Umfang für die Volkssprache eingesetzt. Er dagegen bezog eine entschlossene Stellung für die lateinische Sprache in der Kirche. Er betrachtete sie als „Kultsprache", es schmerzte ihn sogar, dass das Latein in der Kirche vernachlässigt worden sei.

Die oben angeführten Bereiche der Liturgie zeigen deutlich, dass Stephan sie global anging, ja sogar universal. In der zentralen Rolle aber, die die Liturgie in der Kirche und im Leben eines jeden von uns spielt, sah er eine Quelle der Erneuerung der Menschheit und der Welt. Im Vergleich zu anderen Persönlichkeiten der Liturgischen Erneuerung der Zwischenkriegszeit muss Stephan nicht nur ein wichtiger Platz, sondern sogar eine Vorreiterstellung eingeräumt werden. Damals galten diese Arbeiten zwar nur als Versuche einer neuen und vervollständigten Bestimmung des Wesens der Liturgie, daher auch als unvollkommen, zumal sie nicht immer mit anderen Theologen der Liturgischen Bewegung übereinstimmten. Nichtsdestoweniger wurden jedoch die wichtigsten theologischen Schwerpunkte der Liturgie durch Stephan gesetzt. Hier geht es um den christologischen und ekklesiologischen Bereich. Gerade auch diese seine Schwerpunkte wurden in den Debatten der liturgischen Kommission während des Zweiten Vatikanischen Konzils in Betracht gezogen.

---

35  S. Stephan, Christus in der Liturgie 8.
36  Ebd. 8–11.
37  Ders., Der Priester am Altar XIV–LXXXVI.

## 3. Die Benediktinerabtei in Grüssau als schlesisches liturgisches Zentrum

Es ist beinahe überflüssig an dieser Stelle noch zu erwähnen, dass in der Durchführung der Liturgischen Erneuerung eine große Rolle auch die Benediktinerabteien Belgiens, Frankreichs, Österreichs und Deutschlands gespielt haben. Dort, in der Stille ihrer Zellen, hatten große Protagonisten der Bewegung die nötige Zeit, erforderliche Methoden zu entwickeln, um die in der liturgischen Handlung anwesenden Gläubigen zu aktivieren. Gerade in diesen Abteien wurden auch die ersten praktischen Schritte unternommen, um die Gläubigen in das liturgische Geschehen einzuführen.

Für uns ist es jetzt aber wichtig zu signalisieren, dass eine dieser Abteien, die sich mit dieser Liturgischen Erneuerung beschäftigte, auch die Benediktinerabtei im schlesischen Grüssau war.[38] Hier erschienen 1919 Mönche aus der Benediktinerabtei Emmaus in Prag. Wahrheitsgemäß müssen wir aber sagen, dass sie sich hier nicht freiwillig angesiedelt haben. Die blühende Abtei in Prag war nämlich sehr stark deutsch geprägt, hatte allerdings seelsorglich für Deutsche und Tschechen gearbeitet. Dies ließ der extreme Nationalismus der Oktoberrevolution von 1918 übersehen und sorgte dafür, dass das Emmaus-Kloster am Allerheiligenfest 1918 besetzt und die deutschen Mönche vertrieben wurden.[39] Von nun an war ihr Sitz das ehemalige Zisterzienserkloster Grüssau. Das Erscheinen der Prager Mönche in Grüssau war für Schlesien eine göttliche Vorsehung, denn sie arbeiteten kontinuierlich auch hier am alten Erbe von Emmaus; also an der Hochschätzung der Liturgiefeier. Diese Mönche, im Benediktinerkloster herangewachsen und in der Liturgischen Erneuerung bereits erfahren, beschlossen, ihre Arbeit der Einführung der Gläubigen in die Liturgie auch in Schlesien weiter zu betreiben. Den Anfang machten sie mit den Gläubigen an Ort und Stelle. Ihre Prägung, offen für alle Bedürftigen zu sein, entnehmen wir aus der Tatsache, dass dieser Ort, von Anfang an, ein begehrtes Ziel vieler Breslauer Studenten war. Hier hatten auch die Alumnen des Breslauer Priesterseminars die Gelegenheit, etwa während eines österlichen Aufenthaltes, in die mystische Vision der Liturgie nach

---

38 Mehr zu diesem Thema siehe: A. Rose, Die Benediktinerabtei Grüssau als liturgisches Zentrum in Deutschland (1888–1945), in: Archiv für Schlesische Kirchengeschichte 31 (1973) 212–222; H. Ekert, Opactwo Benedyktyńskie w Krzeszowie – centrum odnowy liturgicznej na Śląsku (1919–1945), in: Liturgia Sacra 15 (2009) 339–351.
39 A. Rose, Kloster Grüssau, Stuttgart – Aalep 1974, 175–176.

der Darlegung von Odo Casel einzudringen. Hier konnten sie einer Begegnung mit der praktischen biblisch-liturgischen Erneuerung von Pius Parsch beiwohnen, aber auch diese liturgischen Kenntnisse in der pädagogischen Arbeit nach dem Modell Romano Guardinis anwenden.[40] Den Breslauer Alumnen wurde die Möglichkeit geboten, sich von dem klassischen, römischen, lateinischen Stil der Liturgie zu überzeugen, aber auch, sich in ihm zu beheimaten und die in Elite-, wie auch in gewöhnlichen Jugendgruppen von Katecheten und akademischen Seelsorgern gelehrten Regeln einzuhalten: „Auf Wanderausflüge geht man nie ohne Bibel, ohne kirchliches Gesangbuch, ohne liturgisches Messbüchlein, ohne religiöse Poesie."[41] An dieser Stelle sollte man auch festhalten, dass die Grüssauer Benediktiner öfters nach Breslau eingeladen wurden, um Einkehrtage oder Exerzitien für Kleriker zu halten.

Von Anfang an wurden sie auch bekannt durch die Pflege einer sehr intensiven Bildungsarbeit zwischen der katholischen Intelligenz und im Jugendbereich, besonders im Bereich der organisierten Jugend verschiedener Verbände und Gruppen. In der Abtei wurde durch turnusmäßig organisierte Exerzitien auch großer Wert auf eine reguläre Bildungsarbeit für die Geistlichkeit der Diözese gelegt, welche großen Anklang fand. Aber auch aus anderen Diözesen Deutschlands, aber auch Tschechiens und Österreichs war der Zustrom groß. Alle hatten hier die Gelegenheit, sich zu überzeugen, wie man in der Pfarrei praktisch die liturgischen Prinzipien durchsetzen könnte. Die Benediktiner betreuten vor Ort selbst eine Pfarrei von circa 1500 Seelen. Für die Teilnehmer der Exerzitien war es lehrreich und anschaulich, wenn sie hier eine Gemeinde-Vesperandacht mit vorbildlichem Psalmen- und Choralgesang erleben konnten. Die liturgische Erziehung der Gemeinde wurde bewusst gepflegt und von den Gläubigen gern aufgenommen. Die Pflege des Volkschorals führte dazu, dass ein großer Teil der Gläubigen an Sonn- und Festtagen die Choralmessen abwechselnd mit den Mönchen singen konnte.[42]

Da die Benediktiner ihre eigene Gemeinde so nachhaltig aktivieren konnten, wundert es nicht, wenn diese Gemeinde auch zur Bildung anderer beitrug. Mit der Zeit wurden sie immer häufiger in schlesische Pfarreien und sogar Klöster eingeladen, um dort sogenannte „Liturgische

---

40  E. Mateja, Fons et culmen. Liturgiczna działalność ks. Wacława Schenka (1913–1982), Opole 1997, 41 f.
41  Solche Grundsätze führte Prof. W. Schenk als Teilnehmer an Vorträgen in Grüssau an.
42  Vgl. A. Rose, Kloster Grüssau 182.

Wochen" und „Choral-Lieder-Kurse" abzuhalten. Vom Ausmaß dieser Tätigkeit kann man sich ein Bild machen, wenn man der Aussage eines Paters Aufmerksamkeit schenkt: „Man wollte bewusst im Sinne des Hl. Papstes Pius X. der Erneuerung der Kirche aus dem Geist der Liturgie dienen. Es war kein ‚Hobby' weniger Mönche, sondern Ziel und Aufgabe der ganzen Abtei."[43] Mit der Zeit erstreckte sich das Arbeitsgebiet der Benediktiner auch weit über die Grenzen Schlesiens hinaus.

Auch muss man festhalten, dass diese Bildungsarbeit besonders den Ministranten als den dem Altar am nächsten Stehenden gewidmet war. In den dreißiger Jahren wurden für sie richtige Bildungswallfahrten nach Grüssau organisiert. Auch wurden für Küster mehrmonatliche Kurse organisiert. Ein solcher wurde hier erstmalig von Oktober bis Dezember 1937 abgehalten. Die Teilnehmer wurden dabei in Religion, Liturgik, Kirchengeschichte, Musik und Kirchenkunst geschult. Daran schloss sich dann ein dementsprechendes Praktikum an. Zuletzt gab es eine Abschlussprüfung in Anwesenheit von Vertretern des Breslauer Bischofsamtes.[44] All das war eine Initiative und Pionierarbeit der Grüssauer Benediktiner, die im Nachhinein die Grundlagen der Liturgischen Erneuerung in die einzelnen Pfarrgemeinden brachten.

Hier dürfen wir aber nicht vergessen, dass die oben genannte Pionierarbeit sich in der Zeit des sich schnell verbreitenden, kirchenfeindlichen Nationalismus abspielte. Umso wertvoller müssen daher die Arbeiten von P. Justin Albrecht geschätzt werden.[45] Wie hoch das Grüssauer Zentrum vor dem Zweiten Weltkrieg den liturgischen Gesang schätzte, ergibt sich aus der Feststellung, dass 2 Millionen Choralgesang-Hefte für das Volk Abnehmer fanden. Im Jahr 1934 wurde die von Vinzenz Goller erarbeitete „Orgelbegleitung zu den Choralgesängen für das Volk" herausgegeben, für die Gläubigen dann auch die Vesper- und Complet-Gesänge.

In diesem bekannten und aktiven Zentrum der Liturgiebewegung in Schlesien wurde auch, wie in anderen Abteien dieses Ordens, der klassische Stil der Benediktiner-Liturgie gepflegt, zu deren Verständnis man sich in Mystagogik, in den Grundlagen kirchlich-lateinischer Sprache, im gregorianischen Gesang sowie in der gemeinsamen Rezitation der Mess- und Breviertexte bildete. Durch diese Prägung sollte die Liturgie in ihrem klassischen, römischen, lateinischen Stil lieb gewonnen werden. Diese Arbeitslinie der Benediktiner war natürlich Erzpriester Stephan sehr

---

43 Ders., Die Benediktinerabtei Grüssau 219.
44 Vgl. H. Sobeczko, Z dziejów ruchu liturgicznego na Śląsku 122.
45 Vgl. J. Albrecht, Taufbestimmung, Grüssau 1936.

bekannt. Dementsprechend pflegte er auch einen engen Kontakt mit den Anführern der Liturgischen Bewegung in anderen Klöstern. Diesen Kontakt bezeugt ein Brief von Stephan an den Maria-Laacher Abt Ildefons Herwegen mit der Bitte um eine Rezension seiner Bücher.[46] Ganz sicher besser waren aber seine Kontakte mit den Benediktinern im nahegelegenen Grüssau, denen er auch in seinem Testament alle seine Herausgaben und alle Rechte zu seinen Werken vermachte. Mit diesem Schritt drückte Stephan nach Ansicht der einschlägigen Forschung aus, dass er über freundschaftliche Beziehungen zu den Grüssauer Benediktinern hinaus überzeugt war, dass diese dem Auftrag im Bereich der Liturgischen Bewegung gerecht würden, indem sie die vorhandenen Ergebnisse der Liturgischen Erneuerung in Schlesien bewahrten und erweiterten.[47] Tatsächlich verwirklichten die Benediktiner in Grüssau in Wort und Tat alle von Stephan auf sie gesetzten Hoffnungen. Eine Aufzeichnung in der Chronik des Abtei-Archivs bezeugt das: „Die materielle Nachlassung von Stephan war gering, aber sein geistiges Vermächtnis, das er hinterließ, hat eine große Zukunft. Alle Ausgaben wurden uns übergeben. Das letzte Werk Stephans war die Übersetzung des Volksbreviers für Laien ins Deutsche. Der erste Band ist schon erschienen, der zweite ist im Druck. Pater Othmar beschäftigt sich augenblicklich mit deren und anderen Korrekturen von Stephans Werken. Erzpriester Stephan, der sich uneigennützig und mit voller Hingabe, mit freudigem Gemüt, restlos der liturgischen Sache hingab, was letztlich auch – wegen Überanstrengung – zu seinem frühen Tod führte, wird nicht nur uns, denen er am nächsten stand, sondern auch der ganzen katholischen Welt in teurer Erinnerung bleiben."[48] Alles das bedeutet, dass die Grüssauer Abtei nicht nur weiter pflegte, was Stephan initiierte, sondern in allen Bildungs- und Herausgabe-Bereichen die primäre Stellung in Schlesien nicht nur weiter behielt, sondern in vielen Bereichen sogar vergrößerte. Hier wurden erneut die verbesserten Werke Stephans, aber auch viele neue hilfreiche liturgische Werke für die Gläubigen herausgegeben. Da die Nachfrage unter den Gläubigen immer größer wurde, mussten auch die Auflagen immer größer werden. Das war der große verlegerische Anteil der schlesischen Benediktiner an der Durchführung der Liturgischen Bewegung.

Diese unerhört wichtige liturgische Tätigkeit der Grüssauer Abtei unterbrach der Ausbruch des Zweiten Weltkriegs. Einschneidend war hier

---

46  Archivum der Abtei in Maria Laach: Tasche III A 140 s. Brief vom 5.12.1922.
47  H. Ekert, Ks. Stanisław Stephan, 93.
48  Zitat nach: H. Ekert, Ks. Stanisław Stephan, 93.

das Jahr 1940, als die Gestapo in das Kloster eindrang und die Mönche vertrieb.

Die liturgische Bewegung, die in besonderem Maße von den Grüssauer Mönchen in den schlesischen Klerus und unter die schlesischen Gläubigen getragen wurde, hat ganz sicher dazu beigetragen, dass viele katholische Schlesier die Harmonie von Religion und Leben, von Sein und Sollen, nach der sie suchten und strebten, auch sahen und fanden.[49] Durch die Verbreitung der liturgischen Bewegung wurde die Benediktinerabtei in Grüssau Hauptzentrum der liturgischen Erneuerung in Schlesien. Ihre vielseitige liturgische Tätigkeit trug auch zur liturgischen Reform nach dem Zweiten Vatikanischen Konzil bei.

Der Schluss meines Beitrags fordert nun auch eine Zusammenfassung. So muss man an dieser Stelle sagen, dass auch Schlesien seine Errungenschaften in der Liturgischen Bewegung hat. Die Person des Erzpriesters Stanislaus Stephan wie auch die Grüssauer Benediktiner haben ihren Anteil an der Vorbereitung des schlesischen Volkes zur Aufnahme der erneuerten Liturgie, deren endgültige Version die Satzungen des Zweiten Vatikanischen Konzils sind. Die Beschlüsse der oben genannten Gremien überschritten weit das schlesische Territorium. Auch waren sie nicht nur für elitäre Gruppen bestimmt, sondern drangen durch gewöhnliche Pfarrgemeinden und intensive Verlagsarbeit auch zu den Massen der Gläubigen durch. Auf diese Weise kam es hier zur einer großen liturgischen Belebung. Um die Arbeit von Stephan recht zu würdigen, erlaube ich mir hier das schriftliche Urteil Pius Parschs anlässlich des Todes unseres schlesischen Spitzen-Liturgikers der Liturgischen Bewegung zu übernehmen: „Er erweckte von neuem in enorm vielen Priestern die wissenschaftlich untermauerte Liebe zur Liturgie".[50] – Fügen wir noch hinzu: zweifellos auch in den Gläubigen.

---

49  Vgl. H. Vogel, Die Bedeutung der Benediktinerabtei Grüssau für die gebildeten Katholiken Schlesiens, in: A. Rose (Hg.), Grüssauer Gedenkbuch, Stuttgart 1949, 163.
50  P. Parsch, Nachruf auf St. Stephan, in: Der Seelsorger 3 (1926/27) 61.

# Heiliges Spiel. Zur Anthropologie der Liturgie

*Hanna-Barbara Gerl-Falkovitz*

## 1. Liturgie und Spiel: ein Durchbruch

„Das ist Spiel: zweckfreies, sich ausströmendes, von der eigenen Fülle Besitz ergreifendes Leben, sinnvoll [...] in seinem reinen Dasein."[1]

Wie könnte man von der Liturgie als dem heiligen Spiel sprechen, ohne an Romano Guardini zu erinnern? 1918 erschien sein schmaler Erstling, der noch in dem Titel „Der Geist der Liturgie" (2000) von Joseph Ratzinger durchschimmert. Guardinis Gedanken sind verstanden worden als ein „Heroldsruf zum Durchbruch einer neuen geistlichen Welt, dessen faszinierende Macht wir uns heute nur noch schwer vorstellen können. Damals hat es uns, die ‚wilden fahrenden Gesellen' jener Zeit, in seinen Bann geschlagen [...] Unvergeßlich das Kapitel ‚Liturgie als Spiel'."[2]

Woher kam aber die von niemand vorhergesehene Wirkung des Bändchens von 1918, das in knapp fünf Jahren zwölf Auflagen erfuhr? Sie entstand aus dem Zusammentreffen eines allgemeinen Aufbruchs in Theologie (ablesbar an der Liturgie) und der Feinfühligkeit Guardinis, der die Umwälzungen nicht nur wahrnahm, sondern sie im Formulieren klärte und zur Bewusstheit brachte. Hinzu tritt die Unmittelbarkeit seiner denkerischen Bemühung, die gerade auch für Laien, ja für solche von „außerhalb" der Kirche keiner nochmaligen Übersetzung bedurfte. Die Klarheit der Ausführungen verdankt sich dem bereits ausgeprägten Denken aus der „Gegensatz"-Struktur; ihre Tiefe und der ab und zu spürbare Eros aber stammt aus Guardinis eigenstem Angerührtsein.

Knapp zwei Jahre zuvor, am 20. Juli 1916, hatte Guardini aus Mainz schon an seinen Freund Josef Weiger geschrieben: „Grad habe ich einen

---

1 R. Guardini, Vom Geist der Liturgie (1918), Freiburg 1983, 99; Teilabdruck in: H.-B. Gerl-Falkovitz (Hg.), „Gib Raum den Dingen." Romano-Guardini-Lesebuch, Ostfildern 2008, ²2012. Vgl. F. Debuyst, Romano Guardini. Einführung in sein liturgisches Denken, Regensburg 2009.
2 B. Neunheuser, Romano Guardini. Ein Rückblick, in: Erbe und Auftrag 44 (1968) 483.

Aufsatz vor, der Dich sicher interessieren wird[3]: Was die Liturgie über die Vorbedingungen für ein gesundes und fruchtbares gemeinsames Andachtsleben (d. soziale Beten) sagt. Dabei komme ich auf viel interessantes. Z. B. die Bedeutung des Gedankens für das gemeinsame Beten."[4]

Mehr aber noch als dieser theoretische „Vorlauf" zeigt der überragende Erfolg des Buches „Vom Geist der Liturgie", wie tief eindringend Guardini in den „Gedanken", das heißt in den philosophischen, theologischen und literarischen Debatten der Umbruchsjahre ab 1914 steht. Eine Vielzahl bedeutender Namen, Schulen und Bewegungen wirkt zu dieser Zeit, in die der junge Theologe „osmotisch" verflochten ist, ohne einer Strömung gänzlich und systematisch anzugehören: Phänomenologie, Neukantianismus, die protestantische Theologie und Religionswissenschaft Marburgs, der Neuthomismus und die katholischen Aufbrüche wie etwa die liturgische Bewegung, die Akademikerbewegung, die Jugendbewegung. Darüber hinaus beginnt die deutsche Kierkegaard- und Newman-Rezeption seit Anfang der 20er Jahre, geknüpft an die Namen Theodor Haecker, Erich Przywara, Maria Knoepfler in Mooshausen, Edith Stein, Matthias Laros.[5] Zu Recht lässt sich von einem *ver sacrum catholicum*, einem heiligen katholischen Frühling, sprechen, auch im Blick auf zahlreiche Konversionen (deren Geschichte im Umkreis von Guardini noch nicht geschrieben ist).

Anstoß und Auftrieb zu diesem irritierenden, aber auch fruchtbaren geistigen Spektrum gab das bittere Ende des Ersten Weltkriegs in Deutschland. *Ex post* gesehen trieb diese ebenso orientierungslose wie orientierungssuchende Zeit auf eine Erneuerung aus den „Quellen", aber auch auf die Katastrophe nach 1933 zu. Guardinis Zeitgenosse Erich Przywara sprach im Untertitel eines seiner programmatischen Bücher 1923 rundheraus von der „geistigen Krisis der Gegenwart"[6]. Außer Guardinis Werk

---

3   Vermutlich der Aufsatz: Die Liturgie und die psychologischen Gesetze des gemeinsamen Betens. Ein Beitrag zur religiösen Sozialpädagogik, in: Pharus 8 (1917) Heft 4, 241–255.
4   R. Guardini, „... ich fühle, daß Großes im Kommen ist." Briefe an Josef Weiger 1908–1962, hg. v. H.-B. Gerl-Falkovitz, Ostfildern 2008.
5   Wie tief Guardini in die Newman-Rezeption verflochten ist, zeigen eben die Briefe an Weiger a. a. O.; er hat sogar Teile der *Apologia* Newmans zusammen mit Maria Knoepfler übersetzt.
6   E. Przywara, Gottgeheimnis der Welt. Drei Vorträge über die geistige Krisis der Gegenwart, München 1923. Nachdruck in: Ders., Religionsphilosophische Schriften, Einsiedeln 1962, II, 123–372; ders., Ringen der Gegenwart. Gesammelte Aufsätze 1922–1927, 2 Bde., Augsburg 1929.

erschienen zeitgleich 1918 zwei weitere Klassiker: Karl Barths „Römerbrief" und der erste Band von Oswald Spenglers „Untergang des Abendlandes".

Guardini selbst wirkte auf seinen jungen Hörer Victor von Weizsäcker in den Berliner Vorlesungen der 20er Jahre unvergleichlich befruchtend, fast unheimlich anziehend: „[…] er ist fast ein Märtyrer der geistigen Versuchungen zu nennen. Immer muß er einen Ketzer an seine Brust drücken und mit ihm ringen […] Barth ist imposant; Wittig ist liebenswert; Guardini ist ergreifend."[7]

In dieser Atmosphäre einer aufgewühlten Moderne und ihrem Gegengewicht einer Rückkehr zu den Quellen entstand der revolutionäre Gedanke der Liturgie als Spiel. „Vor Gott ein Spiel zu treiben, ein Werk der Kunst – nicht zu schaffen, sondern zu sein, das ist das innerste Wesen der Liturgie."[8] Um diese damalige Herausforderung[9] würdigen zu können, ist das Thema Leiblichkeit, gerade auch in seiner heutigen Gefährdung, darauf die Anthropologie, das Spiel und seine Haltungen, die Wahrheit als Boden der Liturgie zu bedenken, bevor nach dem gegenwärtigen Ertrag eines solchen Denkens gefragt sei.

## 2. Leiblichkeit als Spannungsgefüge

Das deutsche Wort Leib verbindet sich in seiner Wortwurzel lb- mit Leben und Liebe. Leib ist immer schon beseelter Leib, *meine* Lebendigkeit: subjektiv. Leibhaft ist daher lebhaft. Leib ist aber nicht nur mein Dasein für mich, sondern auch mein Dasein für andere: intersubjektiv. Zur Klärung muß jedoch eine Unterscheidung getroffen werden, die heute zeitgeistig ein Begreifen des Leibes behindert: die Unterscheidung des belebten Leibes vom sachhaften, mechanischen Körper.

---

7  V. von Weizsäcker, Begegnungen und Entscheidungen, Stuttgart 1949, 33.
8  R. Guardini, Vom Geist der Liturgie 102.
9  In der vierten Auflage fügte Guardini das Kapitel „Der Ernst der Liturgie" hinzu, um einem ästhetisierenden Mißverständnis von „Spiel" vorzubeugen. Damals lagen weder Johan Huizinga, Homo ludens, noch Hugo Rahner, Der spielende Mensch, vor; Guardini hatte Neuland betreten. Möglicherweise war er angeregt durch das Kapitel „Verwandlungen" in Nietzsches „Zarathustra" (1875), wo die letzte Verwandlung jene zum spielenden Kind ist.

## 2.1 Das Missverständnis des Leibes als Körper

Viele Sprachen, so die romanischen, machen keinen Unterschied zwischen Leib und Körper, welcher ein Begriff des Kausal-Naturgesetzlichen und Funktionalen ist, so dass Körper auch das Gegenständlich-Tote sein kann. So nimmt es nicht Wunder, dass in der mittlerweile einflussreich gewordenen Gender-Theorie der Körper nur als Werkzeug, als leere Hülle eines abstrakten „Ich" gesehen wird.[10]

Gender, das nur sozial zugeschriebene Geschlecht, nimmt den Körper als un-wirkliches, passives Objekt einer „Konstruktion": Er spricht nicht mehr mit, macht selbst keine Aussage mehr über sich. Dieses Verstummen oder Sich-willenlos-überschreiben-Lassen weist auf ein entschieden dominantes Verhalten des „Ich" zum Körper hin: Keinesfalls ist er mehr „Leib" mit eigener „Sprachlichkeit", zum Beispiel in seiner unterschiedlichen Generativität von Zeugen und Empfangen/Gebären oder in seiner unterschiedlichen leibhaften Erotik von Eindringen und Annehmen/Sich-Nehmen-Lassen. Zum „Ding" reduziert, bleibt er gleichgültig gegenüber dem willentlich Verfügten. Aus Leib wird endgültig Körper (*corpus* in der Nähe von *corpse*). Seine Symbolik wird nicht fruchtbar, die phänomenale Selbstaussage kastriert.[11] Das Ich kennt keine Fleischwerdung; der Körper wird ein leerer „Platzhalter des Nichts" und „tabula rasa"[12]. So gesehen liefert die „harte" Gender-Theorie eine erneute Variante der extremen Bewusstseinsphilosophie mit ihrer hartnäckigen Körper-Geist-Spaltung. Widerstandslos, ja nichtig bietet sich der Leib als „vorgeschlechtlicher Körper" an.

---

10  Zu unterscheiden ist allerdings zwischen der „harten" Gender-Theorie Judith Butlers (Gender Trouble, 1991; dt. Das Unbehagen der Geschlechter, Frankfurt 1992), wo Geschlecht als reines Konstrukt gilt bzw. als Begriff überflüssig gemacht werden soll, und der „weichen" Anwendung als „Geschlechtergerechtigkeit", wie sie mittlerweile politisch als „Gender mainstreaming" durchgesetzt wird. Wie weit unterschwellig damit doch der „harte Kern" zur Wirkung gebracht wird, bedarf großer Aufmerksamkeit.
11  Vgl. H.-B. Gerl-Falkovitz, Frau – Männin – Menschin. Zwischen Feminismus und Gender, Kevelaer 2009, wo auch Edith Steins Phänomenologie der Leiblichkeit herangezogen wird.
12  F. Ulrich, Der Nächste und Fernste – oder: Er in Dir und Mir. Zur Philosophie der Intersubjektivität, in: Theologie und Philosophie 3 (1973) 317–350, hier 318.

## 2.2 Leibhafte Anthropologie

Diesen Überformungen des Leibes und seines Geschlechts stehen Entwürfe gegenüber, die den Leib als Träger der Personalität (subjektiv) sehen, und (intersubjektiv) weitergehend als Träger aller Beziehungen zu Anderem, so dass er sich also immer schon selbst transzendiert zu Welt, den Menschen, zu Gott.

Leibsein heißt: im Endlichen verankert sein *und* es übersteigen. Max Scheler brachte den Gedanken ein, Leib sei eine Richtung „auf – hin" – allein schon in seiner Aufgerichtetheit. Auch bei Guardini „äußert" der Leib grundsätzlich eine Relation; er ist Außen eines Innen, ist die sinnliche Seite von Sinn. Genauer noch ist Leib ein Spannungsgefüge zwischen innen – außen – oben[13], er verleiht der Transzendenz des Ich zu einem Gegenüber Ausdruck. Dorthin, in eine personale Beziehung, transzendieren die anschaulichen „Äußerungen" des Leibes.

Mit dem Leib ist kein naiver Naturbegriff mehr verbunden, sondern an ihm zeigt sich die schöpferische Überführung von Natur in kultivierte, angenommene, endliche Natur. Nie wird nur primitive Natur durch Christentum (und Judentum) verherrlicht: Sie ist vielmehr selbst in den Raum des Göttlichen zu heben, muss heilend bearbeitet werden.

Programmatische Ausblicke Guardinis lauten: „Der ganze Mensch trägt das liturgische Tun. Wohl die Seele, aber sofern sie sich im Körper offenbart."[14] Ziel einer solchen Bildung ist „durchgeistigte Leiblichkeit", nicht „rein geistige Frömmigkeit". Hier fällt bereits das viel später zur zögernden Frage umgeformte Wort, der Mensch müsse wieder „symbolfähig" werden, was auch heißt, die Symbolik des eigenen Leibes wieder wahrzunehmen.[15] Erneut arbeitet Guardinis Denken an der grundsätzlichen Überwindung eines theoretischen Irrwegs: „Wir müssen weg von der verlogenen ‚Geistigkeit' des 19. Jahrhunderts. Verleibter Geist sind wir."[16] „Und welches ist der Sinn des Lebendigen? Daß es lebe, sein inneres Leben herausbringe und blühe als natürliche Offenbarung des lebendigen Gottes."[17]

---

13 Vgl. R. Guardini, Welt und Person, Würzburg 1939.
14 Ders., Liturgische Bildung, Rothenfels 1923, Vorwort.
15 Ebd. 15 f.
16 Ebd. 26.
17 Ders., Vom Geist der Liturgie 93.

## 3. Leibhaftes Spiel

### 3.1 Haltung und Sich-halten-Lassen

Wie gelingt solches „Offenbaren"? Schon in frühen Jahren begleitete Guardini der Aufsatz von Kleist über das Marionettentheater, worin die Frage nach dem Grund der Anmut der Marionette gestellt wird. Die gefundene Antwort lautete, ihre Anmut springe daraus auf, dass die Marionette ihren Schwerpunkt über sich habe. Das leitet zu dem Hinweis über, auch der menschliche Leib könne seinen Schwerpunkt über sich suchen, sich nicht von unten her, von der Schwerkraft weg hochstemmen. Dies meint eine Haltung aus Gehaltensein – ein „pathisches" (nicht passives!) Element im Dasein, wie wiederum phänomenologisch die Grundvollzüge des Daseins als pathisch-leidenschaftliches Erfahren freigelegt wurden: das Geborenwerden, das Lieben, das Sterben.[18]

Leben gelingt, wenn es sich von oben her lebt. Haltungen üben meint, den Schwerpunkt über sich verlegen. Oder in der Umkehrung: Man lässt sich halten und gewinnt dabei Haltung – im Entfalten des Innen und Oben nach Außen. Denn ist der Leib ein „Gefüge", *mein* Gefüge, so fügen sich in ihm Innen und Oben und Außen zusammen, so dass „wirklich das äußere Erscheinen in jedem Stück reine und volle Aussprache des Inwendigen"[19] ist. „Wir müssen erst ‚scheinen, bis wir werden.'"[20] Elementare Haltungen des Leibes bringen das Ungefügte, den Un-Fug einer zerfallenden Wirklichkeit in die rechte Ordnung.

Guardini beschrieb solche Haltungen und, mehr noch, übte sie mit der ihm anvertrauten Jugend[21]: Sitzen, Stehen, Schreiten, Knien … So entfaltete er in einem ganz ihm eigenen Ton, was Stehen heißt: nicht ein hölzernes Angeschraubtsein, nein: „Stehen ist schwingende Ruhe." So lässt sich weiterführen[22]: Knien ist nicht Ausdruck von Unterwürfigkeit, sondern von aufrechtem Dienen. Sitzen als getragenes, entlastetes Sich-Zuwenden. Liegen (eine seltene, daher überaus eindrucksvolle Haltung in der Liturgie) als Ganzhingabe: als gesammeltes Ausgegossensein. Schreiten als eine langsame, gefasste Bewegung ist (schon bei Aristoteles) Aus-

---

18 Paradigmatisch bei E. Levinas, Die Zeit und der Andere, Hamburg 1989.
19 R. Guardini, Vom Geist der Liturgie 116 (Der Ernst der Liturgie).
20 Ders., Liturgische Bildung, Mainz 1923, 75.
21 Vgl. ders., Wille und Wahrheit, Mainz 1933.
22 In Anlehnung an die Methodenschrift Guardinis: Der Gegensatz. Versuche zu einer Philosophie des Lebendig-Konkreten, Mainz 1925.

druck der Großherzigkeit, des Unbeeilten, Gelassenen. Und immer wirkt die Haltung auf die Seele zurück: Sich aufrichten meint schon sich vorbereiten zum Aufrichtigwerden. Ein mündlich überlieferter Satz Guardinis auf Burg Rothenfels lautete: „Man muss einen Saal mit den Schultern betreten" – nämlich mit erhobenem Kopf dem Saal gewachsen sein, sich von ihm in Weite und Höhe mitnehmen lassen. Anders: in die Gegensatzspannung des Wirklichen eintreten, sich davon aufspannen lassen.

## 3.2 Zwecklos, aber sinnvoll

Um das zugleich Spannende und Lösende des Spiels ganz zu begreifen, muss eine Unterscheidung von Zweck und Sinn vollzogen werden. Im Zweck ruht ein Ding nicht in sich selbst, sondern wird als Durchgang auf ein außerhalb liegendes Ziel eingesetzt. Sinn aber lässt den Schwerpunkt eines Dinges in ihm selbst aufleuchten. Die wesentlichen Vorgänge des Lebens sind zwecklos, aber sinnvoll. Die Wahrheit, ebenso aber das Kunstwerk, verfolgen keine Zwecke, jedenfalls nicht unmittelbar, tragen aber unbedingt Sinn in sich – Guardini sieht das als jenen Zug an ihnen, der ihre Schönheit begründet.

Auf der Linie dieser Vollendung liegt auch das liturgische Spiel. Die Kirche kennt durchaus zweckgebundene Vorschriften, so für das kanonische Recht, die Verwaltung und anderes. Liturgie aber ist keineswegs „zweckmäßig". Weder hat sie erzieherische noch absichtsvoll künstlerische Aufgaben; ihr tiefster Sinn ist einfach „Schau", *theoria*, und zwar Schau von Gottes Herrlichkeit.

In dieser Zwecklosigkeit wird die Liturgie herrliches Spiel; sie trägt ihren Sinn nämlich gänzlich in sich. Guardini zitiert dazu das ungeheure Bild aus den Gesichten Ezechiels: „Wie sind diese flammenden Cherubin, die ‚gerade vor sich hingingen, wohin der Geist sie trieb [...] und sich nicht umwendeten im Gehen [...] hin- und zurückgingen wie das Leuchten des Blitzes [...] gingen [...] und standen [...] und sich vom Boden erhoben [...] deren Flügelrauschen zu vernehmen war wie das Rauschen vieler Wasser [...] und die, wenn sie standen, die Flügel wieder sinken ließen [...]' – wie sind sie ‚zwecklos'! Wie geradezu entmutigend für einen Eiferer vernünftiger Zweckmäßigkeit!"[23]

Kein Sollen, nur ein Hören und Schauen im absichtslosen Spiel, kein Rubrizismus, nur ein großer, aus sich selbst sinnvoller Vollzug – das ist

---

23  Ders., Vom Geist der Liturgie 97 f.

das Lösende des liturgisch-leibhaftigen Spiels. „Ich glaube nicht an Gott – ich sehe ihn."[24]

## 4. Wahrheit als Träger von Liturgie

Sucht man mit Guardini über den Spielcharakter hinaus nach dem Grund der Liturgie, so geht es nicht um Einzelfragen, sondern um den Grund der Wirklichkeit. Nicht Einseitig-Spezifisches soll zur Sprache kommen, sondern das unter mehreren Hinsichten Gültige, ein Sich-Rundendes. „Kein lebendiger Vorgang vollzieht sich nur von einem einzigen Pol her. Er kann nur vorgehen, indem vom Gegenpol her die Entsprechung kommt."[25] Darin erweist sich die Fähigkeit Guardinis, auch in der Liturgie nicht kurzschlüssig vom engeren Bezug auszugehen, sondern Klärung im Grundsätzlichen zu leisten, stärker sogar von der Philosophie als von der Theologie her.

Der Kern des Ansatzes lässt sich so darstellen: Liturgie feiert, schaut, vollzieht Wirklichkeit. Sehr kühn formuliert: Liturgie spielt die Wahrheit. Die entscheidende These bestimmt Wirklichkeit vom Vorrang des Logos her, dem das Ethos zu folgen habe. Wirklichkeit wird vom Wahren her erfasst und gestaltet, noch *vor* dem Guten, *vor* aller Sittlichkeit, *vor* allem Handeln, sogar *vor* der Liebe. Entscheidend ist die These deshalb – wobei sie nicht unmittelbar auf Liturgie abhebt –, weil damit in philosophischer Anstrengung jene Überwindung Kants, mithin des neuzeitlichen Subjektivismus angezielt wird, die Guardini bis in sein hohes Alter als *die* Aufgabe der Zeit begreift. Anders formuliert: Logos meint jenen letzten Grund, der weder einer Entscheidung noch einer weiteren Begründung noch einer Anerkennung bedarf, um wahr zu sein; der weder aus dem Willen des Subjektes noch aus der Tathandlung des Menschen, aus dem Streben des Lebens abgeleitet werden kann, vielmehr unbedingt in sich ruht. Logos steht für die sich selbst ausweisende Wahrheit.

„Die Wahrheit ist Wahrheit, weil sie Wahrheit ist. Es ist an und für sich für sie völlig gleichgültig, was der Wille zu ihr sagt und ob er mit ihr etwas anfangen kann."[26] Es klingt für geschärfte Ohren umstürzend (und gegen Nietzsche!), wenn Guardini weiterführend vom Vorrang des Seins

---

[24] So in anderem Zusammenhang das Dictum des Entomologen Jean-Henri Fabre.
[25] R. Guardini, Rainer Maria Rilkes Deutung des Daseins. Eine Interpretation der Duineser Elegien, München ²1961, 423.
[26] Ders., Vom Geist der Liturgie 138.

gegenüber dem Werden spricht. Nur entspringt die Begründung dafür nicht einer Verzweiflung an einem sich überschlagenden Tun, wie es 1918 nach dem so bitter empfundenen Ende des Weltkriegs in der Luft lag. Max Scheler, dem Guardini das Werk sandte, kommt in einem Brief auf diese naheliegende Gedankenverbindung, gleichsam als eine Forderung der Stunde: „Das Kapitel über ‚Logos und Ethos‘ ist ganz besonders notwendig gewesen – gerade in einer Zeit, in der der Johannestext gegenüber dem falschen und durch unsere Niederlage in einem Riesenexperiment als falsch erwiesenen ‚Am Anfang war die Tat‘ wiederherzustellen ist."[27]

Aber Guardini schreibt weniger aus einem Willen zur aktuellen Hilfe als aus einem tief angesetzten Einsehen eines Endgültigen, das – ob alt oder neu – nicht einfach auf Gegenwart gemünzt, sondern überhaupt stimmig ist. Solche Stimmigkeiten, „ewig" genannt, durchziehen ohne jeden Anspruch auf Aktualität und gleichwohl aktuell die Liturgie. „Liturgie hat etwas an sich, was an die Sterne erinnert, an ihren ewig gleichen Gang, ihre unverrückbare Ordnung, ihr tiefes Schweigen, an die unendliche Weite, in der sie stehen."[28] Die Frage, ob dies alles rückständig oder avantgardistisch sei, stellt sich gar nicht; die Entdeckung der „unabänderlichen Gesetze alles Lebens"[29] steht nicht unter dem Diktat von Modernität. Dass sich Liturgie von Anfang an einer solchen Modernität entzieht und sie gleichwohl absichtslos – im Blick auf übersubjektive Wahrheit – einholt, macht sie wirkungsvoll, wirklich.

In solche Wahrheit führen die unerschöpflichen, lösenden, klärenden Zusammenhänge zwischen natürlicher (seelischer und leibhafter) Vorgabe und Liturgie. „Natur und Gnade haben ihre Regeln. Es gibt bestimmte Voraussetzungen, unter denen das natürliche und übernatürliche Geistesleben gesund bleibt, wächst und reich wird."[30] Die Stärke der Gedankenführung beruht nicht nur darauf, dass sie sich an jeden, auch an den mit Liturgie nicht Vertrauten, wendet, sondern dass sie außerdem in unklerikaler Sprache auszufalten bemüht ist, wie sehr die Kirche eine unübertroffene Erfahrung in der Ordnung des Inneren, in der Wendung zur Wirklichkeit besitze.

Guardini entwickelt das Wort „katholisch" wohltuend unkonfessionell aus dem griechischen *kat'holon*, „dem Ganzen gemäß". Ohne die vom

---

27 M. Scheler, Brief an Guardini vom 4.7.1919, Bayer. Staatsbibl. München, Ana 342.
28 R. Guardini, Vom Geist der Liturgie 143.
29 Ebd. 142.
30 Ebd. 17.

Volk geliebten Formen des Betens abzuwerten, wird doch ein „Mehr" der Gesamtkirche in Formung und Verbindlichkeit aufgewiesen. Es ist der Vorzug des lange durchdachten, an der Wahrheit Erprobten, welcher die von der Kirche gestaltete Liturgie als Führung zur inneren Freiheit erfahren lässt. „Die Wahrheit macht das Gebet kräftig, durchströmt es mit jener herben, erhaltenden, belebenden Energie, ohne die es weichlich wird […] Der dogmatische Gedanke macht frei von der Knechtschaft des Gemütes, von der Verschwommenheit und Trägheit des Gefühls."[31] Wenn Guardini von der Notwendigkeit des lange Durchdachten spricht, so ist ihm das Denken niemals nur verblasstes Leben. Es ist von vornherein an die Kraft des Herzens gebunden – ein Zusammenhang, den er später, in seinen Arbeiten über Augustinus und Pascal[32], durch die „Theologie des Herzens" überhöhen wird. Trotzdem aber kommt das Herz nicht unmittelbar, sondern „adlig", überwunden ins Spiel: „Die Liturgie als Ganzes liebt das Übermaß des Gefühls nicht. Es glüht in ihr, aber wie in einem Vulkan, dessen Gipfel klar in kühler Luft steht. Sie ist gebändigtes Gefühl."[33] Solches im „Gegensatz" schwingende Denken führt auf eine unvergleichliche Weise, woran sich die ersten Hörer Guardinis immer erneut erinnerten, auf jene Zeile im Hymnus des Ambrosius hin, die verdichtet aussagt, was die Haltung der Liturgie spannnungsvoll durchziehen soll: *Laeti bibamus sobriam ebrietatem spiritus*, „Froh laßt uns kosten die nüchterne Trunkenheit des Geistes."[34]

## 5. Leidenschaft und gebändigtes Gefühl

Es ist auffallend, dass sowohl das Judentum wie das Christentum keinen übermäßigen Wert auf das „entrückte" Gebet legen, eher auf das „keusche" Gebet; keusch kommt als Lehnwort von *conscius* = bewusst. Denn es gibt einen religiösen Exhibitionismus, der peinlich wirkt, während die wahre Leidenschaft sich eher verhüllt. Wie sich Hingabe und Zurücknahme des allzu Persönlichen im gemeinsamen Beten verhalten, auch dazu hat Guardini Treffendes gesagt. Die folgenden Sätze, schon 1917 gedruckt, entstam-

---

31  Ebd. 24 f.
32  Ders., Die Bekehrung des Aurelius Augustinus. Der innere Vorgang in seinen Bekenntnissen, Würzburg 1935; ders., Christliches Bewußtsein. Versuche über Pascal, Leipzig 1935.
33  Ders., Vom Geist der Liturgie 28.
34  Ebd. 29 f.

men einem an verborgener Stelle gedruckten Aufsatz Guardinis[35], der im Unterschied zu seinem fulminanten Erstlings-Buch „Vom Geist der Liturgie" kaum bekannt ist.

„Andererseits darf diese Betonung des Gedankens nicht zu einem kalten Intellektualismus überspannt werden. Vielmehr müssen *die Andachtsformen von warmem Gemütsleben durchwirkt* sein. Auch hierin ist die Liturgie Lehrmeisterin. Es sind lebendige Gedanken, die sie erfüllen, d. h. solche, die aus ergriffenem Herzen kommen und wiederum das willige Herz ergreifen müssen. Der kirchliche Gottesdienst ist voll tiefer Empfindung, voll von einem starken, manchmal geradezu leidenschaftlichen Gefühlsleben. Wie sind z. B. die Psalmen oft so tief bewegt; wie spricht die Sehnsucht im 41. Psalm, die Reue im Miserere, der Jubel in den Lobpsalmen, das leidenschaftliche Gerechtigkeitsgefühl in den Fluchpsalmen! Oder welche außerordentliche Spannung der Seelenbewegung liegt zwischen der Tragik des Karfreitags und der Freude des Ostermorgens!

Aber dieses liturgische Gemütsleben ist überaus lehrreich. Es hat wohl Augenblicke gewaltiger Steigerung; Stücke, in denen alle Fesseln gesprengt werden, so das grenzenlose Jubilieren des *Exultet* am Karsamstag. In der Regel aber ist es gedämpft. Das Herz spricht mit großer Kraft; zugleich aber tritt der Gedanke stark hervor; die Gebetsformen sind reich gegliedert, in ihren Teilen kunstvoll gegeneinander abgewogen; die meisten Gebete endlich halten das Gefühl in strenger Zucht. […]

Und wie ist diese Zucht des Affektes so notwendig! Im Augenblick, bei bestimmten Gelegenheiten mag das Gefühl sich stärker ergießen. Ein Gebet aber, das für den Alltag und für die Gesamtheit bestimmt ist, muss maßvoll bleiben. Setzt es aber stark angespannte, unausgeglichene Gefühle voraus, so schließt es eine doppelte Gefahr in sich. Entweder wird es vom Betenden ernst genommen, dann kann es geschehen, dass er sich innerlich zu Empfindungen zwingen muss, die er nun einmal überhaupt nicht oder jetzt nicht hat. Das kann sein religiöses Empfinden unnatürlich, unwahr machen. Oder aber die Natur hilft sich, nimmt die Formeln in einem kühleren Sinn, als sie ihrem Wortlaut nach gemeint waren, und dann wird das Wort entwertet.

Wohl soll das *formulierte Gebet auch erziehen,* also zu höherem religiösen Empfinden emporbilden. Aber der Abstand von der normalen Gefühlslage darf nicht zu groß werden. Soll ein Gebet auf die Dauer und

---

35 R. Guardini, Die Liturgie und die psychologischen Gesetze des gemeinsamen Betens. Ein Beitrag zur religiösen Sozialpädagogik (1917), in: ders., Wurzeln eines großen Lebenswerkes. Bd. I, Mainz 2000, 104–124.

für eine Gesamtheit brauchbar und fruchtbar sein, so muß es auf einen wohl starken und tiefen, aber doch ruhigen, maßvollen Gefühlston gestimmt werden."[36]

Soweit die unmittelbar einleuchtende Deutung Guardinis vom geformten, kultivierten Beten der Kirche. Kultur meint immer mittelbare Fassung des unmittelbar Ausbrechenden, Verzögerung des allzu rasch Aufflammenden.

## 6. Überindividuelle Objektivität des Gebets

Es ist von hoher erzieherischer Wichtigkeit, dass sowohl das Alte als auch das Neue Testament das vorgeformte, also überindividuelle Beten lehren: das AT in den Psalmen, das NT im Vaterunser. Diese „Erleichterung" des Betens soll natürlich mit ganzem Herzen vollzogen werden; dennoch trägt hier nicht nur der Wille, sondern auch die Gewohnheit, der *habitus*, der ja für jede Tauglichkeit wichtig ist.

Denn damit Beten gelingt, bedarf es einer Kultur, das heißt einer Gemeinschaft. Das persönliche Gebet des Einzelnen muss getragen sein von einer gemeinsamen Tiefenströmung. Sie trägt immer, auch wenn der Einzelne „lahmt". Und das ist nicht therapeutisch gemeint, sondern das große „Wir" der Kirche ist Grund allen Betens.

Liturgisches Beten ist das öffentliche Sprechen der Kirche; es wird durch autorisierte und meist auch geweihte Personen geleitet. Dabei geht es nicht um Erbauung, Gewissenserforschung oder Bitten des Einzelnen, sondern Liturgie geht um die Ehre, um das Preisen Gottes. Wird dies erstrangig vollzogen, holt Liturgie allerdings „unabsichtlich" auch die „Erbauung" ein. Dieser überindividuell-objektive Charakter des gemeinsamen Gebetes ist nicht wirklich im Bewusstsein; viel eher eine einseitig individualistische Auffassung. „Daß freilich das Individuum gerade durch sein Aufgehen in dieser höheren Einheit recht eigentlich innerlich befreit und geformt wird, ist in der zugleich individuellen und sozialen Natur des Menschen begründet."[37]

„So ist die erste Voraussetzung für die Brauchbarkeit eines gemeinsamen Gebetes, daß es vom Gedanken und nicht vom Gefühl beherrscht ist. Nur dann, wenn es von klaren, reichen Glaubensgedanken getragen und

---

36  Ebd. 112 f.
37  Ebd. 107.

durchwirkt ist, kann es einer Gesamtheit dienen, die aus verschiedenen Charakteren besteht und von wechselnden Gefühlsstimmungen bewegt ist. Der Gedanke allein hält auch das religiöse Leben gesund. Nur das Gebet ist gut, das aus der Wahrheit kommt. Das bedeutet aber nicht nur, daß es nicht aus dem Irrtum kommen darf, sondern auch, daß es aus der vollen Wahrheit erwächst."[38] „Soll aber *der Glaubensgedanke* wirklich seiner Aufgabe für die Gesamtheit gerecht werden, *so muß er die religiöse Wahrheit in ihrer ganzen Fülle in das Gebet einführen.* Wollte sich z. B. ein Gebet nur mit Gottes verzeihender Barmherzigkeit beschäftigen, so würde das auch zart veranlagten Naturen auf die Dauer nicht genügen. Diese Wahrheit ruft nach einer Ergänzung: der Majestät und Gerechtigkeit Gottes. Also muß die ganze Fülle der Glaubenswahrheiten in jenen Gebetsformen ausgebreitet sein, die einer Gesamtheit auf die Dauer genügen sollen. Auch hierin ist die Liturgie die Lehrmeisterin. Sie führt die ganze Weite der Wahrheit in das Gebet ein. Ja, sie ist nichts anderes, als das gebetete Dogma, die betend gelebte Wahrheit."[39]

## 7. Inkarnation

So wird Liturgie zur Schule, zum Übungsort der Anthropologie und genauerhin der Personwerdung: Einübung des absichtslosen Spiels; der Sättigung des Daseins mit Wahrheit; der Formung, Aufrichtung, Weitung des Innen in der Haltung des Leibes; der antwortenden Wendung zum Gegen-Über; der Fleischwerdung des Wortes. Es ist dieses wunderbar Stimmige, das in sich Kraftvolle und den Blick Öffnende, das die Liturgie zur Quelle eines Ankommens im Sinn – und damit im Sinnlichen – macht und über allen Zweck hinausführt, bis in leibliches Erfasstwerden, gebändigtes Gefühl, schwingende Ruhe hinein. Fügen wir mit den letzten Gedanken das „Objektive" des Vollzugs hinzu: Liturgie wird zum Übungsort, zum leibhaften Spiel dessen, was den Menschen zutiefst angeht und wofür er andernorts keine Sprache hat.[40]

---

38 Ebd. 109.
39 Ebd. 110.
40 Vgl. M. Brüske, Die Weisheit spielt vor Gott. Grundlegung einer Theologie der Liturgie in spieltheoretischer Perspektive, Diss. Freiburg/Schw. 2011.

# Fronleichnam – Ein mittelalterliches Fest im Spiegel der volksliturgischen Erneuerung des 20. Jahrhunderts

*Jürgen Bärsch*

Wohl kaum ein anderes Fest im liturgischen Jahr ist so sehr mit der Theologie-, Liturgie- und Frömmigkeitsgeschichte des Mittelalters verknüpft wie das Fronleichnamsfest. Bekanntlich stehen im Hintergrund die großen Eucharistiekontroversen des 9. und 11. Jahrhunderts und die daraus folgende Lehre der mittelalterlichen Kirche über das zunehmend isoliert betrachtete „Altarsakrament". Die Klerikalisierung der Liturgie und eine einseitige Konzentration auf den Moment der Konsekration, auf Transsubstantiation und Realpräsenz öffneten den Blick nicht für das sakramentale Geschehen der Liturgie, sondern förderten eine weithin außerliturgische Frömmigkeit, die dem Schau- und Segensverlangen Rechnung trug, wie es in Elevation und Aussetzung des Sakraments zum Ausdruck gebracht wurde.[1] Die dann aus dem Festgedanken herausgewachsene, in einer zweiten Phase aufgekommene Sakramentsprozession lebte ganz aus der mittelalterlichen Religiosität und nahm mit Umgang, Segnung des Gevierts der Himmelsrichtungen und Ausstattung wie Baldachin, Fahnen, Lichtern und Weihrauch Elemente des hoheitlichen Triumphzuges auf, später erweitert um darstellende Spiele und Katechesen mit lebenden Bildern.[2]

---

1   Vgl. dazu jetzt die umfassende Studie von A. Angenendt, Offertorium. Das mittelalterliche Meßopfer (LQF 101), Münster 2013 und den Sammelband C. Levy/G. Macy/K. Van Ausdall (Hg.), A Companion to the Eucharist in the Middle Ages (Brill's companions to the Christian tradition 26), Leiden-Boston 2012. Darüber hinaus sind immer noch die materialreichen Arbeiten von Adolph Franz und Peter Browe zu beachten: A. Franz, Die Messe im deutschen Mittelalter. Beiträge zur Geschichte der Liturgie des religiösen Volkslebens, Freiburg 1902 [ND Bonn 2003]; P. Browe, Die Eucharistie im Mittelalter. Liturgiehistorische Forschungen in kulturwissenschaftlicher Absicht, hg. von H. Lutterbach und T. Flammer (Vergessene Theologen 1), Münster–Hamburg–London ⁶2011.

2   Hier ist nicht näher auf Entstehung und Entwicklung des Festes einzugehen. Für die entsprechenden Grundinformationen sei auf die einschlägigen Lexikon- und

Damit sind nur einige Aspekte genannt, die Fronleichnam zu einem typisch mittelalterlichen Fest gemacht haben. Hinzu kommt, dass es in der Folgezeit tief gegenreformatorisch, also barock und restaurativ im Sinne des 19. Jahrhunderts geprägt wurde, in der jüngsten Vergangenheit dann besonders auffällig vom Paradigmenwechsel der katholischen Frömmigkeit seit der Mitte des 20. Jahrhunderts betroffen war und bis heute am Umbruch der gesellschaftlichen, kirchlichen und spirituellen Mentalitäten teilnimmt.[3]

Wie nachhaltig das mittelalterliche Erbe und seine nachtridentinisch-barocke Prägung auf das Klima der Feier bis ins 20. Jahrhundert einwirkte, wird exemplarisch an der innig anmutenden Ankündigung des Fronleichnamsfestes in den „Dorfglocken", dem „Deutschen Pfarreiblatt des Kantons Freiburg" vom 16. Juni 1916 deutlich: „Unser kostbarstes Gut auf dieser irdischen Pilgerreise ist das Allerheiligste Sakrament des Altars, in welchem Christus wahrhaft, wirklich und wesentlich gegenwärtig ist, bis er sichtbar am jüngsten Tag wiederkommen wird. [...] Jedes katholische Herz soll heute voll Andacht, Freude und Jubel erfüllt sein. Alle ohne Ausnahme sollen ihren Heiland auf seinem Umzuge begleiten. Alle sollen wetteifern Strassen, Häuser und Altäre, wo er uns an unseren Wohnungen seinen heiligen Segen erteilt, mit Laub, Kränzen und Blumen zu zieren. Die schönste Zierde aber sei die Liebe zum heiligsten Sakramente, die Ehrerbietung und Andacht, die gerade an diesem Tag auch in unserem äußeren Betragen in besonderer Weise sich zeigen soll."[4] Nur wenige Jahre später wird in Klosterneuburg Pius Parsch

---

Handbucharktikel verwiesen: H. Auf der Maur, Feiern im Rhythmus der Zeit I. Herrenfeste in Woche und Jahr (GdK 5), Regensburg 1983, 199–207; A. Heinz, Art. Fronleichnam, in: LThK 4 ($^3$1995) 172–174; jüngst G. Fuchs, Fronleichnam. Ein Fest in Bewegung, Regensburg 2006; besonders beachtenswert ist A. A. Häußling, Literaturbericht zum Fronleichnamsfest, in: Jahrbuch für Volkskunde 9 (1986) 228–240; 11 (1988) 243–250; 26 (2003) 211–240. Vgl. auch M. Rubin, Corpus Christi: the Eucharist in Late Medieval Culture, Cambridge 1991. – Eine umfassende liturgiewissenschaftliche Darstellung des Fronleichnamsfestes bleibt allerdings weiterhin ein Desiderat.
3 Vgl. exemplarisch M. Klöckener, Liturgiegeprägte Volksfrömmigkeit am Ende? Überlegungen anlässlich einer Fronleichnamsprozession, in: Gd 34 (2000) 57–59; J. Bärsch, Liturgiereform im Ruhrbistum Essen. Gottesdienst und Brauchtum unter dem Einfluss kirchlicher und gesellschaftlicher Wandlungen im 20. Jahrhundert, in: S. Böntert (Hg.), Objektive Feier und subjektiver Glaube? Beiträge zum Verhältnis von Liturgie und Spiritualität (StPaLi 32), Regensburg 2011, 87–116, hier 94–105.
4 Hier zit. nach T. Perler, Wandlungen des Fronleichnamsfestes in Deutschfreiburg im 20. Jahrhundert, in: B. Bürki/M. Klöckener (Hg.), Liturgie in Bewegung. Beiträge

(1884–1954) mit seiner Bibelarbeit beginnen (1919) und erstmals die Gemeinschaftsmesse in St. Gertrud feiern (1922).⁵

Die Diskrepanz zwischen der mittelalterlich-barocken Feier von Fronleichnam und der Neuorientierung des kirchlichen Lebens an Bibel und Liturgie in der ersten Hälfte des 20. Jahrhunderts klingt damit an. Weil gerade hier der Gegensatz zwischen den überkommenen Formen und Motiven von Gottesdienst und Frömmigkeit und den Anliegen volksliturgischer Erneuerung besonders deutlich in Erscheinung tritt, liegt es nahe, am Beispiel von Fronleichnam zu untersuchen, wie und mit welchen Perspektiven sich die Protagonisten der Liturgischen Bewegung um eine liturgietheologische und -pastorale Neuausrichtung des Festes bemühten.

Dazu sollen im Folgenden vor allem zwei Aspekte betrachtet werden, die für das Wirken der Liturgischen Bewegung in ihrer „pastoralen Phase" und ihrer „Phase der konkreten Reform" insgesamt kennzeichnend sind:⁶ die Erschließung des liturgischen Vollzugs für die Gläubigen und die Suche nach einer liturgiegemäßen Feiergestalt. Zunächst ist also zu fragen, welche inhaltlichen Akzente das volksliturgische Schrifttum wie die volksliturgische Vermittlung setzten, sodann sind Überlegungen und Anregungen zu untersuchen, die in der Zeit der Liturgischen Bewegung für eine gottesdienstliche Neugestaltung des Fronleichnamsfestes publiziert wurden. Es versteht sich von selbst, dass beides nur mit wenigen, exemplarisch ausgewählten Quellen dargestellt werden kann.

---

zum Kolloquium „Gottesdienstliche Erneuerung in den Schweizer Kirchen im 20. Jahrhundert." 1.–3. März 1999 an der Universität Freiburg/Schweiz. Unter Mitarbeit von A. Join-Lambert, Freiburg/Schw.–Genève 2000, 118–129, hier 123.

5 Vgl. N. Höslinger, Der Lebenslauf von Pius Johann Parsch, in: ders./T. Maas-Ewerd (Hg.), Mit sanfter Zähigkeit. Pius Parsch und die biblisch-liturgische Erneuerung (SPPI 4), Klosterneuburg 1979, 13–78, hier 38–41.

6 Üblicherweise unterscheidet man drei Phasen der Liturgischen Bewegung in der ersten Hälfte des 20. Jahrhunderts: die „Phase der Vorbereitung", die „Pastorale Phase" und die „Phase der Erneuerung der Liturgie im Sinne einer Reform". Vgl. T. Maas-Ewerd/K. Richter, Die Liturgische Bewegung in Deutschland, in: M. Klöckener/B. Kranemann (Hg.), Liturgiereformen. Historische Studien zu einem bleibenden Grundzug des christlichen Gottesdienstes. FS Angelus A. Häußling (LQF 88), Bd. 2, Münster 2002, 629–648, hier 633–636.

# 1. Das Fronleichnamsfest in der volksliturgischen Erschließung

## 1.1 Fronleichnam in volkstümlichen Erklärungen des 19. Jahrhunderts

Bekanntlich hat nicht erst die Liturgische Bewegung begonnen, den Gottesdienst und seine Feier im Kirchenjahr dem katholischen Volk darzustellen und zu erklären. Auf breiter Ebene lassen sich solche Bemühungen weitaus früher feststellen. Man denke nur an die bekannten und zum Teil bis ins 19. und sogar 20. Jahrhundert stets neu aufgelegten Katechismen und Hauspostillen aus der Zeit der Konfessionalisierung wie etwa die „Christliche Zuchtschul" (1631) des Jesuiten Nicolaus Cusanus (1574–1636)[7], wie Gregor Rippells (1681–1729) Erklärung „aller Ceremonien und Gebräuche" (1723)[8] oder wie die „Hand-Postill" (1690) des Prämonstratensers Leonhard Goffiné (1648–1719).[9] Aufgrund der maschinellen Buchproduktion und im Zuge einer stärker systematisch angelegten wissenschaftlichen Liturgik[10] gelangten im Laufe des 19. Jahrhunderts neben

---

7 Vgl. J. Birsens, Nikolaus Cusanus (1574–1636), in: Bischöfliches Dom- und Diözesanmuseum Trier/Bibliothek des Bischöflichen Priesterseminars Trier (Hg.), Für Gott und die Menschen. Die Gesellschaft Jesu und ihr Wirken im Erzbistum Trier. Katalog-Handbuch zur Ausstellung Bischöflichen Dom- und Diözesanmuseum Trier. 11. September 1991–21. Oktober 1991 (Quellen und Abhandlungen zur mittelrheinischen Kirchengeschichte 66), Mainz 1991, 345–347; N. Kyll, Die „Christliche Zuchtschul" des Nikolaus Cusanus SJ als volkskundliche Quelle des westtrierischen Raumes, in: Rheinische Vierteljahrsblätter 29 (1964) 223–274.
8 Vgl. G. Rippell, Alterthumb, Ursprung und Bedeutung aller Ceremonien, Gebräuche und Gewohnheiten der heiligen catholischen Kirchen, Straßburg 1723. – Zu Person und Werk vgl. M. Barth, Der geistliche Schriftsteller Gregorius Rippel, in: Archiv für elsässische Kirchengeschichte 7 (1932) 239–268.
9 Vgl. L. Goffiné, Handpostille oder christkatholische Unterrichtungen auf alle Sonn- und Festtage des ganzen Jahres, Mainz 1690. – Zu Person und Werk vgl. K. J. Lesch, Ein Seelsorger im Dienste der tridentinischen Reform. Leben, Wirken und Frömmigkeit des Prämonstratensers Leonhard Goffiné (1648–1719), in: J. Meier (Hg.), Clarholtensis Ecclesia. Forschungen zur Geschichte der Prämonstratenser in Clarholz und Lette (1133–1803), Paderborn 1983, 127–146; J. Bärsch, Krankensalbung und Begräbnis im Spiegel der Handpostille des Leonhard Goffiné. Liturgieerklärung in einem „Bestseller" der Barockzeit, in: R. Haas (Hg.), Fiat voluntas tua. Theologe und Historiker – Priester und Professor. FS Harm Klueting, Münster 2014, 19–37.
10 Hier wäre an die entsprechenden Lehrbücher zu denken, die seit Ende des 18. Jahrhunderts erschienen. Vgl. die Übersicht bei F. Kohlschein, Zur Geschichte der Liturgiewissenschaft im katholischen deutschsprachigen Bereich, in: ders./P. Wünsche (Hg.), Liturgiewissenschaft – Studien zur Wissenschaftsgeschichte (LQF 78), Münster 1996, 1–72, hier 30–41.

der massenhaft publizierten Andachts- und Erbauungsliteratur auch zahlreiche, unterschiedlich umfangreiche volkstümliche Hausbücher über den katholischen Gottesdienst auf den Markt. So etwa die „Populär-Liturgik" (1874) von Bernhard Mette[11] oder „Der Gottesdienst der katholischen Kirche. Für Geistliche und gebildete Laien" (1857) von Franz Göbel[12]; erinnert sei an Joseph Antonys „Simbolik [sic!] der katholischen Kirchengebräuche und Ceremonien" (1835)[13] oder auch an das „Unterrichtungsbuch für das christliche Volk" (1859) von Magnus Jocham[14], um nur einige wenige Beispiele zu nennen. Hinzu traten spezielle Handbücher für den Religionsunterricht und die Katechese, die ebenfalls der liturgischen Unterrichtung dienten. Hier denke man an Joseph Schiffels „Handbuch für den Unterricht in der Liturgik" (1899)[15] oder die „Gottesdiensterklärung" im Rahmen der „Samstagslehre" von August Schmittdiel (1892).[16] Um die volksliturgischen Darstellungen nach dem Ersten Weltkrieg einordnen zu können, ist ein Blick in die hier angesprochene Literatur hilfreich.

Nimmt man etwa die nochmals 1911 erschienene Ausgabe von Rippell zur Hand, wird hier – in der Form eines Lehrgesprächs zwischen Schüler und Pfarrer – die Bedeutung des Festes erklärt als „Erinnerung, daß der Heiland mit seiner Gottheit und Menschheit lebendig und wahrhaft im Sakramente des Altares in unserer Mitte ist", weshalb wir bestrebt sein sollen, „durch unsere Anbetung ihm dankbar zu sein für die große Liebe, welche er in der Stiftung des heiligen Geheimnisses uns erwiesen hat."[17]

---

11 Vgl. B. Mette, Katholische Populär-Liturgik oder: Leichtfaßliche Darstellung und Erklärung der heiligen Orte, Geräthe, Handlungen und Zeiten der katholischen Kirche, Regensburg 1874.

12 Vgl. F. Göbel, Der Gottesdienst der katholischen Kirche. Für Geistliche und gebildete Laien, Regensburg 1857.

13 Vgl. J. Antony, Simbolik der katholischen Kirchengebräuche und Ceremonien mit geschichtlichen Anmerkungen. Für Lehrer, größere Schüler und Hausväter, Münster 1835 ($^2$1842).

14 Vgl. M. Jocham, Das kirchliche Leben des katholischen Christen. Ein Unterrichtungsbuch für das christliche Volk, München 1859.

15 Vgl. J. Schiffels, Handbuch für den Unterricht in der Liturgik oder Darstellung des katholischen Kirchenjahres in seinen heiligen Zeiten und Festen, Gebräuchen und Zeremonien, Erklärung sämtlicher Evangelien und ausführlicher Unterricht über die heiligen Handlungen, insbesondere die heilige Messe, und die heiligen Orte. Zum Gebrauch für Volksschulen und Lehrerbildungsanstalten, Paderborn 1899 ($^3$1908).

16 Vgl. A. Schmittdiel, Samstagslehre. Ein Hilfsbuch für Katecheten. Zweiter Teil: Gottesdiensterklärung, Paderborn 1892.

17 Es handelt sich hier um die von Heinrich Himioben erstmals 1841 besorgte Neubearbeitung des Rippell. Die hier konsultierte Ausgabe basiert auf der 5. Auflage von Himioben und wurde durch Illustrationen ergänzt. – Vgl. G. Rippell, Die Schön-

Diesem Gedanken dient, so Rippell, „der ganze Gottesdienst des Tages [...]; aber allerdings ist der feierliche Umzug, wobei wir das heiligste Sakrament des Altares mittragen, der eigentliche Glanzpunkt des Festes."[18] Ausführlich begründet der Pfarrer seinem Schüler die Bedeutung der Sakramentsprozession als Mittel „dem allerheiligsten Geheimnisse des Altares Ehrfurcht und Anbetung zu beweisen."[19] Namentlich soll der theophorische Umgang ein Bekenntnis zum Glauben an die Gegenwart Christi in der Eucharistie sein, sodann dem Gottessohn „öffentliche Verehrung und Anbetung" erweisen, um Genugtuung zu leisten „für alle Verunehrungen und Lästerungen, welche das Jahr hindurch gegen das heiligste Sakrament von Irrgläubigen sowohl, als auch von katholischen Christen ausgesprochen oder auch durch die Tat begangen werden."[20] Zudem soll die Prozession zur größeren Andacht bewegen, die Straßen und Plätze „gleichsam in einen Tempel Gottes" umwandeln und Trost und geistliche Freude bereiten.[21] Über mehrere Seiten konzentriert sich im Folgenden das Gespräch auf die Prozession und sucht, hier wird der gegenreformatorische Ursprung des Buches besonders sichtbar, diesen Brauch als Ausdruck des katholischen Bekenntnisses zu verteidigen.

Im Duktus vergleichbar ist die Darstellung in der genannten „Populär-Liturgik" von Bernhard Mette. Der Autor sieht als Grund für das Fest die Notwendigkeit, außerhalb der Karwoche in feierlicher Weise für die Einsetzung des Abendmahls zu danken. Dies geschieht vor allem in der „mit größter Pracht" gestalteten theophorischen Prozession, „welche ein Triumphzug des Erlösers, das Bekenntnis unseres Glaubens an ihn und das Zeugniß unserer Liebe zu ihm ist."[22] Sodann äußert sich Mette zu den geschichtlichen Hintergründen der Entstehung des Festes und seiner Prozession.[23]

Schließlich sei noch das katechetische Handbuch von Schmittdiel mit dem Titel „Samstagslehre" angeführt. Nach einer kurzen Darlegung des Festnamens und der Entstehungsgeschichte nennt es im Wesentlichen die schon von Rippell angeführten Motive für die Einführung des Festes,

---

heit der katholischen Kirche dargestellt in ihren äußeren Gebräuchen in und außer dem Gottesdienste für das Christenvolk, neu bearb. und hg. von H. Himioben, Limburg 1911, 146.
18  Ebd. 147.
19  Ebd.
20  Ebd.
21  Ebd. 148.
22  B. Mette, Populär-Liturgik (wie Anm. 11) 303.
23  Vgl. ebd. 303 f.

nämlich „um Gott für die Einsetzung dieses herrlichen Sakramentes zu danken, unsern Glauben an dasselbe öffentlich zu bekennen, dem Herrn im hl. Sakramente die gebührende Ehre und Anbetung zu erweisen, und Abbitte zu thun für alle Unehrbietigkeit und Sünde gegen dieses göttliche Geheimnis."[24] Sodann hebt der Autor die Bedeutung der Prozession hervor, „welche möglichst feierlich, wie ein Triumphzug des Heilandes über Straßen und Fluren umherzieht."[25] Und er fügt an: „Der liebe Heiland muß so oft bei Tag und Nacht zu den armen Kranken als Wegzehrung sich tragen lassen über Straßen und Fluren – da ist es wohl recht und gebührend, daß er auch einmal mit allen Ehren auf denselben Wegen öffentlich umhergetragen wird, unter Gesang und Glockenklang, auch wohl mit Musik und Böllerschießen, mit Lichtern, Kreuz und Fahnen."[26]

Obgleich die hier willkürlich herausgegriffenen Werke in verschiedenen Kontexten entstanden sind und mit unterschiedlichen Zielrichtungen verfasst wurden, stimmen sie doch in der nachtridentinischen Sicht der Eucharistie als isoliert betrachtetes Altarsakrament, in der Begründung des Festes als öffentlicher Ausdruck des katholischen Bekenntnisses zur Realpräsenz Christi und in der eingehenden Verteidigung der Sakramentsprozession als glanzvoller Höhepunkt der Feier überein.

Diese Beobachtung trifft im Grunde auch auf die berühmte Darstellung des Kirchenjahres durch den Abt von Solesmes, Prosper Guéranger (1805–1875) zu[27], das sich Pius Parsch ausdrücklich als Primizgeschenk wünschte und von dem er selbst bekannte, das es „vielleicht das Fundament meiner späteren liturgischen Arbeiten" bildete.[28] Zwar erläutert Guéranger in seinem enzyklopädisch verfassten, vielfach aufgelegten und in zahlreiche Sprachen übersetzten Werk auf über einhundert Seiten die Texte der Tagzeitenliturgie und des Messformulars von Fronleichnam, bleibt aber inhaltlich fast ausschließlich beim Gedanken der festlichen Anbetung stehen, die sich vor allem in der Prozession als „eines feierlichen Triumphzugs"[29] Christi vollzieht: „Was lässt sich da Angemesseneres denken", so Guéranger, „als daß die Kirche wenigstens einmal im Jahre

---

24  A. Schmittdiel, Samstagslehre (wie Anm. 16) 211.
25  Ebd.
26  Ebd.
27  Vgl. P. Guéranger, L'Année liturgique, 15 Bde., Le Mans–Paris 1841–1866. – Zu Person und Werk vgl. R. Le Gall, À l'unisson des Pères. L'influence durable de Dom Guéranger sur la réforme liturgique, in: Liturgiereformen 2 (wie Anm. 6) 563–591.
28  Hier zit. nach N. Höslinger, Lebenslauf (wie Anm. 5) 20.
29  P. Guéranger, Das Kirchenjahr 10. Die Zeit nach Pfingsten. 1. Abtheilung, Mainz ²1899, 206.

ihrem Entzücken über den unter dem Sakrament der Liebe verborgenen Bräutigam freien Lauf läßt? Darum hat heute der Priester zwei Hostien konsekrirt. Nachdem er die eine sumirt, stellt er die andere in die strahlende Monstranz, die jetzt in seiner vor Ehrfurcht zitternden Hand unter der Absingung von Triumphliedern durch die bewegten Reihen der knieenden Menge getragen wird."[30]

## 1.2 Fronleichnam in der volksliturgischen Vermittlung bei Pius Parsch

Überblickt man summarisch die populäre katholische Volksliteratur zur Erklärung des Fronleichnamfestes wird deutlich, dass die Darstellungen einseitig auf die eucharistische Anbetungsfrömmigkeit ausgerichtet sind. Betont wurde vor allem das konfessionelle Signum, das sich in der äußeren Feier von Fronleichnam mit seiner Prozession als prachtvolle Demonstration des wahren, katholischen Glaubens so eindrücklich niederschlug. Demgegenüber fand der Vollzug des eucharistischen Gedächtnisses in der Feier der Messe faktisch kaum Beachtung.

Auf diese Sicht traf die Liturgische Bewegung, die nun ihrerseits versuchte, ein erneuertes Verständnis des eucharistischen Mysteriums zu gewinnen und die Gläubigen aus der Rolle der passiv in der Anbetung verharrenden Gemeinde zur tätigen Teilnahme an der liturgischen Handlung zu führen. Es liegt nahe, hier in Klosterneuburg und im Rahmen dieses Symposion vor allem die weit verbreitete Erklärung des Kirchenjahres von Pius Parsch heranzuziehen. Sie bildete eines seiner Hauptwerke, quantitativ gesehen war es wohl das mit Abstand erfolgreichste. Von der Erstauflage 1923 bis zum Tod des Autors 1954 erschienen nicht weniger als 14 Auflagen und Übersetzungen in neun Sprachen.[31] Begründet 1923/24 unter dem Titel „Klosterneuburger Liturgiekalender" als jährlich stets neu publiziertes Periodikum erschien dann ab 1928/29 zunächst in zweibändiger Fassung „Das Jahr des Heiles", das dann ab 1932 unter dem gleichen Titel in einer dreibändigen Ausgabe veröffentlicht wurde und fortan für den „immerwährenden Gebrauch" gedacht war.[32] Im dritten Band, der –

---

30   Ebd. 296.
31   Vgl. dazu H. Buchinger, Pius Parsch und das Kirchenjahr: Aspekte liturgischer Erneuerung, in: P. Parsch, Das Jahr des Heiles. Neu eingeleitet von H. Buchinger (PPSt 7), Würzburg 2008, 11–25.
32   Vgl. ebd. 21.

der damaligen Terminologie entsprechend – die „Nachpfingstzeit" behandelt, erschließt Parsch das Fronleichnamsfest.[33]

Bereits das den Abschnitt eröffnende Bild, das dem Mosaik mit der Darstellung des Abendmahls in S. Apollinare Nuovo in Ravenna nachgezeichnet ist, zeigt programmatisch den zentralen Festinhalt an: die Einsetzung der Eucharistie, die zwar auf den Gründonnerstag verweist, dessen „freudige Seite" aber an diesem ersten Donnerstag nach Abschluss des Osterfestkreises nachgeholt wird. Kurz charakterisiert Parsch die Formung der liturgischen Festformulare durch Thomas von Aquin. Während die älteren Feste des Kirchenjahres, so Parsch, „den kraftvollen Geist der Märtyrerzeit atmen", aber eben „nicht so fein und kunstvoll gebaut" sind, zeichnen sich die neueren Feste „durch einen systematischen Aufbau und durch verschiedene Kunstformen aus."[34] Dies gelte insbesondere für das weithin auf den Aquinaten zurückgehende Festoffizium von Fronleichnam.

Zunächst bietet Parsch einen kurzen Überblick über die biblisch-liturgischen Motive der Matutin, bei Parsch zeitgenössisch „Mette" genannt. Dabei stellt er den Gedanken der Königshuldigung heraus, sieht er doch auch das Fronleichnamsfest als „ein Königsfest, eine Huldigung an den König, der in der Eucharistie über die Völker herrscht."[35] Den Gedanken wird Parsch wieder aufgreifen bei der Kommentierung der Prozession. Der Hinweis zeigt jedenfalls, welche Dominanz dieses christologische Motiv mit seinem gesellschaftspolitischen Hintergrund in den 1920er/30er Jahren hatte und gerade in Kreisen der Liturgischen Bewegung und der katholischen Jugendbewegung eine bedeutende Rolle spielte.[36]

Nachfolgend geht Parsch auf die „Stundenfeier" ein und skizziert die erste Vesper, die Matutin und die Laudes, um anschließend das Messfor-

---

33  Wir benutzen die 11. Auflage: P. Parsch, Das Jahr des Heiles. Klosterneuburger Liturgiekalender. Für immerwährenden Gebrauch 3. Schlußteil, Klosterneuburg [11]1934, 20–26. – Obgleich Parsch an seiner Erklärung des Kirchenjahres stets weitergearbeitet hat, finden sich in der Darstellung des Fronleichnamsfestes keine Veränderungen bis zur 14. Auflage von 1952; die Neuausgabe 2008 bietet den gekürzten Text der zweibändigen 17. Auflage von 1956, in der weitgehend auf die Kommentierung der Tagzeitenliturgie verzichtet wurde. Vgl. P. Parsch, Das Jahr des Heiles 2008 (wie Anm. 31) 278–281.

34  Ders., Das Jahr des Heiles 1934 (wie Anm. 33) 21.

35  Ebd.

36  Vgl. etwa die Darlegungen von H. von Meurers, Das Königtum Christi, in: Pastor Bonus 37 (1926) 10–38.380–390; I. Herwegen, Das Königtum Christi in der Liturgie, in: ders., Alte Quellen neuer Kraft, Düsseldorf [2]1922, 80–116. – Vgl. zur Sache C. Joosten, Das Christkönigsfest. Liturgie im Spannungsfeld zwischen Frömmigkeit und Politik (Pietas Liturgica 12), Tübingen–Basel 2002.

mular zu erläutern. Bemerkenswert ist die beigegebene Zeichnung, die die Antiphon zum Psalm 1 der Matutin ins Bild bringt: „Heilbringende Frucht gab der Herr zum Genusse in der Zeit seines Todes."[37] Parsch erklärt: „Der eucharistische Lebensbaum, das Kreuz, neigt tief seine Zweige zum Genuß. […] Im Schatten des Mysterium fidei (Eucharistie)"[38] lässt sich die Kirche als Braut und Hirtin nieder, die die Frucht pflückt, um sie den Schafen zu reichen. Die reichen biblischen Anklänge, die Parsch aus den liturgischen Texten herausschält, weisen bereits in eine markant andere Richtung als die Festerklärungen in den oben genannten katholischen Volksbüchern des 19. und 20. Jahrhunderts. Im Gegensatz dazu ist die für Parsch enge Verbindung von Bibel und Liturgie charakteristisch – Schlagworte, die Parsch nach eigenem Bekunden selbst geprägt hat,[39] – sie bestimmen auch wesentlich seinen Kommentar zum Fronleichnamsfest.

Bemerkenswert ist darüber hinaus der Unterschied zwischen den überkommenen Erklärungen und der Darstellung bei Parsch hinsichtlich der Fronleichnamsprozession. Sie bildete in der älteren katholischen Hausliteratur weithin den Mittelpunkt in den Erörterungen und wurde dort mit geradezu verklärenden Worten begründet und gedeutet. So heißt es noch in einem 1927 erschienenen „Kirchenjahrbuch für junge Menschen": „Da öffnen sich weit die Tabernakeltüren und der Heiland zieht unter dem Klingen der Glocken und dem Rauschen der Musik durch die Straßen und segnet tausendfach das gläubige Volk. Dies kniet in Ehrfurcht nieder und lobt den Herrn im Sakrament."[40] Geradezu lapidar mutet demgegenüber Parsch an: „Nach der Meßfeier folgt die Fronleichnamsprozession; diese ist jedenfalls nicht das Wesentliche (war auch bei der Einführung des Festes unbekannt)."[41] Nur knapp geht er auf den in den meisten deutschsprachigen Diözesen bestehenden Brauch der vier Segensaltäre in den vier Himmelsrichtungen ein, an denen die Anfänge der vier Evangelien gesungen werden. Ihren Sinn deutet Parsch als Symbol, wobei er erneut das eingangs genannte christologische Königsmotiv aufgreift:

---

37  Es handelt sich um die Antiphon *Fructum salutiferum*, die Ps 1,3 zitiert; hier nach: P. Parsch, Das Jahr des Heiles 1934 (wie Anm. 33) 24.
38  Ebd.
39  Parsch notiert in seinem Tagebuch (1921?): „Die zwei Schlagworte ‚Bibel und Liturgie' habe ich geprägt und sie nehmen ihren Siegeslauf." Hier zit. nach N. Höslinger, Lebenslauf (wie Anm. 5) 39.
40  A. M. Rathgeber/K. Holtmayr, Hochfest und Alltag der Kirche. Ein Kirchenjahrbuch für junge Menschen, Wiesbaden 1927, 244 f.
41  P. Parsch, Das Jahr des Heiles 1934 (wie Anm. 33) 25.

„Christus soll in der ganzen Welt als König herrschen."[42] Die Verbindung zwischen Fronleichnam und dem 1925 eingeführten Christkönigsfest begegnet in jenen Jahren häufig und weist auf die bemerkenswert rasche und populäre Rezeption des Motivs hin.[43] Parschs Darlegung unterscheidet sich damit wesentlich von den weithin üblichen Erläuterungen in den religiösen Volksbüchern. Streng ausgerichtet auf die Texte der „Stundenfeier" und der „Messfeier" stellt Parsch klar die Bedeutung der zentralen liturgischen Feiern heraus, wogegen er der festspezifischen Sakramentsprozession kaum Aufmerksamkeit schenkt.

Richtete sich „Das Jahr des Heiles" an eine interessierte Leserschaft, die es zur persönlichen Lektüre als private Vorbereitung des Gottesdienstes und zur Erschließung der liturgischen Texte nutzen sollte,[44] wandte sich Parsch in seinen „Liturgischen Predigten" an die Gläubigen direkt, um ihnen die Liturgie im konkreten Vollzug der Feier zu deuten. Seine von ihm selbst gehaltenen Predigten veröffentlichte er 1931 in der sechsbändigen Reihe „Liturgische Praxis", in denen er den Seelsorgern Anregungen und Hilfen für die liturgische Predigt geben wollte.[45] Unter den hier publizierten Manuskripten finden sich auch drei, zwischen 1925 und

---

42  Ebd. 26.
43  Ähnlich verknüpft Pfarrer Konrad Jakobs, Pfarrer an St. Marien in Mülheim/Ruhr, in einem Aufsatz am 19. Juni 1930 in der Mülheimer Volkszeitung beide Aspekte miteinander: „Das Fronleichnamsfest hat seit sieben Jahrhunderten das Königtum Christi gekannt und gefeiert [...] Am Fronleichnamstage tritt die Kirche mit dem Hochwürdigsten Gute aus dem geheimnisvollen Dunkel ihrer Dome und Gotteshäuser unter das helle Licht des sommerlichen Himmels, um in überströmender Freude der Welt ihren König zu zeigen und für ihn die Huldigung der Gläubigen zu verlangen." K. Jakobs, Heilige Danksagung. Zum hochheiligen Fronleichnamsfeste, in: Pastor Jakobs spricht..! Ein Jahreslesebuch der Frohen Botschaft, ausgewählt und eingeleitet von K. Geerling, Essen 1934, 108–111, hier 108f. – Zur Sache vgl. auch J. A. Jungmann, Das Christusgeheimnis im Kirchenjahr. Eine geistesgeschichtliche Skizze, in: ders., Gewordene Liturgie. Studien und Durchblicke, Innsbruck–Leipzig 1941, 295–321, hier 307–309.
44  „Das Jahr des Heiles" war zweifellos die populärste und am meisten verbreitete Schrift dieser Art. Zu berücksichtigen wären aber auch die Schriften von Athanasius Wintersig/Ludwig A. Winterswyl. Er geht aber in seiner Laienliturgik (Die liturgische Feier, Kevelaer 1938, 171) nur mit einem Satz auf die Fronleichnamsfeier ein; in seiner Kirchenjahrsdarstellung (Christus im Jahr der Kirche, Kevelaer 1941) findet das Fest konzeptionsbedingt keine Erwähnung. Vgl. dazu B. Jeggle-Merz, Erneuerung der Kirche aus dem Geist der Liturgie. Der Pastoralliturgiker A. Wintersig/L. A. Winterswyl (LQF 81), Münster 1998, 152–169.
45  Diese sechs Bändchen umfassende Reihe wurde in die ungarische Sprache übersetzt. Vgl. N. Höslinger/T. Maas-Ewerd (Hg.), Mit sanfter Zähigkeit (wie Anm. 5) 326.

1927 gehaltene Fronleichnamspredigten.[46] Dabei handelt es sich jeweils um fünf unter einem gemeinsamen Thema stehende Kurzpredigten, die Parsch in der Messe und an jedem der vier Segensaltäre hielt. Die Homilie gliederte sich also in Sequenzen auf und bot so abschnittsweise Betrachtungspunkte für die Prozession.

Exemplarisch sei die erste Fronleichnamspredigt erwähnt, die sich zwar an das Motiv der Sakramentsprozession anschließt und davon inspiriert „Vier Prozessionen im Leben Jesu" entfaltet, vor allem aber auf den Kern der Feier zielt: „Gerade dieses Fest", so Parsch, „ist im Laufe der Zeit allzu sehr äußerlich geworden, so daß sein tiefer Inhalt vielfach im Volke übersehen wird"[47]; und den skizziert Parsch als Fest der Messe, als Fest der heiligen Kommunion und als Fest der eucharistischen Gegenwart Jesu.[48] So sei „die erste Forderung des Fronleichnamsfestes [...] die Messe verstehen, mitfeiern, die Messe in den Mittelpunkt des religiösen Lebens stellen."[49] Weil das Opfer Christi die Mitte der Messe ist, ist die Kommunion „keine selbständige Andacht, sondern ein Bestandteil, Frucht und Abschluß des Opfers."[50] Deshalb müsse der Grundsatz gelten: „Keine Messe ohne Kommunion, aber auch keine Kommunion losgelöst von der Messe."[51] Erst in nachgeordneter Linie gehe es auch um die eucharistische Gegenwart Christi, die aber „nicht allzu persönlich, allzu örtlich aufgefasst werden dürfe."[52] Damit setzt Parsch ein unmissverständliches Vorzeichen vor die Prozession, die er dann mit vier biblischen Szenen deutet.[53] Die Feier des Fronleichnamsfestes ist ihm also Anlass, die mit dem Fest eng verbundene, aber über Jahrhunderte einseitig herrschende eucharistische Anbetungsfrömmigkeit zu überwinden und sie ein- und unterzuordnen in eine Eucharistiefrömmigkeit, die von der lebendigen Mitfeier der Messe bestimmt ist. Ausdrücklich hebt Parsch in seiner Fronleichnamspredigt 1927 hervor: „Unser religiöser

---

46  Vgl. P. Parsch, Liturgische Predigten III. Ostern bis Nachpfingstzeit (Liturgische Praxis 5), Klosterneuburg 1931, 169–192.
47  Ebd. 169.
48  Vgl. ebd. 170–172.
49  Ebd. 170.
50  Ebd. 171.
51  Ebd.
52  Ebd. 172.
53  Im Einzelnen handelt es sich um den Gang Mariens durchs Gebirge, um Jesus, den Wundertäter, um die Grablegung des Leichnams Christi und die Himmelfahrt Christi. Vgl. ebd. 173–177.

Mittelpunkt ist nicht der Tabernakel, auch nicht die Kommunion, sondern das Opfer der Messe."⁵⁴

Ähnlich haben andere Protagonisten der Liturgischen Bewegung versucht, in der Predigt und Katechese am Fronleichnamsfest die liturgietheologischen Akzente wieder richtig zu setzen.⁵⁵ Vergleichbar mit Parsch betont Johannes Pinsk (1891–1957) mit Nachdruck: „Auch das Hauptfest der Eucharistie, wie es seit Jahrhunderten im Fronleichnamsfest begangen wird, kann daher nicht vorzüglich die dauernde Gegenwart des Herrn in der Eucharistie und deren Anbetung zum Gegenstand haben; es muß vielmehr ausdrücklich immer wieder auf das Opfer und das Opfermahl als das Entscheidende hinweisen [...] Daher scheint es mir wichtig zu sein, die Gläubigen vor allem über den Sinn und die Beziehungen von Opfer und Opfermahl aufzuklären. [...] So wäre es zweifellos sehr gut, wenn den Gläubigen klargemacht würde, daß die Messe keine Sakramentsandacht ist."⁵⁶ Und Konrad Jakobs (1874–1931), Pfarrer von St. Marien in Mülheim an der Ruhr, schreibt in der Kirchenzeitung zum Fronleichnamsfest: Wir müssen „wieder vor allem die Teilnahme des inneren, gläubigen Menschen an der hl. Messe betonen und darauf drängen, daß möglichst die ganze Gemeinde in ihrer Sonntagsmesse kommuniziert. [...] Bewußt ist die eucharistische Seelsorge an St. Marien hierauf eingestellt. Sie will zum Meßopfer und zum Kommunizieren in diesem Meßopfer führen in der Erkenntnis, daß das Sein und Wirken der Eucharistie auf dem hl. Meßopfer beruht."⁵⁷

Es lässt sich zu Recht fragen, ob das von Parsch, Pinsk und Jakobs formulierte, zentrale Anliegen der Liturgischen Bewegung denn tatsächlich heute, 50 Jahre nach Sacrosanctum Concilium, eingeholt ist. Auch

---

54  Ebd. 184.
55  Eine eingehende Studie zur Fronleichnamspredigt in der Liturgischen Bewegung liegt m. W. nicht vor; einzelne Hinweise finden sich bei N. Weigl, Liturgische Predigt seit dem Zweiten Vatikanischen Konzil. Eine Untersuchung zur Messfeier in der Sonntagspredigt der Zeitschrift „Der Prediger und Katechet" (StPaLi 21), Regensburg 2009.
56  J. Pinsk, Liturgische Anregungen für das Fronleichnamsfest, in: Liturgische Zeitschrift 4 (1931/32) 250–256, hier 250.
57  K. Jakobs, Fronleichnam, in: ders., „Ihr seid Christi Leib!" Ein Buch von unserer Erlösung, hg. von W. Cleven, Leutesdorf 1933, 156–161, hier 158.160 [es handelt sich um eine Sammlung von Artikeln, die Pfarrer Jakobs für das Katholische Kirchenblatt für die Pfarre St. Mariä Geburt, Mülheim/Ruhr in den Jahren von 1925–1931 verfasst hat]. – Zu Person und Werk vgl. J. Bärsch, Pastor Konrad Jakobs (1874–1931). Seelsorge aus dem Geist der Liturgie, in: A. Pothmann/R. Haas (Hg.), Christen an der Ruhr 1, Bottrop-Essen 1998, 150–164.

wenn diese Frage hier nicht näher erörtert werden kann, wird man doch feststellen dürfen, dass die eucharistische Anbetung zweifellos nicht mehr den Mittelpunkt der Frömmigkeitspraxis in der Messe bildet, demgegenüber aber die sakramentale Kommunion für die meisten Gläubigen mit großer Selbstverständlichkeit zur Feier der Messe gehört. Ob mit dieser grundsätzlich positiven Entwicklung aber in den Gemeinden immer auch das lebendige Bewusstsein verbunden ist, als Gemeinschaft der Kirche hineingenommen zu sein in das Paschamysterium Christi, ist keineswegs ausgemacht. Denn wenn der Eindruck nicht täuscht, hat sich die ehemalige Konzentration auf die eucharistische Verehrung in den letzten einhundert Jahren gewandelt zu einer Konzentration auf den Empfang der Eucharistie. Wenn dem so ist, bleibt in der Tat die Herausforderung bestehen, die Feier der Liturgie als Teilhabe am Paschamysterium Christi, an der lebendige Gegenwart seines Todes und seiner Auferstehung, zu erschließen und für das Glaubensleben fruchtbar zu machen.[58]

## 2. Überlegungen und Anregungen zur liturgischen Neugestaltung der Fronleichnamsfeier

Kehren wir aber wieder zurück in die erste Hälfte des 20. Jahrhunderts. Denn neben der liturgiegerechten Erschließung des Festes für die Gläubigen haben sich Vertreter der Liturgischen Bewegung auch Gedanken über eine Gestaltung der Fronleichnamsfeier gemacht, die den wieder entdeckten liturgietheologischen Prinzipien Rechnung tragen sollte.

Hier ist wiederum an erster Stelle Pius Parsch zu erwähnen. Bereits ab 1924 beging er mit zwölf liturgischen Gemeinden eine „Liturgische Fronleichnamsfeier" auf dem Kahlenberg, die entgegen der barock anmutenden Feier mit ihrer Gefahr der Veräußerlichung zeigen sollte, „wie ein Fronleichnamsfest ohne die starke Betonung der Äußerlichkeiten durch die Feier der Liturgie allein wirkt."[59] Wie Parsch schildert, begann die Feier mit der Mette am Vorabend in St. Gertrud. Am Festtag versammelte

---

58 Vgl. W. Haunerland, Mysterium paschale. Schlüsselbegriff liturgietheologischer Erneuerung, in: G. Augustin/K. Kardinal Koch (Hg.), Liturgie als Mitte christlichen Lebens (Theologie im Dialog 7), Freiburg–Basel–Wien 2012, 189–209, hier 200–209; W. Haunerland, In Treue zum Auftrag Jesu. Die Eucharistie als Quelle und Höhepunkt des Christseins heute, in: IKaZ 42 (2013) 270–280.
59 P. Parsch, Fronleichnam, in: BiLi 2 (1927/28) 333f., hier 333; vgl. auch N. Höslinger, Lebenslauf (wie Anm. 5) 42f.

man sich auf dem Berg und feierte im Wald die Laudes. Zur „volksliturgischen Messe" in der dortigen Josefskirche war der Altar in der Mitte zum Volk gewendet; Parsch beschreibt ihn als eine Art „Bundeslade", die zugleich als Tragaltar für die Prozession diente und um die herum sich die Gläubigen und die Schola gruppierten. Weiter Parsch wörtlich: „Der Introitus wurde wirklich als Einzug durch die ganze Kirche gehalten, wobei Schola und Volk den ganzen Psalm 80 mit Rahmenvers nach jedem Psalmvers sang. Alles deutsch, auch die Sequenz. Nach dem Evangelium kurze Homilie; Opfergang um den Altar, wobei außer dem kurzen Messgesang des Ave verum (das war die einzige Abweichung von der Liturgie) gesungen wurde. Fast alle Anwesenden empfingen das Opfermahl, so dass die Hostien zu wenig wurden."[60]

Die anschließende Prozession zog durch den Wald zum benachbarten Leopoldsberg, jeweils unterbrochen durch die üblichen vier Stationen, bei denen sich die Teilnehmer halbkreisförmig um den Altar versammelten und Parsch nach den Evangelieninitien eine kurze Ansprache hielt, die – wie erwähnt – jeweils einen Aspekt des homiletischen Gesamtthemas aufgriff. Im Rittersaal des Burggasthofes schloss sich die Agapefeier an, worauf nachmittags die Prozession zurück zum Kahlenberg führte. Dort endete die Feier mit der deutschen Sakramentsvesper.[61] Mit der Darstellung der eigenen liturgischen Praxis in „Bibel und Liturgie" wollte Parsch dazu anregen, die bisher in den Pfarrgemeinden übliche Form des Fronleichnamsfestes zu überdenken und der Feier im Sinne einer volksliturgischen Gestaltung eine veränderte Gewichtung zu geben.

In der Folgezeit richtete sich in „Bibel und Liturgie" der Blick vor allem auf die musikalische Ausstattung der Messe[62] und der Prozession[63], für die der Kirchenmusiker Vinzenz Goller (1873–1953)[64] Hinweise und Behelfe zur Verfügung stellte. Dabei schlug er vor, dass eine Schola aus Knaben- und Männerstimmen an den Segensaltären die diözesan vorgeschriebenen Hymnen und Responsorien vortragen sollte, wogegen die Ortskapelle, aufgeteilt in kleinere Bläserchöre, die Begleitung der

---

60 P. Parsch, Fronleichnam (wie Anm. 59) 333.
61 Vgl. ebd. 333 f.; N. Höslinger, Lebenslauf (wie Anm. 5) 43.
62 Vgl. V. Goller, Die wechselnden Meßgesänge am Fronleichnamsfest, in: BiLi 3 (1928/29) 311.
63 Vgl. V. Goller, Was machen wir zur Fronleichnamsprozession?, in: BiLi 4 (1929/30) 360–362.
64 Zu Goller vgl. R. Pacik, Volksgesang im Gottesdienst. Der Gesang bei der Messe in der Liturgischen Bewegung von Klosterneuburg (SPPI 2), Klosterneuburg 1977, 21–72.

volkssprachlichen Fronleichnamslieder übernimmt. Ihm schwebte sogar „eine Art Generalprobe über alle Gesänge in Form einer Volksandacht" am Vorabend des Festes vor,[65] wobei der Priester auf der Kanzel als Kantor jeweils „den textlichen Inhalt der tiefen, meist uralten Gesänge, die zu den köstlichsten Blüten deutscher religiöser Poesie zählen"[66], erläutert.

Auch andernorts regten sich inzwischen kritische Stimmen zur Fronleichnamsprozession, die einerseits „eine dem Gegenwartsempfinden angepasste Umgestaltung"[67] forderten, andererseits „alte Fronleichnamsbräuche, die vor allem in der Aufklärungszeit verdrängt worden waren, in neuer Form wieder aufgenommen"[68] sehen mochten. So schlugen Referenten auf einer Tagung der Katholischen Aktion der Erzdiözese Wien und des Wiener Seelsorgeamtes u. a. vor: „Aufstellung einer Spitzengruppe mit Christusfahnen und kirchlichen Symbolen sowie einer Fahnengruppe am Ende des Zuges, Beseitigung des militärischen Aufmarschcharakters großer Teile der Prozession, bessere Aufstellung und künstlerisch einwandfreie Ausschmückung der Altäre, geordnete Beteiligung des Volkes durch Gebet und Gesang."[69]

Man merkt den Berichten aus „Bibel und Liturgie" deutlich das spezielle Lokalkolorit der österreichischen Tradition der Fronleichnamsfeier an. Die Anregungen zielen vor allem auf eine strenger kirchlich-liturgisch gestaltete Prozession mit den üblichen Segensaltären, hinter denen eine stark agrarisch geprägte Frömmigkeit stand, die in ländlichen, katholisch geprägten Räumen höchst lebendig war. Dementsprechend waren hier die Voraussetzungen, örtlichen Vorgaben und die bestehenden Widerstände gegen eine Neugestaltung des Festes deutlich andere, als dies etwa für städtische Regionen oder Diasporagebiete galt.

In der Ruhrgebietspfarrei St. Mariä Geburt in der lange protestantisch geprägten Stadt Mülheim brauchte sich Pfarrer Jakobs keine Gedanken über eine Neugestaltung der überkommenen Sakramentsprozession zu machen: „Wir haben [...] keine Fronleichnamsprozession durch die Straßen", schreibt er, „wir werden sie ja einmal bekommen; aber vorher möchte der eucharistische Geist der Pfarre gläubig und opfernd erstarken in jenem anderen Gedanken, nach dem Christus im Meßopfer

---

65  V. Goller, Fronleichnamsprozession (wie Anm. 63) 362.
66  Ebd.
67  Zeitgemäße Gestaltung der Fronleichnamsprozession, in: BiLi 9 (1934/35) 382 f., hier 382.
68  Ebd. 382 f.
69  Ebd. 383.

opfert und speist. Wohl haben wir, seitdem vor rund 70 Jahren die Fronleichnamsprozession im Garten des Styrumer Schlosses aufhörte, eine Prozession mit dem Allerheiligsten durch die Kirche."[70] Eine stark traditionsgebundene Feier konnte sich hier also gar nicht erst entfalten, so dass einer vom Geist der Liturgie geprägten Gestaltung nur wenig entgegenstand.

Hatte Pius Parsch seine Neugestaltung der Fronleichnamsfeier aus dem Gedanken der Volksliturgie entwickelt, führte bei Romano Guardini und dem „Quickborn" das stärker an der elementaren, kultisch-symbolischen Formgebung orientierte Verständnis der Liturgie zu einem Versuch, der überkommenen Fronleichnamsfeier ein gewandeltes Gesicht zu verleihen. In den „Schildgenossen" veröffentlichte Guardini 1936/37 die von dem Architekten Emil Steffann (1899–1968)[71] inspirierte Neugestaltung der Lübecker Fronleichnamsprozession. Anstelle einer umkreisenden Prozession mit vier Segensstationen, legte Steffann die vier Altäre zu einem einzigen zusammen. „Dieser hatte einen quadratischen Grundriß", schreibt Guardini, „und der Segen wurde von jeder seiner vier Seiten nach einer andern Richtung hin erteilt. Das war sehr schön und richtig bedacht."[72] Hatte der segnende Fronleichnamsumgang ehedem die Funktion, ein „heiliges Land" durch Umgehung zu begrenzen und zu bezeichnen, war dies für eine Großstadt wie Lübeck nicht mehr zu realisieren; „der alte Sinn lässt sich nicht mehr darstellen und der heilige Brauch kann leicht zur leeren Demonstration absinken."[73] Indem Steffann vom Altar aus ein großes Aschenkreuz in die vier Richtungen des Platzes legte, gab er dem Fronleichnamssegen einen neuen Sinn. „Umriß wurde durch Mitte, Ring und

---

70  K. Jakobs, Fronleichnam (wie Anm. 57) 160. – Nach Einzug der Reformation in der Herrschaft Broich 1578 war der Graf von Limburg-Styrum katholisch geblieben und stellte den Katholiken die Schlosskapelle von Styrum für den Gottesdienst zur Verfügung. Erst in der zweiten Hälfte des 18. Jahrhunderts konnte eine eigene Kirche gebaut und 1790 zur Pfarrei erhoben werden. Mit dem Neubau der Marienkirche 1856/71 erlosch die Tradition der Fronleichnamsprozession im Styrumer Schlossgarten; in der aufstrebenden bürgerlichen Gemeinde Mülheim/Ruhr war eine solche öffentliche Prozession aber nicht möglich. Vgl. Bischöfliches Generalvikariat Essen (Hg.), Handbuch des Bistums Essen, 2 Bde., Bd. 1. Geschichte, Essen ²1974, 193.
71  Zu Person und Werk vgl. J. Heimbach, „Quellen menschlichen Seins und Bauens offen halten". Der Kirchenbaumeister Emil Steffann (1899–1968) (Münsteraner Theologische Abhandlungen 36), Altenberge 1995; C. Lienhardt (Hg.), Emil Steffann (1899–1968): Werk, Theorie, Wirkung. Ausstellungskatalog, Regensburg 1999.
72  R. G. [Romano Guardini], Gestaltwandel des Fronleichnamssegens, in: Die Schildgenossen 16 (1936/37) 112.
73  Ebd.

Stern ersetzt", so Guardini, „das war richtig, denn diese Figuren sind vertauschbar und der welthafte Bezug wurde noch deutlicher."[74]

Der im Gegensatz zu Parsch völlig andere Ansatz zu einer Neugestaltung der Fronleichnamsfeier lässt nach den je unterschiedlichen Zugängen der tragenden Persönlichkeiten der Liturgischen Bewegung fragen. Einmal mehr zeigt sich, dass die gemeinsamen Anliegen zu einer Erneuerung der Kirche und des Glaubens aus dem Geist der Liturgie aus recht unterschiedlichen Quellen gespeist wurden. Es wäre vermutlich lohnend, systematisch die Diskussionen um eine neue, angemessene und zukunftsträchtige Gestalt der Fronleichnamsfeier zu untersuchen, wie sie im 20. Jahrhundert auf dem zeitgeschichtlichen Hintergrund massiver Wandlungen und Umbrüche (NS-Diktatur, Nachkriegszeit, Zweites Vatikanisches Konzil, Nachkonzilszeit) geführt wurden. Das konnte und kann hier nicht geschehen. Man darf aber vermuten, dass sich am Beispiel der Fronleichnamsprozession die großen Veränderungen in Theologie und kirchlichem Leben in nuce nachzeichnen und deren enge Verflechtungen mit dem politischen, gesellschaftlichen und kulturellen Leben sichtbar machen lassen.[75] Vor allem lässt sich festhalten, dass die Liturgische Bewegung wesentlich zu dem erneuerten Bewusstsein beigetragen hat, dass die Feier der Messe selbst zentraler und grundlegender als aller eucharistischer Kult außerhalb der Messfeier ist.[76] Diese Neuorientierung, wonach „Monstranz und Tabernakel den Tisch des heiligen Opfers voraussetzen"[77], wird später zur theologisch fundierten Neugestaltung des Eucharistischen Weltkongresses 1960 in München führen, der seinerseits wiederum stilbildend für die Feier des Fronleichnamsfestes in vielen anderen Orten werden sollte.[78]

---

74 Ebd.
75 Vgl. exemplarisch die zeitlich und räumlich eng begrenzte Fallstudie: J. Bärsch, Liturgiereform im Ruhrbistum Essen (wie Anm. 3) 94–105.
76 Vgl. W. Haunerland, Eucharistie als Mitte der Kirche. Das Grundanliegen von 1960 und seine Aktualität, in: MThZ 62 (2011) 119–130.
77 Pro mundi vita. Einführung in den 37. Eucharistischen Weltkongreß München 31.7. bis 7.8. [1960], o. O., o. J. [München 1960] 12.
78 Dazu hat vor allem Josef Andreas Jungmann wesentliche Anstöße gegeben. Vgl. J. A. Jungmann, Statio orbis catholici – heute und morgen, in: R. Egenter/O. Pirner/H. Hofbauer (Hg.), Statio orbis. Eucharistischer Weltkongreß 1960 in München 1, München ²1962, 81–89. – Zur Sache vgl. F. X. Bischof, München als Treffpunkt der Kirche. Der 37. Eucharistische Weltkongress 1960, in: MThZ 62 (2011) 101–118; W. Haunerland, Die Eucharistischen Weltkongresse, in: P. Pfister (Hg.), Für das Leben der Welt. Der Eucharistische Weltkongress 1960 in München (Schriften des Archivs des Erzbistums München und Freising 14), Regensburg 2010, 23–30.

## 3. Resümee und Ausblick

Überblickt man die hier exemplarisch herausgegriffenen Beiträge zum Verständnis und zur Gestalt des Fronleichnamsfestes, treten die markanten Neuorientierungen, die von Pius Parsch und anderen Vertretern der Liturgischen Bewegung zur Sprache gebracht wurden, deutlich vor Augen. Stand ehedem der „Triumphzug des Heilands" und die dankbar-bekennende, öffentliche Anbetung des eucharistischen Herrn im Zentrum, wird nun die Feier der Eucharistie und die Teilnahme an der sakramentalen Kommunion innerhalb der Messe in den Mittelpunkt gestellt. Dieses grundsätzliche Anliegen der Liturgischen Bewegung nachdrücklich herauszustellen, lag am Hochfest der Eucharistie besonders nahe, weshalb denn auch Johannes Pinsk fragt: „Sollte nicht das Fronleichnamsfest uns ein willkommener Anlaß sein, den Kult der heiligen Eucharistie wieder mehr auf die sinngemäße Linie zu bringen? Das wäre das schönste Zeichen der Ehrfurcht vor der Eucharistie [...]."[79]

Zu dieser sinngemäßen Linie gehörte neben der Aufwertung der Messe als Vollzug des Paschamysteriums eine entsprechende Neubewertung der bis dahin als glanzvoller Höhepunkt wahrgenommenen sakramentalen Prozession. Sie sollte eher als geistlicher Weg oder, wie Parsch sagt, als „heiliger Gang" verstanden werden, der durch eucharistische Hymnen begleitet wird und für den Parsch Betrachtungspunkte in den Ansprachen an den vier Segensstationen gab. Parsch beeilt sich, seinen Kritikern zu begegnen, wenn er sogleich anfügt: „Wir hielten uns im Ritus ganz nach dem Rituale."[80] War es doch auch Parschs Anliegen, die kirchlich geordnete Liturgie des Festes wieder ohne alle äußeren Ablenkungen den Gläubigen zu öffnen und sie so zur Mitfeier des Gottesdienstes zu führen. Demgegenüber erweist sich die von Guardini bekannt gemachte, von Steffann entwickelte Gestaltung der Feier in Lübeck durchaus als ein Novum, das den Sinn des liturgischen Geschehens auf die gewandelten Verhältnisse transponierte und auf neuartige Weise zu erschließen imstande war.

Am Beispiel des Fronleichnamsfestes zeigte sich einmal mehr, dass die Protagonisten der Liturgischen Bewegung zwar auf unterschiedlichen

---

79 J. Pinsk, Liturgische Anregungen (wie Anm. 56) 256.
80 P. Parsch, Fronleichnam (wie Anm. 59) 333; Parsch bezog sich dabei auf die Collectio Rituum Archidioeceseos Viennensis [...]. Pars tertia, Vienna 1889, 43–56 (De processione in festo vel juxta morem locorum in Dominica infra octavam SS. Corporis Christi).

Pfaden unterwegs waren, in der Sache sie aber das gemeinsame Anliegen verband, den Gottesdienst der Kirche wieder neu zum Leuchten zu bringen, oder wie es Romano Guardini 1942 formulierte: „Die Gestalten der liturgischen Handlungen müssen so rein und voll herausgeholt werden, als es nur geht. Zugleich muß eine Art des deutenden und bildenden Sprechens gefunden werden, die nicht erklärt und ermahnt, sondern die inneren Sinne löst, den Menschen in das heilige Geschehen hineinführt und den Vollzug in Bewegung bringt."[81]

---

81  R. Guardini, Die mystagogische Predigt, in: K. Borgmann (Hg.), Volksliturgie und Seelsorge. Ein Werkbuch zur Gestaltung des Gottesdienstes in der Pfarrgemeinde, Kolmar o. J. (1942), 157–169, hier 169.

# Überzeugend, inhaltsreich und mitreißend. Beobachtungen in den USA zur Predigt im Gottesdienst

*Stefan Böntert*

Der 60. Jahrestag des Todes von Pius Parsch sowie der 50. Jahrestag der Verabschiedung der Liturgiekonstitution sind ein idealer Anlass, zurückzuschauen und eine vorläufige Bilanz dessen zu ziehen, was beide für die Liturgie der Kirche an zukunftsweisenden Impulsen auf den Weg gebracht haben. Auch wenn wir heute in Liturgie und Verkündigung vor Aufgaben stehen, die weder die volksliturgische Bewegung noch das Konzil voraussehen konnten, so haben sie durch ihr Bemühen essentielle Akzente gesetzt. Was sie an geistlicher Erneuerung des kirchlichen Lebens intendierten, hat einen bleibenden Wert und muss unter den Rahmenbedingungen unserer Gegenwart weiter geführt werden. Wir befinden uns längst nicht am Ende, sondern immer noch am Beginn eines Weges, dies gilt es angesichts mancher Resignation, wie sie gelegentlich das innerkirchliche Klima belastet, im Bewusstsein zu halten.

Ein bedeutsames Feld innerhalb des Gottesdienstes stellt die Predigt dar. Wohl kaum eine Zeit hat ihr so viel intellektuelle und geistliche Kraft gewidmet wie die jüngere Vergangenheit. Die volksliturgische Bewegung hat dazu einen konstitutiven Beitrag geleistet, indem sie, nach langen Jahrhunderten einer tendenziell dürftigen und zu Einseitigkeiten neigenden Praxis, der gottesdienstlichen Verkündigung einen neuen Stellenwert zugewiesen hat.[1] Allein schon Parschs zehnbändiges Werk „Die liturgische Predigt. Wortverkündigung im Geist der liturgischen Erneuerung"[2] macht deutlich, welche Bedeutung er der Predigt zumaß.[3] Bekanntlich

---

1 Zur Geschichte der christlichen Predigt vgl. das materialreiche (konfessionsübergreifend angelegte) Grundlagenwerk von O.C. Edwards Jr., A History of Preaching, Nashville/TN 2004.
2 Vgl. P. Parsch, Die liturgische Predigt. Wortverkündigung im Geist der liturgischen Erneuerung, Bd. 1–10, Klosterneuburg bei Wien 1948–1955.
3 Vgl. zur Einordnung Parschs unter besonderer Berücksichtigung der liturgischen Predigt: A. Redtenbacher, Die liturgische Predigt im Werk von Pius Parsch, in: BiLi 83 (2010) 170–181.

hat sich das Konzil diesen Impuls zu Eigen gemacht und die Predigt zu einem integralen Element der Liturgie erklärt.[4]

Heute, ein halbes Jahrhundert später, hat sich die Szenerie deutlich verändert. Die weithin sinkenden Zahlen der Gottesdienstteilnehmer sprechen Bände. Mit der Erosion stellt sich auch die Frage nach der Predigt und ihrer Verankerung in der Liturgie mit neuer Dringlichkeit. Nicht nur junge Leute beklagen, dass eine Predigt oft nur wenig mit ihrem Leben zu tun hat. Auch Älteren fällt es schwer, ihr persönliches Leben mit dem in Verbindung zu bringen, was sie in der Predigt hören. Selbst kirchenverbundenen Menschen sind Predigten oft nicht oder nur schwer verständlich. Das Problem verschärft sich, wenn man an die Medien denkt, die mit ihren rasch wechselnden Bildern und Sprachformen nachweislich das Wahrnehmungs- und Kommunikationsverhalten transformieren. Dass daraus mannigfaltige Erwartungen an die stilistische und inhaltliche Konzeption einer Predigt erwachsen, stellt die Verantwortlichen vor schwierige methodische und inhaltliche Herausforderungen. Die Homiletik hat sich dessen umfassend angenommen und diskutiert konfessionsübergreifend die Chancen, aber auch die Risiken, die der Wandel für das Anliegen birgt, die Menschen mit dem Gott Jesu Christi in Kontakt zu bringen und ihnen die Lebensrelevanz des Glaubens vor Augen zu führen.[5]

Für die Kirche ist die Verkündigung ein unerlässlicher geistlicher Vollzug und ein Wesenselement, mit dem sie ihrer missionarischen Dimension Rechnung trägt. Um die Attraktivität einer Predigt zu erhöhen, könnte man nun von einem Prediger eine optimalere theologische und rhetorische Kompetenz oder eine profiliertere Kenntnis der Mediengesellschaft und ihrer Gesetzmäßigkeiten verlangen. Doch erfahrungsgemäß wirken solche Appelle kontraproduktiv, wenn sie nicht von konkreten Beispielen begleitet sind. Ein besonders aufschlussreiches Beispiel, wie Predigten die ausgetretenen Pfade verlassen und zu einer überraschenden Dynamik finden können, begegnet in der Kirche in den USA. Jenseits des Atlantiks haben Prediger in den letzten Jahren intensiv experimentiert und dabei

---

4  Vgl. SC 52. Vgl. dazu J. Bärsch, „... pars ipsius liturgiae". Die Predigt als integrales Element des katholischen Gottesdienstes, in: E. Garhammer/U. Roth/H.-G. Schöttler (Hg.), Kontrapunkte. Katholische und protestantische Predigtkultur (Ökumenische Studien zur Predigt 5), München 2006, 191–211.
5  Vgl. dazu nur zwei jüngere, exemplarisch ausgewählte Publikationen, die homiletische und liturgische Aspekte zusammen bringen: P. Müller, Predigt ist Zeugnis. Grundlegung der Homiletik, Freiburg 2007 (kath.); M. Meyer-Blanck, Gottesdienstlehre, Tübingen 2011 (ev.).

Stile entwickelt, die konsequent die geänderten kulturellen Rahmenbedingungen als einen tragenden Pfeiler mit einbeziehen. Sie wollen zwei Anforderungen gerecht werden: Zum einen folgen sie dem Konzept der Hörerorientierung, d. h. sie greifen auf die Kompetenzen zurück, die die Zuhörenden allein schon aus ihrer Prägung durch die Mediengesellschaft mitbringen. Zum anderen folgen sie dem Grundsatz von der Lebensrelevanz des Glaubens, d. h. sie wollen den Zuhörenden dabei helfen, eine persönliche geistliche Kompetenz auszubilden, die sich im Alltag bewährt. Von außen betrachtet scheint das Konzept aufzugehen, denn es findet bei den Mitfeiernden großen Anklang. Offenbar erleben sie es als überzeugend, inhaltsreich und in spiritueller Hinsicht inspirierend.

Was macht die Predigt in den USA so erfolgreich, worauf beruht ihre außerordentliche Resonanz bei den Zuhörern? Gibt es in der Ausgestaltung Aspekte, die sich auch in unseren Breiten für die Verkündigung im Gottesdienst fruchtbar machen lassen?[6] Gewiss sind die beiden Ortskirchen nicht so ohne weiteres vergleichbar, denn die Kulturen, in denen sie jeweils leben, weisen sehr unterschiedliche Eigenschaften auf.[7] Im Folgenden sollen einige besonders hervorstechende Charakteristika in den Blick kommen. Verständlicherweise können weder die vielfältige Praxis in den USA noch die dahinter stehenden homiletischen Horizonte erschöpfend behandelt werden. Es geht vielmehr darum darzustellen, auf welche Weise die Kirche jenseits des Atlantiks die Herausforderung der Verkündigung in der Gegenwart annimmt.

---

6 In der Liturgiewissenschaft ist eine vergleichende Perspektive mit Blick auf die USA bisher wenig beachtet worden, macht allerdings in jüngerer Zeit erfreuliche Fortschritte, vgl. H. Wieh, Besucherfreundliche Gottesdienste und eine erfolgreiche Katechumenatsbewegung, in: Pastoralblatt für die Diözesen Aachen, Berlin, Essen, Hamburg, Hildesheim, Köln, Osnabrück 52 (2000) 291–304; M. Stuflesser, Lernen von den USA?! Die Zukunft der Gemeindeliturgie in Deutschland, in: A. Henkelmann/M. Sellmann (Hg.), Gemeinde unter Druck – Suchbewegungen im weltkirchlichen Vergleich: Deutschland und die USA. Parish under pressure – quests for meaning from a global perspective: Germany and the USA in comparison, Münster 2012, 203–219; ders., Derselbe Sinngehalt – unterschiedliche Feiergestalt. Transatlantische Beobachtungen zur liturgischen Praxis zweier Ortskirchen, in: K. Reinhold/M. Sellmann (Hg.), Katholische Kirche und Gemeindeleben in den USA und in Deutschland. Überraschende Ergebnisse einer ländervergleichenden Umfrage, Münster 2011, 163–175.
7 Zur Hermeneutik der transatlantischen Perspektive vgl. die wichtigen Überlegungen bei A. Henkelmann, Einleitung, in: A. Henkelmann/M. Sellmann (Hg.), Gemeinde unter Druck, 11–29, hier 12–17.

## 1. Schlaglichter aus der Praxis

Wie in kaum einem anderen Land ist die Kirche in den Vereinigten Staaten multikulturell geprägt, entsprechend groß ist die Fülle an pastoralen und liturgischen Stilen. Die Variationen erklären sich aus dem sozio-kulturellen Kontext, hängen aber auch von den lokalen Gewohnheiten ab. Bereits auf den ersten Blick fällt auf, dass die Gottesdienste einer eigenartigen Spannung unterliegen.[8] Auf der einen Seite spielen die liturgischen Normen eine große Rolle. In aller Regel fühlen sich US-amerikanische Gemeinden an die kirchliche Ordnung gebunden. Anders als etwa im deutschen Sprachgebiet findet man nur selten Zusätze oder Auslassungen; die Beteiligten achten darauf, dass das Geschehen den Vorgaben entspricht. Auf der anderen Seite ist diese Normentreue jedoch weit von einem kühlen Formalismus entfernt. In den USA präsentiert sich eine Kirche, die höchsten Wert auf eine ansprechende und qualitätvolle Inszenierung legt sowie große Anstrengungen darauf verwendet, die Botschaft des Glaubens in einer für die Mitfeiernden attraktiven Weise zum Ausdruck zu bringen. Dies zeigt sich beispielsweise in der Musik[9], wenn vielerorts an jedem Sonntag Instrumentalisten sowie eine mehrstimmige Schola mitwirken. Zudem hat sich die *contemporary music* als maßgeblicher Musikstil durchgesetzt, oft begleitet durch das E-Piano, das die Orgel ergänzt oder sogar vollständig ersetzt.[10] Dass der Wechsel der Instru-

---

[8] Vgl. neuere Gottesdienstbeschreibungen bei T. Berger, „All Are Welcome!". Gottesdienstliches Leben als Feier der Vielfalt in den USA, in: Wie heute Gott feiern? Liturgie im 21. Jahrhundert, Herder Korrespondenz Spezial 1/2013, 61–64; M. Sellmann, Katholische Kirche in den USA. Was wir von ihr lernen können, Freiburg 2012, 73–83; S. Fuhrmann, Zwischen *rite recte* und überraschender Lebensnähe. Gottesdienste in den USA, in: Lebendige Seelsorge 62 (2011) 209–213; F.-P. Tebartz-van-Elst, Gottesdienstformen und die Rezeption der Liturgiereform des Zweiten Vatikanischen Konzils in den USA, in: W. Damberg/A. Liedhegener (Hg.), Katholiken in den USA und Deutschland. Kirche–Gesellschaft–Politik, Münster 2006, 50–61; T. Berger, Die nachkonziliare Liturgiereform in den USA, in: M. Klöckener/B. Kranemann (Hg.), Liturgiereformen. Historische Studien zu einem bleibenden Grundzug des christlichen Gottesdienstes. Teil 2: Liturgiereformen seit der Mitte des 19. Jahrhunderts bis zur Gegenwart (LQF 88/II), Münster 2002, 951–964.
[9] Musik und Gesang finden viel Aufmerksamkeit, vgl. United States Conference of Catholic Bishops (Ed.), Sing to the Lord. Music in Divine Worship, Washington/DC 2007.
[10] Vgl. H. Wieh, Besucherfreundliche Gottesdienste und eine erfolgreiche Katechumenatsbewegung 294f.; K. Reinhold, Die katholischen Pfarrgemeinden in den USA in Geschichte und Gegenwart. Eine transatlantische Perspektive, Münster 2011, 178–184.

mente ebenso die Auswahl der Lieder beeinflusst, ist eine natürliche Folge. An die Stelle des traditionellen Hymnen- und Choralgesangs sind Lieder getreten, die Anleihen bei der zeitgenössischen Popmusik machen. Vitalität gewinnt die Feier ferner durch die zahlreichen liturgischen Dienste, die von den Ministranten über Platzanweiser bis hin zu meistens mehreren Kommunionhelfern reichen und das Prinzip der *participatio actuosa* anschaulich machen. Hervorzuheben ist schließlich eine enge Verbindung zwischen dem Priester und den Mitfeiernden, die schon allein dadurch gegeben ist, dass der Priester bis kurz vor Beginn auf dem Kirchplatz steht und die Gläubigen persönlich begrüßt.

Fragt man Besucher nach ihrem Erleben, fallen oft die Stichworte lebensnah, mitreißend oder spirituell intensiv.[11] Was Außenstehende besonders gern hervorheben, ist die bei der Feier spürbare Freude am Glauben sowie das Gefühl von Gemeinschaft. Zweifellos hängt dieses Urteil nicht nur an Gestaltungsfragen, so sehr sie prägend sind. Großen Einfluss haben die spezifische Mentalität und die ethnischen Rahmenbedingungen, mit denen es die Kirche in den Staaten zu tun hat. Der Philosoph und Soziologe Hans Joas hat die USA als „eine religiös höchst vitale moderne Gesellschaft"[12] bezeichnet, was Sonntag für Sonntag sichtbar wird.

Mit Blick auf die sonntägliche Eucharistiefeier stoßen die Predigten auf ein auffallend starkes Echo.[13] Fünf Jahrzehnte nach dem Zweiten Vatikanum besitzt die Predigt einen festen Sitz im Gottesdienstleben, mehr noch: viele Gläubige zählen sie zu seinen wichtigsten Bestandteilen.[14] Ob eine Liturgie als bereichernd oder als misslungen empfunden wird, ob sie die Erwartungen erfüllt oder verfehlt, wird vielfach von der Qualität der Predigt abhängig gemacht. Ob die Predigt den Ansprüchen genügt, kann sogar den Ausschlag dafür geben, an welchen Gottesdiensten die Gläubigen teilnehmen bzw. welche sie meiden. Dazu existieren

---

11   Vgl. B. T. Froehle, Die Pastoralplanung in der katholischen Kirche in den USA in der Ära nach dem Zweiten Vatikanischen Konzil, in: W. Damberg/A. Liedhegener (Hg.), Katholiken in den USA und Deutschland 74–97, hier 79.
12   H. Joas, Die religiöse Lage in den USA, in: ders./K. Wiegandt (Hg.), Säkularisierung und die Weltreligionen, Frankfurt a. M. 2007, 358–375, hier 360 f.
13   Im Jahr 1988 wurde eine konfessionsübergreifende Untersuchung durchgeführt, bei der die Gläubigen die ihrer Meinung nach wichtigste Aufgabe der Kirche benennen sollten. Die Mehrheit der Befragten, unter ihnen die Katholiken, sahen die Predigt an erster Stelle, vgl. D. R. Hoge/J. W. Carroll/F. K. Sheets, Patterns of Parish Leadership. Cost and Effectiveness in Four Denominations, Kansas City 1988.
14   Vgl. K. Reinhold, Die katholischen Pfarrgemeinden in den USA in Geschichte und Gegenwart 190–192.

bereits empirische Untersuchungen. Amerikanische Katholiken stehen den Predigten weitaus positiver gegenüber als ihre deutschsprachigen Glaubensgeschwister. Mit der Qualität sind sie in aller Regel zufrieden, auch wenn es selbstverständlich Stimmen gibt, die sich zurückhaltender äußern. Um es an einem Beispiel deutlich zu machen: Während im Jahr 2006 in Deutschland nur 20 Prozent der Befragten die Predigten als sehr gut einstufen, halten sie in den USA 47 Prozent der Katholiken für sehr gut. Bemerkenswert ist, dass diese Diskrepanz nicht nur für bestimmte Altersgruppen gilt, sondern in allen Generationen beobachtet werden kann. Im Durchschnitt sind die Zahlen für ein positives Urteil in den USA mehr als doppelt so hoch wie bei den Gläubigen in Deutschland.[15]

Ebenso wie im deutschen Sprachgebiet hat in den Vereinigten Staaten die Neubewertung der Predigt durch das Zweite Vatikanum sichtbare Spuren hinterlassen. Gehörte die Ansprache für die evangelischen bzw. die zahleichen Freikirchen im Land bereits zu den festen Bausteinen eines Gottesdienstes, gilt das heute auch für die katholische Seite. Nach dem Konzil haben die kirchenamtlichen Stellen rasch den institutionellen Rahmen für die Umsetzung der Vorgaben geschaffen. Heute zählt die homiletische Aus- und Fortbildung von Verantwortlichen in der Pastoral zum selbstverständlichen Bestandteil der Studiengänge an den Universitäten und Hochschulen. Wo man die Identitätskämpfe hinter sich gelassen hat, finden die Schulungen konfessionsübergreifend statt, auch wenn die Priesterkandidaten in der Regel immer noch unter sich sind.[16] Ähnlich wie im deutschen Sprachraum existiert eine kaum mehr überschaubare Zahl an Arbeitshilfen und Ideensammlungen, die seit der Verbreitung des Internet nochmals sprunghaft gestiegen ist.

Zu den maßgeblichen Akteuren der Weiterentwicklung zählt die US-amerikanische Bischofskonferenz, die in den zurückliegenden Jahrzehnten mit Nachdruck für eine qualitätvolle Verkündigung im Gottesdienst plädiert hat. Eine besondere Bedeutung kommt zwei Grundsatzpapieren zu, die im Abstand von drei Jahrzehnten das theologische Selbstverständnis sowie die Anforderungen an die Predigt der Gegenwart reflektieren. Insge-

---

15   Vgl. die Umfrage Catholic Parish Life Survey, durchgeführt im Jahr 2006 durch das Meinungsforschungsinstitut Princeton Survey Research International (New Jersey). Die Ergebnisse sind veröffentlicht in einer vergleichenden Darstellung: K. Reinhold/M. Sellmann (Hg.), Katholische Kirche und Gemeindeleben in den USA und in Deutschland, A1–A148, hier A98. Die Statistik wird man differenziert betrachten müssen, denn die Zahlen geben weder Auskunft über die tatsächliche Predigtqualität noch über den Stellenwert der Inhalte für den Einzelnen.
16   Z. B. in den ökumenischen Divinity Schools.

samt zeugen die Überlegungen von dem festen Willen, den Impuls des Konzils fortzuführen und an einer gegenwartssensiblen Verkündigung beständig weiterzuarbeiten. Ein erstes Papier erschien 1982 unter dem Titel „Fulfilled in Your Hearing. The Homily in the Sunday Assembly".[17] Wer die Ausführungen liest, spürt in jeder Zeile den Aufbruch, den das Konzil grundgelegt hat. Das Papier denkt in den Bahnen einer erneuerten Ekklesiologie, entwickelt seinen Zugang konsequent hörerorientiert und weist der Predigt einen Platz in der Mitte der Gemeinde zu. Damit korrespondieren die Aufgaben des Predigers: Er soll pastoral denken, im Gebet verwurzelt sein und die Gegenwart in das Licht des Evangeliums stellen.[18] Vor diesem Hintergrund wird die Funktion einer Predigt folgendermaßen formuliert: Sie soll die biblischen Texte nicht isoliert behandeln, sondern aus ihrer Perspektive die Gegenwart der Zuhörerschaft in den Blick nehmen.[19]

Das zweite Dokument wurde Anfang 2013 publiziert und trägt die Überschrift „Preaching the Mystery of Faith. The Sunday Homily".[20] Erneut geht es um die theologischen Grundlagen, das Selbstverständnis und die Aufgaben des Predigers. Gleichwohl ist dem Papier anzumerken, dass es in einer anderen Zeit entstanden ist. In weitaus größerem Umfang als noch dreißig Jahre zuvor widmen sich die Bischöfe den kulturellen Rahmenbedingungen und sozialen Transformationen, unter denen Gottesdienste und Predigten in der Gegenwart stattfinden. Schaut man auf die wiederkehrenden Schlüsselbegriffe, ist unübersehbar, dass die Theologie Joseph Ratzingers beträchtlichen Einfluss auf das Konzept genommen hat. Beispielsweise ist von den Risiken die Rede, die der in der Gegenwart verbreitete moralische Relativismus berge. Ferner machen die Bischöfe auf ein überzogenes Konsumdenken aufmerksam, das sich auch bei

---

17  Vgl. United States Conference of Catholic Bishops (Ed.), Fulfilled in Your Hearing. The Homily in the Sunday Assembly, Washington/DC [17]2002. Ein differenzierter Kommentar des Dokuments liegt vor in J. A. Wallace (Ed.), Preaching in the Sunday Assembly. A Pastoral Commentary on Fulfilled in Your Hearing. Commentary and Text, Collegeville/MN 2010.
18  Vgl. United States Conference of Catholic Bishops (Ed.), Fulfilled in Your Hearing 9–15.
19  „Since the purpose of the homily is to enable the gathered congregation to celebrate the liturgy with faith, the preacher does not so much attempt to explain the Scriptures as to interpret the human situation through the Scriptures", United States Conference of Catholic Bishops (Ed.), Fullfilled in Your Hearing 20.
20  Vgl. United States Conference of Catholic Bishops (Ed.), Preaching the Mystery of Faith. The Sunday Homily, Washington/DC 2012, vgl. http://www.usccb.org/beliefs-and-teachings/vocations/priesthood/priestly-life-and-ministry/upload/usccb-preaching-document.pdf [Stand: 25.4.2014].

katholischen Christen ausgebreitet habe. Diesen Entwicklungen müsse der Prediger die Lehre der Kirche entgegenhalten, darauf läuft eine der Kernthesen des Papiers hinaus.[21]

Über die Bemühungen der Verantwortlichen im Bereich der theologischen Fundierung sowie der Schaffung von Institutionen hinaus wird in vielen US-amerikanischen Gemeinden ein Predigtstil praktiziert, der sich in seinen Grundzügen mehr und mehr zu festigen scheint. Wurde nach dem Konzil zunächst an bisherigen Formen festgehalten, erfährt die Predigt seit den 1980er Jahren eine ganz neue Dynamik. Es wird auf Performance und rhetorische Kraft wertgelegt. Das Prinzip der Inszenierung gewinnt an Bedeutung und verleiht dem Geschehen ein geändertes Gesicht. Zusammenfassend kann man von einem Grundmuster sprechen, das theologische Substanz, geistliche Inspiration und rhetorische Vitalität miteinander vereint: Europäische Besucher sind verblüfft über die ausgesprochen informelle Art, mit der Prediger sich den biblischen Texten der Feier nähern und sie mit dem Alltag der Zuhörenden in Verbindung bringen. Man kann nur staunen, mit welcher Passion und wie leger die Ansprachen vorgetragen werden.[22] In vielen Fällen verzichten die Redner auf ein Manuskript und formulieren frei, wobei der Ambo keineswegs den bevorzugten Ort für die Verkündigung darstellt. Immer häufiger hat man es mit Predigern zu tun, die den klassischen Vortragsstil am Ambo aufgeben und sich vor die erste Bankreihe stellen.[23] Die Nähe zur Zuhörerschaft soll nicht nur inhaltlich zum Ausdruck kommen, sondern auch in ganz konkreter Hinsicht. Je nachdem, welches Temperament die Prediger mitbringen, setzen sie in ihrer Rhetorik auf Lebensnähe und Alltagserfahrung.[24] Narrative Ansprachen, prall gefüllt mit Geschichten und persönli-

---

21 „The doctrines of the Church should direct the homilist and ensure that he arrives at and preaches about what is in fact the deepest meaning of Scripture and sacrament for Christian life. For doctrines simply formulate with accuracy what the Church, prompted by the gift of the Spirit, has come to know through the Scriptures proclaimed in the believing assembly and through the sacraments that are celebrated on the foundation of these Scriptures", United States Conference of Catholic Bishops (Ed.), Preaching the Mystery of Faith 25.
22 Die Bischöfe fordern ausdrücklich zu einer lebhaften Verkündigung auf: „Catholic laity want their homilist to be passionate and excited about what he is preaching, and to deliver homilies that are heartfelt and drawn from the depths of his own faith and commitment", ebd. 12.
23 Vgl. S. Fuhrmann, Zwischen *rite recte* und überraschender Lebensnähe 210.
24 Vgl. dazu eine Momentaufnahme bei M. Sellmann, Katholische Kirche in den USA 81.

chen Erlebnissen, sind an der Tagesordnung. Zudem kennen Prediger kaum Berührungsängste mit den Medien. Viele treten weniger nüchtern argumentierend auf als dass sie ausgesprochen hörerorientiert, vital und unterhaltsam ihre Botschaft präsentieren. Der Stil erinnert an Talkshows aus dem Fernsehen. Ich habe erlebt, wie ein Priester während seiner Ansprache ein Smartphone aus der Tasche zog, um zur Veranschaulichung seiner Gedanken ein zuvor abgespeichertes Zitat eines Dichters vorzulesen. Aus der Distanz mögen solche Gesten ausgesprochen liturgiefremd oder sogar der Ernsthaftigkeit der Botschaft abträglich erscheinen, im unmittelbaren Erleben verleihen sie dem Geschehen eine Dynamik, die viele Anwesende in den Bann ziehen kann.

In einem größeren Zusammenhang betrachtet ist dieser extrovertierte Stil, der seine Nähe zu Formaten aus dem verbreiteten Medienentertainment nicht verbergen kann, kontextbedingt. Er ist das Ergebnis der religiösen und kulturellen Rahmenbedingungen, in denen sich die Katholiken befinden. Wahrscheinlich lässt sich nirgendwo im amerikanischen Katholizismus so deutlich der Einfluss des Umfeldes ablesen wie an der Predigt. Große Ähnlichkeiten bestehen mit den evangelikal-freikirchlichen Strömungen, die bekanntlich die religiöse Landschaft in den USA stark prägen.[25] In diesen Gruppierungen gehören charismatischer Überschwang und der unbefangene Einsatz von Medien zum Alltag. Ihre Gottesdienste zeichnen sich durch eine große Lebendigkeit aus. Mitreißende Musik gehört ebenso dazu wie eine meistens längere, engagiert vorgetragene Predigt. Besonders stechen die Megachurches hervor, die in den letzten 30 Jahren immens gewachsen sind und im kirchlichen Leben der USA erheblichen Einfluss gewonnen haben.[26] Dabei hat sich gezeigt, „that conservative churches, particularly those that embrace charismatic spirituality, that engage the emotions as well as the rational mind, seem to have more appeal to young people than those of a more liberal and non-charismatic persuasion."[27] Was diese Kirchen als Predigtstil pflegen, weicht

---

25  Vgl. S. Fuhrmann, Zwischen *rite recte* und überraschender Lebensnähe 210.
26  Vgl. S. Gramby-Sobukwe/T. Hoiland, The Rise of Mega-Church Efforts in International Development. A Brief Analysis and Areas for Further Research, in: Transformation. An International Journal of Holistic Mission Studies 26 (2009) 104–117. Wie heterogen die Bewegung ist, zeigt die vergleichende Publikation von S. Thumma/D. Travis, Beyond Megachurch Myths. What we can learn from America's largest churches. Foreword by R. Warren, San Francisco 2007.
27  B. Spinks, The Worship Mall. Contemporary Responses to Contemporary Culture, New York 2011, XXI.

deutlich von den Formen ab, die aus der christlichen Tradition bekannt sind. So besitzen die wenigsten einen eigens für die Predigt reservierten Ort, nur in Ausnahmefällen gehören Kanzeln zur Ausstattung ihrer Versammlungsräume. Für gewöhnlich laufen die Predigenden umher, sie verwenden ansteckbare Mikrophone, die ihnen die gewünschte Mobilität erlauben. Auffällig ist die Unbefangenheit, mit der sie während des Vortrags den Kontakt mit den Zuhörenden suchen. Hin und wieder stellen sie Fragen oder ermuntern die Anwesenden zu spontanen Kommentaren und Rückmeldungen. Diese Interaktivität zeigt, dass die Megachurches die Predigt nicht als einen monologischen Akt betrachten, bei dem die Rollen von Sprechenden und Hörenden statisch aufgeteilt sind. Sowohl die Predigt als auch die gesamte Feier sind als ein dialogischer Prozess konzipiert, der die Mitfeiernden und den Vorsteher durchweg aufeinander bezieht. Im Zentrum stehen die emotionalen und sozialen Akzente des individuellen Glaubens, die mit den Mitteln des Entertainments möglichst ansprechend vermittelt werden sollen.[28] Das Programm lässt sich wie folgt zusammenfassen: „Worship is undertaken in part to entertain, to entice, to excite, and to inspire."[29]

Wenn heute in der katholischen Kirche der Vereinigten Staaten die Prediger dazu übergehen, das tradierte Format der gottesdienstlichen Rede zu verlassen, dürfte dies unmittelbar mit der fortschreitenden Pluralisierung der Konfessionslandschaft zusammenhängen. Die Pluralisierung führt zu Konkurrenzverhältnissen, in denen sich die Kirchen mit ihren Angeboten profilieren und bewähren müssen. Weil die evangelikale Bewegung erfolgreich ist und sich auf dem religiösen Markt hinsichtlich der Aufmerksamkeit der Gläubigen zu einer ernsthaften Konkurrenz entwickelt hat, gerät die katholische Seite zunehmend in Verlegenheit. Empirische Erhebungen belegen, dass in den letzten Jahren mehrere Millionen Gläubige der katholischen Kirche den Rücken gekehrt und sich anderen Gruppen angeschlossen haben. Angesichts dieser Abstimmung mit den Füßen wird rasch verständlich, aus welchen Gründen die katholische Predigt in jüngerer Zeit Anleihen bei evangelikalen Gruppen macht. Will man im Wettbewerb der Kirchen bestehen, also mit seiner Botschaft durchdringen, ist man geradezu gezwungen, die lebendige und zugleich am Format der Unterhaltung orientierte Verkündigung aufzugreifen. Dies

---

28 Vgl. Q. J. Schultze, High-Tech Worship? Using Presentational Technologies Wisely, Grand Rapids/MI 2004.
29 S. Thumma/D.Travis, Beyond Megachurch Myths 16.

gilt vor allem, weil Gläubige als Grund für ihren Übertritt angeben, sie fühlten sich in der katholischen Kirche nicht hinreichend spirituell genährt.[30] Es sprechen also gute Gründe dafür anzunehmen, dass die Praxis, wie sie in vielen Gemeinden existiert, eine unmittelbare Reaktion auf die Vorgehensweise anderer, in quantitativer Hinsicht erfolgreicher Kirchen ist. Man steht vor der schwierigen Aufgabe, einerseits die theologische Substanz und Identität zu wahren, andererseits aber auch der Versuchung einer strikten Abgrenzung von der Gegenwartskultur zu widerstehen, auf deren Stil sich die charismatischen Gruppen stark einlassen. Ihre Formen der Partizipation und Inszenierung stoßen auf Resonanz, darüber kann auch die katholische Seite nicht völlig unberührt hinwegsehen, wenn sie sich als religiöser Akteur behaupten will.[31]

## 2. Theologische Verortungen

Die beschriebene Praxis wirkt vielleicht spektakulärer als sie tatsächlich ist. Man darf ferner nicht übersehen, dass das Feld bunter ist, als es hier dargestellt werden kann. Wie die Ansprachen im Einzelnen auch konzipiert sind, der Verkündigung im Gottesdienst wird ein so hohes Gewicht beigemessen, dass man eingetretene Pfade verlässt und in der Inszenierung experimentiert. Die Experimente – nicht in jedem Falle wird man sie als Predigten im herkömmlichen Sinne bezeichnen können – erweitern das Genre der Predigt und öffnen die Verkündigung im Gottesdienst über die eigene Tradition hinaus für Anleihen aus dem religiösen und kulturellen Kontext. Die Prediger reagieren auf die konfessionell und medial plurale Gesellschaft, wie sie in den USA typisch ist. Ihnen geht es um eine Anknüpfung an das Umfeld, in dem die Adressaten der Ansprachen sich bewegen, damit die Botschaft auf einen fruchtbaren Boden fällt. Insofern kann man von einer kontextsensiblen Weiterentwicklung des konziliaren

---

30  Vgl. http://ncronline.org/news/faith-parish/hidden-exodus-catholics-becoming-protestants [Stand: 25.4.2014].
31  Auch in der Pastoral ist der Einfluss erkennbar. Gemeinden wissen um die Konkurrenzsituation und stimmen darauf ihre Pastoralkonzepte ab. Viele Gemeinden neigen weniger dazu „sich als träge Monopolisten zu verhalten, die einfach nur auf Kunden warten, sondern eher wie Unternehmer, die auf die Menschen zugehen und aktiv ein Gemeindeleben aufbauen, das einladend und engagierend wirkt." T. Froehle, Die Pastoralplanung der katholischen Kirche in den USA 79f.

Auftrags sprechen, die Predigt fest in der Liturgie zu verankern und zugleich den richtigen Tonfall zu finden, der die Zuhörenden im geistlichen Sinne inspirieren kann. Diese Weiterentwicklung ist in mehrfacher Hinsicht bedeutsam:

a) Sie verändert die Verkündigung der Kirche, indem sich die Predigt an den kulturellen Kompetenzen der Zuhörenden orientiert. Die Ansprache wird nicht einfach nur an die Adressaten gerichtet, sie erwächst in ihrem methodischen Zuschnitt aus dem Kreis der Adressaten hervor. Provokant gesagt: Sie wählt mit ihren methodischen Adaptionen aus dem medialen Entertainment einen Stil, der den Zuhörenden vertraut sein dürfte, vor allem aus den Medien, und schlägt von hier aus die Brücke zwischen der Alltagsrealität und dem Anspruch des Glaubens. Sie ist emotional, erlebnisstark und auf praktische Lebensorientierung hin ausgerichtet.

b) Diese Form der Predigt hat auch für die Liturgie Konsequenzen, die bisher nur wenig ausgelotet sind. Die Feier verändert sich, indem sie sich in die Gegenwartskultur hinein öffnet und die Grenzen der binnenkirchlichen Sprache und Ästhetik überschreitet, d.h. ihre Kommunikations- und Ausdrucksformen auf ein breiteres Fundament stellt. Wenn die Verkündigung im Gottesdienst dialogisch geschieht, dann verändern sich ebenso das Bild und die Wahrnehmung des liturgischen Geschehens.

c) Schließlich liegt in der US-amerikanischen Predigt auch noch ein theologisches Potential, denn die Kirche spricht die Gottesbotschaft auf eine neue Weise in die plurale Gesellschaft hinein. Und zwar als ein empathisches Angebot für die menschliche Existenz im Hier und Jetzt mit der Sprache und den Mitteln ihrer je eigenen Kultur.

Da mag vermutlich nicht jeder mitgehen. Zu stark scheint das Argument, die Nähe zum Entertainment befördere Profillosigkeit, leiste dem (christlichen) Traditionsabbruch Vorschub oder verzerre das Ziel einer Predigt bis zur Unkenntlichkeit. Erschwerend kommt der Umstand hinzu, dass allein schon der Begriff *Entertainment* die Assoziation von Oberflächlichkeit, mangelnder Ernsthaftigkeit und Banalität nahelegt. Der Begriff ist belastet und mag einen europäischen Beobachter befremden. Aber auch in den USA wird das Verhältnis von Predigt und Entertainment kontrovers diskutiert. Die verbreitete Einbeziehung der zeitgenössischen Medien- und Eventkultur in das Gottesdienst- und Verkündigungsgeschehen trifft auf ein geteiltes Echo. So lange Predigten und Feiern im (Talk-) Showformat sowie musikalische Anleihen aus der Popkultur existieren³², so lange ist es strittig, ob sie theologisch tragfähig sind. Für einige Theologen stellt die Nähe zur Gegenwartskultur allein schon deshalb ein Problem dar, weil sie zwischen der Methode und der Botschaft einen markanten Widerspruch sehen. Sie machen das Argument stark, dass die Verkündigung in der Spielart der Unterhaltung nicht nur Fragen des äußeren Stils berührt, sondern auch mit dem Kern des christlichen und kirchlichen Selbstverständnisses eng verbunden ist. Aufs Ganze gesehen kreisen die Debatten um das Problem, ob die Annäherung an die Gegenwartskultur zu rechtfertigen ist: Entspricht eine unterhaltsame Verkündigung dem existenziellen Sinn der Gottesbotschaft? Oder bleibt sie hinter dem gewünschten Niveau zurück? In einem homiletischen Grundlagenwerk aus dem Jahr 2005 ist die Sache klar: „The pyrotechnics deployed in super churches are perhaps extreme examples of how preaching can become distant from its mission".³³

Was hier an Skepsis entgegentritt, steht stellvertretend für alle, die eine am Prinzip des Entertainments orientierte Predigt kritisch sehen. Es wäre jedoch falsch, die Skepsis als typisch katholisch einzustufen, denn eine beträchtliche Zahl von evangelischen Autoren liegt auf einer vergleichbaren Linie.³⁴ Der Dissens wurzelt letztlich in der Frage, welche Funktion eine Predigt hat. Beide, ob katholisch oder evangelisch, weisen der Predigt die Aufgabe zu, die Gegenwart kritisch unter die Lupe zu nehmen, sie aus dem Evangelium heraus zu beurteilen. Diese Aufgabe sehen sie gefährdet, wenn sich die Predigt zu stark von den zeitgenössischen Kommunikationsformen leiten lässt. Insbesondere befürchten sie den Verlust des kritischen Potentials der christlichen Glaubensrede und eine Erosion des Bewusstseins für die Dimension des Sakralen. In ihren Augen besteht das Ziel einer Predigt gerade darin, Alternativen zum Mainstream aufzuzeigen, wie er in der medial geprägten Gegenwart üblich ist. Eine

---

32  Vgl. beispielsweise die Studie von T. Day, Why Catholics Can't Sing. The Culture of Catholicism and the Triumph of Bad Taste, New York 2004, der von einer Verflachung der Kirchenmusik spricht und den Vorwurf erhebt, viele Lieder seien zu stark der zeitgenössischen Popmusik entlehnt.

33  G. De Bona, Fulfilled in Our Hearing. History and Method of Christian Preaching, New York et al. 2005, 195.

34  Vgl. z.B.: „When sermons take their cue from TV, exposition is jettisoned in favor of storytelling and drama […] Preaching and sacramental celebrations serve to draw people into a redeemed life for which some distance from everyday life is needed", F. C. Senn, Preaching at the Eucharist in an Age of Entertainment, in: Liturgy 9/2 (1990) 3–39, 36. Ähnlich argumentiert T. G. Long, The Witness of Preaching. Second Edition, Louisville 2005, 239: „If our sermons begin to imitate the flashy, superficial style of the media, we relinquish the great oppertunity we have been given to speak that word."

Predigt müsse in ihrer Stoßrichtung kritisch sein, das heißt sie solle dazu beitragen, dass die Zuhörenden eine Distanz zu ihrer Umgebung entwickeln, damit sie Fehlentwicklungen erkennen und ihnen wirksam entgegentreten können. Wo eine Predigt zu stark den Methoden des Mainstreams folge, werde die Botschaft des Glaubens nicht nur ihrer sozialen und kulturellen Sprengkraft beraubt, sondern entledige sich auch ihres vornehmsten Ziels, nämlich in die Begegnung mit Christus zu führen und zum geistlichen Mitvollzug der Feier zu befähigen.

Die kritischen Anfragen zeigen unübersehbar die Merkmale einer Grundskepsis gegenüber der Medienkultur der Gegenwart, wie sie in der Theologie vielfach existiert. Sie werden in der Homiletik diskutiert. Im Grunde lassen sie sich als das bekannte Problem der Inkulturation lesen, die der Verkündigung immer schon als Aufgabe und Herausforderung mit auf den Weg gegeben ist. Das Problem ist bekanntlich ein weites Feld, allerdings lohnt es sich aus liturgiewissenschaftlicher Sicht auf Aspekte aufmerksam zu machen, die eine weniger belastete Sicht auf das Prinzip des *Entertainments* erlauben. Im Horizont der Liturgiegeschichte gesehen lassen sich nämlich die unterhaltsamen Bausteine nicht zwangsläufig als ein Zeichen von Verfall und Niveauverlust lesen. Wer in die Vergangenheit schaut, stellt rasch fest, dass das gottesdienstliche Leben zahlreiche Facetten besaß, die nicht nur geistlichen Zwecken dienten, sondern auch den Mitfeiernden Vergnügen und Kurzweil bereiteten. Erkennbar ist diese Tendenz beispielsweise in der Kar- und Osterliturgie der Barockzeit, die mit ihrer alle Sinne ansprechenden, oft überbordenden Dramaturgie den spirituellen Nachvollzug der biblischen Ereignisse sowie das Bedürfnis nach Unterhaltung miteinander zu verbinden wusste.[35] Ähnliches lässt sich über die Kirchenräume dieser Epoche sagen, in denen das Prinzip des *theatrum sacrum* sowie Anleihen aus dem zeitgenössischen Hofzeremoniell eine enge Symbiose eingingen.[36] Ein anderes Beispiel ist die volksfromme Verehrung der Heiligen, in deren Festen, Bildern und

---

35 Aus der Fülle der Publikationen sei exemplarisch herausgegriffen: A. Heinz, Barockzeitliche Osterfeier im alten Erzbistum Trier. Das Zeugnis des Pfarrdirektoriums für Ediger/Mosel aus den Jahren 1709–1715, in: G. Augustin u. a. (Hg.), Priester und Liturgie. Manfred Probst zum 65. Geburtstag, Paderborn 2005, 177–204.
36 Vgl. z. B. J. Stabenow, Auf dem Weg zum ‚theatrum sacrum'. Bedeutungen der theatralen Analogie im Kirchenraum der Gegenreformation in Italien, in: S. Wegmann/G. Wimböck (Hg.), Konfessionen im Kirchenraum. Dimensionen des Sakralraums in der Frühen Neuzeit (Studien zur Kunstgeschichte des Mittelalters und der Frühen Neuzeit 3), Korb 2007, 115–136; U. Brossette, Die Inszenierung des Sakralen. Das theatralische Raum- und Ausstattungsproramm süddeutscher Barockkirchen in

Ritualen geistliche und im weitesten Sinne unterhaltsame Aspekte zu allen Zeiten ineinander flossen. Nicht zuletzt dürften vermutlich die unzähligen Messvertonungen, neben ihrer Aufgabe als ein besonders festlicher Ausdruck des Lobes Gottes, den Wunsch nach musikalischem Vergnügen bedient haben. Hier ist nun nicht der Ort, um der Frage nachzugehen, in welche Richtung das Pendel stärker ausschlug und welcher Aspekt jeweils für die Gläubigen größere Bedeutung hatte. Die genannten Beispiele mögen jedoch als Anschauung dienen, um grundlegenden Zweifel an der These anzumelden, die Liturgie der Kirche und das Prinzip des Entertainments stünden grundsätzlich einander diametral gegenüber. Überschaut man die Geschichte, wurden auf vielfältige Weise unterhaltsame Elemente in die Feiern integriert, ohne dabei die geistliche Substanz leichtfertig aufs Spiel zu setzen. Dem Anliegen, Jesus Christus transparent zu machen, haben sie keinen Schaden zugefügt, im Gegenteil. Das Ineinander der verschiedenen Aspekte eröffnete den Gläubigen Wege der Partizipation, den Sinn der Feier zu erfassen und zu einem vertieften Glauben zu kommen.

Selbstverständlich kann man nicht so ohne weiteres von der Geschichte auf die Gegenwart schließen. Gleichwohl dürfte aus den Beispielen deutlich werden, dass die geistliche und die unterhaltsame Dimension keine Gegensätze sein müssen, sondern durchaus zusammenwirken können. Gute Argumente sprechen dafür, dass die Kategorie der Unterhaltung per se zum Gottesdienstleben der Kirche dazu gehört. Eine Liturgie darf Freude machen und eine Predigt darf kurzweilig und humorvoll sein. Vergnügen und Erbauung, fröhliches Lachen und geistliche Tiefe, ansprechend und anspruchsvoll – sowohl die Feier als auch die Predigt umschließen beide Dimensionen.

Die Predigt in den USA ist vielerorts am Prinzip des *Entertainment* orientiert, weil sie sich nicht nur an die Menschen richten will, von denen man eine hohe Kirchenbindung erwartet. Im Blick sind ebenso diejenigen, die auf dem Markt der konfessionellen Angebote auf der Suche nach einer spirituellen Beheimatung sind. Die evangelikalen Megachurches haben diese als *Seeker* bezeichnete Gruppe zu ihrer wichtigsten Zielgruppe gemacht.[37] Hier werden Distanz, Auswahl und punktuelle Beteiligung akzeptiert. Man möchte unter den Bedingungen der Medienge-

---

seinem liturgischen und zeremoniellen Kontext, 2 Bde., hier Bd. 1 (Marburger Studien zur Kunst- und Kulturgeschichte 4), Weimar 2002, 485–524.
37  Vgl. B. Spinks, The Worship Mall 74–82. Vgl auch M. Ross, Evangelical Versus Liturgical? Defying a Dichotomy, Grand Rapids/MI 2014 [angekündigt].

sellschaft Menschen eine religiöse Erfahrung im christlichen Sinne ermöglichen. Damit geht eine neue Ästhetik der Verkündigung einher, die aber auf die christliche Glaubensbotschaft verpflichtet bleibt. Wenn die katholische Seite dort Anleihen macht, erweist sie sich zum einen als sensibel für die Konkurrenzverhältnisse, wie sie in der bunten US-amerikanischen Konfessionslandschaft an der Tagesordnung sind. Zum anderen bekundet sie auch ihren Willen, die zeitgenössische Zeichensprache zu verwenden, damit Menschen erkennen, dass sie in die Heilsgeschichte Gottes hineingenommen sind. Ohne hier voreilige Schlussfolgerungen ziehen zu wollen, scheint das Postulat der Inkulturation in der Verkündigung des Evangeliums auf ausgesprochen offene Ohren zu stoßen. Dies mag in einem Land, in dem die Prinzipien von *Entertainment* und *Inszenierung* weite Teile des Alltagslebens prägen, wenig erstaunen. In den katholischen Gemeinden in den USA scheint die Frage weniger darin zu bestehen, ob sich Unterhaltung und Predigt bzw. Unterhaltung und Liturgie ausschließen, als vielmehr wie der Stil der Verkündigung an das Lebensgefühl und die Kommunikationsgewohnheiten der Menschen rückgebunden werden kann.[38] Dass die ekklesiale Dimension bewahrt bleibt, wird vorausgesetzt. Die Bischöfe geben in ihrem jüngsten Grundsatzpapier die Richtung vor: „Effective preaching also entails a thoughtful and informed understanding of contemporary culture [...] Preachers should be aware, in an appropriate way, of what their people are watching on television, what kind of music they are listening to, which websites they find appealing, and which films they find compelling. References to these more popular cultural expressions – which at times can be surprisingly replete with religious motifs – can be an effective way to engage the interest of those on the edge of faith."[39]

---

38 Großen Einfluss auf die Homiletik auch im katholischen Raum hat die Publikation einer methodistischen Theologin ausgeübt, vgl. L. Tubbs Tisdale, Preaching as Local Theology and Folk Art, Minneapolis 1997. Sie umschreibt die Aufgabe der Predigt folgendermaßen: „It requires of the pastor a willingness to let go of some of his or her prerogatives in order to enflesh the gospel in theology, language, and forms which are accessible to and meaningful within the culture of the hearers. Contextual preaching, then, presupposes an ever-deepening acquaintance with the congregation and its cultures", ebd. 55.
39 United States Conference of Catholic Bishops (Ed.), Preaching the Mystery of Faith 35 f.

## 3. Ausblick: Eine Erweiterung der Liturgie- und Predigtkultur

Die Überlegungen sind begrenzt, denn um ein umfassenderes Bild der Predigt in den USA zu erhalten, müssten die besonderen ethnischen Prägungen genauer berücksichtigt werden. Zwischen den angloamerikanischen, den afroamerikanischen und schließlich den Latino-Gemeinden variiert die Praxis erheblich. Außerdem nimmt der Einfluss asiatischer Katholiken weiter zu.[40] Zur Komplexität trägt ferner der Umstand bei, dass sich seit einigen Jahren in den USA dieselben Anzeichen für einen Säkularisierungsschub zeigen, wie wir ihn aus Westeuropa kennen. Mehr und mehr Menschen machen die Autonomie zum obersten Maßstab ihres religiösen Denkens und Handelns.[41]

Aus den Beschreibungen dürfte sichtbar geworden sein, dass die Predigtpraxis in den USA stark ist. Ihre Stärke rührt aus einer tief verwurzelten Tradition. Zugleich steht sie für eine gegenwartsbezogene Weiterentwicklung der Verkündigung im Kontext der Liturgie. Sie lässt sich inspirieren von ihren sozialen, kulturellen und nicht zuletzt von ihren religiösen Rahmenbedingungen. Die aus der Tradition stammende Predigt wird in ihrer Darbietung nicht konserviert, sondern weiterentwickelt. Blickt man auf die zahlreichen Experimente, die in den USA existieren, bieten sich zur Umschreibung die Begriffe Innovation und Kontextualisierung an. Was hier geschieht, trägt zu einer stärkeren Akzeptanz der katholischen Kirche und ihrer Gottesdienste bei, zum Beispiel bei Jugendlichen und jungen Erwachsenen, für die die Kirche oftmals nur eine starre Institution mit wenig Lebensbezug ist. US-amerikanische Katholiken wissen um die Schwierigkeiten bei der Verkündigung des Evangeliums in einer vielgestaltigen Kultur.

Eine so verstandene Verkündigung soll in die Begegnung mit Jesus Christus führen und zu einem tragfähigen Glaubensfundament beitragen. Sie soll eröffnen, was in den biblischen Lesungen und in der gesamten Feier zum Ausdruck kommt und wie Gott und Mensch miteinander in einen Dialog treten. Angesichts dieses hohen Anspruchs ist immer auch ein kritischer Blick auf die US-amerikanische Predigtkultur erforderlich.

---

40  Vgl. T. Berger, „All are welcome!" 61.
41  Vgl. die kürzlich erschienene Auswertung einer empirischen Erhebung von W. D'Antonio/M. Dillon/M. L. Gautier, American Catholics in Transition, Lanham et al. 2013.

Wenn man auf die charismatisch-evangelikalen Kirchen schaut, begegnet zuweilen eine theologische Einseitigkeit, die möglicherweise mit dem Prinzip des Entertainments in Verbindung steht. Wenn der Eindruck nicht täuscht, beruht ihre Strategie auf den Prinzipien von Auswahl und Vereinfachung, kontroverse Themen fallen dagegen oft unter den Tisch. In der Regel geht es um praktische Lebens- und Glaubenshilfe, schwierigere Fragen, etwa die nach dem Zweifel oder dem Leid, sucht man zuweilen vergebens. Diese Einseitigkeit verkürzt nicht nur das Evangelium, sie droht auch den Glauben an Gott zu verharmlosen. Wo ein Prediger nur noch an der Oberfläche des Alltags bleibt, angereichert mit selektiv ausgewählten Bibelzitaten, und daraus Weisungen ableitet, dort sinkt der Glaube auf das Niveau einer therapeutisch-moralischen Veranstaltung. Ob hier eine spirituelle Verwurzelung erfolgt, die dann in einem weiteren Schritt auch zum persönlichen Gebet führt, ist fraglich. Über dieses Problem kann keine noch so kreative und mitreißende Art der Predigt hinwegtäuschen.[42] Letztlich liegt hier der Same für fanatisches und fundamentalistisches Denken. Insofern macht die Warnung vor einem theologischen Substanzverlust, wie sie in den USA gelegentlich erhoben wird, wenn es um Entertainment im Gottesdienst und in der Verkündigung geht, auf ein nicht zu unterschätzendes Risiko aufmerksam.

Die Liturgie der katholischen Kirche im deutschen Sprachgebiet befindet sich ebenso wie ihre Predigtpraxis derzeit in einer schwierigen Situation. In den letzten Jahren hat das Gespräch mit Ortskirchen in anderen Ländern zugenommen, und die Entwicklungen jenseits der Grenzen werden beobachtet, reflektiert und auf ihre Übertragbarkeit überprüft. Zahlreiche Lernfelder haben bereits Aufmerksamkeit gefunden und vor allem im Bereich der Pastoral neue Sichtweisen und Handlungsräume eröffnet. Was die Bereiche von Liturgie und Predigt betrifft, ist man von dieser übergreifenden Perspektive noch ein gutes Stück entfernt. Die jüngst erschienenen vergleichenden Beiträge nähren jedoch die Hoffnung auf eine Intensivierung. Schon jetzt ist festzuhalten, dass der Blick auf die Praxis in anderen Teilen der Welt anregend ist. Die Form der Predigt, ihre Verortung im Gottesdienst und ihre theologische Grundlegung, so wie sie

---

42 „Many offer ‚toned down', undemanding, multi-denominational approaches centered on positive spiritual, therapeutic messages rather than the guilt-laden doctrines characteristic of many traditional (especially Protestant) denominations." B. Warf/M. Winsberg, Geographies of megachurches in the United States, in: Journal of Cultural Geography 27 (2001) 33–51, 36.

in den USA durchgeführt wird, haben ihren eigenen Reiz und bieten ein vielversprechendes Potential auch in unseren Breiten. Selbstverständlich ist unbestritten, dass jeder Kulturraum eigene Methoden der Verkündigung benötigt, damit das Evangelium die Herzen der Menschen erreicht. Die religionssoziologischen Besonderheiten der Vereinigten Staaten lassen sich nicht so ohne weiteres in unseren Kontext übertragen. Trotzdem kann ein Blick über den eigenen Tellerrand bereichernd sein.

Predigt und Gottesdienst in der Spannung von Tradition und Aktualitätsbezug, Unterhaltung und differenzierter theologischer Botschaft: Dies bleibt eine je neu zu gestaltende Spannung. Denn, so formuliert es der evangelische Theologe Wilhelm Gräb, die „Menschen bewegen sich heute in einem offenen kulturellen Raum sowohl der Kommunikation über Religion wie der Kommunikation von Religion. Religiöse Kommunikation ist allenthalben Bestandteil der medialen Kommunikation, an der wir wiederum alltagskulturell permanent angeschlossen sind. Predigende, die an diesen Kommunikationen selbstverständlich ebenso teilhaben, müssen sie zugleich beobachten und in ihrem religiösen Gehalt interpretieren, die religiös offenen Stellen suchen, um dann zu versuchen, die biblischen Texte ins Gespräch mit den heute virulenten Lebenseinstellungen und -vorstellungen zu bringen."[43] Der Grat zwischen beiden Seiten ist schmal, die Balance ist schwierig zu halten und die Gefahr des Absturzes zur einen oder anderen Seite wird weiterhin bestehen bleiben. Wer die Unterhaltung als ein Formprinzip zulässt, muss damit rechnen, dass es zu Übertreibungen kommt. Es gibt gute und durchdachte Ansätze, aber sicherlich auch die Tendenz, einzelne Gestaltungselemente zu überzeichnen. Für beide lassen sich in den USA ebenso wie im deutschen Sprachgebiet anschauliche Beispiele finden. Die Grenze ist dort überschritten, wo man so einseitig medialen Handlungsmaximen folgt, dass das eigentliche Ziel beeinträchtigt wird: Die Mitfeiernden für die Begegnung mit dem lebendigen Gott zu öffnen.

Die Welt durch die Brille Gottes zu sehen und zugleich die eschatologische Hoffnung wach zu halten, darin besteht auch künftig die zentrale Aufgabe der Verkündigung in der Predigt. „Die Predigt knüpft Schrift, Eucharistie und Leben zusammen"[44], so hat es vor mehr als sechs Jahrzehnten Pius Parsch als leitende Perspektive zusammengefasst. Die Span-

---

43  W. Gräb, Predigtlehre. Über religiöse Rede, Göttingen 2013, 63.
44  P. Parsch, Die liturgische Predigt. Wortverkündigung im Geiste der liturgischen Erneuerung, Bd. 1: Grundlegung der liturgischen Predigt, Klosterneuburg 1948, 18.

nung zwischen dem Anspruch des Evangeliums Jesu Christi und der Tradition der Kirche auf der einen Seite und den zum Gottesdienst versammelten und zum Glauben berufenen Menschen der Gegenwart auf der anderen Seite ist die größte Herausforderung, der sich die Prediger stellen müssen.

# Das „Klosterneuburger Ereignis" am 8. Oktober 1954 und seine Folgen. Ein kommentierter Zeitzeugenbericht

*Philipp Harnoncourt*

## 1. Das Ereignis in seinem Kontext

Vom 4. bis 10. Oktober 1954 – im Jahr des Todes von Pius Parsch (11.3.) und meiner Priesterweihe (11.7.) – hat in der Hofburg in Wien der Zweite Internationale Kongress für katholische Kirchenmusik stattgefunden, Zu Ehren des hl. Papstes Pius' X. und zum Gedenken an sein Motu proprio „Tra le sollecitudini" (lat.: Inter pastoralis officii) vom 22. November 1903. Es war ein repräsentatives Großereignis, wenn man bedenkt, dass Österreich damals noch keinen Staatsvertrag hatte und von Soldaten der vier Siegermächte des Zweiten Weltkriegs – USA, Sowjetunion, England und Frankreich – besetzt war.

Der Kongress-Bericht weist 423 Teilnehmer aus 24 Ländern aus, dazu 35 Chöre aus 6 Ländern mit insgesamt 1991 Sängerinnen und Sängern, 5 Pontifikal-Ämter und eine Gemeinschaftsmesse mit deutschem Gesang, 45 Referate mit anschließenden Diskussionen und acht Kirchenkonzerte; außerdem gab es zahlreiche Empfänge und Grußbotschaften. In der Stadt Wien gab es während dieser Tage 106 lateinische Hochämter und 36 Kirchenkonzerte.[1] Ich war damals Kaplan im südsteirischen Markt Arnfels, durfte aber mit Erlaubnis meines Pfarrers und des Schuldirektors an diesem Kongress teilnehmen.

Am Donnerstag, 7. Oktober hat das später sogenannte „Klosterneuburger Ereignis" stattgefunden. Nur um dieses geht es in meinen Ausführungen. Die Teilnehmerliste zeigt, dass es nur noch ganz wenige Zeitzeugen gibt,[2] daher habe ich gebeten, hier über dieses Ereignis und seine Folgen berichten zu dürfen. Der ganze Tag war dem Thema „Der Gesang in der Liturgischen Bewegung" gewidmet. Deshalb und um einen Pionier

---

1 Zweiter internationaler Kongress für katholische Kirchenmusik, Wien, 4.–10. Oktober 1954 [Kongressbericht], vorgelegt vom Exekutivkomitee, Wien 1955, 422 Seiten (im Folgenden: Kongressbericht).
2 Ebd. 24–33.

der Liturgischen Bewegung, den Klosterneuburger Chorherren Pius Parsch, gebührend zu ehren, wurde das Programm dieses Tages in Klosterneuburg durchgeführt. Die Stadt Wien stellte Autobusse zur Verfügung (darunter einige der Marke Graef & Stift, die mindestens 50 Jahre alt und noch mit Vollgummireifen ausgerüstet waren),[3] um die Teilnehmer von Wien nach Klosterneuburg und wieder zurück zu bringen.

Eröffnet wurde dieser Tag mit einer Deutschen Gemeinschaftsmesse in der Stiftskirche, zelebriert von Bischof-Koadjutor Dr. Franz Sales Zauner, Linz, mit dem Mess-Ordinarium für Gemeindegesang, das Vinzenz Goller für den gesamtdeutschen Katholikentag 1933 in Wien geschrieben hatte,[4] und mit Propriums-Gesängen für mehrstimmigen Chor von Hermann Kronsteiner. Bischof Zauner hat diese festliche Messe als Missa lecta (im Unterschied zu einer Missa in cantu[5]) zelebriert, aber da er nicht singen konnte und auch beim einfachen Sprechen immer in einen eigenartigen Sing-Sang gefallen ist, wurde diese Zelebration von vielen Mitfeiernden als Amt (d.h. als Missa cantata) wahrgenommen.[6] Sofort nach der Messe war heftiger Protest zu vernehmen.

Der nächste Punkt im Programm war das Hauptreferat von Josef A. Jungmann SJ (Innsbruck) „Liturgie und Volksgesang"[7] und das unmittelbar anschließende Korreferat von Jean Pierre Schmitt (Luxembourg/Rom) zum gleichen Thema, jedoch mit dem Zusatz „unter besonderer Berücksichtigung der Forderung der lateinischen Sprache".[8] – Jungmann stellte sachlich fest, dass „das Kirchenlied in der Volkssprache ursprünglich nicht mit der stillen Messe verbunden wurde, sondern mit dem Amt". Er berief sich dabei auf den neuen Aufsatz von Balthasar Fischer „Das Deutsche Hochamt"[9] und Veröffentlichungen von Jesuitenmissionaren in Ostasien und Nordamerika. Viele weitere Belegstellen für diese Feststellung sind in meiner Habilitationsschrift von 1972 angeführt.[10] – Schmitt stellte hinge-

---

3  Die großen Tafeln an den Bussen „50 Jahre Motu proprio" erhielten so eine zusätzliche Deutung!
4  In das alte und das neue Gesangbuch *Gotteslob* als „Leopold-Messe" aufgenommen.
5  Das waren Missa cantata, Missa Sollemnis und Missa Pontificalis; deutsch: Amt, Hochamt (mit Diakon und Subdiakon) und Pontifikalamt.
6  Kongressbericht 333; Programm und Kongressbericht geben aber ausdrücklich Deutsche Gemeinschaftsmesse (Missa lecta) an.
7  Ebd. 194–202.
8  Ebd. 203–206.
9  B. Fischer, Das „Deutsche Hochamt", in: LJ 3 (1953) 41–53.
10  P. Harnoncourt, Gesamtkirchliche und teilkirchliche Liturgie (Untersuchungen zur praktischen Theologie, Bd. 3), Freiburg 1974, besonders in der Zweiten Studie:

gen fest: „Manche scheinen die Wiederbelebung des Volksgesanges mit der Notwendigkeit der Einführung der Volkssprachen zu verwechseln. [...] Beim feierlichen Gottesdienst ist der Gesang in der Volkssprache überhaupt verboten."[11] Diese Bemerkung war zwar in erster Linie gegen Forderungen von Pius Parsch gerichtet wie auch gegen bekannte Tendenzen auf Burg Rothenfels, sie wurde aber als Verurteilung der morgendlichen Messfeier mit Bischof Zauner verstanden.

Die anschließende sehr emotional geführte Diskussion[12] ist im Kongressbericht nicht dokumentiert, wohl aber je eine Stellungnahme des Kongresspräsidenten Präl. Higino Anglès (Rom) und des Vorsitzenden des Exekutivkomitees Mons. Franz Kosch (Wien). Anglès behauptete dreierlei: a) Im Deutschen Amt, das Rom 1943 „gnädig toleriert" hat,[13] dürfen zwar deutsche Lieder, keinesfalls aber Ordinarium und Proprium in deutscher Sprache gesungen werden; b) die einzigen legitimen Orte für muttersprachliches Singen in der Kirche sind die Missa lecta und außerliturgische Andachten; c) Ordinarium und Proprium der Messe dürfen nur in lateinischer Sprache gesungen werden. Kosch verlas ein Schreiben der Ritenkongregation an den Kongress,[14] versuchte dann die Wogen zu glätten und unterstellte Pius Parsch, nichts anderes gewollt zu haben, als das Volk zur lateinischen Liturgie zu führen.

In der Schluss-Diskussion des Kongresses hat Joseph Kronsteiner noch einmal dieses Thema zur Sprache gebracht: „In der Missa lecta ist alles, was katholisch ist, erlaubt. Man kann still sein, den Rosenkranz beten, ein Kirchenlied singen, da bestünde doch eigentlich kein Hindernis, das liturgische Proprium in lateinischer, französischer, deutscher oder italienischer Sprache zu singen; [und man behauptet,] dass in der Missa cantata, im deutschen Hochamt nur das deutsche Kirchenlied erlaubt ist, da sollten doch liturgische Texte in der Landessprache noch mehr willkommen sein."[15] Doch in den Voten des Kongresses an den Hl. Stuhl heißt es: „Hinsichtlich der Gesänge (in der Missa cantata und in der Missa lecta) empfiehlt der Kongress: Die Verwendung von Texten in der Volks-

---

Der Gesang im Gottesdienst, Abschnitt C: Die Verwendung deutscher Kirchenlieder im Gemeindegottesdienst seit dem Mittelalter 294–366.
11   Kongressbericht 203.
12   Ich habe es als skandalös empfunden, dass über das brillante und sehr sachliche Referat von J. A. Jungmann überhaupt nicht gesprochen worden ist.
13   „[...] benignissime toleretur [...]"
14   Kongressbericht 397.
15   Ebd. 333 f.

sprache ist erlaubt, wenn es sich nicht um die liturgischen Texte handelt, die ausschließlich lateinisch zu singen sind."[16]

Dass das Klosterneuburger Ereignis Auslöser für noch strengere römische Bestimmungen sein werde, hat damals kaum jemand angenommen. Das Unerwartete ist jedoch in einer für Rom ganz unüblichen Eile eingetreten:

- Am 29. April 1955 richtet das Hl. Offizium (Vorläufer der Glaubenskongregation) ein Schreiben an die Ritenkongregation und fordert darin: Das Proprium Missae ist immer lateinisch zu singen, nur für das Ordinarium Missae sind „parafrasi in lingua tedesca" erlaubt.
- Pius XII. verlangt in seiner Enzyklika „Musicae Sacrae disciplina" vom 15. Dezember 1955, dass liturgische Texte keinesfalls in der Volkssprache gesungen werden dürfen.[17]
- Am 3. September 1958 schärft die Ritenkongregation dieses Verbot in ihrer „Instructio de Musica in Sacra Liturgia" nochmals ein.

Mit diesen Bestimmungen sind zahllose Kompositionen, die Vinzenz Goller, die Brüder Joseph und Hermann Kronsteiner sowie in Deutschland Felix Messerschmid, Rudolf Korn, Erhard Quack und manche andere für Gemeinschaftsmessen der Liturgischen Bewegung geschaffen hatten, obsolet geworden. Schon verbreitete Erträge der Liturgischen Bewegung schienen für immer kanonisch verboten zu sein.

Doch noch ehe diese rigorosen Verbote durchgesetzt werden konnten, hat die Wahl des betagten Patriarchen von Venedig Giuseppe Roncalli zum Papst (Johannes XXIII.) neue Hoffnungen geweckt[18] und seine überraschende Ankündigung des Zweiten Vatikanischen Konzils am 25. Januar 1959 hat die prekäre Situation grundlegend verändert.[19]

---

16   Ebd. 341.
17   „[…] statutum est, ne ipsa verba liturgica vulgari lingua canantur."
18   Die deutschen Bischöfe haben Johannes XXIII. im November 1958 gebeten, die Situation zu klären, um ständigen Streit und Denunzierungen nach Rom zu beenden, und der neue Papst hat schon am 23. Dezember 1958 in einem Schreiben an den Erzbischof von Köln, Kard. Josef Frings, erklärt, dass die gewährten Privilegien für Deutschland und für Österreich weiterhin Geltung besitzen.
19   Die Apostolische Konstitution „Veterum sapientia" vom 22. Februar 1962, mit der Johannes XXIII. die Bewahrung des Latein als Sprache der römischen Kirche erneut eingeschärft hat, änderte das nicht mehr. Es gab Stimmen, die behaupteten, diese Enzyklika sei dem Papst von hohen kurialen Stellen aufgenötigt worden.

Um die Bedeutung des Klosterneuburger Ereignisses und seiner Folgen richtig verstehen zu können, will ich die liturgische Lage von damals, in der ich groß geworden bin, erzählend skizzieren.

## 2. Wie ich die liturgische Situation vor 60 Jahren erlebt habe

### 2.1 Meine Erfahrungen als Ministrant am Dom (1937–1949)

Schon vor Beginn meiner Volksschulzeit habe ich ein besonderes Interesse für alle Arten von Gottesdiensten gezeigt. Mit fünf Jahren war ich bei der Erstkommunion und bekam von meinen Eltern einen „Schott"[20], den ich mir gewünscht hatte, obwohl ich noch kaum lesen konnte; und von meinem siebten Lebensjahr bis zum Eintritt in das Priesterseminar war ich begeisterter Ministrant am Grazer Dom.[21] Allerdings konnte ich in meinem Schott die Messe nicht so schnell mitlesen wie die Zelebranten ihre Texte aus dem lateinischen Messbuch gelesen haben. Priester, die langsam und mit offenkundigem Verständnis gesprochen haben, waren seltene Ausnahmen.[22]

Die damalige liturgische Situation in der Grazer Bischofskirche[23] ist aus ihrer Gottesdienst-Ordnung ablesbar:

### A. an Sonn- und Feiertagen (bis etwa 1960)
Alle Messen wurden ohne Predigt und ohne Kommunionspendung gehalten!

---

20 Volks-Schott, Messbuch für die Sonn- und Feiertage [...] von A. Schott OSB, Freiburg 1936; dieses Exemplar besitze ich noch und halte es in Ehren.

21 Dasselbe gilt für drei meiner vier Brüder; meine Eltern und die beiden Schwestern haben im Domchor gesungen.

22 Es gab Zelebranten, die in 17 Minuten mit ihrer Stillen Messe fertig waren, „fromme" Priester haben 35 Minuten gebraucht.

23 Kaiser Friedrich III. ließ 1438–1445 an der Stelle der alten Pfarrkirche zum Hl. Ägidius eine große Hofkirche errichten; diese wurde 1573 den Jesuiten übertragen und war bis 1773 auch Universitätskirche; Josef II. übertrug das alte Bistum Seckau (ein Eigenbistum der Erzdiözese Salzburg) nach Graz und erhob die Jesuitenkirche zur Kathedrale des Bischofs. Das Kapitel des vom Kaiser aufgehobenen Chorherrenstiftes Seckau wurde als Domkapitel nach Graz geholt.

5.30–12 Uhr: jede halbe Stunde Kommunionspendung beim Sakramentsaltar, durchgehend Beichtgelegenheit in mindestens vier Beichtstühlen.
6 Uhr: Stille Messen an Seitenaltären,
6.30 Uhr: Segenmesse am Sakramentsaltar vor ausgesetztem Allerheiligsten, während der geistliche Lieder von einer alternden Sopranistin auf der Orgelempore des Presbyteriums gesungen worden sind,
zugleich: Stille Messen an Seitenaltären,[24]
8 Uhr: Singmesse am Hochaltar,
nach 1945 Jugendmesse (Betsingmesse[25]) mit Predigt und Kommunionspendung;
9 Uhr: Singmesse am Hochaltar, nach 1941 Kindermesse mit durchgehender Erklärung des Evangeliums anhand großer Tafelbilder von Gebhard Fugel;
9.30 Uhr: Predigt (28 Minuten) auf der Kanzel von einem der Domvikare;[26]
10 Uhr: Lateinisches Hochamt (Missa sollemnis),[27] der Domchor sang nur das Ordinarium, der Organist und einige Tenöre rezitierten das Proprium auf einem Ton;
11 Uhr: Stille Messe („Langschläfermesse" genannt), begleitet mit Orgelspiel, mit oder ohne Gesang;
15 Uhr: Vesper (lateinisch gesprochen), unter Teilnahme des Domkapitels und der Alumnen des Priesterseminars;
17 Uhr: seit 1943 Abendmesse (Betsingmesse) am Hochaltar mit Predigt und Kommunionspendung.[28]

---

[24] Am Dom gab es zehn Domherren, drei Domvikare und einen Jesuiten als Beichtvater; und in der Dompfarre wohnten noch sieben Priester (Universitätsprofessoren, Religionslehrer, Seminar-Vorstehung), die täglich im Dom „ihre" Messen gelesen haben.
[25] Gemäß der sogenannten „Klosterneuburger Betsingmesse" von Pius Parsch; in der Oststeiermark war die „Vorauer Betsingmesse" des Chorherren Pius Fank verbreitet.
[26] Es gab nur wenige Kirchenbesucher, die der ganzen langen Predigt aufmerksam zuhörten; die Besucher der 9 Uhr-Messe verließen den Dom, jene des Hochamts strömten nach und nach hinein.
[27] Assistenz: ein Priester als Diakon, ein Seminarist des dritten Jahrgangs als Subdiakon. Es war genau geregelt, an welchen Festen der Bischof, der Dompropst, der Domdekan oder der Domkustos ein Pontifikalamt zelebrierten, zu welchem ein Presbyter assistens in Pluviale und zwei Ehrendiakone (Sta bene genannt) hinzugezogen wurden.
[28] Wegen Behinderungen durch den Krieg hat Rom den Pfarrkirchen eine Abendmesse erlaubt. Diese Erlaubnis wurde nach Ende des Krieges nicht wieder aufgehoben.

## B. an Wochentagen

5–9 Uhr: jede halbe Stunde Kommunionspendung beim Sakramentsaltar, durchgehend Beichtgelegenheit in mindestens vier Beichtstühlen;
6–8 Uhr: Stille Messen an Seitenaltären (nur zur Wandlung wurde geläutet);
6.30 Uhr: Stille Messe am Sakramentsaltar, während der geistliche Lieder von einer alternden Sopranistin gesungen worden sind;
8 Uhr: Terz[29], Kapitelmesse (Missa lecta) und Vesper, mit verpflichtender Teilnahme aller Domkapitulare[30] um ein Höchstmaß an Sakramentsgnaden zu empfangen.

Ab 1939 wurde einmal in der Woche in der Barbara-Kapelle[31] eine Gemeinschaftsmesse mit Homilie und Kommunionspendung gefeiert. Aus der Reihe der Mitfeiernden ist der „Barbara-Kreis" um Georg Hansemann, der dem Bund Neuland angehörte und im Herbst 1945 zum Spiritual des Seminares bestellt wurde, hervorgegangen.[32]

### 2.2 Meine Erfahrungen als Student der Theologie (1949–1954)

Im Herbst 1949 bin ich ins Priesterseminar in Graz eingetreten. Man kann sich heute kaum noch vorstellen, wie dort Liturgie gefeiert worden ist.

An den Sonn- und Feiertagen war um 8 Uhr Betsingmesse oder Choralamt: Lesung und Evangelium wurden vom „Vorbeter", der aber auf seinem Platz blieb, deutsch vorgelesen; die hl. Kommunion wurde in jeder

---

29  In der Fastenzeit Terz, Sext und Non.
30  Als Alumne des Seminars habe ich in den Ferien oft an dieser Messe teilgenommen und festgestellt, dass die Domherren während derselben aus ihren Brevieren Matutin und Laudes gebetet haben. Domherren, die nicht anwesend waren, mussten ein Buß-Geld in die Kassa des Kapitels zahlen. Auf meine Anfrage, warum sie die Vesper schon vormittags beteten, erhielt ich die Antwort: „Habemus privilegium." Ab Herbst 1945 wurde die Messe um 6.30 Uhr werktags als Betsingmesse (ohne Kommunionspendung) am Aloisius-Altar gefeiert. Ich fungierte dabei oft als „Vorbeter", der die Mess-Texte, die der Zelebrant still lateinisch zu lesen hatte, auch das Evangelium und Teile des Hochgebets, laut deutsch vorgetragen hat.
Den Messbesuchern wurde damals eindringlich empfohlen, an mehreren Messen gleichzeitig teilzunehmen, mit besonderer Beachtung der zeitlich versetzten hl. Wandlungen. Daher wurden an allen Altären die Wandlungsglocken geläutet.
31  Ein gotischer Anbau (alte Sakristei) an das Presbyterium des Domes.
32  Einige Angehörige dieses Kreises standen im Widerstand zur Nazidiktatur, viele wurden von der Gestapo überwacht.

Messe gespendet, aber aus einem großen Ziborium, das etwa 1500 Hostien fasste und im Tabernakel aufbewahrt war; kleine Hostien wurden nur konsekriert, wenn der Vorrat im Ziborium zur Neige ging.

An den Wochentagen um 7 Uhr gab es abwechselnd
- Betsingmesse
- Rosenkranzmesse – in der Fastenzeit Kreuzwegmesse –, wobei zu knien war (zum Evangelium stehen, aber weiterbeten); nur zur hl. Wandlung wurde das Gebet kurz unterbrochen
- Singmesse mit durchgehendem Gesang von Kirchenliedern
- Stille Messe, bei der wir durchgehend zu knien hatten, aber beten oder meditieren durften, was wir wollten.

Gemeinsames Stundengebet gab es im Priesterseminar damals nie.

Das Studienjahr 1952/53 verbrachte ich als DAAD-Stipendiat in München.[33] Bei Prof. Joseph Pascher, dem hervorragenden Liturgiker und Regens des Herzoglichen Georgianums, ist mir das Herz aufgegangen. Wesen (später sagte man dafür Sinngehalt) und Gestalt (Feiergestalt) der Hl. Messe und aller Sakramente haben wir zu unterscheiden gelernt, wodurch auch die Kontroverse mit den Protestanten – ist die Messe ein Mahl oder ein Opfer? – plausibel lösbar wurde. Sonntags feierte ich um 9 Uhr in der Theatinerkirche Choralamt (lat.) mit Heinrich Kahlefeld und um 11 Uhr war ich in der Ludwigskirche, um die Predigt von Romano Guardini[34] zu hören. In dieser Zeit ist mir der Gemeinschaftscharakter jeglicher Liturgie zur Selbstverständlichkeit geworden.

Die Karwoche und Ostern 1953 verbrachte ich auf Burg Rothenfels, wo die Oratorianer Heinrich Kahlefeld (damals „Burgkaplan" nach Romano Guardini) und Ernst Tewes (später Pfarrer von St. Laurentius in München, dann Weihbischof) alles mit uns in deutscher Sprache gefeiert haben; nur die Zelebranten haben, den Rubriken gehorsam, alles still lateinisch gelesen. – Der Altar in der Mitte des Rittersaales unter dem großen Radleuchter war auf drei Seiten von den Mitfeiernden umgeben. Diese Teilnahme aller als Circumstantes sollte auch heute als Begründung für den „Volksaltar" gebraucht werden, nicht aber das versus populum – die Hinwendung des Priesters zum Volk –, das von Verständnislosen als

---

33 Ich wohnte in Harlaching in der Familie des späteren Nobelpreisträgers Karl v. Frisch, dem Entdecker und Erklärer der Bienensprache.
34 Ich habe damals fast alle seine Vorlesungen im überfüllten Auditorium maximum der Universität gehört.

Wegwendung von Gott bekämpft wurde und wird. Ein besonderes Erlebnis war die Osternachtfeier nach Einbruch der Dunkelheit.

Im Sommer 1953 war ich zwei Wochen in der Abtei Maria Laach, wo ich die strenge benediktinische Form der Liturgischen Bewegung – Teilnahme aller Mitfeiernden am Gregorianischen Choral (sehr überzeugend gesungen!) – schätzen gelernt habe, freilich mit der Einschränkung, bestenfalls elitäre akademische Kreise damit erreichen zu können. In der Bibliothek habe ich vieles von Odo Casel und Abt Ildefons Herwegen gelesen. Danach blieb ich in dauerhaftem Kontakt mit dem Abt Herwegen-Institut und mit den Patres Burkhard Neunheuser, Emanuel v. Severus (einem Wiener), Odilo Heiming und Urbanus Bomm, später auch mit Adalbert Kurzeja und Angelus Häußling. – Auf der Heimreise habe ich in der Abtei Beuron P. Alban Dold besucht, der mir empfahl, auch mit Klaus Gamber in Regensburg Kontakt aufzunehmen.

Die Erfahrungen dieses Jahres haben mich davon überzeugt, dass alle Seelsorge von der Lebensmitte der Kirche – dem Mysterium Christi, aktual präsent in der Eucharistie, und der Heiligen Schrift – ihren Ausgang nehmen muss, was mir später ganz selbstverständlich war.

Viele jüngere Priester, die in Deutschland dem Quickborn und in Österreich dem Bund Neuland angehörten, haben sich in der Liturgischen Bewegung dafür eingesetzt, die hl. Messe nur in Gemeinschaft zu feiern, wofür sie nicht selten stark angefeindet worden sind. Unter den Alumnen des Priesterseminars in Graz waren immer wieder Spannungen zwischen Neuerern und Traditionalisten wahrzunehmen.

Wenige Tage nach meiner Priesterweihe habe ich, weil ich einer Pfadfindergruppe angehörte, auf deren Sommerlager eine Betsingmesse gehalten, wobei wir alle um einen freistehenden Tisch standen. Vielleicht war das die erste Messfeier auf einem Volksaltar in unserer Diözese.

### 2.3 Meine Erfahrungen als Kaplan (1954–1959)

Mein erster Pfarrer hat verlangt, dass der Kaplan wochentags immer zugleich mit ihm die Messe las – im Wochenwechsel der eine am Hochaltar, der andere am Seitenaltar; seine Begründung war nicht der reichere Empfang von Sakramentsgnade sondern der geringere Verbrauch von elektrischem Strom. Am Hochaltar war täglich Amt (Missa cantata), am Seitenaltar Stille Messe. Die hl. Kommunion wurde am Hochaltar während der Messe aus dem großen Ziborium im Tabernakel gespendet. Der Organist sang täglich allein oder mit einigen Sängerinnen ein lateinisches

Ordinarium (Gloria und gegebenenfalls Credo oft gekürzt), Lesungen und Evangelium wurden vom Zelebranten halblaut lateinisch, nie deutsch, vorgetragen.

Der Pfarrer war einverstanden, dass ich, wenn ich an der Reihe war, eine Betsingmesse oder eine Singmesse feierte, um die Messbesucher einzubeziehen. Er gab die Zustimmung allerdings erst, als nach Rückfrage beim Ordinariat klargestellt war, dass auch bei einer Missa lecta der Organist denselben Lohn erhielt wie bei einem Amt, und dass dies auch für die Höhe der Mess-Intentionen galt.[35]

In der Stadt Hartberg, wo ich 1956–1959 Kaplan und Jugendseelsorger war, wurde in jeder am Hochaltar gefeierten Messe die Kommunion ausgeteilt, aber immer aus dem sehr großen Ziborium im Tabernakel.

An allen Sonn- und Feiertagen gab es

6 Uhr: Singmesse ohne Predigt,

7 Uhr: Rosenkranzmesse – in der Fastenzeit Kreuzwegmesse – (wie im Priesterseminar) ohne Predigt,

8 Uhr: Jugendmesse (Betsingmesse[36]) mit Predigt von der Kanzel[37],

9 Uhr: Kindermesse mit Predigt vom Altar,

10 Uhr: Nicht zum Dienst eingeteilte Priester[38] haben „ihre" Messe an Seitenaltären gelesen.

## 2.4 Meine Erfahrungen als Sekretär und Zeremoniär von Bischof Josef Schoiswohl (1959–1963)

Drei Erfahrungen sind im Zusammenhang dieses Symposions erwähnenswert: die bischöfliche Liturgie, die Neuordnung der Diözesankommission für Liturgie sowie Vorbereitungen und Beginn des Zweiten Vatikanums.

---

35 Auf diese Weise wurde die nachkonziliare Unterscheidung zwischen Messen mit dem Volk (M. cum populo) und ohne Volk (M. sine populo) schon vorweggenommen und auf die Unterscheidung zwischen Amt und Stille Messe angewendet.

36 Abwechselnd Klosterneuburger Betsingmesse und Vorauer Betsingmesse (vgl. Anm. 20).

37 Wurde nach dem Evangelium von der Kanzel gepredigt, dann musste der Zelebrant die Kasel ablegen, denn die Predigt galt – wie auch die Kommunionspendung an die Gläubigen – als legitime Unterbrechung der Messfeier.

38 In der Pfarre Hartberg gab es sechs Weltpriester und im Kapuzinerkloster fünf Patres und einen Bruder.

### 2.4.1 Der Bischof als Liturge

Dr. Josef Schoiswohl, 1954–1968 Bischof der Diözese Graz-Seckau, stand schon als Stadtpfarrer in Wien-Mauer der volksliturgischen Bewegung von Pius Parsch und dem Bund Neuland nahe. Alle Messfeiern mit ihm in der Hauskapelle waren Gemeinschaftsmessen mit Kommunionspendung (aber immer aus dem Tabernakel!) und nicht selten auch mit einer kurzen Homilie.

Die von ihm im Dom zelebrierten Pontifikalämter sollten nicht unnötig lang dauern, daher gab es weder Predigt noch Kommunionspendung; es wurde auf die je halbstündige „Abspeisung"[39] beim Sakramentsaltar verwiesen. Der Domkapellmeister musste zur Kenntnis nehmen, dass der Bischof kürzere Vertonungen des Ordinariums vorzog, dass er aber andererseits darauf bestand, das Proprium vollständig zu singen, sei es mehrstimmig oder im gregorianischen Choral.

Bei Firmungen und Visitationen wünschte er schlichte Gemeinschaftsmessen, in denen er selbst predigte und die hl. Kommunion spendete.[40] Seiner Anregung folgend wurde in vielen Pfarren nach und nach das allsonntägliche lateinischen Amt (Missa cantata) durch Gemeinschaftsmessen (Missa lecta) ersetzt. Einige Kirchenmusiker befürchteten, dass dadurch der lateinische Chorgesang beeinträchtigt werden könnte.

Bischof Schoiswohl war immer ein Förderer des muttersprachlichen Gemeindegesangs, und er leitete sogar dann und wann selbst Singproben mit der visitierten Gemeinde. Die Aktion „Lied des Monats" wurde von ihm eingeführt und dafür die Mitwirkung des Sonntagsblatts verlangt. In dieser Hinsicht war während seiner Amtszeit in der ganzen Diözese ein deutlicher Fortschritt wahrzunehmen.

Kaum noch vorstellbar sind uns heute massenhafte Einzelzelebrationen innerhalb kurzer Zeit. Bischof Schoiswohl hat die jährliche Steirische Pfarrerwoche im Bildungshaus Schloss Seggau eingeführt, an der damals etwa 250 Pfarrer teilgenommen haben. Vor dem Frühstück hat fast jeder von ihnen „seine" Messe gelesen, wofür alle verfügbaren Tische und Kommoden mit Altarsteinen ausgestattet worden sind.[41] – Die jetzt

---

39 Das war die am Dom übliche Bezeichnung für die Kommunionausteilung außerhalb der Messe.
40 Bei den Massenfirmungen im Dom wurde auf die halbstündliche „Abspeisung" verwiesen.
41 Ähnliches war damals in der Peterskirche in Rom üblich, aber nur auf den vorhandenen Seitenaltären.

in den Pfarrerwochen übliche Konzelebration aller Priester, aber fast ohne Volk, ist auch nicht die optimale Lösung.

### 2.4.2 Die Neuordnung der Diözesankommission für Liturgie

Einige Monate nach meiner Ernennung zu seinem Sekretär und Zeremoniär bestellte mich der Bischof zum Geschäftsführer der Diözesankommission für Liturgie. Bei der ersten Sitzung in diesem Gremium habe ich eine Erfahrung gemacht, die mich belustigt, aber auch geärgert hat; sie ist bezeichnend für eine damals noch weit verbreitete Einschätzung der Liturgie: Alles und jedes müsse in Rom geregelt werden.

In diesem Kreis wurde gerade die Antwort der Ritenkongregation auf eine Anfrage der Diözesankommission behandelt. Es ging um folgendes: Es war üblich, dass Priester auf Bahn- und Busreisen ihr Brevier gebetet haben. Wegen der Vorschrift, das Brevier labialiter (mit Gebrauch der Lippen) zu beten, war eine deutlich sichtbare Lippenbewegung so verbreitet, dass Priester häufig „Kaninchen" genannt worden sind. Um dieser Verspottung zu begegnen, hatte die Kommission in Rom angefragt – natürlich in lateinischer Sprache –, ob Priester, wenn sie in der Öffentlichkeit ihr Brevier beten, ihre Pflicht mentaliter (nur im Geist, statt flüsternd) erfüllen dürfen. – Die soeben aus Rom eingelangte Antwort lautete „Negative", d. h. das Brevier muss auch weiterhin, weil es öffentliches Gebet der Kirche ist (cultus publicus gemäß CIC can. 1257), leibhaft gebetet werden. Um aber die Priester nicht länger der spöttischen Bezeichnung „Kaninchen" preiszugeben, wird empfohlen, „etwas weniger die Lippen, dafür aber umso eifriger die Zunge zu bewegen". Das ist in dieser Runde sofort probiert worden, hat aber nicht weniger lächerlich gewirkt.

In keiner späteren Sitzung ist je wieder eine rubrizistische Anfrage nach Rom gegangen.

1961 wurde ich zum geschäftsführenden Vorsitzenden dieser Kommission bestellt, und wir (auch Prof. Karl Amon war mit mir in dieses Gremium berufen worden) haben uns bemüht, gewünschte Erneuerungen der Liturgie gemeinsam in Angriff zu nehmen, zunächst in der Diözese, dann österreichweit und nach 1963 grenzüberschreitend im deutschen Sprachgebiet.

### 2.4.3 Der Bischof und das Zweite Vatikanische Konzil

An den Vorbereitungen und später an den Beratungen des Konzils in Rom hat Bischof Schoiswohl mit leidenschaftlichem Einsatz teilgenommen. Er hat sich dabei eines großen Kreises von Experten bedient und war für Anregungen von vielen Seiten offen. Ich selbst habe ihn nicht zu den

Sessionen nach Rom begleitet, weil ich diese Zeit für die Fertigstellung meiner liturgiewissenschaftlichen Dissertation[42] ausnützen wollte.

Schon 1960 hielt Bischof Schoiswohl eine Diözesan-Synode zum Thema „Der Laie in der Kirche", in der zentrale Intentionen des Konzils realisiert worden sind.[43]

1963 – unmittelbar nach meiner Promotion – wurde das Landeskonservatorium für Musik in Graz zur Akademie (später Hochschule) für Musik und darstellende Kunst (jetzt Kunstuniversität) erhoben und zugleich eine Abteilung für Kirchenmusik eingerichtet und ich wurde zum Konzeptor und ersten Leiter ernannt. Diese Abteilung wurde 1964 mit der internationalen Studienwoche „Die Kirchenmusik und das Konzil"[44] eröffnet; es war die erste Großveranstaltung, die sich diesem Thema gewidmet hat, und in der die künftige Beziehung zwischen Kirchenchor und Gemeinde bzw. zwischen Chorgesang und Gemeindegesang gründlich erörtert worden ist, um aufkommenden Kontroversen zu begegnen.[45]

Nach Rücksprache mit Karl Amon wurde ich 1964 vom Bischof gebeten, mich in Liturgiewissenschaft zu habilitieren, um den vom Konzil verlangten neuen Lehrstuhl übernehmen zu können.[46] Dieser wurde 1973 vom Bundesministerium für Wissenschaft und Forschung dem neuerrichteten Institut für Liturgiewissenschaft, christliche Kunst und Hymnologie zugeteilt.

## 3. Zur Vor- und Nachgeschichte des Ereignisses

Das Klosterneuburger Ereignis ist nicht vom Himmel gefallen. Hier ist aber eine Kontroverse manifest geworden, deren Wurzeln ins 19. Jahrhundert zurückreichen, die Spannungen zwischen Vertretern der Liturgi-

---

42 P. Harnoncourt, Das Calendarium proprium in der heutigen Diözese Seckau von 1596–1962 (Diss. masch.) Graz 1963.
43 Der Laie in der Kirche. Seckauer Diözesansynode 1960. Bericht und Statut, Graz–Wien–Köln 1961.
44 P. Harnoncourt/F. Zauner/K. Amon (Hg.), Die Kirchenmusik und das II. Vatikanische Konzil – Referate der Kirchenmusikwoche in Graz 1964, Graz–Wien–Köln 1965.
45 P. Harnoncourt, Neue Aufgaben der katholischen Kirchenmusik, in: ders./F. Zauner/K. Amon (Hg.), Die Kirchenmusik und das II. Vatikanische Konzil 51–75; ders., Chorgesang und Volksgesang in der erneuerten Liturgie, in: Der Seelsorger 35 (1965) 258–263.
46 Beides ist 1972 erfolgt, vgl. Anm. 10.

schen Bewegung und Kirchenmusikern. Der deutsche Cäcilienverein, obwohl ursprünglich selbst eine liturgische Bewegung (!),[47] stand der Förderung des deutschen Gemeindegesangs in der Liturgie misstrauisch bis feindselig gegenüber. Auf der anderen Seite hat Pius Parsch in seinem Buch „Volksliturgie"[48] provokant vorhergesagt, dass in 50 Jahren die lateinischen Hochämter „nur noch in Konzerten aufgeführt werden".[49]

Um diese Auseinandersetzungen zu verstehen, muss man sich vor Augen halten, dass es sowohl in der Liturgischen Bewegung zwei diametral verschiedene Richtungen gegeben hat, wie auch hinsichtlich der Liturgie und ihrer Musik zwei radikal gegensätzliche Ansätze des Verständnisses maßgebend waren.

### 3.1 Die Liturgische Bewegung und ihre Tendenzen

Ziel der Liturgischen Bewegung war es, dass der Gottesdienst der Kirche, der im Lauf der Zeit zum exklusiven Klerikerdienst geworden war, wieder – wie in seinen Anfängen – zur Feier der versammelten Gemeinde wird. Ansätze dazu hat es schon in vorreformatorischer Zeit und wieder in der Zeit der Aufklärung gegeben, doch die eingetretene Kirchenspaltung und dann der Rationalismus haben diese Ansätze obsolet gemacht. Restaurative Erstarrungen waren die Folge. Die Liturgische Bewegung des 20. Jahrhunderts ging Hand in Hand mit dem „Erwachen der Kirche in den Seelen" (Romano Guardini) und mit Tendenzen der Katholischen Aktion. Sie verfolgte ihr Ziel auf zwei Wegen.

- Die benediktinische Richtung der Liturgischen Bewegung sah in der Liturgie eine vorgegebene und unveränderliche Größe, zu der das Volk emporgeführt werden sollte. Choral-Amt und lateinisches Stundengebet – vor allem die Vesper – waren die Ideal-Vorstellungen. Es ist begreiflich, dass vor allem Akademiker und andere elitäre Kreise angesprochen worden sind.
- Die volksliturgische Richtung jedoch sah in den Gegebenheiten und Möglichkeiten des einfachen Volkes die unveränderliche Größe, und man versuchte die Liturgie aus ihrer Höhe und Isolierung zum Volk

---

47 P. Harnoncourt, Der Liturgiebegriff bei den Frühcäcilianern und seine Anwendung auf die Kirchenmusik, in: H. Unverricht (Hg.), Der Cäcilianismus, Tutzing 1988, 75–108.
48 Erstauflage Klosterneuburg 1940, stark erweiterte Neuausgabe Klosterneuburg 1950.
49 Ebd. 426.

herunter zu holen. Dafür war der Gebrauch der Volkssprache erforderlich. Kompromissloser Protagonist dieser Richtung war Pius Parsch; dieselben Tendenzen wurden auch im Leipziger Oratorium, auf Burg Rothenfels und in Jugend-Zentren verfolgt. Weil die kanonischen Regeln die lateinische Liturgiesprache strikt verlangt haben, hat die volksliturgische Bewegung die „nicht-liturgische Messe"[50], d. h. die Missa lecta (stille Messe), die übliche Form der Privat-Messen, als Grundform gewählt, bei der es jedem Teilnehmer freistand, wie er teilnehmen wollte. Man hat sich allerdings darum bemüht, diese Form der Privatmesse durch Verteilung der Texte gemäß der „Hochamtregel" auf Vorbeter, Lektor, Schola/Chor und Gemeinde zur Gemeinschaftsmesse zu formen.

Gegensätzliches musste unter einen Hut gebracht werden: einerseits die römische Ordnung, nach der Liturgie ein kanonisch geregeltes Text- und Ritengefüge ist, das nur von dazu beauftragten Klerikern zu vollziehen ist, andererseits die neugewonnene Erkenntnis, dass Liturgie ein gemeinschaftlicher Vollzug der Kirche unter Einbeziehung aller ihrer Glieder ist. Das war nur in der stillen Messe möglich, und es hatte auch seinen Preis: die ärgerlichen Parallelisierungen: Während das Volk mit dem Vorbeter und anderen Rollenträgern gemeinsam Gottesdienst in der Muttersprache feierte, musste der Priester als der einzige kanonisch beauftragte Liturge seinen Dienst möglichst leise vollziehen, um die Feier zu legitimieren ohne sie zu stören. Das durfte kein Dauerzustand bleiben! Nur eine Reform von Rom aus konnte das ändern.

### 3.2 Das Verständnis von Liturgie und Kirchenmusik im Umbruch

Der kanonischen Definition der Liturgie entsprechend galt in der Kirchenmusik nur das Singen der offiziellen lateinischen (bzw. griechischen und hebräischen) Texte als liturgischer Gesang, ja, genau genommen war nur der Gesang der Kleriker im Chor kanonisch korrekt, weil nur diese

---

50 Dieser paradoxe Begriff taucht erstmals bei Vertretern des Caecilianismus Ende des 19. Jahrhunderts auf. Die Missa lecta ist in jenen Klöstern und Weltpriester-Kapiteln entstanden, in denen jeder Priester über seine passive Teilnahme am Kapitelamt hinaus „seine Messe" lesen wollte. Zunächst war vorgesehen, alle Texte laut zu sprechen statt zu singen, schließlich hat sich ganz leises Sprechen (submissa voce) durchgesetzt, um andere zelebrierende Priester nicht zu stören.

zur Feier der Liturgie beauftragt sind. Die Frage, ob der lateinisch singende Kirchenchor einen liturgischen Dienst leistet, beantwortete Rom differenzierend: Kleriker im Chor leisteten einen liturgischen Dienst; Männer und Knaben einen quasi-liturgischen Dienst (denn sie könnten noch Kleriker werden), Frauen und Mädchen leisteten keinerlei liturgischen Dienst, weil sie dazu auf Grund ihres Geschlechtes unfähig seien.[51]

Mit dem Bewusstwerden, dass alle Getauften gemeinsam mit Personen, die zu besonderen Diensten in der Kirche ordiniert sind, die Kirche bilden – und zwar analog auf verschiedenen Ebenen –, musste auch bewusst werden, dass Liturgie Gottesdienst der Kirche, Sache aller Getauften ist, und dass darum auch der Kirchengesang seinem Wesen nach Gemeindegesang ist. Wie die Kleriker sich von ihrem Privileg verabschieden mussten, allein Träger liturgischen Tuns zu sein, so mussten auch die Chorsänger zur Kenntnis nehmen, dass sie Platzhalter bzw. beauftragte Spezialisten der Gemeinde im gottesdienstlichen Gesang sind, nicht aber Privilegierte, die der Gemeinde wie einem Auditorium etwas vorsingen.

### 3.3 Die Liturgiereform des Zweiten Vatikanischen Konzils

Das Konzil hat die bisher dominierende kanonistische Definition der Liturgie endlich und endgültig durch eine wesensgemäße Bestimmung der Liturgie ersetzt. Liturgie wird als Gottesdienst der Kirche verstanden, der durch die je konkret versammelte Gemeinde vollzogen wird. Dabei kann die Liturgie – je nach Deutung der Kirche – als Tun des Leibes Christi, als hochzeitliche Feier der Braut Christi, als gemeinsames Gedenken der Großtaten Gottes durch sein pilgerndes Volk auf dem Weg durch die Zeit, als gehorsames Erfüllen der Aufträge Jesu durch seine Jüngerschaft und als Teilnahme an der Liturgie des Himmels gesehen werden.

Die Konzilsväter haben sich die Forderungen der volksliturgischen Bewegung uneingeschränkt zueigen gemacht: Liturgie ist nicht nur ihrem Wesen nach ein Handeln der Kirche, sondern es muss auch im konkreten Vollzug ein Tun der ganzen versammelten Gemeinde sein können. Was dem entgegensteht, muss geändert werden.[52]

---

51 So noch Pius XII. in der von ihm autorisierten „Instructio de Musica in Sacra liturgia" der Ritenkongregation vom 3.9.1958, vgl. dazu hier 1.: Das Ereignis in seinem Kontext.
52 Der Erzbischof von Mainz, Kard. Hermann Volk, hat damals festgestellt: „Jetzt können wir mehr, als wir dürfen, aber bald werden wir mehr dürfen, als wir können!" 1965 habe ich das in Mainz aus seinem Mund selbst gehört.

Andererseits wollten die Konzilsväter bisher geübte liturgische Praktiken, auch wenn sie dem nunmehr erkannten Wesen der Liturgie nicht entsprochen haben, nicht verurteilen, und das hat Kompromisse mit sich gebracht, die der Reform entgegen stehen:
- Das Festhalten an der Legitimität einer ohne Volk gefeierten Liturgie (Missa sine populo)
- Das Festhalten an der These, dass die Kommunion nur in der Gestalt des Brotes gerechtfertigt sei
- Das Festhalten an der ausschließlichen Kompetenz Roms, Liturgie zu regeln[53]

Wegen der bestehenden Privilegien für die Länder der deutschen Sprachregion, insbesondere wegen der Legitimität des Deutschen Hochamtes, und wegen der üblichen Formen der Gemeinschaftsmesse, mussten in das Deutsche Messbuch 1975, in den Abschnitt „Die Grundordnung der Gemeindemesse", Sonderregeln für das deutsche Sprachgebiet aufgenommen werden, die dort eigens markiert sind. Einige von diesen sind allerdings höchst problematisch.[54]

## 4. Noch nicht zufriedenstellend gelöste Aufgaben?

Sosehr heute die Freude über die Erneuerung der Liturgie durch das Zweite Vatikanum, insbesondere die Freude über die wiedergewonnene Feier der Liturgie durch die versammelten Christen, vorherrschen wird, dürfen wir dennoch nicht blind sein gegenüber gewissen Mängeln im Hinblick auf den Gesang.

1. In vielen Gemeinden erfolgt die Auswahl der Gesänge wie eh und je, als noch zur Liturgie (des Priesters) gesungen worden ist. Gesänge zur Liturgie aus vorkonziliarer Zeit sind pauschal Liturgische Gesänge geworden, weil die deutschsprachigen Bischofskonferenzen alle in den offiziel-

---

53 Diese drei Besonderheiten der römisch-katholischen Liturgie sind bezeichnenderweise in den alten Ortskirchen und in den Reformationskirchen unbekannt!

54 Z.B.: Das Gloria darf durch ein Gloria-Lied ersetzt werden; im Notfall darf der Antwortpsalm durch einen anderen dazu geeigneten Gesang ersetzt werden; ausnahmsweise darf das Glaubensbekenntnis durch ein Credo-Lied ersetzt werden; das Sanctus darf durch ein Lied ersetzt werden, das mit dem dreimaligen Heilig-Ruf beginnt und dem Inhalt des Sanctus entspricht; es kann auch ein Agnus-Dei-Lied gesungen werden.

len Diözesangesangbüchern enthaltenen Gesänge (das waren vor allem mehrstrophige gereimte Kirchenlieder) schon 1965 für den Gebrauch in der Liturgie approbiert haben. Für die Gesänge des Messordinariums und für den Psalm nach der Lesung ist das sehr problematisch, ja eigentlich untragbar. – Wie kann sichergestellt werden, dass eine verantwortbare Auswahl von Gesängen getroffen wird?

2. An Hochfesten ist die „Aufführung" klassischer durchkomponierter Messordinarien weithin üblich; die Integration dieser Werke in die erneuerte Liturgie bringt Probleme mit sich, die noch nicht zufriedenstellend gelöst sind: Wohin mit dem Benedictus, wenn es als eigenständiges Stück zur Anbetung der konsekrierten Eucharistie konzipiert ist? Wohin mit dem Agnus Dei, wenn es als Rahmen-Satz analog zum Kyrie konzipiert ist und wegen seiner Länge die Kommunion weit vom Gebet des Herrn absetzt?

3. Eine den Prinzipien der Liturgiereform entsprechende Neuordnung des liturgischen Rechts ist bisher nicht erfolgt. In Artikel 22 der Liturgiekonstitution wird am vorkonziliären Liturgieverständnis festgehalten, dass Liturgie zuerst niedergeschrieben und vom Apostolischen Stuhl approbiert werden muss. Den Bischöfen wird das Recht, Liturgie zu ordnen, nur als vom Apostolischen Stuhl delegiertes Recht zugestanden. Liturgien in der Muttersprache müssten primär den Autoritäten der Ortskirchen anvertraut sein, wie das vor dem Konzil von Trient selbstverständlich war.

# Theologische Ansätze bei Pius Parsch

*Reinhard Meßner*

*Editorischer Hinweis*: Zur Zeit der Endfassung des Manuskriptes für diesen Band und bis unmittelbar vor der Drucklegung war die schriftliche Fassung des Vortrags noch nicht verfügbar. Der überzeugende mündliche Vortrag von Reinhard Meßner lässt eine nachträgliche Veröffentlichung andernorts wünschenswert erscheinen. Der Vollständigkeit wegen wird im folgenden *Kurzbericht* versucht, die wesentlichen Inhalte aus dem mündlichen Referat zusammenfassend wiederzugeben.

Reinhard Meßner versuchte im Schlussreferat des Symposions die großen und grundlegenden theologischen Ansätze bei Parsch herauszuarbeiten. Festzuhalten ist dabei, dass diese zwar durchaus homogen sind, aber einer systematischen Zusammenschau bedürfen, um die für Parsch charakteristische und die ihm genuine Mitte zu beschreiben. Diese Mitte kreist um mehrere Kernanliegen:

- die Teilhabe an der göttlichen Natur und die Gnadenlehre bei Matthias Scheeben
- die Kirche als Lebensraum der Gnade
- besonders das Verständnis der konkreten Orts- bzw. Pfarrgemeinde als Ort des eigentlichen ekklesialen Vollzugs mit der ihr eigenen theologischen Dignität – lange vor Ferdinand Klostermanns Gemeindetheologie und in Abhebung zu den Aussagen des II. Vatikanums, das vornehmlich von der bischöflichen Ortskirche her dachte
- die daraus sich ergebenden sichtbaren Folgen für das Amtsverständnis des Pfarrers
- zugleich das gemeinsame Taufpriestertum aller Gläubigen, das seinen Niederschlag in der aktiven Teilnahme findet
- Die Nähe zum konkreten liturgischen Vollzug im Denken Parschs legt auch einen stark *rituell* geprägten Liturgiebegriff nahe. Auch darüber müsse – unter Bedachtnahme des „historischen Verfallschemas" der Liturgieentwicklung, wie es sich auch in SC 21 findet – in ihren Zusammenhängen und Konsequenzen weiter nachgedacht werden.

# Die bekannte/unbekannte Liturgische Bewegung. Ein Ausblick

*Benedikt Kranemann*

Die Tagung des Pius-Parsch-Instituts vom 13. bis 16. März 2014, die in diesem Band dokumentiert ist, stand unter dem Thema „Liturgie lernen und leben – zwischen Tradition und Innovation". Der Blick ging zurück in die Zeit der Liturgischen Bewegung und insbesondere zu Pius Parsch und seinen theologischen wie liturgiepastoralen Überlegungen in einer Epoche der Veränderungen in Gesellschaft, Kultur und Kirche. Das Interesse galt der Rekonstruktion der Geschichte, zugleich der Frage, was diese Zeit in das Zweite Vatikanische Konzil und die Liturgiekonstitution eingebracht hat, und nicht zuletzt dem Anliegen, für eine Gegenwart, die ebenso als Zeit der Umbrüche wahrgenommen wird, Antworten in Auseinandersetzung mit der Geschichte zu bieten.

Einige Grundsatzreferate haben sich der Theologie der Liturgie zugewandt, die in den ersten Jahrzehnten des vergangenen Jahrhunderts formuliert worden ist und bis heute Gegenstand der theologischen Debatte bleibt. Die Chancen, aber auch die Grenzen, die die Auseinandersetzung mit den Denkern der Liturgischen Bewegung bietet, wurden sichtbar. Insbesondere interessierte der Beitrag von Pius Parsch zur Liturgietheologie, wobei dieser dazu offenbar mehr Bausteine geliefert denn ein wirklich entfaltetes theologisches Gebäude entworfen hat. Seine theologischen Überlegungen, die immer wieder Anleihen vor allem bei Odo Casel und Romano Guardini gemacht haben, sind aber auch heute noch Inspiration.

Die Liturgietheologie wie die Liturgiewissenschaft der Gegenwart insgesamt stehen in einer Geschichte mit der Liturgischen Bewegung, um die man wissen muss, wenn man die Reformen der Liturgie vor und nach dem Konzil und die Konzilskonstitution über die Liturgie „Sacrosanctum Concilium" theologisch richtig verstehen will. Es ist ein Ertrag der in diesem Band dokumentierten Vorträge, erneut in Erinnerung gerufen zu haben, dass nicht erst das Konzil aus theologischen Motiven Reformen durchdacht und in Gang gebracht hat, sondern, so die These des Vortrags von Andrea Grillo, die Vorgeschichte von Konzil und nachkonziliarer Liturgiereform mit Mediator Dei 1947 einsetzte und dann umfangreiche Reformprozesse bis in die 1980er Jahre hinein vollzogen wurden.

Zugleich führte die Auseinandersetzung mit Parsch und seinen Zeitgenossen auch vor Augen, dass die Liturgietheologie heute in einer anderen Zeit und einer mit ihr veränderten Kirche stattfindet. Die Geschichte ist Inspiration, aber es müssen für die Gegenwart unter neuen Voraussetzungen eigene Antworten formuliert werden. Eine Übersteigerung der Geschichte kann zur Gegenwartsflucht werden, die sich für die Liturgiewissenschaft als Wissenschaft verbietet, aber auch für Kirche und Pastoral verhängnisvoll wäre.

Eine Reihe von Referaten zur Geschichte der Liturgischen Bewegung hatte viel Neues zu bieten. Vor allem ein Zeitzeugenbericht von Philipp Harnoncourt führte mit dem Zweiten Internationalen Kongress für katholische Kirchenmusik in Wien, der vom 4. bis 10. Oktober 1954 stattfand, ein Ereignis vor Augen, das für viele heute nicht mehr präsent ist. Im Rahmen dieses Kongresses hatte man sich einen Tag in Klosterneuburg mit dem Volksgesang in der Liturgie beschäftigt. Harnoncourt zeichnete ein eindrucksvolles Bild von den durchaus konträren Debatten um Liturgie und liturgischen Gesang vor dem Konzil.

Die Vorträge in Klosterneuburg haben belegt, dass jenseits der großen Zentren und der herausragenden Themen das Wissen um die Liturgische Bewegung ausgebaut werden kann und muss. So konnte etwa der Vortrag von Jürgen Bärsch über das Fronleichnamsfest mit mancher Überraschung aufwarten und interessante Bausteine für die jüngere Geschichte dieses Festes, aber auch unterschiedlicher Strömungen in der Liturgischen Bewegung bieten. Erwin Mateja referierte über bemerkenswerte Details der Liturgischen Bewegung in Schlesien.

Das Bild der Liturgischen Bewegung lässt sich weiter differenzieren. Ein bestimmtes Spektrum an Themen ist abgearbeitet, aber viele Quellen und Fragestellungen harren noch der Bearbeitung. Die Liturgische Bewegung, ihre Programme und Protagonisten gelten vielen als vertraut. Das genauere Hinsehen zeigt jedoch, dass es eine Zeit der Liturgiegeschichte ist, die maximal 100 Jahre zurückliegt, aber in manchem mühsam rekonstruiert, in ihrer innovativen Kraft neu entdeckt und in ihrer zeitgenössisch geprägten Theologie verstanden werden muss. Diese Epoche der Liturgiegeschichte sollte durchaus um ihrer selbst willen einer Relecture unterzogen werden. Man wird sie dann differenzierter und mit einem höheren Erkenntnisgewinn kennenlernen, als wenn man sie immer nur mit Blick auf die jüngere Liturgiereform befragt.

Schließlich diskutierten einige Vorträge aktuelle Fragen der Liturgie und stellten diese mit Blick auf die theologischen Programme von Pius Parsch und anderen in ein neues Licht. Insgesamt bot die Tagung neue

Perspektiven auf den Klosterneuburger Chorherren und seine Zeit und half, diese wichtige Persönlichkeit sinnvoll in die kirchliche Zeitgeschichte einzuordnen. Einige Beobachtungen zur Tagung sollen eigens genannt werden:
- Es gibt immer noch viele blinde Flecken in der Geschichte der Liturgischen Bewegung. Die oben genannten Beispiele zählen dazu. Die kleineren „Orte", an denen liturgisch Bewegte wirkten, die nicht wenigen Zeitschriften, die Verortung in der Zeitgeschichte, der Umgang mit einzelnen Festen und Feiern müssten untersucht werden. Vielleicht braucht es den zeitlichen Abstand, den man heute hat oder langsam gewinnt, um in einem neuen Hinsehen bislang Unbekanntes und Übersehenes entdecken zu können.
- Dazu zählt auch, dass von einigen Augenzeugenberichten abgesehen wenig über die Haltung und Einstellung der Gläubigen zu den Programmen und Erneuerungsvorhaben der Liturgischen Bewegung bekannt ist. Es wäre interessant und würde auch einer Liturgiegeschichtsschreibung nach dem Zweiten Vatikanischen Konzil und der damit verbundenen Neugewichtung der Rolle aller Getauften in der Liturgie entsprechen, die Rezeption durch die Gläubigen genauer in den Blick zu nehmen.
- Wiederholt wurde die Frage diskutiert, ob man überhaupt von „der" Liturgischen Bewegung sprechen kann. Bei allem Gemeinsamen zwischen Theologen wie Odo Casel, Romano Guardini und Pius Parsch, aber auch den Leipziger Oratorianern sind die sehr unterschiedlichen Vorgehensweisen und auch theologischen Sichtweisen nicht zu übersehen. Es gab eine beachtliche Vielfalt unter den liturgisch Bewegten des frühen 20. Jahrhunderts. Handelt es sich um eine Bewegung, um mehrere Bewegungen, um Vielfalt innerhalb der Liturgischen Bewegung? Eine zu uniforme Vorstellung verbietet sich jedenfalls, die innere Differenzierung verdient weitere Untersuchungen.
- Es ist ganz offensichtlich, dass es zwischen den verschiedenen Zentren, aber auch den Persönlichkeiten der Liturgischen Bewegung einen geistigen Austausch gegeben hat. Welche wissenschaftlichen Netzwerke gab es? Wer stand mit wem im Austausch, was wurde wie rezipiert, wer beeinflusste wen wie?
- Das Bild der Liturgischen Bewegung zwischen den Generationen ist in Bewegung. Die Einschätzung dieser Zeit scheint zu variieren. Die Perspektiven der Wissenschaftlerinnen und Wissenschaftler, die sich mit den ersten Jahrzehnten des 20. Jahrhunderts befassen, werden vielfältiger. Man sollte diese verschiedenen Perspektiven und Fragen

kreativ nutzen, um zu einem differenzierteren Bild der Liturgischen Bildung zu gelangen.

Wer meinte, über die Liturgische Bewegung sei alles gesagt, muss enttäuscht werden. Diese Epoche der Liturgiegeschichte hält noch viele Fragen, aber auch überraschende Antworten bereit. Sie lohnt auch weiterhin die Beschäftigung unter neuen Interessen sowie mit veränderten Fragestellungen.

# KURZVORTRÄGE

# Bibel und Liturgie

*Anton W. Höslinger*

## 0. Biblischer Einstieg

„¹ Das ganze Volk versammelte sich geschlossen auf dem Platz vor dem Wassertor und bat den Schriftgelehrten Esra, das Buch mit dem Gesetz des Mose zu holen, das der Herr den Israeliten vorgeschrieben hat. ² Am ersten Tag des siebten Monats brachte der Priester Esra das Gesetz vor die Versammlung; zu ihr gehörten die Männer und die Frauen und alle, die das Gesetz verstehen konnten. ³ Vom frühen Morgen bis zum Mittag las Esra auf dem Platz vor dem Wassertor den Männern und Frauen und denen, die es verstehen konnten, das Gesetz vor. Das ganze Volk lauschte auf das Buch des Gesetzes. ⁴ Der Schriftgelehrte Esra stand auf einer Kanzel aus Holz, die man eigens dafür errichtet hatte. Neben ihm standen rechts Mattitja, Schema, Anaja, Urija, Hilkija und Maaseja und links Pedaja, Mischaël, Malkija, Haschum, Haschbaddana, Secharja und Meschullam. ⁵ Esra öffnete das Buch vor aller Augen, denn er stand höher als das versammelte Volk. Als er das Buch aufschlug, erhoben sich alle. ⁶ Dann pries Esra den Herrn, den großen Gott; darauf antworteten alle mit erhobenen Händen: Amen, amen! Sie verneigten sich, warfen sich vor dem Herrn nieder, mit dem Gesicht zur Erde. ⁷ Die Leviten Jeschua, Bani, Scherebja, Jamin, Akkub, Schabbetai, Hodija, Maaseja, Kelita, Asarja, Josabad, Hanan und Pelaja erklärten dem Volk das Gesetz; die Leute blieben auf ihrem Platz. ⁸ Man las aus dem Buch, dem Gesetz Gottes, in Abschnitten vor und gab dazu Erklärungen, sodass die Leute das Vorgelesene verstehen konnten. ⁹ Der Statthalter Nehemia, der Priester und Schriftgelehrte Esra und die Leviten, die das Volk unterwiesen, sagten dann zum ganzen Volk: Heute ist ein heiliger Tag zu Ehren des Herrn, eures Gottes. Seid nicht traurig und weint nicht! Alle Leute weinten nämlich, als sie die Worte des Gesetzes hörten. ¹⁰ Dann sagte Esra zu ihnen: Nun geht, haltet ein festliches Mahl und trinkt süßen Wein! Schickt auch denen etwas, die selbst nichts haben; denn heute ist ein heiliger Tag zur Ehre des Herrn. Macht euch keine Sorgen; denn die Freude am Herrn ist eure Stärke. ¹¹ Auch die Leviten beruhigten das ganze Volk und sagten: Seid still, denn dieser Tag ist heilig. Macht euch keine Sorgen! ¹² Da gingen alle Leute nach Hause, um zu essen und zu trinken und auch andern davon zu geben und um ein großes Freudenfest zu begehen; denn sie hatten die Worte verstanden, die man ihnen verkündet hatte." (Neh 8,1–12)

## 1. Die Einheit von Bibel und Liturgie bei Pius Parsch

„Von Anfang an sind in Klosterneuburg Liturgie und Bibel zusammengekommen. Beide ergänzen sich und durchdringen einander."[1] So schreibt Pius Parsch in seinem Werk „Volksliturgie. Ihr Sinn und Umfang". Die gegenseitige Durchdringung von Heiliger Schrift und Feier des Gottesdienstes ist keine Erfindung von Pius Parsch, wie der exemplarische alttestamentliche Text aus dem Buch Nehemia beweist; und man könnte eine Unzahl anderer alt- und neutestamentlicher Stellen dafür anführen. Was Pius Parsch aber unzweifelhaft auszeichnet, ist die Wiederentdeckung dieser Einheit in einer Phase der Kirchengeschichte, in der der Blick darauf verstellt schien, und ist vor allem die Betonung dieser Einheit und das Pochen auf ihre unaufgebbare Wichtigkeit und Notwendigkeit für die Seelsorge, das heißt für die Weitergabe und das Leben des christlichen Glaubens. Was Pius Parsch dabei gegenüber vielen anderen auszeichnet, ist, dass es ihm wie keinem anderen seiner Zeit gelungen ist, eine Synthese zwischen Liturgischer Bewegung und Bibelbewegung herzustellen, zweier Bewegungen, die nebeneinander bestanden, aber kaum je so zusammenklangen wie im „Volksliturgischen Apostolat" in Klosterneuburg.[2] „Für Pius Parsch ist das Festhalten an der Einheit von Bibel und Liturgie als Grundlage christlicher Frömmigkeit charakteristisch geworden."[3] Pius Parsch schreibt selbst: „Die Bibel führt zur Liturgie und umgekehrt. Mit Bibel und Liturgie treten die Menschen in den Bannkreis unserer großen Erneuerungsbewegung ein, die zurückfinden will zur Gemeinschaftshaltung der alten Kirche. Wer sich recht in der Bibel vertieft, nimmt allmählich Abschied von dem subjektiven und individualistischen Geist der

---

[1] P. Parsch, Volksliturgie. Ihr Sinn und Umfang, Klosterneuburg [1]1940, 31 und [2]1952, 32.
[2] B. Jeggle-Merz, Gottesgaben zur Erneuerung des religiösen Lebens. Die Synthese von Bibelbewegung und Liturgischer Bewegung bei Pius Parsch (1884–1954), in: A. Zerfass/A. Franz (Hg.), Wort des lebendigen Gottes. Liturgie und Bibel (FS Hansjörg Becker) (Pietas Liturgica 16), Mainz 2014, 2 f.
[3] T. Maas-Ewerd, Pius Parsch und die Liturgische Bewegung im deutschen Sprachgebiet, in: N. Höslinger/T. Maas-Ewerd (Hg.), Mit sanfter Zähigkeit. Pius Parsch und die biblisch-liturgische Erneuerung (SPPI 4), Klosterneuburg 1979, 103.

Neuzeit."[4] Aus diesem Satz wird deutlich, für wie wesentlich Pius Parsch Bibel und Liturgie für seinen ekklesiologischen Ansatz ansah, ja wie sozialkritisch er darüber hinaus durch seine Arbeit und sein Lebenswerk wirken wollte – eine Sozialkritik, die die Kirche bis zum heutigen Tag lautstark erheben sollte. Norbert Höslinger nannte die Jahre 1919 bis 1938 „die große Zeit des Volksliturgikers und Volksbiblikers".[5] „Die Bezeichnung ‚Volks-liturgiker' und ‚Volks-bibliker' weist schon darauf hin, dass es Parsch nicht vorrangig um eine wissenschaftliche Reflexion ging, sondern um die Einführung der Gläubigen in Liturgie und Bibel, um ihnen eine Erneuerung ihres christlichen Lebens zu ermöglichen."[6] Das ist das, was ich vorhin als „Wichtigkeit und Notwendigkeit für die Seelsorge" bezeichnet habe. In diesen frühen Jahren unterrichtete Pius Parsch bekanntlich auch Pastoraltheologie an der philosophisch-theologischen Hauslehranstalt des Stiftes Klosterneuburg.

Dass sich Pius Parsch so intensiv der Heiligen Schrift und der Liturgie zuwandte, begründet er selbst vor allem biographisch: „Ich erinnere mich: Gleich in den ersten Tagen nach meinem Eintritt [in das Augustiner Chorherrenstift Klosterneuburg] bat ich um einen Psalmenkommentar aus der Bibliothek. Es war mir nämlich unerträglich, Psalmen zu beten, ohne sie zu verstehen. So fasste mich sofort eine besondere Neigung zum Brevier. Diese steigerte sich im Laufe des Theologiestudiums derart, dass ich den Vorsatz fasste, einen Brevierkommentar zu schreiben, da ich in der ganzen Literatur keinen fand. Auch die Bibel begann ich eifrig zu lesen und gewann sie überaus lieb. Im Jahr 1905 war bei Herder das fünfbändige Werk: Wolter, Psallite sapienter, ein liturgischer Psalmenkommentar, erschienen; ich bezog das Werk in Lieferungen. Ich entsinne mich, dass ich das Buch mit einem wahren Heißhunger verschlungen habe. Als die Zeit meiner Priesterweihe kam, da erhielt ich von meinem priesterlichen Oheim einen Geldbetrag für einen Bücherkasten als Primizgeschenk. Ich kaufte mir aber nicht den Kasten, sondern das große fünfzehnbändige Werk: Gueranger, Das Kirchenjahr. Auch dieses Werk wurde von mir viel gelesen und studiert; es bildete vielleicht das Fundament meiner späteren liturgischen Arbeiten."[7] So wurde schon in seinen jungen Jahren der Grundstein gelegt für das Engagement in der biblisch-

---

4 P. Parsch, Volksliturgie ²1952, 570.
5 N. Höslinger, Der Lebenslauf von Pius Parsch, in: ders./T. Maas-Ewerd (Hg.), Mit sanfter Zähigkeit 38.
6 B. Jeggle-Merz, Gottesgaben 3.
7 P. Parsch, Volksliturgie ²1952, 12 f.

liturgischen Arbeit – noch bevor ihm als Feldkurat im Ersten Weltkrieg das biblisch-liturgische Unwissen der Soldaten bewusst wurde und er die orthodoxe Praxis und Tradition kennen und schätzen lernte, was ja in der Literatur über Pius Parsch meist als die Initialzündung seines späteren Wirkens bezeichnet wird.

Bibel und Liturgie sind für Pius Parsch zwei Wege, die zu *einem* Ziel führen, nämlich zu einem Leben, das aus dem Glauben bestimmt ist.[8] Er schreibt: „Bibel und Liturgie sind zwei Gottesgaben, die in diesem Jahrhundert den Christen zur Erneuerung des religiösen Lebens gegeben sind."[9] Und: „Gottes Wort und Gottes Brot, Licht und Nahrung sind die zwei großen Erneuerungsmittel der Christen".[10] Es geht ihm also um eine Erneuerung des christlichen Lebens aus den beiden Quellen des Glaubens: der Bibel und der Liturgie.[11] Denn Pius Parsch sah das Christentum noch weitgehend in einer „Gebotsfrömmigkeit" verhaftet. Doch das sei „nicht die Haltung des Gotteskindes. Das Vordringliche dieser gestrigen Frömmigkeit ist Pflicht, Gebot: Sonntags*pflicht*, Oster*pflicht*, Fasten*gebot*, Gebets*pflicht*. Die meisten Christen kommen nicht zum freudigen Bewusstsein, dass sie Kinder im Hause Gottes sind und dass Gott ihr Vater ist; sie stehen ein Leben lang unter dem Druck der Schuld, der Sündenfurcht." Dem stellt Pius Parsch dezidiert sein Programm entgegen: „Das Gnadenleben muss wieder die Wesensmitte von Frömmigkeit und Seelsorge sein." Über Bibel und Liturgie lernen die Christen wieder, das zu sein, was sie sind: Kinder Gottes, die zum allgemeinen Priestertum des Volkes Gottes berufen sind. „Das Priestertum des Volkes verpflichtet und berechtigt zugleich zur aktiven Teilnahme an dem Kult." Tätige Teilnahme ist die „wichtigste Quelle christlichen Lebens" und besteht zuvorderst aus dem Hören des Wortes Gottes und aus dem Empfang der Eucharistie: „Das Volk muss, wenn es wesensmäßig an der Messe teilnimmt, eine zweifache Kommunion empfangen: die Kommunion des Hörens und des Mundes. Das ist wesenhafte Aktivität an der Messfeier."[12] Neben der Eucharistie wird hier das Hören auf das Wort Gottes zum Sakrament – aber dazu später!

Die Erneuerung des christlichen Lebens und der Kirche, die Vertiefung des christlichen Glaubens war das gemeinsame Ziel der Liturgischen

---

8   B. Jeggle-Merz, Gottesgaben 4.
9   P. Parsch, Wie halte ich eine Bibelstunde, Klosterneuburg ²1957, 53 f.
10  Ebd. 54.
11  B. Jeggle-Merz, Gottesgaben 5.
12  Ebd.

Bewegung und der katholischen Bibelbewegung. Die Geschichte der beiden Bewegungen brauche ich in diesem Rahmen nicht zu skizzieren. Bei Pius Parsch kam die Wiedergewinnung der Liturgie als Quelle der christlichen Existenz und des kirchlichen Lebens und die Neubesinnung auf die Heilige Schrift in einzigartiger Weise zusammen.

## 2. Die Zeitschrift „Bibel und Liturgie"

Pius Parsch hatte im Laufe der Jahre Erfahrungen gesammelt, sein theoretisches Wissen bereichert. Es galt, die praktische Arbeit durch theoretische Darlegungen zu begleiten und damit auch gegen bereits auf den Plan getretene Gegner zu rechtfertigen. 1926 gründete er die Zeitschrift „Bibel und Liturgie". In der ersten Nummer legte er das Ziel der Zeitschrift dar: „In ihrem Titel schon liegt ihr Programm: Bibel und Liturgie! Diese zwei lauteren Quellen christlicher Frömmigkeit waren bisher fast ganz verschüttet, sie sollen dem Volke wieder erschlossen werden. Das Buch der Heiligen Schrift, vom Finger Gottes selbst geschrieben, wird wieder Erbauungs- und Betrachtungsbuch der Gläubigen werden. Und die Liturgie selbst – wir können sie kurz charakterisieren mit: leben und feiern, beten und opfern mit der Kirche und mit Christus; ja, das soll wieder unser gläubiges Volk lernen."[13] Wie Norbert Höslinger es ausführt: „Bibel und Liturgie" „war in allen Jahren das *Sprachrohr* seiner von ihm ins Leben gerufenen volksliturgischen Bewegung. Seine großen Themen und seine Hauptanliegen brachte er immer wieder vor: die aktive Teilnahme des Volkes an der Liturgie, die sinnvolle Gestaltung der gottesdienstlichen Feier, eine auf Bibel und Liturgie aufbauende Frömmigkeit und das Vertrautwerden der Christen mit der Heiligen Schrift."[14] Die Interessen und Wünsche, die von der Leserschaft an den Herausgeber herangetragen wurden, waren offensichtlich unterschiedliche.[15] Deshalb umriss Pius Parsch am Ende des ersten Jahrgangs nochmals das Ziel der neugegründeten Zeitschrift: „Diese einzige deutsche katholische Liturgiezeitschrift soll den Interessen so vieler, verschiedenartiger Kreise dienen! ‚Bibel und Liturgie' ist eine liturgische Volkszeitschrift – sie ist also kein eigentliches oder gar aus-

---

13 N. Höslinger, Bibel und Liturgie, in: ders./T. Maas-Ewerd (Hg.), Mit sanfter Zähigkeit 240 f.; P. Parsch, Zum Geleit, in: BiLi 1 (1926/27) 1.
14 N. Höslinger, Bibel und Liturgie 240.
15 Vgl. B. Jeggle-Merz, Gottesgaben 15.

schließliches Blatt für Priester, sie ist keine wissenschaftliche Fachzeitschrift, sie kann manche Fragen populärwissenschaftlich behandeln. Wir bleiben bei dem von Anfang an befolgten Programm: ‚Die Liturgie dem Volke!' Tatsächlich stellt sich also ‚Bibel und Liturgie' am meisten auf die Laien ein, die schon einigermaßen liturgische Vorbildung haben. Darauf hinzuweisen bleibt immer wichtig; denn damit hängt eine Eigenart von ‚Bibel und Liturgie' zusammen."[16]

Dieses Denken wirkte stets auch bei Norbert Höslinger nach, der drei Jahre nach dem Tod von Pius Parsch 1957 die Schriftleitung für immerhin 54 Jahre bis zu seinem Tod übernahm. Ich war selbst zugegen, als ihn einmal jemand als „Bibelwissenschafter" ansprach. In seiner bestimmten und zugleich nobel-zurückhaltenden Art widersprach er sofort: „Ich bin kein Bibelwissenschafter, ich betreibe Bibelpastoral!" Und doch verschob sich die Ausrichtung von „Bibel und Liturgie" unter ihm in Richtung Wissenschaftlichkeit. Er schreibt selber über die ersten Jahre von „Bibel und Liturgie" unter seiner Leitung: „Als neuer Schriftleiter bemühte ich mich zunächst um den Bezug zur Praxis. Es gab nicht viel Theorie, sicherlich damals zu wenig."[17] Norbert Höslinger war es auch, der die praktischen Einführungen in die liturgischen Lesungen 1969 aus „Bibel und Liturgie" herauslöste und die eigene Zeitschrift „Perikopen. Einführung in die Schriftlesungen der Liturgie" etablierte. „Im Zuge des Zweiten Vatikanischen Konzils" war für Norbert Höslinger „eine Phase eingetreten, in der", wie er selbst schreibt, „‚Theologie' eine neue Wertigkeit erhalten hat. In der ganzen Kirche war damals der Aufbruch einer neuen Theologie zu spüren; […] während des Konzils […] haben die einzelnen Hefte theologische Schwerpunkte."[18] Als Schriftleiter hatte Norbert Höslinger „den Mut und die Weitsicht, junge Wissenschaftler und Wissenschaftlerinnen aus den Fachgebieten Bibelwissenschaften, Homiletik, Pastoraltheologie und Liturgiewissenschaft in die konkrete Redaktionsarbeit miteinzubeziehen. Jedem und jeder stand er mit seiner langjährigen Erfahrung beratend zu Seite, bügelte hie und da den einen oder anderen Fehler aus und ließ stets so viel Freiraum, dass jede/r Einzelne sich entfalten konnte. So gelang es, dass ein interdisziplinärer Austausch und ein gegenseitiges Lernen voneinander möglich wurden", wie Birgit Jeggle-Merz über Norbert Höslinger im ersten „Bibel und Liturgie"-Heft, das nach seinem Tod 2011 erschienen ist, würdigend geschrieben hat. „„Bibel und Liturgie'", so

---

16  P. Parsch, Ein Schlusswort zum ersten Jahrgang, in: BiLi 1 (1926/27) 329 f.
17  N. Höslinger, Bibel und Liturgie 244 f.
18  Ebd. 245.

schreibt sie weiter, „stellten für Norbert Höslinger Programm und Lebensinhalt dar."[19] Hier schließt sich eindeutig der Kreis zu seinem Lehrer Pius Parsch; und diesem Geist ist das Redaktionsteam von „Bibel und Liturgie" bis heute verpflichtet.

## 3. Bibel und Liturgie als bleibendes Desiderat

Pius Parsch schreibt in seinem Werk „Volksliturgie": Der Begriff Liturgie „ist mit mancherlei Unklarheiten belastet. Gewiss ist sie [die Liturgie] zuerst Gottesdienst der Ekklesia, der Dienst, den die Kirche unter der Führung Christi dem himmlischen Vater darbringt. Diese Begriffsbezeichnung ist aber noch zu eng. In der Liturgie dient nicht bloß die Kirche Gott, sondern auch Gott will in ihr dem Menschen etwas geben. Liturgie ist der heilige Austausch zwischen Gott und den Menschen; der Vermittler dieses Austausches ist Christus. In der Liturgie gibt der Mensch (in der Gemeinschaft der Kirche) Gott die Ehre, und Gott gibt dem Menschen Frieden (die Gnade). Während wir Gott die Ehre geben, strömt Gnade und damit Heiligkeit in unsere Seele."[20] Das Gleiche sagt Pius Parsch auch über die Heilige Schrift: „Die Bibel wurde für mich das geoffenbarte Wort Gottes. Gott spricht zu mir. Früher habe ich die Heilige Schrift historisch gesehen, heute sehe ich sie wirklich, gegenwärtig. Es ist nicht Paulus, der zu den Korinthern spricht, sondern es ist Gott, der zu mir spricht. Immer mehr ist mir aufgeleuchtet die Sakramentalität des Wortes Gottes. Es ist auch eine Inkarnation Christi, des Logos, wenn Gott in der Schrift zu mir redet. Das war für mich die letzte große Entdeckung: die Bibel ist sakramental. Und ich kam zu ihr nur durch die Liturgie; diese hat ja seit jeher die Heilige Schrift als Symbol Christi und die Verkündigung des Evangeliums als Wort Christi erkannt und angesehen."[21] Wenn Pius Parsch das Verständnis der Liturgie dahingehend geöffnet hat, dass in der Liturgie Gott dem Menschen Gnade und Heiligkeit schenken will, wenn Pius Parsch die Bibel sakramental nennt, dann kann er auch von „zwei Tischen" reden, „auf denen die zwei großen Schätze der Kirche liegen: der Tisch des heiligen Wortes und der Tisch des heiligen Sakramentes. ‚Ohne diese zwei könnte ich nicht

---

19 B. Jeggle-Merz, Zu diesem Heft, in: BiLi 84 (2011) 71.
20 P. Parsch, Volksliturgie [2]1952, 262.
21 Ders., Volksliturgie [1]1940, 261.

leben; denn das Wort Gottes ist das Licht und dein Sakrament das Lebensbrot für meine Seele' (Thomas von Kempen, Nachfolge Christi 4,11)."[22]

Birgit Jeggle-Merz sagt, dass im Anschluss an diesen Gedanken von Pius Parsch „heute der Grundsatz selbstverständlich ist, dass es keinen Gottesdienst geben kann ohne Wortverkündigung",[23] und es „deutlich ist, dass die Feier des eucharistischen Mahles und die Verkündigung und das Hören des biblischen Wortes als ein ‚Ort' der personalen Christusbegegnung begriffen werden"[24] muss. Ist dies in der gottesdienstlichen Praxis tatsächlich allerorts ‚selbstverständlich' und ‚deutlich', wenn immer noch Schriftlesungen durch Gedichte von Kahlil Gibran ersetzt werden?

Das Zweite Vatikanische Konzil hat jedenfalls das Bild von den zwei Tischen aufgegriffen und „damit das enge Verhältnis von Bibel und Liturgie, das Parsch in seinen Schriften unermüdlich herausstellte und in die Praxis gemeindlichen Lebens umzusetzen versuchte, bestätigt."[25] „Auf dass den Gläubigen der Tisch des Gotteswortes reicher bereitet werde, soll die Schatzkammer der Bibel weiter aufgetan werden […]",[26] sagt bekanntlich die Liturgiekonstitution des Zweiten Vatikanischen Konzils. Noch deutlicher und noch mehr in Anlehnung an Pius Parsch formuliert die Dogmatische Konstitution über die göttliche Offenbarung: „Die Kirche hat die Heiligen Schriften immer verehrt wie den Herrenleib selbst, weil sie, vor allem in der heiligen Liturgie, vom Tisch des Wortes Gottes wie des Leibes Christi ohne Unterlass das Brot des Lebens nimmt und den Gläubigen reicht."[27] Der damalige Professor in Tübingen Joseph Ratzinger kommentiert diesen Artikel 21 von Dei Verbum in den ausgehenden Sechzigerjahren ganz im Sinne des vorhin Gesagten: „Der Text unterstreicht noch einmal, was schon durch die Liturgiekonstitution deutlich gemacht worden war: dass die Liturgie des Wortes nicht eine mehr oder minder verzichtbare Vormesse, sondern grundsätzlich gleichen Ranges mit der im engeren Sinne sakramentalen Liturgie ist; dass die Kirche als Gemeinschaft des Leibes Christi gerade auch Gemeinschaft des Logos ist, vom Wort her lebend, so dass ‚Fleisch' und ‚Wort' die beiden Weisen sind, wie der ‚Leib Christi', das fleischgewordene Wort, auf uns zukommt und unser ‚Brot' wird. So darf man hier eine Aussage sehen, die gleichermaßen für den Kirchenbegriff, für das Verständnis des

---

22  Ders., Volksliturgie ²1952, 552.
23  B. Jeggle-Merz, Gottesgaben 18.
24  Ebd. 17.
25  Ebd. 19.
26  SC 51.
27  DV 21.

Glaubens, für die Theologie des Wortes und der Sakramente von Bedeutung ist."[28] Ich wage zu sagen, Pius Parsch wäre mit diesem Kommentar von Joseph Ratzinger d'accord gegangen.

Mehr noch trifft dann Papst Benedikt XVI. den Geist des Pius Parsch in seinem Nachsynodalen Apostolischen Schreiben „Verbum Domini" vom 30. September 2010, wenn er schreibt: „Christus, der unter den Gestalten von Brot und Wein wirklich gegenwärtig ist, ist in analoger Weise auch in dem Wort gegenwärtig, das in der Liturgie verkündet wird. Eine Vertiefung des Empfindens für die *Sakramentalität des Wortes"* – hier nimmt er Pius Parsch wortwörtlich auf – „kann also förderlich sein [...] zum Nutzen des geistigen Lebens der Gläubigen und der pastoralen Tätigkeit der Kirche."[29] Auf Latein schreibt der Heilige Vater: „Christus, realiter præsens sub speciebus panis et vini, adest simili modo etiam in Verbo in liturgia proclamato." „Simili modo": eine wahrscheinlich nicht zufällige Anspielung auf die Einsetzungsworte im Eucharistischen Hochgebet! Enger kann man die Einheit von Bibel und Liturgie kaum mehr formulieren. Dass diese Einheit dem „Nutzen des geistlichen Lebens der Gläubigen und der pastoralen Tätigkeit der Kirche" dient, war und ist die Forderung des Gesamtwerkes von Pius Parsch.

## 4. Unterschied Pius Parsch – Dei Verbum

Ich möchte hier noch auf einen Unterschied hinweisen, der zwischen Pius Parschs „Volksliturgie" und dem Text des Zweiten Vatikanischen Konzils herrscht – ein Unterschied, der, wie ich meine, einen Fortschritt darstellt. Redet Pius Parsch von *„zwei* Tischen", dem „Tisch des Wortes" und dem „Tisch des Sakramentes", lesen wir in Dei Verbum „vom Tisch des Wortes Gottes wie des Leibes Christi", also nur von *einem* Tisch. („Ex mensa tam verbi Dei quam Corporis Christi") Diesen entscheidenden Unterschied aufzeigend diskutierten wir in der Redaktionssitzung von „Bibel und Liturgie" im Februar 2014 recht angeregt. Meine Frage, was der eine Tisch konkret und praktisch im liturgisch feiernden Vollzug und in der Gestaltung des Gottesdienstraumes bedeutet, blieb letztendlich (noch) unbeant-

---

28  J. Ratzinger, Kommentar zum VI. Kapitel der Dogmatischen Konstitution über die göttliche Offenbarung, in: Das Zweite Vatikanische Konzil. Konstitutionen, Dekrete und Erklärungen, Teil II (LThK² 1967) 572.
29  VD 56.

wortet. Diese Antwortlosigkeit war aber keineswegs unbefriedigend, sondern zeigte sehr schön auf, dass „Bibel und Liturgie" sechzig Jahre nach dem Tod von Pius Parsch keineswegs ein erfülltes Desiderat, ein abgeschlossenes Bewusstsein ist, sondern ein lebendiger Weg, auf dem jeder Schritt immer neu „zum Nutzen des geistlichen Lebens der Gläubigen und der pastoralen Tätigkeit der Kirche" beitragen kann und muss.

Am Schluss der Geschichte von Esra und Nehemia und ihrem festlichen Wort-Gottesdienst wird berichtet: „Da gingen alle Leute nach Hause, um zu essen und zu trinken; denn sie hatten die Worte verstanden, die man ihnen verkündet hatte." (Neh 8,12*) Auch wenn wir schon viele Worte von Pius Parsch verstanden haben, bleibt vieles noch zu entdecken und neu zu verstehen. Daher gehen die Liturgiewissenschaft, die Bibelwissenschaft, die Pastoraltheologie, die Seelsorger und das Liturgie feiernde Volk Gottes noch lange nicht nach Hause! Und das ist, wie ich überzeugt bin, ganz im Sinne von Pius Parsch!

# Eine schicksalhafte Konstellation.
# Klosterneuburg, die Kirchenmusik und Pius Parsch

*Peter Planyavsky*

Das Wirken von Pius Parsch (1884–1954) ist derart erschöpfend beschrieben und gewürdigt worden, dass sich – vor allem bei einem Symposium wie diesem – ein auch nur oberflächlicher Nachweis an Schrifttum erübrigt.[1] Nicht ganz so ausführlich, aber immer noch sehr umfangreich sind Beiträge über Vinzenz Goller, den „kirchenmusikalischen Partner" bzw. „Berater" von Pius Parsch, wie er zuweilen genannt wird. Dass es zu dieser lange anhaltenden Zusammenarbeit zweier an sich sehr verschiedenartigen Persönlichkeiten kommen konnte, ist der Gründung der Abteilung für Kirchenmusik – als Institut der damaligen k.k. Musikakademie Wien – zu verdanken, die ihren ersten Sitz im Stift Klosterneuburg hatte. Dieses Zusammentreffen kann man mit Recht als schicksalhafte Konstellation bezeichnen. Angesichts der erwähnten Dichte an Zeugnissen und Bewertungen kann es in diesem Beitrag kaum um neue Fakten gehen, sondern um eine verdichtende Gesamtschau und um Einordnung in das größere Ganze der liturgisch-kirchenmusikalischen Entwicklung.

Die Gründung im Jahr 1910 und die weitere Entfaltung der Abteilung für Kirchenmusik ist von den jeweiligen Akteuren selbst beschrieben worden, vor allem anlässlich der Jubiläen.[2] Die Entstehungsgeschichte des Institutes hat natürlich auch in den Annalen der Musikakademie ihren

---

[1] Grundlegend Pius Parsch und die kirchenmusikalischen Aspekte betreffend vor allem R. Pacik, Volksgesang im Gottesdienst. Der Gesang bei der Messe in der Liturgischen Bewegung von Klosterneuburg (SPPI 2), Klosterneuburg 1977. Der Stand der Pius-Parsch-Forschung neulich zusammengefasst bei A. Redtenbacher, Der Einfluss von Pius Parsch in der Liturgiekonstitution des II. Vatikanischen Konzils, in: HlD 67 (2013) 230–245.

[2] Mehrere Beiträge in Musica divina 23 (1935) (Festheft anläßlich des 25jährigen Jubiläums der Abteilung für Kirchen- und Schulmusik), bes. V. Goller, Der III. Kongreß der Internationalen Musikgesellschaft in Wien, Mai 1909, und die Abteilung für Kirchenmusik, 98–99; F. Kosch, 40 Jahre Abteilung für Kirchenmusik. Musica orans 2 (1950) 4–6; Festschrift zur 50-Jahr-Feier der Abteilung für Kirchenmusik an der Akademie für Musik und darstellende Kunst in Wien, 1910–1960, Singende Kirche 7/4 (1960); vgl. auch den Eintrag „Kirchenmusikschulen", in: A. Weißenbäck, Sacra musica. Lexikon der katholischen Kirchenmusik. Klosterneuburg o. J. [1937] 218.

Niederschlag gefunden.³ Zuletzt hat Rudolf Pacik eine ausführliche Zusammenfassung gegeben.⁴ Ein kurzer Abriss mag daher genügen.

In seinem für Liturgie und Kirchenmusik so bedeutsamen Rundschreiben „Tra le sollecitudini" von 1903 forderte Pius X. auch die Einrichtung von speziellen Lehranstalten für Kirchenmusik; dass er dabei Curricula auf akademischem Niveau im Blick hatte, läßt sich aus dem Zusammenhang eigentlich nicht begründen, wurde aber von den Proponenten der Wiener Kirchenmusikabteilung bereitwillig so gedeutet.⁵ Auf dem Territorium des österreichischen Kaiserreiches fanden sich sehr bald einflussreiche Persönlichkeiten, die die Idee aufgriffen; dass sich unter ihnen auch ein Minister befand, war für die Verwirklichung des Projektes von großer Bedeutung. Entscheidend war aber vor allem, dass der Propst von Klosterneuburg von Anfang an mit an Bord war, denn Friedrich Gustav Piffl (seit 1907 Propst ebendort, ab 1913 Erzbischof von Wien) stellte Räumlichkeiten im alten Bauteil des Stiftes zur Verfügung, sorgte für bauliche Adaptionen und übernahm die Kosten für den laufenden Betrieb sowie für einen Diener.⁶ So kam es 1910 zur Gründung der ersten Ausbildungseinrichtung für Kirchenmusik auf akademischem Niveau. Zwar wurde auch die Päpstliche Hochschule für Kirchenmusik in Rom 1910 gegründet, nahm aber erst im Jänner 1911 den Lehrbetrieb auf, so dass Wien/Klosterneuburg de facto als die älteste Lehranstalt anzusehen ist. Dass sie in deutlicher geographischer Distanz von der Dacheinrichtung entfernt angesiedelt wurde, hatte nicht nur mit der großzügigen logistischen Unterstützung durch das Stift Klosterneuburg zu tun, sondern auch damit, dass das neue Haupthaus der Akademie im 3. Wiener Gemeindebezirk (in baulicher Einheit mit dem Konzerthaus und dem Akademietheater) erst projektiert war und von der Nutzfläche her keineswegs ein

---

3  Akademie für Musik und darstellende Kunst Wien (Hg.), Chronik [zur Geschichte der Musikakademie Wien], zusammengestellt von Ernst Tittel. Festschrift 1817–1967, Wien 1967, 103 f.; E. Tittel, Die Wiener Musikhochschule. Vom Konservatorium der Gesellschaft der Musikfreunde zur staatlichen Akademie für Musik und darstellende Kunst (= Publikationen der Wiener Musikakademie 1), Wien 1967, bes. 53–54.
4  R. Pacik, Von einem Kloster zum anderen. Die Abteilung für Kirchenmusik von 1910 bis 1938, in: Institut für Orgel, Orgelforschung und Kirchenmusik an der Universität für Musik und darstellende Kunst Wien (Hg.), Festschrift „100 Jahre Kirchenmusikstudium in Wien", Wien 2010, 10–27.
5  Ebd.
6  R. Pacik, Von einem Kloster zum anderen 13.

Überangebot versprach; außerdem hatten die Betreiber eine ostentativ großstädtisch-säkulare Mehrzweckanlage im Sinn.[7] Die Gründer der Kirchenmusikabteilung wollten wohl ohnehin vom „weltlichen" Getriebe der Hauptstadt Abstand halten und hatten einen in sich geschlossenen seminaristischen Betrieb vor Augen. Dem sollte ja auch das Internat dienen, dessen Errichtung von Anfang an verfolgt wurde, das aber erst 1920 – mit Unterstützung von „Wohltätern"[8] – realisiert werden konnte; der Betrieb konnte nur wenige Jahre aufrecht erhalten werden, zumal die Abteilung 1924 nach Wien übersiedelte.

Noch wichtiger allerdings als das Zusammentreffen einer kirchenmusikalischen Lehranstalt auf Herbergssuche und einem aufnahmewilligen Stift ist die Begegnung von Pius Parsch und Vinzenz Goller, die auf Grund der geographischen Gegebenheiten ja fast zwangsläufig erfolgen mußte.

Der Klosterneuburger Chorherr Pius Parsch – sein Ideengebäude braucht hier nicht näher erläutert werden – begann 1919 mit Bibelstunden in Klosterneuburg, 1922 folgten die ersten „Gemeinschaftsmessen" in der kleinen St. Gertruds-Kirche. Seine volksliturgische Arbeit weitete er bald auf zwanzig Kirchen in Wien aus; zum Verständnis der Meßtexte und Propriumsgesänge druckte man fortlaufend Heftchen und Broschüren. 1926 gründete er die Zeitschrift Bibel und Liturgie, 1936 wurde St. Gertrud in seinem Sinne umgebaut. Es muß gleichwohl festgehalten werden, dass Parschs intensive volksliturgischer Tätigkeit später begann als jene von Vinzenz Goller und zu diesem Zeitpunkt die Abteilung für Kirchenmusik bereits in voller Blüte stand.

Vinzenz Goller war die weitaus bekanntere Persönlichkeit. Als er 1910 die Abteilung für Kirchenmusik mitbegründete und ihr erster Leiter wurde, war er bereits auf dem Höhepunkt seines Ruhmes als Sakralkomponist. Vor allem seine Loreto-Messe (1903) wurde von den Chören bereitwillig angenommen und wurde – auch im nicht-deutschsprachigen Ausland – viele Male aufgeführt. Die Kombination aus eingängiger Thematik, die dem Zeitgeschmack entgegenkam, leichter Aufführbarkeit und geringer Ausdehnung musste fast zwangsläufig zu breiter Akzeptanz führen. Wie oft in derartigen Fällen wurde der Komponist später immer an dieser Komposition gemessen. Vinzenz Goller war, vor allem durch sein

---

7  Vgl. R. Kurdiovsky, Architektur für die „moderne" Großstadt zwischen Sport, Kunst und Geselligkeit. Zur Entstehung des Wiener Konzerthauses, in: Österreichische Musikzeitschrift 05 (2013) 6–15.
8  In einem „Aufruf" wenden sich Vinzenz Goller und Andreas Weißenbäck („Leiter des Internates") an „edle Menschenfreunde des In- und Auslandes" und bitten um Geld- oder Lebensmittelspenden, vgl. Musica divina 8 (1920) 116.

Studium in Regensburg, dem Cäcilianismus verpflichtet; wegen der ideellen Querverbindungen zur volksliturgischen Bewegung muss man dieser Strömung hier einige Aufmerksamkeit schenken.

### Cäcilianismus

Der Kern dieser kirchenmusikalischen Ideologie besteht aus einer Rückbesinnung auf die „eigentliche" Liturgie, die als Gegensatz – oder zumindest als Gegenüber – der Kirchenmusik gesehen wurde, sofern sich diese nicht auf Palestrina und weitere Meister der „altklassischen Polyphonie" (wie es genannt wurde) bezog. Die kulturgeschichtlichen Prämissen beruhen auf einer verklärenden Besinnung auf das Reine, Nicht-Zeitgenössische, das Natürliche und Erhabene. Einer der Urahnen dieser Anschauung war Anton Justus Friedrich Thibaut (1774–1840), der allein die menschliche Stimme – notabene ohne Instrumentalbegleitung gleichwelcher Art! – als geeignet erachtete, eine wahrhaft sakrale Musik hervorzubringen. Ideen dieser Art fanden weite Verbreitung. Selbst Richard Wagner – ansonsten wahrlich kein Advokat irgendeiner Beschränkung im Aufwand – äußerte sich in diesem Sinne.[9]

Regensburg wurde ab der Mitte des 19. Jahrhunderts zum Zentrum des Cäcilianismus und gewann durch Publikationen und persönliche Konstellationen bald großen Einfluss auf viele Kirchenmusiker im deutschsprachigen Raum. Die für die Praxis entscheidenden Vorgaben waren Treue gegenüber den liturgischen Texten, Abkehr von „subjektiven" und „konzerthaften" Elementen und, wann immer möglich, die Pflege der altklassischen Meister – oder der Werke ihrer Nachahmer, die sich im Gefolge der Cäcilianer zuhauf tummelten und Stilkopien in großen Mengen anfertigten.

Es bedarf keiner langen Beweisführung, um zu erkennen, dass all dies in offensichtlichem Gegensatz zur gängigen süddeutsch-österreichischen Praxis stand, und dass es zu Parteiung und Polemik kommen musste. Der Cäcilianismus trat ja einerseits mit Recht gegen einen gewissen Schlen-

---

[9] Eine von mehreren Äußerungen Wagners: „Die menschliche Stimme, die unmittelbare Trägerin des heiligen Wortes, nicht aber der instrumentale Schmuck, oder gar die triviale Geigerei in den meisten unserer Kirchenstücke muß jedoch den unmittelbaren Vorrang in der Kirche haben, und wenn die Kirchenmusik zu ihrer ursprünglichen Reinheit [!] wieder ganz gelangen soll, muß die Vokalmusik sie wieder ganz allein vertreten." R. Wagner, Gesammelte Schriften Bd. 2, 2. Aufl., 255, hier zitiert nach: F. Auerbach, Das Urteil Richard Wagners über die katholische Kirchenmusik, in: Musica divina 1 (1913) 106–109. In diesem Beitrag werden Wagners Äußerungen zum Gegenstand ausführlich – und teilweise zustimmend – kommentiert.

drian in der Liturgie an;[10] man kann sich heute kaum vorstellen, dass es Ordinariumzyklen gab, deren Credo nur bis zum Et incarnatus gesungen wurde – und auch solche, bei denen der Satz gar nur bis zu diesem Textabschnitt komponiert war.[11] Das Bestreben nach Korrektheit war aber nur die eine Seite; im Sinne der erwähnten Reinheit und Nicht-Subjektivität duldeten Cäcilianer strenger Observanz auch die allseits beliebten Messen von Mozart, Haydn und Schubert nur mehr vorläufig und scheuten sich nicht, auch kirchenmusikalische Werke dieser Klassiker als für die Liturgie nicht geeignet zu brandmarken. Ein Autor lobt etwa Mozarts Krönungsmesse zunächst, allerdings nur „vom ästhetischen Standpunkt aus". Denn „das Kyrie, Sopransolo, ist so süss, so einschmeichelnd, dazu die Behandlung der Violinen, die Läufe der Oboe dazwischen – das mag alles mögliche sein, aber Kirchenmusik, und besonders ein Ruf um Erbarmen – ist es in Ewigkeit nicht. […] Es will uns scheinen, als habe sich Mozart, je länger er für die Kirche komponierte, desto mehr von der Einfachheit abgewandt." Und über das Et incarnatus der c-Moll-Messe: „Musikalisch ist es herrlich, fein gefühlt, wie dies nur ein Mozart im stande war; aber kann es auch kirchlich genannt werden? Kaum; sieht es ja doch einer Opernarie so ähnlich, wie ein Ei dem andern."[12] Die selbst angemaßte Autorität über das Geschehen auf tausenden Emporen gipfelte im Vereinskatalog, einer Liste vornehmlich neuerer Kompositionen, die hier als mehr oder weniger für die Liturgie geeignet eingestuft wurden.

Für die Konstellationen in Klosterneuburg ist das wesentliche am Cäcilianismus die Ablehnung alles „Künstlichen" und „Subjektiven" und die Konzentration auf die „eigentliche" Liturgie. Mit der aktiven Einbeziehung der feiernden Gemeinde jedoch hatten die Regensburger – ganz im Gegenteil – nichts im Sinn. Denn „von den Cäcilianern wurde noch am Ende des 19. Jahrhunderts nur das Hochamt liturgische Messe genannt,

---

10 „Orchestermusik an den Fastensonntagen, Intraden noch in den Siebzigerjahren, Responsorien nach einer falschen Melodie ohne Beteiligung der Sänger, sechzigmal jährlich „Hier liegt vor deiner Majestät" zum Hochamt […] Die Verhältnisse schrieen nach einer Reform." J. Thamm, Der Cäcilienverein wie er war, wie er ist und wie er sein könnte, in: Die Kirchenmusik 2 (1939) 73–81. – Auch von außerhalb der kirchenmusikalischen Sphäre kamen ähnliche Kommentare, diesfalls über eine Aufführung der Es-Dur-Messe von Franz Schubert: „Hier quillt Musik aus allen Ecken und Enden, und mehr als einmal gehen in dieser tönenden Hochflut die liturgischen Rücksichten unter." Wiener Fremdenblatt, 5.11.1890 (ohne Autorenangabe).
11 Ein Überblick über eine erstaunlich große Anzahl solcher Ordinariumsvertonungen bei E. Benedikt, Schubert und die Kirche, in: Singende Kirche 46/2 (1999) 90–94.
12 I. Mayrhofer, Über die Bedingungen einer gesunden Reform der Kirchenmusik, Wien 1896, 122.

während die übrigen Messfeiern als nicht-liturgische Messen bezeichnet wurden; genaugenommen ein Widerspruch in sich, aber doch bezeichnend. Bei der liturgischen Messe hatte ein Chor mitzuwirken, der die vorgeschriebenen Messgesänge lateinisch vortragen mußte; bei den nicht-liturgischen Messen hingegen waren Gesänge in der Muttersprache geduldet."[13] Und nun kam der cäcilianisch geprägte Vinzenz Goller ins Zentrum der Monarchie, wo die großen (und kleinen) klassischen Messen sozusagen der Normalfall der Gestaltung des feierlichen Hochamtes waren – ausgerechnet Goller, mochte so mancher Kirchenmusiker gedacht haben. Im Rückblick stellte sich das einem Insider-Chronisten mit besonderem Durchblick so dar: „Aufgaben [der Abteilung für Kirchenmusik] waren: akademisch geschulte Kirchenmusiker heranzubilden, der Kirchenmusik im Kaiserstaat eine Zentralstelle zu geben, liturgisch brauchbare und künstlerisch wertvolle Kirchenmusikwerke zu propagieren, die österreichische Linie – bei aller Anerkennung der cäcilianischen Richtung – zu wahren und einen gesunden Ausgleich zwischen der kirchenmusikalischen Tradition Österreichs und den Wünschen und Vorschriften der Kirche herzustellen. Die kirchenmusikalischen Verhältnisse in Wien und auf dem Lande brachten es aber mit sich, dass zunächst ein neocäcilianischer, *streng liturgischer Gedanke* schärfer als beabsichtigt betont wurde und die Abteilung vom ersten Tag ihres Bestehens im Mittelpunkt des Interesses der Fachkreise stand, ja sogar wegen ihrer kompromißlosen Tendenzen heftig angefeindet wurde. Im geschichtlichen Rückblick muß aber zugegeben werden, dass die Entwicklung der neuen Kirchenmusik der Abteilung rechtgegeben hat."[14]

Goller[15] hatte bereits in seiner Südtiroler Heimat als Chorknabe in Neustift bei Brixen erste Berührungspunkte mit dem Cäcilianismus durch den Kontakt mit Ignaz Mitterer (1850–1924), der gerade sein Amt als Domkapellmeister in Brixen angetreten hatte und einer der herausragenden

---

13   P. Harnoncourt, Die Meßfeier in den Kathedralen an Sonn- und Feiertagen, in: HlD 39 (1985) 28–46.
14   E. Tittel, Zur Geschichte der Wiener Kirchenmusikschulen, in: Chorblätter 5 (1950) Heft 5, 16–18. Heft 6, 11–14. Heft 7/8, 15–19. Hervorhebung vom Verfasser.
15   Zur Vinzenz Gollers Biographie vgl. in erster Linie den autobiographischen Rückblick ders., „Zeit lassen!", in: Der Alpenländische Kirchenchor 7 (1952/53) Heft 3, 47–50 und Heft 4, 62–64; H. Kronsteiner, Vinzenz Goller. Leben und Werk (Schriftenreihe des allgemeinen Cäcilien-Verbandes (ACV) für die Länder der deutschen Sprache, Bd. 13), Wien–Linz–Passau o. J. [1976]; R. Pacik, Volksgesang im Gottesdienst, bes. 21–28: Leben und Wirken [Vinzenz Gollers] bis zur Zeit nach dem Ersten Weltkrieg.

Komponisten dieser Richtung werden sollte; er war eine der Ausnahmen im Kreis der vielen Palestrina-Epigonen. „Er gehörte der jüngeren, freieren Generation unter ihnen, die sich gegen eine Art Vereinsabsolutierung [...] stellten mit dem Grundsatz: Unkirchlich ist nur das künstlerisch Ungenügende und liturgisch Fehlerhafte."[16] Nach der Ausbildung zum Lehrer arbeitete Goller in Südtirol im Schuldienst, nahm sich aber 1898 ein Jahr Urlaub, um einen Intensivkurs an der Kirchenmusikschule Regensburg zu besuchen. Dort wurde ihm nicht nur das Handwerkszeug, sondern auch das ideologische Fundament vermittelt; unter seinen Lehrern waren einige Hauptvertreter des Cäcilianismus wie etwa Franz Xaver Haberl, Michael Haller und Josef Renner jun.

Ab 1903 war Vinzenz Goller als Kirchenmusiker in Deggendorf tätig; sein beachtliches kompositorisches Werk verbreitete sich rasch; „er galt als einer der meistgesungenen Kirchenkomponisten der ganzen Welt [!]."[17] Als er sich 1909 für ein Studiensemester in Wien aufhielt, nahm er auch am 3. Internationalen Musikkongress teil. Dort wurden die Weichen für die Gründung einer Abteilung für Kirchenmusik an der k. u. k. Staatsakademie gestellt, und Goller wurde zum Leiter der neuen Einrichtung berufen. Die Hintergrundstimmung wird drei Jahre später von Franz Moißl so beschrieben: „Die neue Schule, die zufolge ihrer Zugehörigkeit zu einer staatlichen Akademie einerseits und ihrer direkten Beziehungen zum Stifte anderseits [sic] eine Einrichtung darstellt, die ohne Beispiel ist, hatte im Anfange mit mancherlei großen Schwierigkeiten von außen her zu kämpfen. Man erblickte in ihr eine ‚Hochburg des in Österreich verpönten Cäcilianismus', eine ‚ausgesprochene Choralschule', oder glaubte, das Hauptprogramm der Anstalt bestehe in der ‚Ausrottung der Instrumentalmusik mit Stumpf und Stil'". Moißl setzt jedoch fort: „All diese Befürchtungen erwiesen sich vom ersten Tage an als grundlos, und gegenwärtig erfreut sich die Anstalt in Kreisen der dem ‚Motu proprio' wohlgesinnten Kirchenmusiker vielfacher und aufrichtiger Sympathien."[18] Moißl war Schriftleiter der Zeitschrift Musica divina, die ab 1913 das publizistische Sprachrohr der Kirchenmusikabteilung war.[19]

---

16   J. Oberhuber, Kirchenmusikalische Praxis in Südtirol, Innsbruck 1984, 3–9.
17   E. Tittel, Der Theorieunterricht an der Abteilung für Kirchenmusik im Wandel der Zeiten, in: Musica orans 2 (1950) 6–8.
18   F. Moißl, Klosterneuburgs kirchenmusikalische Aufgaben, in: Musica Divina 1 (1913) 183–187, hier 185.
19   Genaugenommen war die Musica divina das Verbandsorgan des Schola Austriaca, einer Vereinigung der Lehrkräfte der Abteilung für Kirchenmusik und anderer anerkannter Kirchenmusiker Österreichs.

Was die im Titel dieses Beitrags genannte Konstellation betrifft, hat Vinzenz Goller selbst deutlich gemacht, dass sie für seine kirchenmusikalische Entwicklung von entscheidender Bedeutung war: „Mir selbst ist der tiefe Sinn und der Kern des ‚Motu Proprio' erst klargeworden, als ich in die von Klosterneuburg (Dr. Pius Parsch) ausgehende volksliturgische Bewegung eintrat und deren Früchte erschauen konnte. Vollends erklärend wirkte dann das Erscheinen der ‚Apostolischen Konstitution' über die Kirchenmusik von unserem Papst Pius XI., die wir als Durchführungsverordnung zum ‚Motu proprio' sehen können."[20]

„Das Motu proprio", wie es im allgemeinen kirchenmusikalischen Sprachgebrauch des deutschen Sprachraumes ohne nähere Kennzeichnung noch bis zum Vaticanum II genannte wurde, ist das von Pius X. 1903 erlassene Rundschreiben „Tra le sollecitudini", mit dem zum ersten Mal seit dem Konzil von Trient[21] wieder umfangreiche Normen für die Kirchenmusik vorgelegt wurden. Bei näherem Hinsehen fällt auf, dass hier einerseits eine Reaktion vor allem auf Missstände in Italien erfolgte, was im Artikel II/6 immerhin einmal namentlich erwähnt wird; die diesbezüglichen Vorschriften werden allerdings gleich für den ganzen Erdkreis verbindlich gemacht, ohne dass regionale Besonderheiten differenziert werden.[22] Vor allem aber hat cäcilianisches Gedankengut deutliche Spuren in dem Dokument hinterlassen.[23] Das nachfolgende päpstliche Dokument über die Kirchenmusik, die „Constitutio" von 1928, hat die Ablehnung großer klassischer Sakralwerke innerhalb der Liturgie nochmals

---

20 V. Goller, „Die volksliturgische Bewegung und die Kirchenmusik" bei der 24. Generalversammlung des ACV in Luzern 1930, wiedergegeben bei H. Kronsteiner, Vinzenz Goller. Leben und Werk, 137–145, hier 139.
21 Abgesehen von der Enzyklika Benedikts XIV. „Annus qui" (1749), in der zu neuen Entwicklungen in der Kirchenmusik Stellung genommen wurde.
22 Genau darauf bezieht sich eine weitere Äußerung von Franz Moißl anläßlich eines Rückblickes auf die Anfänge der Abteilung für Kirchenmusik, „[…] die für Österreich ein Novum bedeutete und in Anbetracht des Umstandes, daß ihr Statut vom gewohnten Lauf der Dinge abwich und auf dem Boden der angeblich nur „für italienische Verhältnisse geltenden" kirchlichen Gesetze [!] stand, nicht gerade über Nacht allgemeiner, freundlicher Aufnahme in manchen Kreisen begegnete." F. Moißl, Unsere „Musica divina"!, in: Musica divina 23 (1935) Heft 6–7, 107–109.
23 R. Pacik, Das Motu proprio „Tra le sollecitudini" (1903) und seine Vorläufer in Italien, in: Singende Kirche 50 (2003) Heft 4, 271–276; P. Planyavsky, U-Musik in der Liturgie, und warum sie immer wieder kommt, in: Singende Kirche 31 (1984) Heft 2, 64–68; Singende Kirche 31 (1984) Heft 3, 119–122.

und schärfer akzentuiert, indem nicht nur liturgische, sondern auch konzertante Aufführungen im Kirchenraum kategorisch abgelehnt werden.[24]

Was diese Wechselwirkungen zwischen Cäcilianismus und päpstlichen Richtlinien betrifft, kommt Hans Jancik – auch er Schriftleiter der Musica divina – zu folgender Einschätzung: „Die Gründung des Allgemeinen Deutschen Cäcilien-Vereins hat da auch in Österreich manches Dunkel erhellt, manche Unzukömmlichkeiten ausmerzen können, wenngleich nicht verhehlt werden darf, dass die Bewegung bei uns nicht den fruchtbaren, bereiten Boden fand wie draußen – auch nicht finden konnte, da etwa die gänzliche Abschaffung der Instrumentalmusik der österreichischen Kirchenmusikübung geradezu an einen Lebensnerv gegriffen hätte. Aber ein außerordentlich wertvolles Resultat hatte die cäcilianische Reformbewegung auch bei uns: Man begann doch dort und da sich Rechenschaft zu geben. Dann kam das Motu proprio Papst Pius X., das mit seiner klaren Fassung keinen Zweifel mehr ließ, wie Kirchenmusik beschaffen sein muß, sollte sie würdig für den Dienst des Herren sein."[25] Man sieht: ohne Cäcilianismus und ohne Motu proprio hätte die volksliturgische Bewegung nicht – oder nicht so – entstehen können.[26]

Sowohl Pius Parsch als auch Vinzenz Goller sahen sich in ihrem Bestreben, der Feiergemeinde ihre Rolle und ihre aktive Beteiligung (wieder) zu geben, von zwei Seiten her eingeengt. Die kirchlichen Vorschriften waren, was die liturgischen Texte betraf, von äußerster Rigidität; an der Verwendung der lateinischen Sprache war nicht zu rütteln, und um dies

---

24 Constitutio „De liturgia deque cantu Gregoriano et musica sacra cotidie magis provehendis" Pius XI., 20. Dezember 1928. Im drittletzten Absatz der Praeambel („Iam vero dolendum...") heißt es: „Man hat manchenorts, besonders wenn Jahrhundertfeiern zum Gedächtnis berühmter Musiker begangen wurden [!], das zum Anlaß genommen, gewisse Werke in der Kirche aufzuführen, die, mögen sie auch noch so vortrefflich sein, doch zur Heiligkeit der geweihten Stätte nicht paßten und daher unter keinen Umständen in den Gotteshäusern hätten aufgeführt werden dürfen." Die Anspielung auf Beethoven († 1827) und Schubert († 1828) ist deutlich; dass Schuberts Messen nun nicht einmal mehr konzertant in der Kirche erklingen sollten, hat damals den Streit zwischen Klassikern und Cäcilianern neu angeheizt. Vgl. die in Anm. 47 belegte Äußerung Vinzenz Gollers.
25 H. Jancik, Die Klosterneuburger Schule, in: Musica divina 23(1935) Heft 6–7, 104–107.
26 Zum Zusammenhang zwischen Cäcilianismus und der päpstlichen Gesetzgebung – und auch zu den liturgischen Bewegungen im frühen 20. Jahrhundert vgl. auch E. Jaschinski, Musica sacra oder Musik im Gottesdienst? Die Entstehung der Aussagen über Kirchenmusik in der Liturgiekonstitution *Sacrosanctum Concilium* (1963) und bis zur Instruktion *Musicam Sacram* (1967), Regensburg 1990, bes. 21–41.

unmissverständlich kundzutun, waren gerade wörtliche Übersetzungen nicht erlaubt, Paraphrasen, d. h. freiere Nachdichtungen, aber schon.[27] Aber gerade das – den wörtlichen liturgische Text allen zugänglich zu machen – war ein Herzensanliegen von Pius Parsch und ist in seiner Dringlichkeit kaum zu unterschätzen; bei einer Gedenkrede formulierte es der Klosterneuburger Chorherr Petrus Tschinkel so: „Pius Parsch sagte sich, und ich höre es noch heute in meinen Ohren, ‚mir ist alles verständlich, aber, dass man die missa lecta dazu macht, dass alles darin erlaubt ist, jede Art von Gebet und Lied, nur nicht die Texte der Liturgie, das ist mir unverständlich und nie hat ein Heiliger Vater je das damit gemeint!'"[28]

Für Vertonungen des Propriums ergab sich außerdem die Schwierigkeit, dass sie naturgemäß nur ein- bis höchstens zweimal im Jahr verwendet werden konnten; so war kaum daran zu denken, dass eine Feiergemeinde mit den Gesängen vertraut werden konnte. Somit war es für Goller und Parsch offensichtlich, dass neue Wege gefunden werden mussten, das Volk singend, aber mit zumindest liturgienahen Texten in die Messe einzubeziehen.

### Deutsche Gregorianik

Das Motu proprio hatte dem gregorianischen Choral die höchste Rangstufe unter allen kirchenmusikalischen Ausdrucksmitteln zugewiesen; darüber hinaus wurde er auch für Neukompositionen als Vorbild hingestellt: „Eine Komposition ist umso heiliger und liturgischer, je mehr sie sich in Verlauf, Eingebung und Geschmack der gregorianischen Melodik nähert; und sie ist umso weniger des Gotteshauses würdig, als sie sich von diesem höchsten Vorbild entfernt."[29]

Daher lag es nahe, bei neuen Vertonungen auf Elemente der Gregorianik zurückzugreifen. Die freirhythmische Deklamation kam den weniger strukturierten – und jedenfalls nicht metrisch geordneten – Texten entgegen, und zwar vor allem beim Proprium. Außerdem ging man mit

---

27 Diese Vorschrift bekräftigte Pius XII. noch 1955 in der Enzyklika „Musicae sacrae disciplina" (Abschnitt III). Erst später stellte sich übrigens heraus, daß dieser Papst schon 1948 eine Kommission eingesetzt hatte, die sich im Verborgenen mit der Frage einer Generalreform der Liturgie beschäftigte. Vgl. T. Maas-Ewerd, Klarstellungen und Wegweisungen aus Rom vor 50 Jahren. Die liturgische Enzyklika Papst Pius' XII. vom 20. November 1947, in: BiLi 70 (1997) 315–321.
28 P. Tschinkel, Gedächtnisrede für den Chorherren Prof. Dr. Pius Parsch, in: Zweiter internationaler Kongress für katholische Kirchenmusik in Wien, 4.–10. Oktober 1954 [Kongreßbericht], Wien 1955, 69–73.
29 Abschnitt II, Artikel 3, 2. Absatz.

dieser Gregorianik-Nähe einen Schritt in Richtung Primat der menschlichen Stimme, womöglich unbegleitet, wie er im Cäcilianismus und im Motu proprio[30] hervorgehoben worden war. Auch die bereits erwähnte „Constitutio" von 1928 greift diesen Akzent mehrfach auf.[31]

Auch Goller geht den Weg des „choralmäßigen Komponierens", des Komponierens „im Geiste" der Gregorianik. Für die kürzeren und sich fast von selbst gliedernden Teile Kyrie, Sanctus und Agnus Dei gab es schon bald eingängige Lösungen (wenn nicht gleich gregorianisch lateinisch gesungen wurde). Eine der damals von Goller geschaffenen Vertonungen von 1928 verbreitete sich allmählich nicht nur in Österreich, sondern ging 1975 als Leopold-Messe ins Gotteslob ein.[32] Auch ins Gotteslob von 2013 sind die Gesänge aufgenommen worden.[33] Das *Herr, erbarme dich unser* zeigt in der Urfassung noch deutliche Züge der deutschen Gregorianik; im Gesangbuch *Cantate orate* (1952) sind im *Heilig* und im *Lamm Gottes* noch die Ictus-Strichlein zu finden, die analog zur Rhythmuslehre von Solesmes übernommen wurden. Im Diözesangesangbuch von St. Pölten (1968) ist auf der Silbe „Herr" noch die originale Achtelstatt die Viertelnote zu sehen.

In den Messen in St. Gertrud[34] wurde das Credo gemeinsam gesprochen,[35] aber auch das Gloria (!); die Faszination, endlich den liturgi-

---

30 „Die eigentliche Musik der Kirche ist zwar Vokalmusik, doch ist die Orgelbegleitung erlaubt." (VI, 15) „Der Gesang muß stets die Vorherrschaft haben." (VI, 16)
31 Schon im Titel wird der gregorianische Choral hervorgehoben und der (übrigen) Kirchenmusik gleichsam gegenüber gestellt: „De liturgia deque cantu Gregoriano et musica sacra cotidie magis provehendis".
32 Nr. 433, 434 und 435. Laut „Redaktionsbericht zum Einheitsgesangbuch *Gotteslob*" (Paderborn und Stuttgart 1988) „wurden die ursprünglichen Kompositionen [1972] durch Hermann Kronsteiner dem neuen ökumenischen Einheitstext angepaßt." Es wurde allerdings auch die ursprünglich freideklamierende Rhythmik zu eher mensurierten Gebilden umgestaltet, was mit Textfragen nicht zu begründen ist; es trug aber einem eindeutigen „Zurechtsingen" in fast 50 Jahren Rechnung.
33 Nr. 137, 138 und 139. Nicht alle Angaben für die Melodien sind korrekt: 137: Vinzenz Goller 1937/1972 (richtig: 1928); 138: Vinzenz Goller 1928; 139: Vinzenz Goller 1972. – Goller starb bekanntlich 1953.
34 Als ausführliche Beschreibung einer solchen Messe vgl. P. Parsch/R. Kramreiter, Neue Kirchenkunst im Geist der Liturgie. Neu eigeleitet von Rudolf Pacik (PPSt 9), Würzburg 2010, bes. 39–41: Ein Gottesdienst in St. Gertrud.
35 Vinzenz Goller in einer Besprechung der *Missa in honorem S. Batholomaei Ap.* von Josef Venantius von Wöss: „So interessant und geistreich auch solche Stellen sind, so muß man sich doch fragen, warum man heute noch das Große Glaubensbekenntnis komponiert? Trachten wir diesen Akt auf seine ursprüngliche Bedeutung im Rahmen der Meßfeier wieder zurückzuführen; die Messe verliert nichts an Feierlichkeit,

schen Text ohne Abweichungen gemeinschaftlich zu „vollziehen" – d. h. ihn weder mit einer Paraphrase zu umgehen noch ihn an den Chor zu delegieren – war wohl das Agens hinter der an sich paradoxen gesprochenen Ausführung eines Hymnus.

„Der weiter konsequent beschrittene Weg mußte zwangsläufig zum „deutschen Choral" führen, wie ihn Goller als musikalischer Berater und Mitarbeiter des Klosterneuburger volksliturgischen Apostolates (Pius Parsch) pflegte und wie er in der ‚Klosterneuburger Betsingmesse' allgemein-gültigen Ausdruck fand."[36] Die ersten Versuche führten über die bewährten gregorianischen Psalmtöne zur Kantillation der liturgischen Texte. Außerdem erweiterte Goller die Texte um einige Psalmverse, um näher an die ursprüngliche Struktur des Prozessions- bzw. Aktionsgesanges zu kommen. Von da war es nur mehr ein kleiner Schritt zur Neukomposition von „Antiphonen". Goller selbst erklärt es im Rückblick so: „Es waren [sc. bis dahin] keine befriedigenden Resultate zu erreichen. [...] Um zu diesen Choral-Ordinarien stil-, ohr- und stimmgerechte Proprien zu erhalten, die auch die geistige aktive Teilnahme des Volkes gewährleisten konnten, kam ich nach verschiedenen mißlungenen Versuchen darauf, dass es das natürlichste und einfachste sei, die Texte aus dem Meßbuch zu nehmen, wie sie Woche für Woche in den Klosterneuburger Meßtexten zu finden waren, und sie in eine freirhythmische melodische Gewandung zu kleiden. Ich dachte dabei weder an den Gregorianischen Choral noch an das deutsche Kirchenlied [...]."[37] Aus gutem Grund grenzt sich Goller vom „Deutschen Choral" ab, war doch die Debatte für oder gegen derartige Vertonungen seit Jahrzehnten ein Dauerbrenner auf Tagungen und im Schrifttum.[38]

Die Akzeptanz dieses als Experiment gedachten neuen Komponierens beschreibt Goller – zumindest die Avantgarde-Gemeinde von St. Gertrud betreffend – im soeben zitierten Aufsatz folgendermaßen: „Als dann

---

gewinnt aber an dramatischer Lebendigkeit und wird um 10 Minuten kürzer." (Musica divina 23 (1935) Heft 6–7, 123). Die Forderung, das Credo nicht mehr „klassisch" zu vertonen, sondern es eher gemeinsam zu sprechen, ist also schon lange vor dem Zweiten Vatikanum erhoben worden.

36 E. Tittel, Österreichische Kirchenmusik. Werden – Wachsen – Wirken, Wien 1961, 332. – Tittel nennt als weitere wichtige Beispiele Gollers *Missa cum populo activo* (Ordinarium Missae III) op. 98 sowie die Christkönigsmesse op. 99.
37 V. Goller, Wie ich zum deutschen Choral kam, in: BiLi 17 (1949/50) 120–123.
38 Vgl. z. B. H. von Lassaulx, Deutsche Gregorianik?, in: Musik und Altar 2 (1949) Heft 2, 38–40; H. Kronsteiner, „Deutsche Gregorianik"?, in: Musica orans 2 (1949) Heft 2, 8.

das Klosterneuburger Meßsingbuch entstand, das Ordinarien und Proprien in Kirchenliedform für das ganze Kirchenjahr brachte, lehnte die Gemeinde diese Form ab, weil ihr die Gregorianischen Ordinarien (lateinisch) und die stilverwandten Proprien im Deutschen Choral besser zusagten. Und so ist es bis heute geblieben."

### Kirchenlied-Proprien[39]

Für Vinzenz Goller war das deutsche Kirchenlied ein zu Unrecht an den Rand der Liturgie gedrängter ungehobener Schatz, wie er immer wieder betonte. Dies führte ihn bisweilen zu Vorstößen hart an die Grenze des damals liturgisch Erlaubten: „Ist der Volksgesang auch von der eigentlichen Kirchenmusik, der liturgischen, streng geschieden, er hat seinen wohlberechtigten Platz neben ihr, sie unterstützend, entlastend; dann und wann, wo sie vollständig versagt, sie auch vertretend."[40] Und auch auf dem Gebiet der Hymnologie zog er immer wieder Schlüsse, die von den Fachkundigen kaum bestätigt werden können: „Es ist ein großer Irrtum, wenn man glaubt die Kirchenlieder seien durchaus Schargesang. Der kirchliche Volksgesang bedarf genau derselben Organisation, wie sie für den liturgischen Gesang vorgeschrieben ist, wo Sologesang der Kantoren, der Schola und das Volk miteinander abwechseln. Sehen Sie sich die Kirchenlieder einmal genauer an, und Sie werden bald an der melodischen und textlichen Struktur herausfinden, wie die Rollenverteilung sein müsse."[41] Hier hat Goller eine Aussage aus der Constitutio von 1928 überinterpretiert bzw. das heraus gelesen, was er herauslesen wollte: „Es ist in der Tat notwendig, daß die Gläubigen [...] an den heiligen Zeremonien so teilnehmen, daß sie mit dem Priester und dem Sängerchor nach den gegebenen Vorschriften im Gesange abwechseln." (Abschnitt IX) – Wie auch immer, das Kirchenlied und seine gegliederte Struktur erschienen ihm neben der deutschen Gregorianik als ein besonders probates Mittel zur singenden Einbeziehung der Feiergemeinde.

Um 1930 begannen Goller und Parsch mit der Verwirklichung einer Idee, mit der schon einige Zeit experimentiert worden war: Texte des Propriums wurden in Strophenform neu gedichtet und auf bereits bekannte Melodien von Kirchenliedern gesungen. Bereits 1927 hatte Goller bei

---

39 In diesem Abschnitt folge ich – in vielen Details und besonders eng – R. Pacik, Volksgesang im Gottesdienst, bes. 97–104.

40 V. Goller, Weihnachten in der Kirchenmusik („Literarische und sonstige Nachrichten"), in: Musica divina 1 (1913) Heft 8, 338.

41 Ders., „Die volksliturgische Bewegung und die Kirchenmusik" bei der 24. Generalversammlung des ACV in Luzern 1930, 141.

einem Einführungskurs auf diese Lösung hingewiesen; Parsch äußert sich in diesem Sinne 1928. 1930 begann eine langfristige Zusammenarbeit mit dem St. Pöltener Priester und Dichter Dr. Karl Borromäus Frank. Seine Propriums-Nachdichtungen wurden 1936 im Meßsingbuch Klosterneuburg veröffentlicht. Einige fanden Eingang in spätere Diözesangesangbücher; zwei dieser Lieder wurden auch noch in den Österreichanhang des Gotteslob von 1975 aufgenommen.[42] Im Jahrgang 1931/32 der Zeitschrift Lebe mit der Kirche wurde bereits für jeden Sonntag ein solches Liedproprium abgedruckt; 1933 lagen alle Sonntagsproprien in Sammelheften unter dem Titel Liturgische Gesänge in Kirchenliedform vor.

### Parsch und Goller – an einem Strang

Dass sich die beiden einig darin waren, dass „das Volk" mehr und vor allem unmittelbarer an der Liturgie beteiligt werden sollte, bedarf kaum einer Beweisführung. Eine Art kulturhistorische Pointe dabei ist, dass beide – unabhängig voneinander – durch ihre Sozialisierung an der Front im Ersten Weltkrieg zum selben Schluss gekommen waren. Pius Parsch sagte diesbezüglich beim Ersten Deutschen Liturgischen Kongreß in Frankfurt a. M. 1950: „Ich bin Volksliturgiker. Eine liturgische Bewegung gab es in Deutschland schon, als ich nach dem ersten Weltkriege begann. Doch diese sah mehr auf die Priesterliturgie und beeinflußte mehr die Oberschicht der Laienkreise. Ich aber hatte als Feldseelsorger im ersten Weltkrieg gelernt, die religiösen Bedürfnisse des einfachen Mannes zu beachten."[43] Bei Goller heißt es: „In den langen Winternächten, die ich mit meinen Tiroler Standschützen während des ersten Weltkriegs in den höchsten Regionen der Dolomiten verbrachte, fand ich zum ersten Mal in meinem Leben so recht Zeit, einen kritischen Rückblick auf meine bisher geleistete Lebensarbeit zu machen. Ich war sehr wenig befriedigt und kam zur Erkenntnis, daß ich der Kirchenmusik im Sinne des ‚Motu proprio' praktisch keine großen Dienste geleistet habe […]".[44] Die Wandlung vom Hochamtskomponisten zum Advokaten der Teilnahme der Gemeinde war eine durchaus bewusste, über die er ausführlich reflektierte. Hermann

---

42  Propriumslied für den 3. Adventsonntag „Freut euch im Herrn, denn er ist nah", Melodie „O komm, o komm Emmanuel", Nr. 814; Propriumslied für Epiphanie „Ein Stern mit hellem Brande" (Melodie: „Es ist ein Ros entsprungen") Nr. 818. Letzteres Lied wurde auch in den Österreich-Teil des neuen Gotteslob (2013) aufgenommen (Nr. 811).

43  P. Parsch, Das Jahr des Heiles. Neu eingeleitet von Harald Buchinger (PPSt 7), Würzburg 2008, hier 27.

44  V. Goller, Wie ich zum deutschen Choral kam 122.

Kronsteiner ergänzt: „Hatte Goller von Anfang an als Lehrer in Südtirol mit kleinsten und bescheidensten Chören zu tun, die ihn zu Einfachheit und bescheidenen Ansprüchen zwangen, erneute sich dieser Zwang auf einer anderen Ebene, nämlich durch seine intensive Arbeit für den kirchlichen Volksgesang, die ihn mehr und mehr beschäftigte und dann noch einmal durch seine musikalische Arbeit im Rahmen der aufkeimenden volksliturgischen Bewegung, bei der er beinahe mit ‚urchristlicher' musikalischer Beschränkung rechnen mußte."[45]

Einig waren sich die beiden wohl auch, was die – vorsichtig ausgedrückt – Zurückdrängung des klassischen Kirchenchores und seines Repertoires betraf. „Um aber ein Bindeglied zwischen Altar und Volk, Orgel und Volk zu schaffen, greifen wir von der Apostolischen Konstitution den mir als Schlüssel für alle weiteren Maßnahmen erscheinenden VI. Absatz heraus und errichten neben dem bisherigen Kirchenchor, der seine Kirchenmusikpflege ruhig fortsetzen möge, überall, nicht nur an den Kathedralen und größeren Kirchen, sondern auch an kleineren Gotteshäusern und Pfarrkirchen eine Knaben-Schola. Diese Knaben-Schola in liturgischen Gewändern muß ihren Platz wieder im eigentlich Chorraum (vor dem Altar) erhalten."[46] Bei einem würdigenden Bericht über ein Referat von Beat Reiser wird Goller noch deutlicher: „Wir wissen nun klar und unzweideutig, daß unser hl. Vater die größte Einschränkung und *das baldige Verschwinden der instrumentalen Kirchenmusik* wünscht, an deren Stelle immer mehr der Gregorianische Choral und der A-cappella-Gesang treten müsse."[47] Und vollends cäcilianisch mutet der folgende Passus aus derselben Rede an: „Ein Haydn, Mozart, Beethoven, Schubert konnten nicht anders für die Kirche komponieren als sie es taten. Ihre Werke sind, soweit sie der gereiften Schaffensperiode angehören, unsterbliche Meisterwerke religiöser Tonkunst. Sie erheben uns an sich, *ohne Bezugnahme auf die Liturgie*".[48] Insofern gibt es sozusagen, wie Franz Karl Praßl es ausdrückt, einen „doppelten" Goller – „jenen der spätcäcilianischen Kirchenmusikpraxis und jenen der volksliturgischen Bewegung,

---

45  H. Kronsteiner, Vinzenz Goller 37.
46  V. Goller, „Die volksliturgische Bewegung und die Kirchenmusik" bei der 24. Generalversammlung des ACV in Luzern 1930, 141.
47  Ders., Der Gregorianische Choral als Nährboden der katholischen Kirchenmusik. Bericht über die 25. Generalversammlung des allgemeinen Cäcilienvereins in Regensburg, 10.–12. Juli 1932, in: Musica divina 20 (1932) Heft 7/8, 86–88. Hervorhebung vom Verfasser.
48  Ders., „Die volksliturgische Bewegung und die Kirchenmusik" bei der 24. Generalversammlung des ACV in Luzern 1930, 137. Hervorhebung vom Verfasser.

die oftmals mit herkömmlicher Kirchenmusik nichts zu tun haben wollte. [...] Goller zog beim liturgischen Aufbruch seiner Generation kräftig mit, obwohl seine kirchenmusikalischen Interessen mehr bei der herkömmlichen Chorpraxis lagen"[49] – ursprünglich, wie man ergänzen möchte, und später in seinem Schaffen dann wieder.

Von Pius Parsch wird der bilderstürmerische Satz überliefert: „In 50 Jahren wird es keinen Kirchenchor mehr geben."[50] Laut Kronsteiner lehnte er einmal das Angebot eines „traditionellen Kirchenmusikers", bei der Zeitschrift Bibel und Liturgie mitzuarbeiten, mit der Begründung ab, „[...] diese sei nur mehr eine auf totem Geleise in traditioneller Schlamperei dahinsiechende sogenannte [!] Kirchenmusik, die nur mehr ein Scheindasein führt."[51] „Es muß eine Sängerschola gebildet werden, die den liturgischen Gesang versieht; der heutige Kirchenchor ist für diese Aufgabe meist nicht zu gebrauchen. [...] Der bisherige Sängerchor will nur hohe Kunst pflegen, er will das Volk nicht mitsingen lassen. [...] Die nächste Folge wird sein, daß die Orgel von der Empore herab zum Altar wandern muß."[52]

Angesichts dieser deutlichen Programmatik äußert sogar Hermann Kronsteiner, selbst prononcierter Kämpfer für die Volksliturgie, noch 1949 sein Verständnis für Vorbehalte: „Freilich, was es der zünftigen Kirchenmusik so schwer macht, bereiten Herzens und ohne Vorbehalt mitzugehen, das ist die Angst, die volksliturgische Bewegung wolle den Tod der lateinischen Kirchenmusik, ja der Chormusik überhaupt. War diese Angst 1933 angesichts mancher einseitiger Äußerungen vielleicht nicht ganz von der Hand zu weisen, so ist sie heute unbegründet, wie ein Blick auf die tatsächliche Entwicklung zeigt."[53]

Die Ablehnung des traditionellen Kirchenchores und seiner Musik führt auch bei beiden Persönlichkeiten dazu, für Chor (oder seinen liturgischen „Erben", die Schola) und Orgel die räumliche Nähe zum Altar zu fordern. Von der Kirche St. Gertrud in Klosterneuburg – der Wiege der volksliturgischen Bewegung – ausgehend, beschreibt Pius Parsch es so:

---

49   F. K. Praßl, Vinzenz Goller – ein cäcilianischer Komponist im Aufbruch, in: J. Lanz/K. Eichbichler (Hg.), Cäcilianismus in Tirol. Brixener Initiative Musik und Kirche. Fünfzehntes Symposion 2002, Brixen 2003, 171–190.
50   Laut H. Kronsteiner hat Pius Parsch diese Formulierung 1934 in einem Referat Chorleitern und Organisten verwendet, vgl. H. Kronsteiner, Vinzenz Goller 85; vgl. ebd. Anm. 101.
51   H. Kronsteiner, Vinzenz Goller 86.
52   P. Parsch/R. Kramreiter, Neue Kirchenkunst im Geist der Liturgie 17.
53   H. Kronsteiner, 1933–1949, in: Musica divina 22 (1949) Heft 1, 1 f.

„Es ist zwar auf der Empore eine Orgel, doch wir benützen diese für den liturgischen Gottesdienst [!] nicht.⁵⁴ Orgel und Sängerchor gehören zum Altar. Seitdem diese auf die Empore übersiedelten, haben sie sich auch innerlich von der Gemeinschaft und vom Opferdienst getrennt. Der Sängerchor hat begonnen, hohe Kunst zu pflegen, Konzert anläßlich des Gottesdienstes zu halten. Unsere Sängerschola steht vor dem Altar, wo auch das Harmonium aufgestellt ist."⁵⁵ „Schola" war das neue Zauberwort; wer es verwendete, war grundsätzlich auf Linie.

Goller schlägt in dieselbe Kerbe: „Der ACV aber wird sich in Zukunft mehr als bisher mit der Frage der Anlage des Chor- und Orgelraumes zu befassen haben, weil sie eine der wichtigsten Prinzipienfragen darstellt und – pädagogisch genommen – die Voraussetzung darstellt für die Entwicklung der Kirchenmusik im Sinne des ‚Motu proprio' und der Apostolischen Konstitution. Daß auch heute noch neue Kirchen mit barocker Chor- und Orgelanlage gebaut werden, ist, gelinde gesagt, eine unverzeihliche Gedankenlosigkeit, die uns in erschreckender Weise zeigt, wie wenig liturgisches Denken unseren heutigen Baukünstlern und Bauherren eigen ist."⁵⁶

„Die Verlegung des Kirchenchores und damit auch der Orgel auf den vom Altar entferntesten Punkt der Kirche (17. und 18. Jahrhundert) hat zu jenen Zuständen geführt, die wir heute in liturgischer und künstlerischer Hinsicht so schwer beklagen. […] Der Kirchenchor und die Orgel gehören sinngemäß und auch historisch zum Altar. Wo dies nicht zutrifft, geht der Kirchenmusik ihre gewollte Wirkung und der Liturgie ein integrierender Bestandteil [!] verloren. Der Kirchenchor und die Orgel auf der rückwärtigen Emporen bilden zum Altare keine Kongruenz, sondern eine Konkurrenz, das heißt, sie wirken ablenkend statt hinlenkend."⁵⁷ Es gibt eine ganze Reihe weiterer programmatischer Äußerungen, die durchgängig diese „christozentrische Anordnung" der Kirchenmusik fordern.⁵⁸

---

54  Hier taucht wieder die einengende Formulierung „liturgischer Gottesdienst" ähnlich wie im Cäcilianismus auf – als ob die „anderen" Eucharistiefeiern nicht-liturgisch genannt werden könnten.
55  P. Parsch/R. Kramreiter, Neue Kirchenkunst im Geist der Liturgie 29.
56  V. Goller, „Die volksliturgische Bewegung und die Kirchenmusik" bei der 24. Generalversammlung des ACV in Luzern 1930, 144.
57  V. Goller, Die künstlerische Orgel 9 (1921) Heft 3/4, 28–30.
58  Vgl. u. a. V. Goller, Raum und Ton, in: Musica divina 9 (1921) Heft 11/12, 85–89; ders., Neue Wege und Ziele der Kirchenmusik, in: Musica divina 10 (1922) Heft 5/6, 33–38.

Dass die Orgel nicht auf einer Empore im Rücken der Feiergemeinde situiert sein sollte, ist eine weitere oft geäußerte Forderung Vinzenz Gollers. Das ging so weit, dass der entfernt stehenden Orgel das in der Nähe stehende Harmonium vorzuziehen wäre: „Steht diese [die Orgel] rückwärts auf einer hohen Empore, so ist sie für uns nahezu unbrauchbar. In solchen Fällen empfiehlt es sich, zur Begleitung der liturgischen Choralgesänge der Schola und des Volkes ein Harmonium heranzuziehen, das im akustischen Hohlspiegel der Kirche – dem Presbyterium – eine reichliche Tonfülle entwickelt und viel besser den Kontakt mit Schola und Volk aufrecht zu erhalten imstande ist, als eine noch so schöne und große Orgel, wenn sie an einem unrichtigen Platz steht.[59] Was einen Orgelbau neuer Art betraf, ließ es Vinzenz Goller übrigens mit Wunschvorstellungen und Empfehlungen keineswegs bewenden: es wurde eine der Kirchenmusikabteilung gleichsam „angeschlossene" Orgelbauanstalt gegründet, die die Entwicklung eines neuen katholischen Orgeltyps – in enger Zusammenarbeit mit den Musikern – vorantreiben sollte. 1924 wurde die traditionsreiche Firma Mauracher in die Cäcilia Orgelbau AG umgewandelt; obwohl sich der Betrieb in Salzburg befand, war Goller – gemeinsam mit dem Salzburger Domkapellmeister Franz Xaver Gruber – der künstlerische Leiter der Firma. Das stilistische Programm der Unternehmung kann im Rahmen dieses Beitrags nicht einmal andeutungsweise erörtert werden.[60]

In dieser Frage der Platzierung der Musik im Gotteshaus haben Goller und Parsch namhafte Architekten wie Robert Kramreiter und Clemens Holzmeister stark beeinflusst bzw. haben mit ihnen zusammengearbeitet. So schreibt Letzterer: „Was ist natürlicher, als wenn man, um den Altarraum zu betonen und zu schmücken, zur Orgelempore greift und diese mit kühnem Entschluß zum sichtbaren Verkünder macht? […] Es ist selbstverständlich, daß die Sänger von der Kirche aus nicht gesehen werden dürfen." (Fußnote: Laienchor, Frauenstimmen.)[61] Im zuletzt angesprochenen Detail herrscht wieder Einigkeit mit Vinzenz Goller, der geschrieben hatte: „Nur in wenigen Fällen ist ein Berufs-Chor (Knaben und Kleriker) vorhanden, dessen sichtbare Aufstellung im Presbyterium möglich wäre. Nehmen wir weiters die Verhältnisse in Süddeutschland

---

59  V. Goller, Der Gregorianische Choral und das Volk, in: Musica divina 17 (1929) Heft 4, 73–76.
60  Vgl. V. Goller, Orgelfragen [sic], in: Musica divina 16 (1928) Heft 1, 10–12; ders., Orgelbaufragen [sic], in: Musica divina 17 (1929) Heft 1, 9–14. K. Walter, Orgeldispositionen, in: Musica divina, Sonderheft „Die Orgel", 16 (1928) Heft 5–6, 120–122.
61  C. Holzmeister, Die Wiedervereinigung des Orgelchores mit dem Presbyterium, in: Musica divina 16 (1928) Heft 5/6 (= Sonderheft: Die Orgel) 96–97.

und in Österreich mit dem üblichen Orchester und den Frauenstimmen als Grundlage, so müssen wir an eine unsichtbare Aufstellung denken."⁶² „Außer der natürlichen [!] Ausschaltung der Frauen und die Unsichtbarmachung der Laiensänger (des Orchesters, wenn es überhaupt noch in Frage kommt [!]), müßte auch auf die Auswahl der zu Auffführung kommenden Kompositionen Rücksicht genommen werden (siehe Motu proprio)."⁶³ Hier wird ein Gedanke aus dem Motu proprio weiterentwickelt: „Wenn sie [die Sänger] auf einer Tribüne ihren Platz haben, wo sie allzusehr den Blicken der Gläubigen ausgesetzt sind [!], sollen sie durch ein Gitter verdeckt sein."⁶⁴

Bei der Forderung nach Platzierung der Musik vorne steht ein Denkansatz Pate, der schon bei Romano Guardini eine zentrale Rolle spielt und der bei den Klosterneuburgern in praktische Desiderata gegossen wird: Liturgie ist (heiliges) Spiel vor Gott. In seiner großen programmatischen Rede in Luzern⁶⁵ verwendet Goller den Gedanken kurz hintereinander gleich mehrmals: „Eine Meßopferfeier in der alten Kirche war ein Drama, ein heiliges Spiel, in dem die ganze Gemeinde mit dem Klerus mitwirkte. [...] Alle Feiern des Kirchenjahrs waren eben heiliges Spiel der Liturgie, die das Volk mitspielte. [...] Das Volk sang jetzt nur mehr kurze Kehrverse und überließ dem Sängerchor notgedrungen den ganzen Gesang. Dadurch war das Volk von seiner wichtigen Rolle, im heiligen Spiel der Messe als Volkschor mitzusingen, abgedrängt." Im gemeinsam mit dem Architekten Robert Kramreiter verfassten Buch über Kirchenbau wird der Gedanke in aller Breite entwickelt: „Freilich sind nicht alle Hauptspieler, wie in der Oper auch nicht alle Solosänger sein können. [...] Der Vergleich von Theater und Schauspiel ist aber noch nicht am Ende. Wir müssen die Liturgie überhaupt im wahren Sinn ein heiliges Schauspiel nennen; wer es nicht glaubt, sehe im Meßbuch nach, wo es im Kanon heißt: *infra actionem*, d. h. mitten in der Aktion, im Schauspiel. Man scheue sich nicht, diesen Vergleich auszudenken. Das wird für die Kirchenkunst weittragende Folgen haben. Wenn die Liturgie ein heiliges Spiel ist, dann ist das Gotteshaus die heilige Bühne, ganz besonders der Altarraum, wo die Handlung sich vollzieht. Dann gehört der ganze Kirchenapparat zur Aus-

---
62  V. Goller, Raum und Ton 84.
63  R. Quoika, Zur Stellung der Orgel im Kirchenraume, in: Musica divina 16 (1928) Heft 5/6 (= Sonderheft: Die Orgel) 97–99.
64  Motu proprio V/14. Aus dem Zusammenhang geht hervor, dass nur männliche Sänger gemeint sind.
65  V. Goller, „Die volksliturgische Bewegung und die Kirchenmusik" bei der 24. Generalversammlung des ACV in Luzern 1930, hier 135 f.

stattung des Spieles. Dann sind Priester und Volk die Spieler. Was folgt aber daraus? Wird der Architekt eine Kirche bauen, in der der Hochaltar überhaupt nicht zu sehen ist? Wird er nicht vielmehr den Altarraum zu einer Bühne gestalten, die von allen Teilen der Kirche gesehen und gehört wird? Der Kirchenbauer wird zum Bühnenbauer in die Schule gehen. [...] Wenn die Liturgie ein heilige Spiel aller Gläubigen ist, dann obliegen dem Seelsorger und Architekten wieder neue Aufgaben. Der Pfarrer muß sein Volk für diese Rolle [!] erziehen. Ja ohne Vorbereitung und Probe geht kein Schauspiel gut vor sich. Unser christliches Volk muß erst zur aktiven Teilnahme erzogen werden."[66]

### Zusammenfassung

Für die Entfaltung der volksliturgischen Bestrebungen kann das Zusammentreffen von Parsch und Goller tatsächlich eine schicksalhafte Konstellation genannt werden. Goller vertiefte seinen schon von Regensburg her grundgelegten liturgietheoretischen Standpunkt; Parsch bekam durch den unablässig komponierenden Goller das praktische Werkzeug zur Einbeziehung der Feiergemeinde in die Hand. Für Goller war die kleine Kirche St. Gertrud das richtige Lokal zur Erprobung und Entwicklung seiner neuen kirchenmusikalischen Formen, für Parsch war die etwas elitäre und offiziöse Abteilung der Staatsakademie der richtige Gegenpol für seine experimentelle Außenstelle der Chorherrenliturgie. Dass ein hochangesehener Kirchenmusiker wie Goller sich öffentlich mit dieser „linken" Liturgie identifizierte, war ein effizienter Treibriemen für den Schwung der Sache. Goller selbst blickte später zurück: „Daß eine Erneuerung der Kirchenmusik nur aus dem Geiste der Liturgie folgen könne, verbuche ich als meine tiefste und wichtigste Erkenntnis in meinem Leben. In Klosterneuburg hatte ich auch Gelegenheit, alles praktisch auszuprobieren: In St. Gertrud den einstimmigen Volksgesang (Schola und Volk), in der Stiftsbasilika die mehrstimmigen (polyphonen) Schöpfungen. Darum blieb ich auch, als im Jahre 1924 die Abteilung für Kirchenmusik ins Zentrum von Wien übersiedelte, in Klosterneuburg und trat die Leitung der Anstalt an Dr. Andreas Weissenbäck ab."[67]

In seinen letzten Lebensjahren wandte sich Goller etwas vom einstimmigen, volksliturgisch ausgerichteten Komponieren ab und wieder der

---

66 P. Parsch/R. Kramreiter, Neue Kirchenkunst im Geist der Liturgie 17.
67 V. Goller, Zeit lassen! Rückblick und Ausblick. (2. Teil), in: Der alpenländische Kirchenchor 7 (1952/53) Heft 4, 62–64. – Goller war übrigens 1936–1938 Bürgermeister von Klosterneuburg.

Mehrstimmigkeit zu. Von der deutschen Gregorianik hat er sich distanziert. „Tatsächlich sagte Goller in öffentlicher Diskussion auf diesbezügliche Angriffe von ACV-Mitgliedern: ‚Hier bin ich auf einen falschen Weg geraten.' Dies aber meinte er nur in Bezug auf seine musikalischen Versuche im Bereich der ‚Deutschen Gregorianik', nicht aber als Absage an seine nach wie vor positive Einstellung zu den Ideen und Bemühungen der volksliturgischen Bewegung an sich."[68]

Die Bemühungen von Parsch und Goller wurden in Österreich vor allem von Hermann Kronsteiner (Linz und Wien; deutsche Gregorianik), Paul Beier (Klagenfurt; Kirchenlied) und Johann Pretzenberger (St. Pölten; Kirchenlied) fortgesetzt. Insgesamt trugen sie alle dazu bei, dass die liturgischen Reformen des Zweiten Vatikanischen Konzils die österreichische Kirchenmusik wohlvorbereitet trafen. Diesbezüglich waren die Weichen schon Jahre davor erfolgreich gestellt, wie auch seitens der traditionellen Kirchenmusik vorsichtig anerkennend festgestellt wurde: „Hier haben wir wahrhaft von der volksliturgischen Bewegung zu lernen. Sie hat es zustandegebracht, daß heute die Betsingmesse Gemeingut aller Gläubigen ist. Sie hat es erreicht, daß tatsächlich die Responsorien vom Volk gebetet werden. Man kann über manche Bestrebungen der volksliturgischen Bewegung geteilter Ansicht sein. Daß sie das Volk zu lebendigem Mitbeten und Mitfeiern gebracht hat, ist jedenfalls ein Erfolg. Sie hat uns hier sogar wertvolle Vorarbeit geleistet."[69]

In seinem Buch über Vinzenz Goller beklagt Hermann Kronsteiner in einer über 1 Seite langen Anmerkung, dass inzwischen (1976) seitens der Klosterneuburger „Erben" von Pius Parsch die wichtige Rolle Vinzenz Gollers gleichsam vergessen wurde; er zählt akribisch eine ganze Reihe von Gelegenheiten oder Publikationen auf, wo sein Name nicht genannt wird.[70] Das hat zweifellos auch damit zu tun, dass Goller weit mehr als Komponist der eingangs erwähnten Loreto-Messe und ähnlicher Werke im Gedächtnis der Kirchenmusiker geblieben ist, weiters damit, dass Goller seine einfachen Kompositionen für die Volksliturgie nicht mit Opuszahlen versehen oder sie in Werkverzeichnissen nicht angeführt hat. Schließlich ist unabsichtlich Hermann Kronsteiner selbst nicht ganz unschuldig daran, dass man mit Volksliturgie und deutscher Gregorianik in Österreich eher seinen Namen assoziiert als den Gollers.

---

68  H. Kronsteiner, Vinzenz Goller 73 f.
69  J. Schabaßer, „Anpacken" heißt die Parole, in: Musica orans 5 (1952) Heft 1, 2–3.
70  H. Kronsteiner, Vinzenz Goller 170 f.

# Pius Parsch und die evangelische Theologin Olga Lau-Tugemann. Konkrete Ökumene in den 1930er Jahren?

*Sabine Maurer*

## 0. Einleitung: Beweggründe, mich mit Olga Lau-Tugemann zu beschäftigen

Sie werden sich sicher fragen, wie ich zum Thema dieses Vortrags gekommen bin. Dazu nur ein paar Worte: Ich bin Mitglied der Evangelischen Pfarrgemeinde Stainz-Deutschlandsberg in der Steiermark und dort seit Jahrzehnten aktiv, u. a. war ich dort auch zehn Jahre als Kuratorin tätig. Zum hundertjährigen Bestehen der Pfarrgemeinde Stainz-Deutschlandsberg verfasste der Presbyter und Militärhistoriker Heinz Richter eine Chronik in Kurzform, die in einer Festschrift im Jahr 2001 erschien. In dieser Liste der Ereignisse erregte eine Notiz meine Aufmerksamkeit. Ich zitiere:

„1919, 26.1. Vorschlag von Pfarrer Haase an das Presbyterium Frau Olga Lau-Zugemann [sic!] aus St. Martin i. S. (Theologin) die Abhaltung von Gottesdiensten zu übertragen, Mehrheit des Presbyteriums dagegen!"[1]

Dieser Satz ist eingebettet in Notizen von ganz unterschiedlicher Bedeutung, so vom Beschluss zur Errichtung eines Schweinestalles an der Westseite des Pfarrhauses, aber auch dem Ende des Ersten Weltkriegs und der Erörterung der Umstellung der evangelischen Kirche auf die neuen politischen Umstände im Staat.

---

1 H. Richter, Chronik der Evangelischen Gemeinde A. B. Stainz, in: Presbyterium der Evangelischen Pfarrgemeinde A. B. Stainz (Hg.), 100 Jahre Evangelische Pfarrgemeinde A. B. Stainz. Evangelische Friedenskirche Stainz. Ein' feste Burg ist unser Gott. Vertraut den neuen Wegen (Festschrift), Stainz 2001, 37–45, hier 39. Im „Protokollbuch des Presbyteriums und der Gemeindeversammlung" heißt es allerdings wörtlich, dass die Mehrheit des Presbyteriums den Vorschlag nicht ablehnte, sondern dass „der Gedanke teils Zustimmung, teils Ablehnung erfuhr", was im Grunde allerdings auf dasselbe hinausläuft. Protokolle über Sitzungen des Presbyteriums und der Gemeindeversammlung der Evangelischen Pfarrgemeinde A. B. Stainz (Band II) begonnen im Jahr 1915 (zweiten Jahre des Weltkrieges) beendet mit dem Jahr 1928, Archiv der Evangelischen Pfarrgemeinde A. B. Stainz-Deutschlandsberg (=APGSt).

Mir kamen beim Lesen der Zeilen über Olga Lau-Zugemann [sic!] gleich eine ganze Reihe von Fragen, aber es sollte noch 11 Jahre dauern, bis ich diesen auch wirklich nachgehen konnte. Und als ich dann vor zwei Jahren in den Protokollbüchern des Presbyteriums[2] nach dieser Notiz in der Jubliläumsschrift suchte und herausfand, dass der Name der genannten Theologin nicht Olga Lau-Zugemann, sondern Olga Lau-Tugemann war, packte mich der Forschergeist und damit fing alles an. Ich begann herauszufinden, was über Olga Lau-Tugemann bekannt war, und stieß dabei auf einen Lexikonartikel von Hilde Bitz. Dieser beginnt folgendermaßen:

„Es sind nur wenige Daten von Olga Tugemann bekannt; zu wenige, um ein Lebensbild erstellen zu können. Aber dennoch sind die aufgefundenen Spuren so gewichtig, dass sie festgehalten werden sollen."[3]

Hilde Bitz nennt zwei wesentliche: Olga Tugemann war die erste evangelische Theologiestudentin in Zürich und promovierte als erste Frau an der Universität Leipzig 1915 im Fach evangelische Theologie. Danach verlieren sich ihre Spuren. Und genau das reizte mich, mehr über sie zu erfahren.

Ich fand heraus, dass noch ein paar weitere Stationen des Lebenswegs von Olga Tugemann über das Jahr 1915 hinaus bekannt waren, aber wie es ab 1931, einem Wendepunkt ihres Lebens weiterging, war in den wenigen Veröffentlichungen über sie bis dato völlig unbekannt.

Ich hatte dann das Glück, dass ich auf Verwandte von Olga Tugemann stieß, die mir wesentlich weiterhelfen konnten. Ihnen, insbesondere Eva Roloff und Brigitte Orthaber, einer Großnichte von Olga Lau-Tugemann, die sie beide noch persönlich kannten, möchte ich an dieser Stelle sehr herzlich für ihre Hilfe und für Dokumente, Fotos und Erzählungen danken.

Bei meiner Recherche konnte ich auch eine Handvoll Veröffentlichungen von Olga Lau-Tugemann finden und so bot sich die Gelegenheit, nicht nur ihr Leben nachzuzeichnen, sondern sie auch selbst in ihrem theologischen Denken kennenzulernen.

Somit möchte ich Ihnen zunächst einen Überblick über das Leben von Olga Lau-Tugemann geben.

---

2  S. Anm. 1
3  H. Bitz, Lic. theol. Olga Tugemann 1887, in: H. Erhart (Hg.), Lexikon früher evangelischer Theologinnen. Biographische Skizzen, Neukirchen-Vluyn 2005, 411.

Sabine Maurer

## 1. Wer war Olga Lau-Tugemann?

Olga Adele Tugemann wurde am 8. März 1887 in Reichenberg in Nordböhmen (heute Tschechien) geboren und dort am 19. März desselben Jahres römisch-katholisch getauft. Die Tätigkeit des Vaters Gottfried Tugemann als Bierverschleißer ermöglichte der Familie ein gesichertes und bürgerliches Leben in Altharzdorf bei Reichenberg. Die Mutter Olga Tugemann war eine geb. Austel, Edle von Buchenhain. Knapp drei Jahre nach Olga kam ihre Schwester Maria Elisabet Adele zu Welt. Zu ihr hatte Olga ihr Leben lang ein enges Verhältnis. Am 8.3.1904 traten der Vater sowie Olga und Maria aus der römisch-katholischen Kirche aus und in die evangelische Kirche ein. Olga war zu diesem Zeitpunkt siebzehn, Maria vierzehn Jahre alt. Der Hintergrund des Konfessionswechsels dürfte in der Los-von Rom-Bewegung zu finden sein.[4] Ausgelöst wurde diese Bewegung 1897 durch die Sprachenverordnung des Ministerpräsidenten Badeni, die die tschechische und deutsche Sprache als Amtssprache in Böhmen vorsah. Dies wurde von den Deutsch-Böhmen als zu tschechenfreundlich verstanden. Es kam zu einem Protest gegen diese Verordnung, der mit der Parole „Los von Rom!" zugleich antikatholisch aufgeheizt wurde. Insgesamt traten im Zuge dieser Bewegung bis zum 1. Weltkrieg zwischen 70.000 und 85.000 Menschen in Böhmen, Mähren, Kärnten, Tirol und der Steiermark in die evangelische Kirche ein.[5] Der politische Hintergrund für die Los-von-Rom-Bewegung war die beabsichtige „Eingliederung der deutschsprachigen Gebiete Österreichs in das Dt. Reich"[6], mit der der Vater von Olga Tugemann offensichtlich sympathisierte.

Ihre Schulbildung genoss Olga zunächst durch private Gymnasialstudien und wechselte, um einen ordentlichen Abschluss zu erreichen, 1906 an das Wiener Mädchen Obergymnasium des Vereins für erweiterte Frauenbildung nach Wien. Sie schloss 1907 die Schule mit Matura ab und war damit zum Studium berechtigt. An der Universität Wien begann sie das Studium der evangelischen Theologie als sog. außerordentliche Stu-

---

4  P. F. Barton, Evangelisch in Österreich, Ein Überblick über die Geschichte der Evangelischen in Österreich (Studien und Texte zur Kirchengeschichte und Geschichte 2, Bd. 11), Wien–Köln–Graz 1987, 153.155 f. Mehr als die Hälfte der bis Ende März 1900 erfolgten Übertritte fanden in Böhmen statt. Vgl. auch H. Halbrainer/G. Lamprecht, „So dass uns Kinder eine durchwegs christliche Umgebung geschaffen war." Die Heilandskirche und ihre „Judenchristen" zwischen 1880 und 1955, Graz 2010, 33.
5  A. Landersdorfer, Art. Los-von-Rom-Bewegung, in: RGG[4] 5 (2002) 521.
6  Ebd. 520 f.

dentin, da Frauen erst 1928 zum regulären Studium der evangelischen Theologie zugelassen wurden.[7] So verwundert es nicht, dass sie die einzige Frau der 32 Neuimmatrikulierten im Wintersemester 1907/08 war.

Von Wien aus wechselte sie nach Zürich und war dort 1908 die erste Frau, die sich an der neu eingerichteten Evangelisch-theologischen Fakultät in Zürich als ordentliche Studentin immatrikulieren konnte. Es folgten weitere Stationen des Studiums in Berlin und Leipzig. In Leipzig wurde sie 1915 mit einer Arbeit über Feuerbachs Religionstheorie promoviert und erhielt die Lizentiatenwürde mit magna cum laude. Sie war damit die erste Frau, die in Leipzig promoviert wurde. Die Promotion war in dieser Zeit die einzige Möglichkeit für Frauen, das Studium der evangelischen Theologie abzuschließen. Die Zulassung zum Pfarramt in der evangelischen Kirche war Frauen in dieser Zeit noch verwehrt.

1916 heiratete Olga Tugemann Richard Lau zu einem Zeitpunkt, als absehbar war, dass er seiner schweren Verwundung erliegen würde, die er in den ersten Tagen des Weltkriegs erlitten hatte. Und so starb Richard Lau, Student der evangelischen Theologie aus Brünn/damals Südmähren stammend, drei Monate nach der Hochzeit. Für Olga Lau-Tugemann ein Schlag, den sie wohl nie ganz verwand. Auch durch ihren Doppelnamen, Lau-Tugemann, den sie seither führte, blieb die Erinnerung an ihn lebenslang aufrecht.

Im Frühjahr des letzten Kriegsjahres 1918 verließ die Familie Tugemann, so auch Olga, ihren Heimatort Reichenberg und siedelte sich in Oberhart bei St. Martin im Sulmtal im Bezirk Deutschlandsberg an. Der Vater führte dort einen landwirtschaftlichen Betrieb. Olga aber, die alleinstehend war und zeitlebens blieb, musste nach einer Möglichkeit suchen, ihren Lebensunterhalt zu verdienen. Sie fand eine Stelle als Leiterin der Evangelisch-sozialen Frauenschule in Wien, die im Jahr 1918/19 ihren regulären Betrieb aufnahm. Ab dem Schuljahr 1920/21 war sie dann vom Evangelischen Oberkirchenrat auch zur Erteilung des evangelischen Religionsunterrichts berechtigt und hielt an verschiedenen Gymnasien Wiens bis zu 20 Wochenstunden Unterricht. 1929 wurde sie in den Bundesdienst aufgenommen und ihr der Titel Professor verliehen. Ihre berufliche Existenz schien damit gesichert.

---

7 Erlass des Evangelischen Oberkirchenrates in Wien mit der Zahl 1475 vom 12. April 1928. Vgl. auch K. Schwarz, Die Wiener Evangelisch-theologische Fakultät im Studienjahr 1907/08, in: Evangelisch-theologische Fakultät der Universität Wien (Hg.), Wiener Jahrbuch für Theologie 8/2010. Schwerpunktthema: Hermeneutik, 262.

1931 wagte Olga Lau-Tugemann jedoch einen Schritt, den sie vermutlich schon länger ernsthaft erwogen und vorbereitet hatte. Sie trat aus der evangelischen Kirche aus und wieder in die katholische Kirche ein. Der Eintritt am 13. Juli 1931 bedeutete eine Zäsur in ihrem beruflichen Werdegang. Denn als Mitglied der katholischen Kirche konnte sie ihren Beruf als evangelische Religionslehrerin nicht mehr ausüben. Ihr Status als Bundeslehrerin ermöglichte ihr aber eine Anstellung als Erzieherin an der Bundeserziehungsanstalt für Mädchen in Wien Hernals. Gleichzeitig nahm sie das Studium der katholischen Theologie auf, um eine Basis zur Zulassung für die Erteilung von katholischem Religionsunterricht zu erhalten. Das gelang ihr dann auch. 1932 wurde ihr vom erzbischöflichen Ordinariat die Missio canonica erteilt, „in Würdigung der vorgebrachten Gründe ganz ausnahmsweise"[8], und so durfte sie zunächst an Untermittelschulen katholischen Religionsunterricht erteilen. Nach vier Semestern legte sie 1934 eine Prüfung für katholische Religion an Mittelschulen ab und konnte ab diesem Zeitpunkt auch katholische Religion in der Oberstufe unterrichten.

Aufgrund der seit 1938 veränderten politischen Lage in Österreich, die dazu führte, dass der Religionsunterricht aus dem Kanon der Pflichtfächer eliminiert wurde, wurde Lau-Tugemann Ende Mai 1939 ohne weitere Begründung in den Ruhestand versetzt. Aufgrund ihrer Dienstzeiten stand ihr eine Pension zu. Ihre berufliche Laufbahn war somit im Alter von 52 Jahren abrupt und frühzeitig beendet worden. Vermutlich ab Mitte 1939 zog Olga Lau-Tugemann aus Wien aufs Land nach Oberhart in der Weststeiermark zur Familie ihrer Schwester Maria Roloff und führte dort ein zurückgezogenes Leben. Sie nahm keine Aufgaben in der der katholischen Kirche oder in der Öffentlichkeit wahr, verpflichtete sich aber als Oblatin des Klosters Seckau nach den Regeln Benedikts zu leben und nahm dies auch sehr ernst. Olga Lau-Tugemann starb kurz vor ihrem 86. Geburtstag am 13.2.1973 in einer Klinik in Graz und wurde auf dem katholischen Friedhof in St. Martin beigesetzt, wo sich auch das Grab ihrer Eltern und ihrer Schwester befindet.

---

8   Erteilt am 2. Juli 1932 Z.4911, Privatarchiv Brigitte Orthaber Nr. 23.

## 2. Das Wirken und Denken von Olga Lau-Tugemann – Ökumene in den 1930er Jahren?

Ich komme nun zur Fragestellung dieses Vortrags „Pius Parsch und die evangelische Theologin Olga Lau-Tugemann. Konkrete Ökumene in den 1930er Jahren?"

Mit anderen Worten: Lässt sich in den Phasen vor und nach ihrer Rekonversion im Jahr 1931, die sie in die liturgische Gemeinde unter Pius Parsch führte, so etwas wie konkrete Ökumene entdecken? Als gut ausgebildete evangelische Theologin, die im Alter von 44 Jahren in die katholische Kirche eintrat, war sie geradezu prädestiniert, beide Konfessionen zu verbinden, jedenfalls aus heutiger Sicht.

### 2.1 Ökumeneverständnis in den 1930er Jahren

Zunächst ist festzuhalten, dass der Begriff Ökumene eine lange geschichtliche Entwicklung hat, auf die hier nicht eingegangen werden kann.[9] Heute meint der Begriff in der Regel, die „Bemühungen um Gemeinschaft zwischen den unterschiedlichen Kirchen und Konfessionen"[10] und das Streben nach der weltweiten Einheit der Christen. Es würde zu weit führen, wenn ich hier die ökumenische Entwicklung zu Beginn des 20. Jahrhunderts nachzeichnen würde, deshalb nur so viel: Als „Geburtsstunde"[11] der Ökumenischen Bewegung des 20. Jahrhunderts gilt die Weltmissionskonferenz von Edinburgh 1910, an der anglikanische und protestantische Kirchen, nicht aber orthodoxe oder katholische Kirchen teilnahmen. Sie bildete den Anfang einer Reihe von weiteren Konferenzen, der ersten Weltkonferenz für Praktisches Christentum 1925 in Stockholm und der ersten Weltkonferenz für Glauben und Kirchenverfassung 1927 in Lausanne. Die offizielle Haltung der römisch-katholischen Kirche zur Ökumenischen Bewegung in den 20er und 30er Jahren ist ablehnend, skeptisch, zurückhaltend, apologetisch und wird in der Enzyklika *Mortalium*

---

9   A. Klein, Art. Ökumene, in: W. Thönissen/M. Hardt u. a. (Hg.), Lexikon der Ökumene und Konfessionskunde im Auftrag des Johann Möhler Instituts für Ökumenik, Freiburg 2007, 963 f.
10   C. Schwöbel, Gemeinsam auf dem Weg, in: C. Möller/ders. u. a. (Hg.), Wegbereiter der Ökumene im 20. Jahrhundert, Göttingen 2005, 11.
11   P. Neuner, Ökumenische Theologie. Die Suche nach der Einheit der christlichen Kirchen, Darmstadt 1997, 28.

*animos* von 1928 „einer scharfen Kritik unterzogen".[12] Papst Pius XI. reagiert in der Enzyklika *Mortalium animos* vom 6.1.1928 auf die ersten ökumenischen Weltkonferenzen der nicht-katholischen Kirchen.[13] In Artikel 10 heißt es:

„Daraus geht hervor, ehrwürdige Brüder, aus welchen Gründen der Apostolische Stuhl niemals die Teilnahme der Seinigen an den Konferenzen der Nichtkatholiken zugelassen hat. Es gibt nämlich keinen anderen Weg, die Vereinigung aller Christen herbeizuführen, als den, die Rückkehr aller getrennten Brüder zur einen wahren Kirche Christi zu fördern, von der sie sich ja einst unseligerweise getrennt haben."[14]

Allerdings haben sich einzelne Personen aus der katholischen Kirche, wie z. B. Romano Guardini, Pius Parsch und Johannes Pinsk, die alle drei aus der Liturgischen Bewegung stammten, für die Ökumene engagiert,[15] wobei der Begriff der Ökumene in dieser Zeit in der katholischen Kirche nicht gebräuchlich war.[16] Parsch war eine „Annäherung der christlichen Konfessionen" ein Anliegen und daher richtete er auch in der von ihm herausgegebenen Zeitschrift „Bibel und Liturgie" 1930/31 einen sog. Werkraum zu diesem Thema unter dem Titel „Una sancta Ecclesia"[17] ein. In dieser Reihe kommt Olga Lau-Tugemann mehrfach ausführlich zu Wort. Daraus lässt sich ablesen, wie Parsch ihre Rolle verstand. Zu erwähnen ist des Weiteren, dass Pius Parsch an der ersten evangelisch-katholischen Theologenkonferenz auf deutschem Boden nach der Reformation in Berlin-Hermsdorf im Mai 1934 mitwirkte und bei deren Vorbereitung sagte: „Wir haben uns durch vier Jahrhunderte mit den Unterschieden beschäftigt; jetzt wollen wir einmal das, was uns verbindet, einander fühlen lassen."[18]

---

12  A. Klein, Art. Ökumene, in: Lexikon der Ökumene 968.
13  Ebd.
14  http://www.kathpedia.com/index.php?title=Mortalium_animos_%28Wortlaut%29 [abgerufen am 8.3.2014].
15  G. Brüske, Liturgische Bewegung und Ökumene. Ein Beitrag zur Vorgeschichte des Ökumenischen Arbeitskreises evangelischer und katholischer Theologen, in: C. Böttigheimer/H. Filser (Hg.), Kircheneinheit und Weltverantwortung (Festschrift Peter Neuner), Regensburg 2006, 568.
16  W. Thönissen/L. Kardinal Jaeger, Wiedervereinigung im Glauben als Gebot der Gegenwart, in: C. Möller/C. Schwöbel (Hg.), Wegbereiter der Ökumene im 20. Jahrhundert, 194 f.; J. Ernesti, Ökumene im Dritten Reich (Konfessionskundliche und kontroverstheologische Studien 77), Paderborn 2007, 13.
17  O. Lau-Tugemann, Una sancta ecclesia. Was mich anzog und abstieß, in: BiLi 5 (1930/31) 465. 566–568 [sic!], hier 465; dies., Una sancta Ecclesia. Vom Steinewegräumen und Türauftun, in: BiLi 8 (1933/34) 411–422, hier 411.
18  J. Ernesti, Ökumene im Dritten Reich 62.

Ein gegenseitiges Kennenlernen, den anderen in seinem Anderssein wahrnehmen und gelten zu lassen, sowie das Gemeinsame der beiden Konfessionen herauszuarbeiten, das war wohl die Vorstellung, die Parsch von Ökumene hatte. Dass er auch die in der katholischen Kirche damals vorherrschende Auffassung teilte, dass die Einheit der Kirche in der römisch-katholischen Kirche gewahrt sei und daher die getrennten Brüder und Schwestern dazu aufzufordern sind, in den Schoss der Kirche zurückzukehren, um so die Einheit wiederherzustellen, ist anzunehmen.

Die Haltung der evangelischen Kirchen und ihrer Vertreter zur Ökumenischen Bewegung, an der sie ab dem Ende des 19. Jahrhunderts und intensiv seit Beginn des 20. Jahrhunderts aktiv teilnahmen, war positiv.[19] Die angestrebte Einheit wird naturgemäß auch anders als in der katholischen Kirche verstanden. So sah z. B. Nathan Söderblom, der als „ökumenischer Kirchenvater" gilt,[20] die Einheit durch Christus als gegeben an und sprach von „evangelischer Katholizität". Alle Christen sind katholisch in einem nicht konfessionellen Sinne, indem sie der einen Kirche Christi auf Erden angehören, die aber nicht identisch ist mit der römisch-katholischen Kirche. Die Einheit wird nicht durch Aufsaugen der nicht-katholischen Kirchen durch die katholische Kirche verwirklicht, sondern durch das Respektieren der verschiedenen Bekenntnisse und Traditionen. „Wir sollten uns in einem gemeinsamen weiträumigen und festlichen Kuppelsaal in der Mitte des Gebäudes versammeln können, und doch jeder sein eigenes Zimmer behalten, in das er hineingehen und das er nach eigenen Wünschen einrichten kann."[21] Söderblom hat mit dieser Vorstellung das Modell der Ökumene von „der Einheit in versöhnter Verschiedenheit" vorweggenommen,[22] welches heute der Vorstellung der evangelischen Kirchen entspricht und in der Leuenberger Kirchen Gemeinschaft seit 1973 verwirklicht ist (GEKE).

---

19  Die Weltkonferenz für praktisches Christentum 1925 in „Stockholm war die erste Weltkonferenz, in der sich die Kirchen durch offiziell ernannte und entsandte Delegierte vertreten ließen." P. Neuner, Ökumenische Theologie 36.
20  H. Brandt, Nathan Söderblom – Ein „Klassiker der Religionswissenschaft" als „ökumenischer Kirchenvater", in: C. Möller/C. Schwöbel (Hg.), Wegbereiter der Ökumene im 20. Jahrhundert 14–31, hier 14.
21  Ebd. 28.
22  Ebd.

## 2.2 Olga Lau-Tugemann, Pius Parsch und die Liturgische Bewegung

Um feststellen zu können, ob und inwiefern Lau-Tugemanns Denken und Handeln ökumenisch bestimmt war, möchte ich ihr Verhältnis zur evangelischen Kirche und zur liturgischen Bewegung unter Pius Parsch beleuchten.

Olga Lau-Tugemanns Rekonversion steht in einem direkten Zusammenhang mit der volksliturgischen Bewegung unter Pius Parsch[23] in Klosterneuburg. So war er es, der einen Tag nach ihrem Austritt aus der evangelischen Kirche einen Antrag auf ihre Wiederaufnahme in die römisch-katholische Kirche beim Ordinariat in Wien stellte.[24] Lau-Tugemann dürfte etwa ab Mitte der 20er Jahre mit der liturgischen Erneuerungsbewegung von Pius Parsch in Kontakt gekommen sein. Wie Lau-Tugemann Pius Parsch und die von ihm angeführte Liturgische Bewegung kennenlernte, ist allerdings nicht bekannt. Es lässt sich aber vermuten, dass Lau-Tugemann auf Parsch und sein Anliegen einer volksliturgischen Erneuerung durch Vorträge und das Feiern sog. Liturgischer Messen ab 1923 in Wien[25] aufmerksam wurde. Andere Gelegenheiten des Kennenlernens bot der im August 1927 erste volksliturgische Einführungskurs von Pius Parsch in Wien.[26] Vielleicht nahm sie aber auch an der 2. Volksliturgischen Tagung mit dem Thema „Die aktive Teilnahme des Volkes an der Liturgie" im August 1928 in Klosterneuburg teil.[27] Denn zu diesen Zusammenkünften waren auch sog. Laien eingeladen. Parsch wollte auf diese Weise möglichst viele Menschen in das volksliturgische Leben hinziehen.[28] Ob Lau-Tugemann zu den ab 1925 regelmäßig stattfindenden Messen in St. Gertrud von Wien nach Klosterneuburg „pilgerte" wie viele

---

23 Olga Lau-Tugemann und Pius Parsch verband auch Biographisches: Er gehörte derselben Generation an wie sie – beide sind in den 80er Jahren des 19. Jahrhunderts geboren – und beide stammten aus einem der ehemaligen Kronländer Österreich-Ungarns, nämlich Mähren und Böhmen, die ab 1918 im neugegründeten Staat der Tschechoslowakei aufgingen.
24 Gestionsprotokoll des Ordinariats Wien mit der Geschäftszahl 5387. Eingang am 10.7.1931, Ausgang am 11.7.1931, Diözesanarchiv Wien.
25 So z. B. in Wien Gersthof, wo er Vorträge und liturgische Messen hielt, vgl. N. Höslinger, Der Lebenslauf von Pius Johann Parsch, in: ders./T. Maas-Ewerd (Hg.), Mit sanfter Zähigkeit. Pius Parsch und die biblisch-liturgische Erneuerung (SPPI 4), Klosterneuburg 1979, 13–78, hier 41 f.
26 Ebd. 43 f.
27 Ebd. 45 f.
28 Ebd. 44.

andere auch, kann nur vermutet werden.²⁹ In ihrem Aufsatz mit dem Titel „Was mich anzog und abstieß"³⁰ beschreibt Olga Lau-Tugemann ihre Rekonversion jedenfalls als einen längeren Prozess, in dem sie sich mit verschiedenen katholischen Erneuerungsbewegungen beschäftigt habe, sich dann aber bewusst für die Liturgische Bewegung in Klosterneuburg entschied. Sie nennt dafür mehrere Gründe: Anders als in katholischen Gottesdiensten, die sie immer wieder aufsuchte, um ihrem Bedürfnis nach Sammlung und Gebet nachzukommen, an denen sie sich nach eigenen Angaben aber „innerlich so oft wund gestoßen hatte"³¹ und sie mitunter als tote Form empfand, traf sie in der Liturgischen Bewegung unter Pius Parsch auf Folgendes: Sie formuliert es so: Sie fand
- den bewusstvollen Ausdruck inneren Lebens
- „ein wunderbares Aufschließen und Zueignen des königlichen Reichtums kultischen Lebens"³², welches christozentrisch geordnet war
- die große Linie religiösen Lebens in aller Fülle und Mannigfaltigkeit
- „das Vertrautwerden mit der Bibel [...] wie es der Populärkatholizismus nicht kennt."³³

Das, was sie in der evangelischen Kirche offensichtlich vermisst hatte, fand Lau-Tugemann in der liturgischen Bewegung: Die Durchdringung des Alltags mit christlicher Liturgie, in dessen Zentrum die Bibel steht.

Lau-Tugemann war abgestoßen von einem Rationalismus, der in der evangelischen Kirche damals offensichtlich tonangebend war. Sie selber spricht von „den öden Sandflächen des Rationalismus", an denen auf weite Strecken die Fahrt ihres Lebens vorbeiging.³⁴ Derselbe Rationalismus wurde allerdings auch von evangelischen Zeitgenossen kritisiert, so z. B. von Wilhelm Stählin, einem deutschen Theologen und einem „der wichtigsten evangelischen Förderer der Liturgischen Bewegung".³⁵ Stählin zog aus dieser Kritik einen anderen Schluss. Er blieb evangelisch und gründete

---

29   Inwieweit das für sie als evangelischer Religionslehrerin mit dem Evang. Oberkirchenrat als Arbeitgeber ohne Schwierigkeiten war, entzieht sich meiner Kenntnis.
30   O. Lau-Tugemann, Una sancta ecclesia. Was mich anzog und abstieß, s. Anm.18.
31   Ebd. 566.
32   Ebd.
33   Ebd.
34   Ebd. 567.
35   H. Löwe, Wilhelm Stählin – Nicht nur der Kopf, der ganze Mensch will glauben, in: C. Möller/C. Schwöbel (Hg.), Wegbereiter der Ökumene im 20. Jahrhundert 133–155, hier 133. Stählin kritisierte in seinem Buch „Vom Sinn des Leibes" 1930 den „überbordenden Intellektualismus" in der evangelischen Kirche, ebd. 142–144.

1931, also in demselben Jahr, in dem Lau-Tugemann konvertierte, die evangelische Michaelsbruderschaft zusammen mit Karl Bernhard Ritter in Marburg/Deutschland.[36] Aus diesem und vielen anderen Beispielen, die hier sowohl auf katholischer als auch auf evangelischer Seite zu nennen wären, kann man folgern, dass die Suche von Olga Lau-Tugemann in einem größeren Zusammenhang zu sehen ist, nämlich der Sehnsucht vieler ihrer Zeitgenossen – sowohl auf evangelischer als auch katholischer Seite – nach einer Erneuerung der Kirche, des Gottesdienstes und nach einem geistlichen, liturgischen Leben im Alltag. Sicher spielte auch der Wunsch nach Gemeinschaft von Gleichgesinnten eine wichtige Rolle für die Rekonversion Lau-Tugemanns. Pius Parsch verwendet den Begriff der Gemeinschaftsfrömmigkeit und hebt hervor, dass diese auf Frauen eine weitaus höhere Anziehung ausübe als auf Männer.[37] Ich nehme an, dass ein Grund für die Anziehungskraft der liturgischen Bewegung auf Frauen auch darin lag, dass Pius Parsch die Liturgiefähigkeit von Mann und Frau als „vollends gleich (mit Ausnahme des amtlichen Priestertums)"[38] sah und der Frau auch als Subjekt der Liturgie einen wichtigen Platz innerhalb des liturgischen Lebens einräumte. Diese Auffassung von Pius Parsch könnte für Olga Lau-Tugemann insofern von Bedeutung gewesen sein, da ihr dieses Verständnis der aktiven verstehenden Teilnahme[39] am Gottesdienst aus dem Luthertum bekannt und vertraut war.[40]

Die Überzeugung von Parsch, dass die Frau „das allgemeine Priestertum in vollem Maße ausüben" kann,[41] erinnert ebenfalls – zumindest in der Begrifflichkeit – an Martin Luther, der in seinen Schriften von 1520

---

36 Die Evangelische Michaelsbruderschaft, die bis heute besteht, „ist eine verbindliche geistliche Gemeinschaft", zu deren Zielen es gehört, das geistliche Leben zu vertiefen und sich für die Erneuerung und die Einheit der Kirche einzusetzen. „Nicht Programme, sondern nur eine Veränderung der Lebensführung [kann] zu einer wirklichen Veränderung führen." http://www.michaelsbruderschaft.de/[abgerufen am 19.2.2014].
37 P. Parsch, Die Mitarbeit der Frau in der liturgischen Bewegung, in: BiLi 7 (1932/33) 436–444, hier 436. Als Gründe für die höhere Anziehung des liturgischen Betens und Feierns auf die Frauen vermutet Parsch weniger Individualismus bei den Frauen als bei den Männern und weit mehr Innerlichkeit und Besinnlichkeit, die dem Feiern der „ebenmäßigen Formen der Liturgie" förderlich seien, ebd. 436. Als theologische Begründung führt er an, dass „die Liturgie die Kirche als Frau [...], als Braut, Mutter und Königin" darstelle und die Frau daher in der Liturgie „ein Widerklingen in ihrer weiblichen Seele" höre, ebd. 436 f.
38 Ebd. 440.
39 Vgl. dazu N. Höslinger, Der Lebenslauf von Pius Johann Parsch 123.
40 O. Lau-Tugemann, Una sancta ecclesia. Was mich anzog und abstieß 465 f.
41 P. Parsch, Die Mitarbeit der Frau 439.

("An den christlichen Adel deutscher Nation" und "Von der Freiheit eines Christenmenschen") das Priestertum aller Gläubigen[42] in das Zentrum seiner Überlegungen stellte. Nach Luther bedarf es keines Mittlers zwischen Mensch und Gott, denn durch die Taufe werden alle zu Priestern geweiht.[43] Diese Anschauung, die sich auf den 1.Petrusbrief im Neuen Testament bezieht, stellt einen Angriff auf das Amtspriestertum und die kirchliche Hierarchie dar und bringt damit auch die gesellschaftlichen Grundfesten der damaligen Zeit ins Wanken. Denn somit unterscheiden sich auch geistlicher und weltlicher Stand nicht mehr. Alle sind gleichen Standes, nämlich geistlichen Standes, und unterscheiden sich nur in ihren unterschiedlichen Aufgaben innerhalb des einen geistlichen Standes, seien sie nun Schuster, Schneider, Handwerker, Priester oder Bischöfe.[44]

Pius Parsch, der vom allgemeinen Priestertum und nicht vom allgemeinen Priestertum aller Gläubigen spricht, versteht das allgemeine Priestertum anders, denn er unterscheidet amtliches und allgemeines Priestertum. „Die priesterliche Würde [geht] in verschiedener Abstufung auf die Glieder des Leibes über"[45], so Parsch. Und so übt der geweihte Priester das amtliche Priestertum aus, indem er als Stellvertreter Christi und der Kirche die Liturgie führt und das Volk unter dieser Führung sein allgemeines Priestertum ausübt. „So ist also die ganze Kirche priesterlich gruppiert"[46]: An oberster Stelle steht Christus der Hohepriester als Haupt, darunter der Papst als sein direkter Stellvertreter, dann das amtliche Priestertum und darunter das allgemeine Priestertum (dies wiederum abgestuft in Gefirmte und Getaufte).[47] In der Abstufung der priesterlichen

---

42   M. Luther, An den christlichen Adel deutscher Nation, 1920, in: Karl Gerhard Steck (Hg.), Martin Luther Studienausgabe, Frankfurt 1970, 58–68, hier 61; ders., Von der Freiheit eines Christenmenschen 1520, in: ebd. 81–102, hier 88 f.
43   M. Luther, An den christlichen deutscher Nation 61.
44   „Denn alle Christen sind wahrhaft geistliches Standes, und ist unter ihnen kein Unterschied denn des Amtes halben allein." M. Luther, An den christlichen Adel deutscher Nation 61. Mit Amt ist hier nicht das geistliche Amt gemeint, sondern Aufgabe, Beruf. „Ein Schuster, ein Schmied, ein Bauer, ein jeglicher seines Handwerks Amt und Werk hat, und doch sind alle gleich geweihte Priester und Bischöfe, und ein jeglicher soll mit seinem Amt oder Werk den andern nützlich und dienstlich sein, daß also vielerlei Werke alle auf eine Gemeine gerichtet sind, Leib und Seele zu fördern, gleich wie die Gliedmaßen des Körpers alle eines dem anderen dienen." Ebd. 62 f. „Weltlich Herrschaft ist ein Mitglied geworden des christlichen Körpers und, wiewohl sie ein leibliches Werk hat, doch geistliches Standes ist." Ebd. 63.
45   P. Parsch, Mitarbeit der Frau 438.
46   Ebd. 439.
47   Ebd.

Würde sieht Parsch eine heilige Rangordnung, eine Hierarchie nach dem ausdrücklichen Willen Christi.[48]

Luther und Parsch unterscheiden sich trotz ähnlicher Begrifflichkeit in der Auffassung vom allgemeinen Priestertum. Luther spricht davon, dass alle auf Christus Getauften zwar gleichen Standes sind, nämlich Priester, aber nicht gleichen Werkes. Mit anderen Worten: Jeder hat innerhalb dieses einen Priesterstandes eine andere Aufgabe zu erfüllen.[49] Innerhalb des Priestertums der Gläubigen gibt es keine Unterschiede oder Stufungen.[50] Parsch unterscheidet jedoch unterschiedliche Stufungen der priesterlichen Würde, die sich aus der Hierarchie der Aufgaben und Ämter ergeben. Dies führt nach seiner Auffassung zu der Aufteilung in ein sog. amtliches und ein allgemeines Priestertum.[51] Dabei üben die Christen das allgemeine Priestertum unter der Leitung des amtlichen Priestertums aus.[52]

Zusammenfassend lässt sich sagen, dass Olga Lau-Tugemann als evangelische Theologin genau an den Punkten anknüpfen konnte, die für das Anliegen von Pius Parsch zentral waren, um der katholischen Kirche eine Volksliturgie einzupflanzen. Sie konnte anschließen bei

1) dem Bestreben von Pius Parsch, die Bibel in den Mittelpunkt des christlichen Lebens des Einzelnen und der Gemeinde zu stellen,
2) der weitgehenden Verwendung der deutschen Sprache in der Liturgie[53] und
3) der Überzeugung vom allgemeinen Priestertum aller Gläubigen, das für Parsch ebenso Voraussetzung für die aktive Teilhabe des Volkes an der Liturgie war wie der zweite Punkt.

Bei allen drei Themen ging Pius Parsch jedoch längst nicht so weit wie Luther 400 Jahre zuvor und insbesondere beim dritten Punkt, dem allge-

---

48  Ebd. 438.
49  M. Luther, An den christlichen Adel deutscher Nation 62.
50  Luther änderte später seine Position, indem er das Predigtamt als von Christus selbst eingesetzt verstand. Vgl. dazu auch M. Behnke, Das evangelische Amtsverständnis. Referat, gehalten am 22.8.2012 vor dem Pfarrkonvent in Zweibrücken. [http://www.pfarrerblatt.de/text_400.htm abgerufen am 27.3.2014] Diesen Hinweis verdanke ich Dr. Dorothea Haspelmath-Finatti.
51  P. Parsch, Mitarbeit der Frau 438. Es wäre interessant, der Frage nachzugehen, ob und in welchem Zusammenhang der Begriff vom „allgemeinen Priestertum" in der katholischen Theologie bzw. in der Liturgiebewegung der damaligen Zeit außer von Parsch verwendet wurde.
52  Ebd. 438 f.
53  P. Parsch, Volksliturgie. Ihr Sinn und Umfang, Nachdruck der 2. Aufl. 1952 (PPSt 1), Würzburg 2004, 44.

meinen Priestertum aller Gläubigen, unterscheidet sich der Inhalt bei Parsch und Luther trotz desselben Begriffes doch wesentlich. Dies muss auch Lau-Tugemann bewusst gewesen sein.

Wenn man so will, kann man diese drei Punkte als Pfeiler einer ökumenischen Brücke ansehen oder wie Pius Parsch selbst sie nennt, einer „goldenen Brücke des gegenseitigen Verständnisses"[54]. Eine solche Brücke baute er, ohne damit allerdings Übertritte wie den von Olga Lau-Tugemann ausdrücklich zu beabsichtigen. Gleichzeitig wird damit auch deutlich, dass die Gründe für den Übertritt von Lau-Tugemann andere gewesen sein müssen. Diese genannten Pfeiler erleichterten ihr aber sicher den Schritt zurück in ihre Herkunftskonfession, da ihr dieses Denken aus der evangelischen Kirche inzwischen vertraut und wertvoll geworden war.

## 2.3 Inwiefern haben wir es im Denken Lau-Tugemanns mit Ökumene zu tun?

In ihrem ersten Artikel, den sie in „Bibel und Liturgie" veröffentlicht und der die Überschrift trägt „Was mich anzog und abstieß", legt sie die Gründe ihres Übertritts dar (ohne zu erwähnen, dass dieser eine Rekonversion ist[55]). Mit dieser Veröffentlichung ruft sie etliche Reaktionen der Leserschaft – vor allem aus protestantischen Kreisen – hervor. Fortan scheint sie Ansprechpartnerin für Menschen evangelischen Glaubens zu sein, die die schmerzliche Kluft zwischen Protestanten und Katholiken empfinden. Zweimal antwortet sie auf die Zuschriften in „Bibel und Liturgie" unter dem programmatischen Titel „Vom Stinewegräumen und Türauftun"[56]. Sie selbst versteht sich darin ausdrücklich als Dienerin Christi, die die Steine der theologischen Missverständnisse aus dem Weg räumen darf, um Menschen „draußen"[57], wie sie sich ausdrückt, den Weg

---

54 Pius Parsch gibt 1938 der Hoffnung Ausdruck, dass die Verbindung von Bibel und Liturgie eine „Annäherung der getrennten Brüder" zufolge haben wird. So bilden denn Bibel und Liturgie nach seiner Überzeugung die „goldene Brücke des gegenseitigen Verständnisses", P. Parsch, Volksliturgie 49.
55 So wird vermutlich nur Pius Parsch von ihrem Wiedereintritt in die katholische Kirche gewusst haben, da er den Antrag auf Wiedereintritt stellte, s. o.
56 O. Lau-Tugemann, Una sancta Ecclesia. Vom Stinewegräumen und Türauftun, in: BiLi 8 (1933/34) 411–422; dies., Vom Stinewegräumen und Türauftun. Eine späte Fortsetzung, in: BiLi 11 (1936/37) 388–403.
57 Dies., Una sancta ecclesia. Was mich anzog und abstieß 467.

in die römisch-katholische Kirche zu ebnen.[58] Mit Luther und der Bibel argumentierend versucht sie der evangelischen Leserschaft inhaltlich-theologisch weitest möglich entgegenzukommen. So tritt sie z. B. dem Missverständnis entgegen, dass die Auffassung Luthers, der Mensch werde allein aus Glauben gerecht, einen Widerspruch zur katholischen Auffassung bilde. Luther betone, wie die katholische Kirche auch, das unabdingbare Zusammengehören von Glaube und Werken. Dabei lässt sie allerdings außer Acht, dass der Akzent bei Luther ein anderer ist als in der katholischen Lehre. Denn Luther spricht nicht von der Rechtfertigung durch Glaube und Werke, sondern durch den Glauben allein, sola fide, der allerdings ohne Werke gar kein richtiger Glaube ist.

Ihr exklusives Kirchenverständnis verhindert jedoch einen Austausch der evangelischen und katholischen Positionen auf Augenhöhe. Lau-Tugemann verwendet für das Verhältnis von katholischer Kirche und anderen christlichen Konfessionen das Bild vom „tiefen, breiten Strom" und den „abgeleiteten Wassern".[59] Denn ihrer Auffassung nach sei „der Vollgehalt des biblischen Glaubens […] nur im katholischen Dogma geborgen".[60] In ihrem Aufsatz „Vom Steinewegräumen und Türauftun" von 1937 geht sie sogar noch einen Schritt weiter, wenn sie schreibt:

„ […] der Übertritt zur protestantischen Kirche [ist] nur der erste Schritt […] zu einem vollständigen Glaubensabfall, wie viele von diesen Konvertiten landen schließlich in der Konfessionslosigkeit oder – jetzt – in neuheidnischem Atheismus."[61]

Der Mehrzahl der Konvertierenden unterstellt sie „religiös minderwertige Motive", wenn nicht sogar „unreligiöse". „Diese ‚Konversionen' sind keine Heimkehr, sondern Abfall."[62]

Lau-Tugemanns Äußerungen überraschen in ihrer Radikalität und Ausschließlichkeit. Man muss sie allerdings im politischen Kontext der Zeit des austrofaschistischen Ständestaates sehen, in der Konfessionslose, Sozialdemokraten und NSDAP-Sympathisanten sowie Gegner des Ständestaates vorwiegend aus politischen Gründen oder Opportunismus in

---

58 Dies., Una sancta Ecclesia. Vom Steinewegräumen und Türauftun 415.
59 Dies., Una sancta ecclesia. Was mich anzog und abstieß 567.
60 Dies., Una sancta Ecclesia. Vom Steinewegräumen und Türauftun 421.
61 Dies., Vom Steinewegräumen und Türauftun. Eine späte Fortsetzung 400 f. Der Begriff ‚Neuheidentum' ist nach Ernesti zu dieser Zeit eine „gängige Chiffre kirchlicher Argumentation bei (impliziten) Angriffen gegen den Nationalsozialismus", J. Ernesti, Ökumene im Dritten Reich 42, Anm. 118.
62 O. Lau-Tugemann, Vom Steinewegräumen und Türauftun. Eine späte Fortsetzung 401.

die evangelische Kirche eintraten.⁶³ Kann diese Aussage von Olga Lau-Tugemann also als eine polemische Zuspitzung auf dem Hintergrund der schwierigen konfessionellen Beziehung und der politischen Situation in Österreich verstanden werden, so geht es ihr insgesamt um die Rückkehr aller Gläubigen in die „eine wahre Kirche Christi", una sancta ecclesia, die sie in der katholischen Kirche verwirklicht sieht.

Dieses Kirchenverständnis entspricht ganz den offiziellen Äußerungen der katholischen Kirche,⁶⁴ und doch geht Lau-Tugemann einen Schritt darüber hinaus, wenn sie der Hoffnung Ausdruck verleiht, dass „die katholische Wiedergeburt [...] der Weg zur Wiedervereinigung werden" wird.⁶⁵ „Die una sancta catholica et apostolica ecclesia, der unsere Sehnsucht gilt, fängt erst an'."⁶⁶

## 3. Ökumenische Implikationen im Denken und Wirken von Olga Lau-Tugemann und Pius Parsch

Ich fasse zusammen:
– Pius Parsch wies Olga Lau-Tugemann die Rolle der Vermittlerin auf der Basis des damaligen katholischen Verständnisses von Ökumene zu. Diese Rolle nahm sie wahr, indem sie versuchte, evangelischen Christen durch theologische Argumentation eine Brücke zur katholischen Kirche hin zu bauen. Aufgrund ihres exklusiven Kirchenverständnisses, das sie unmissverständlich formulierte, kann man aller-

---

63 Der Höhepunkt der Eintrittswelle war 1934 mit über 25.000 erreicht, vgl. H. Schubert, Zwischen Kreuz und Hakenkreuz. Evangelische Kirche im Spannungsfeld von Bekennender Kirche und Nationalsozialismus. Vortrag am 7.2.2006 in der Evangelischen Pfarrgemeinde Graz-Heilandskirche, 6; L. A. Oberlerchner, Evangelische Kirche in Österreich während der NS-Zeit. Diplomarbeit an der Universität Wien 2009, 23. Ein weiterer Grund für die Konversionen war die Ehegesetzgebung, die sich an die römisch-katholische Lehre von der Ehe als Sakrament anschloss und somit unauflöslich war, bzw. (mit wenigen Ausnahmen) nur durch den Tod des Ehepartners aufgelöst werden konnte. Dazu Lau-Tugemann: „Die notwendig unerbittlichen Forderungen über Eheschließung und Eheführung schaffen der Kirche alle die zu Feinden, die nicht gewillt sind, ihre persönlichen Wünsche darunter zu beugen. Diese stellen, wenn sie genau zusehen, die größte Zahl unter den zu protestantischen Kirche Übergehenden." O. Lau-Tugemann, Vom Steinewegräumen und Türauftun. Eine späte Fortsetzung 400 f.
64 Enzyklika Mortalium animos, s. o. Anm. 15.
65 O. Lau-Tugemann, Una sancta ecclesia. Was mich anzog und abstieß 568.
66 Ebd.

dings nicht von einem gleichberechtigten Gespräch auf Augenhöhe sprechen.
- Den Wiedereintritt Lau-Tugemanns in die katholische Kirche kann man dann als Beitrag zur Einheit der Kirchen verstehen, wenn man dem damaligen katholischen Verständnis von Ökumene folgt, welche man als sog. Rückkehr-Ökumene bezeichnet. Allerdings war auch damals umstritten, ob die Konversion eines Einzelnen einen Beitrag zur Einheit leisten könne.[67]
- Ob und in welchem Maße Lau-Tugemann und Parsch vor ihrer Konversion theologische Gespräche geführt haben, die als ökumenisch in dem Sinne verstanden werden können, dass es zum Austausch der unterschiedlichen konfessionellen Standpunkte kam, ist unbekannt. Mit ihrem Wiedereintritt in die katholische Kirche übernimmt Lau-Tugemann die Positionen der katholischen Kirche zur Gänze. Auch hatte sie keine Kontakte zu VertreterInnen der Ökumenischen Bewegung,[68] was ihr wohl auch erhebliche Probleme mit ihrem neuen Arbeitgeber gebracht hätte.
- Wenn man bedenkt, welche Haltung die offizielle Katholische Kirche zur Evangelischen Kirche und zur Ökumene zu dieser Zeit einnahm, dann sind sowohl Pius Parsch als auch Lau-Tugemann ihrer Zeit voraus. Parsch zeigte durch seine Teilnahme an der Hermsdorfer Konferenz 1934 seine Bereitschaft, sich mit Vertretern der Evangelischen Kirche über den Inhalt ihres Glaubens auszutauschen und das Gemeinsame in den Mittelpunkt zu stellen.

Bei Olga Lau-Tugemann ist hervorzuheben, dass sie, wenn sie auch die Una sancta ecclesia in der katholische Kirche allein verwirklicht sah, dennoch die Möglichkeit in Betracht zog, etwas aus der anderen Konfession in die katholische Tradition zu übernehmen. Denn auch auf der anderen Seite sei viel „Gutes und Schönes"[69] zu finden und es sei anzuerkennen, damit es nicht verloren gehe und in die katholische

---

67  J. Ernesti, Ökumene im Dritten Reich 21.69.
68  Anders als die ebenfalls österreichische aber evangelische Theologin Margarete Hoffer, die an mehreren ökumenischen Konferenzen teilnahm, so z.B. an der Konferenz des Weltbunds für Freundschaftsarbeit der Kirchen in Ciernohorské Kúpele (damals Tschechoslowakei) im Juli 1932, auf der sie auch Dietrich Bonhoeffer kennenlernte, der bei dieser Konferenz einen Vortrag zur Ökumene hielt. Sabine Maria Klampfl, „Es war doch so lächerlich wenig, was ich tun konnte!". Biografie der evangelischen Theologin Dr.in Margaret Hoffer (1906–1991), Diplomarbeit Graz 2005, 23.
69  O. Lau-Tugemann, Una sancta ecclesia. Was mich anzog und abstieß 467.

Fülle des Glaubens und Lebens hineingehoben werden könne.[70] Ihr Wirken in der liturgischen Bewegung zeichnete sich durch die Bereitschaft zum Dialog aus, die die Anderen in ihrer Suche ernst nimmt und dies führt dazu, dass die andere Seite zumindest wahrgenommen wird. Dies ist zu dieser Zeit auf katholischer Seite sicher bemerkenswert, auf dem Hintergrund ihrer Biographie aber auch nicht ganz unerwartet.

So lässt sich abschließend sagen, dass sowohl das Wirken und Denken von Pius Parsch als auch von Olga Lau-Tugemann ökumenische Implikationen hatte, die auf dem Hintergrund der damaligen Haltung der offiziellen katholischen Kirche der Zeit einen Schritt voraus waren und später allmählich dazu führten, dass auch von katholischer Seite die Ökumenische Bewegung ernstgenommen wurde.

---

70  Dies., Una sancta Ecclesia. Vom Steinewegräumen und Türauftun 421.

# Zeitdiagnose und Liturgie bei Romano Guardini (1885–1968)

*Lea Herberg*

## 1. Hinführung: Krise der Kultur und Kairos der Liturgie

Die Wahrnehmung der Gegenwartskultur und die Reflexion der Liturgie sind in den Schriften der deutschsprachigen Liturgischen Bewegung nicht sauber zu trennen.[1] So versteht Michael Meyer-Blanck die Liturgische Bewegung im Kontext einer Problematisierung der Moderne: „Die Moderne wird ihrer selbst ansichtig und greift *darum* auf die Tradition zurück."[2] Die Liturgische Bewegung nimmt, wie viele Zeitgenossen, eine „Not der Zeit" wahr[3] und proklamiert einen Kairos der Liturgie – beides bedingt einander. Diese Verknüpfung ist den verschiedenen Trägern der Liturgischen Bewegung gemeinsam – bei allen Unterschieden in der jeweiligen gesellschaftlich-politischen Positionierung, in der Spiritualität und in der aus dieser erwachsenden Theologie. Im Rückgriff auf die gottesdienstliche Tradition tragen sie die christliche Heilsbotschaft an ihre Zeitgenossen heran und setzen dabei einen bereits vollzogenen Plausibilitätsverlust kirchlich verfassten Glaubens voraus.[4]

Dies geschieht mitten in einer Zeit bisher ungekannter sozialer, wirtschaftlicher, politischer und intellektueller Abbrüche und Aufbrüche.[5]

---

1 Vgl. A. Schilson, Theologie als Mystagogie. Der theologische Neuaufbruch nach der Jahrhundertwende, in: ders. (Hg.), Gottes Weisheit im Mysterium. Vergessene Wege christlicher Spiritualität, Mainz 1989, 203–230, hier 208.
2 M. Meyer-Blanck, Einleitung, in: A. Grillo, Einführung in die liturgische Theologie. Zur Theorie des Gottesdienstes und der christlichen Sakramente, eingel. u. übers. v. M. Meyer-Blanck (Arbeiten zur Pastoraltheologie, Liturgik und Hymnologie 49) Göttingen 2006, 19–30, hier 29. In der Liturgischen Bewegung sei dieser Rückgriff „naiv" erfolgt, ohne eine Reflexion der historischen Bedingtheit und der „gesellschaftlichen Umstände" dieses Rückgriffs. (Vgl. ebd.)
3 A. Schilson, Theologie als Mystagogie 221.
4 Vgl. M. Breuer, Religiöser Wandel als Säkularisierungsfolge. Differenzierungs- und Individualisierungsdiskurse im Katholizismus, Wiesbaden 2012, 361. Ähnlich bereits A. Schilson, Theologie als Mystagogie 222.
5 Zu theologischen Aufbrüchen vgl. A. Raffelt, Die Erneuerung der katholischen Theologie, in: N. Brox (Hg.), Erster und Zweiter Weltkrieg. Demokratien und totalitäre Systeme (Geschichte des Christentums 12), Freiburg 1992, 216–237. Zur Erosion des

Eine entsprechende „Überforderung der deutschen Gesellschaft" angesichts der rapiden Entwicklungen seit der Jahrhundertwende steht also im Hintergrund des verbreiteten „Lamento über die Unzulänglichkeit der Epoche".[6] Zu Beginn des Ersten Weltkriegs verband sich dieses Krisenbewusstsein mit dem Gemeinschaftspathos u.a. der Jugendbewegung und der Klage über Vereinzelung und Relativismus.[7] Verbreitet war die „von den bildungsbürgerlichen Schichten, zumal von Theologen" gepflegte Hoffnung aus, der Krieg würde „die Spannungsmomente der Vorkriegsgesellschaften [...] überbrücken".[8] In den 1920er Jahren nahmen Intellektuelle schon seit beinahe einer Generation eine „Zeitenwende" wahr und die Bildung eines „neuen Menschen" war eine gängige Utopie.[9] Mit der Problematisierung der geistigen, sozialen und politischen Veränderungen bewegt sich die Liturgische Bewegung also ganz im Mainstream ihrer Zeit.

Zum Gegenstand der Krisenwahrnehmung wurden in der Liturgischen Bewegung wie in anderen Kontexten die großen Errungenschaften

---

Milieukatholizismus als soziologischem Kontext vgl. M. Breuer, Religiöser Wandel 150. Zur Jugendbewegung als Krisenphänomen vgl. D. Peukert, Jugend zwischen 1880 und 1930, in: ders. u. a. (Hg.), Jahrhundertwende. Der Aufbruch in die Moderne 1880–1930, 2 Bde., Reinbek 1990, Bd. 1, 176–202. Zu den zeitgenössischen Umbrüchen gehört nicht zuletzt der Nationalsozialismus, vgl. K. Breuning, Vision des Reichs. Deutscher Katholizismus zwischen Demokratie und Diktatur (1929–1934), München 1969, 211; vgl. A. Klönne, Die liturgische Bewegung – „erblich" belastet? Historisch-soziologische Fragestellung zur Vorgeschichte der Liturgiekonstitution, in: H. Becker u.a. (Hg.), Gottesdienst – Kirche – Gesellschaft. Interdisziplinäre und ökumenische Standortbestimmungen nach 25 Jahren Liturgiereform (Pietas Liturgica 5), St. Ottilien 1991, 13–21.
6  B. Beßlich, Wege in den ‚Kulturkrieg'. Zivilisationskritik in Deutschland 1890–1914, Darmstadt 2005, 4f.
7  Vgl. K. Lichtblau, Kulturkrise und Soziologie um die Jahrhundertwende, Frankfurt 1996, bes. Kap. V. Die Krise der Wissenschaft und die Suche nach einer neuen Kultursynthese, 392–540, hier 392.
8  J. Leonhard, Art. >Weltkrieg, Erster<, in: RGG 8 (2005) 1442–1445, hier 1142f.
9  Vgl. D.J. K. Peukert, Die Weimarer Republik. Krisenjahre der klassischen Moderne, Frankfurt 1987, 187f. Vgl. S. Loos/H. Zaborowski, Leben, Tod und Entscheidung. Studien zur Geistesgeschichte der Weimarer Republik, Berlin 2003. „[K]aum eine Zeit [...] hat jemals derart einvernehmlich ihre eigene Krisenhaftigkeit thematisiert und zelebriert" (Ebd. 12). Zu diesem Kontext der Liturgischen Bewegung vgl. B. Kranemann, Liturgiewissenschaft angesichts der „Zeitenwende". Die Entwicklung der theologischen Disziplin zwischen den beiden Vatikanischen Konzilien, in: H. Wolf (Hg.), Die katholisch-theologischen Disziplinen in Deutschland 1870–1962 (Programm und Wirkungsgeschichte des II. Vatikanums 3), Paderborn u.a. 1999, 351–375, 359. Vgl. A. Schilson, Perspektiven theologischer Erneuerung. Studien zum Werk Romano Guardinis, Düsseldorf 1986, 51–59.

des 19. Jahrhunderts.[10] Arno Schilson spricht mit Blick auf die Zeitdiagnosen der Liturgischen Bewegung von einem „Niedergang der Aufklärung".[11] Bereits zeitgenössisch verortete Erich Przywara in seinem „Psychogramm der Liturgischen Bewegung" daher die Liturgische Bewegung im Zusammenhang mit der phänomenologischen Wende zum Objekt.[12] Hinzu kommen legitimierende Geschichtsbilder und Epochenzäsuren: Die Liturgische Bewegung kontrastierte die gesellschaftliche Realität des späten Kaiserreichs und der Weimarer Republik mit dem eigenen, normativ gesetzten Bild der Antike und des Frühmittelalters[13] und erklärte die herrschenden Werte zu Verfallserscheinungen, nämlich zu Rationalismus, Subjektivismus, Individualismus, Liberalismus, Materialismus und Positivismus.[14] Als zukunftsträchtige, weil „objektive" Werte galten dagegen die „organische" Gemeinschaft, das „Echte" und das „Leben".[15] Die Theologen der Liturgischen Bewegung verwendeten diese Begriffe auf unterschiedliche Weise und brachten sie mit der Liturgie in Verbindung. An Romano Guardinis Kritik am „Individualismus" und seinem Konzept von „liturgischer Bildung" wird deutlich, wie seine Zeitdiagnose sein Liturgieverständnis und seine Abgrenzung von anderen Theologen der Liturgischen Bewegung beeinflusste.

---

10  Zur zeitgenössischen „scharfen Absage an das 19. Jahrhundert" und dem bewussten Aufbruch in das neue Jahrhundert vgl. F.-D. Maaß, Mystik im Gespräch. Materialien zur Mystik-Diskussion in der katholischen und evangelischen Theologie Deutschlands nach dem Ersten Weltkrieg, Würzburg 1972, 42; vgl. B. Beßlich, Wege in den Kulturkrieg 37.
11  A. Schilson, Perspektiven theologischer Erneuerung 51.
12  E. Przywara, Gottgeheimnis der Welt, in: ders. (Hg.), Religionsphilosophische Schriften, Bd. 2, 123–242. Vgl. zum Begriff ‚objektiv' M. Seckler, Theologie, röm.-kath., Gegenwart, in: TRT 5 (1983) 166–193, hier 186; vgl. A. Schilson, Theologie als Mystagogie 206; vgl. R. Guardini, Liturgische Bildung. Versuche, Rothenfels 1923, 62–82: „Stück über das Objektive"; vgl. P. Parsch, Die objektive und die subjektive Frömmigkeit, in: BiLi 7 (1932/33), 233–236.257–261.283–289; vgl. I. Herwegen, Zur Einführung, in: R. Guardini, Vom Geist der Liturgie (1918) (Herder Bücherei 2), Freiburg 1953, 7–14, hier 9f.
13  Vgl. A. Angenendt, Liturgik und Historik. Gab es eine organische Liturgieentwicklung? (QD 189), Freiburg u. a. 2001, 54–65.
14  Vgl. P. Parsch, Die lebendige Pfarrgemeinde (Klosterneuburger Hefte, Nr. 17), o. J., 12f.; vgl. O. Casel, Das christliche Kultmysterium 1960, 18–21; zu der zeitgenössisch verbreiteten Kritik vgl. B. Beßlich, Wege in den ‚Kulturkrieg' 4f.
15  Vgl. A. Schilson, Theologie als Mystagogie 205f. Vgl. H. R. Schlette, Romano Guardini. Versuch einer Würdigung, in: ders., Aporie und Glaube. Schriften zur Philosophie und Theologie, München 1970, 247–287, hier 274f.

## 2. Zeitdiagnose und Liturgie bei Romano Guardini (1885–1968)

Auch wenn das kulturkritische Vokabular übereinstimmt, entwerfen die Theologen der Liturgischen Bewegung die „Not der Zeit" jeweils verschieden. Dem entsprechen unterschiedliche Akzentsetzungen im Liturgieverständnis, ist es doch das Grundanliegen der Liturgischen Bewegung, den Zeitgenossen den Gottesdienst der Kirche als Linderung dieser Not plausibel zu machen und so die kulturelle, soziale und politische Krise als pastorale Chance zu nutzen.[16] Bei Odo Casel (1886–1948) etwa gehört zu den vorherrschenden Aspekten seiner Zeitdiagnose eine radikale Vernunftskepsis.[17] Entsprechend steht im Mittelpunkt seines Liturgieverständnisses die *intuitio*, die einzig im Anschluss an die Kirche mögliche, durch die Liturgie vermittelte Schau Gottes bzw. seiner Heilstaten.[18] Das bereits angesprochene Verhältnis zwischen „Objektivität" und „Subjektivität" ist damit eindeutig zugunsten des „objektiven" Pols ausgestaltet. Es lässt wenig Raum für einen Eigenwert subjektiver Erfahrung – es sei denn, diese bezieht sich direkt auf die Liturgie in ihrer „Objektivität". Nicht liturgisch vermittelte Frömmigkeitsformen dagegen werden als „privat" verstanden und sind vom Heilmittel gegen die „Not der Zeit" abgegrenzt.[19]

---

16 Die Erkenntnis eines konkreten Reformbedarfs an der Feiergestalt der Liturgie ist ein Aspekt dieses Sendungsbewusstseins.

17 „Nach dem Abebben und Versagen der Anthropozentrik beginnt wieder die Flut tieferen Gotterlebens, eines Strebens nach dem Gott wie er wirklich ist, […] Diesem Sehnen, das ganze Leben wieder mit dem Pneuma Gottes lebendig zu durchdringen, nicht nur in „Stunden der Andacht", sondern im ganzen Sein und Wirken, entspricht das Mysterium, das durch seinen Namen schon die unbegreifliche, alles Denken übersteigende Gewalt des Wirkens Gottes andeutet, vor der der Mensch nur erzittern kann, […]." O. Casel, Kultmysterium 1960, 58 f. Bei Guardini lässt der lebensphilosophisch geprägte Begriff „Leben" ebenfalls eine Unmittelbarkeit und ein Überschreiten der Vernunft anklingen, aber solche Vernunftskepsis steht bei ihm weniger im Vordergrund als bei Casel.

18 Zum Zusammenfallen von Objekt und Subjekt in Casels Liturgie- und Symbolverständnis vgl. C. Krause, Mysterium und Metapher. Metamorphosen der Sakraments- und Worttheologie bei Odo Casel und Günter Bader (LQF 96), Münster 2007, 108. Zur Kritik an einer „ent-eschatologisierten Ekklesiologie" vgl. T. Ruster, Die verlorene Nützlichkeit der Religion. Katholizismus und Moderne in der Weimarer Republik, Paderborn u. a. 1994, 396.

19 Zur tendenziellen Abwertung der sog. Volksfrömmigkeit zugunsten der Eucharistiefeier vgl. auch S. Wahle, Heimatlich und bodenständig. Zur Ästhetik der Volksfrömmigkeit, in: G. Schlimbach/ders. (Hg), Zeit – Kunst – Liturgie. Der Gottesdienst als privilegierter Ort der Ästhetik (Festschrift Albert Gerhards), Aachen 2011, 27–36,

Für Guardini dagegen ist die Ausgestaltung dieses Verhältnisses die erst zu beantwortende „Kernfrage der Liturgie".[20] In dem Wortpaar objektiv–subjektiv, häufig auf die Frömmigkeitsgeschichte bezogen[21], schlagen sich bei Guardini geistesgeschichtliche und anthropologische Überlegungen nieder, in denen seine Auffassung von liturgischer Erneuerung und liturgischer Bildung ihre Wurzeln hat.[22]

## 2.1 „Innere Wahrhaftigkeit" oder „Gehorsam gegenüber der Wirklichkeit"? Kulturkritik zwischen Jugendbewegung und Liturgischer Bewegung

Wie viele andere Zeitgenossen strebte Romano Guardini nach einer kulturellen Öffnung des Katholizismus, der „aus einem engen und kleinbürgerlichen Getto in die freie Luft des Geistes herausgeführt" werden sollte.[23] Unter diesem Vorzeichen stand seine Zeitdiagnose, die ihren Kern in der Kritik am sog. „Individualismus" hatte. Sie wird ausformuliert in seinem Vortrag *Das Erwachen der Kirche in den Seelen*, 1921 beim Katholischen Akademikerverband in Bonn gehalten, und in der Schrift über *Liturgische*

---

hier 32. Guardini vermied eine Frontstellung von Liturgie und „Volksfrömmigkeit", vgl. R. Guardini, Ein Gespräch über den Reichtum Christi (1920), in: ders., Auf dem Wege. Versuche, Mainz 1923, 151–165.
20  R. Guardini, Das Objektive im Gebetsleben, in: JLw 1 (1921) 117–125, 118. Im Vorfeld des Aufsatzes bezeichnet Guardini gegenüber Ildefons Herwegen das Thema als „eine heikle Sache", Guardini an Herwegen, 4.10.1919, in: ALw 27 (1985), 228. Dies bestätigt sich durch die Äußerung Casels, Guardinis „Auffassung widerspreche der Grundrichtung des Jahrbuchs, und dürfe daher in ihm nicht dargelegt werden", so laut Guardinis Wiedergabe: Guardini an Casel, 8.10.1921, in: ALw 28 (1986) 191f. Casel hatte die Veröffentlichung des Beitrags zunächst offenbar ganz abgelehnt, vgl. ebd.
21  Vgl. etwa P. Parsch, Die objektive und die subjektive Frömmigkeit. Vgl. dazu die kritisch abwägende Reaktion J. A. Jungmann, Alte Kirche und Gegenwartskirche in der liturgischen Bewegung, in: ThPQ 86 (1933) 716–735. Zum Kontext der Reaktion vgl. R. Pacik, Josef Andreas Jungmann, in: B. Kranemann/K. Raschzok (Hg.), Gottesdienst als Feld theologischer Wissenschaft im 20. Jahrhunderts Bd. 2, Münster 2011, 538–555, 552f., Anm. 77.
22  Auf Guardinis Entwurf einer systemtischen Liturgiewissenschaft als „theologisch-anthropologisch vorgehende Wissenschaft" weist hin S. Langenbahn, Romano Guardini und Maria Laach aus der Perspektive Kunibert Mohlbergs. Drei unbekannte Quellentexte zu den Anfängen Liturgischer Bewegung und systematischer Liturgiewissenschaft in Deutschland, in: ALw 55 (2014) (im Druck) Anm. 5.
23  E. Tewes, Romano Guardini, in: LJ 19 (1969) 129–141, hier 133.

*Bildung*, die stärker in persönlicher Auseinandersetzung mit der Jugendbewegung entstanden ist,[24] und schwingt im Titel des Berliner Lehrstuhls für „Religionsphilosophie und katholische Weltanschauung" mit.[25] Guardini ist von der „Wende zum Objekt" in der Philosophie geprägt,[26] jedoch in seinen zeitdiagnostischen und theologischen Überlegungen immer wieder um Ausgleich auseinander strebender Aspekte bemüht.[27] Schon in *Der Kreuzweg unseres Herrn und Heilandes* (1919)[28] drückt sich dieser Wille zur Ausgewogenheit aus, denn Guardini konzipierte die Schrift ausdrücklich als „Ergänzung" zu *Vom Geist der Liturgie* (1918).[29] Eine übersteigerte Abwendung vom „Individualismus" und „Subjektivismus" weist Guardini trocken zurück und profiliert sich damit unausgesprochen gegenüber anderen Theologen der Liturgischen Bewegung: „Der positive Ertrag der subjektiv gerichteten Zeit bleibt unverloren. Wir haben die neue Objektivität zu bauen als Menschen, die durch Nachmittelalter und Neuzeit hin-

---

24  Vgl. R. Guardini, Das Erwachen der Kirche in den Seelen, in: Hochland 19 (1922) 257–267; ders., Liturgische Bildung. Versuche, Rothenfels 1923.

25  Der Titel des 1923 errichteten Lehrstuhls wurde später abgewandelt zu „Religionsphilosophie und christliche Weltanschauung, vgl. H.-B. Gerl-Falkovitz, Auge und Licht. Annäherungen an Romano Guardinis Wahrnehmung von Welt, in: Trigon 9 (2011) 27–37, hier 28.

26  Vgl. etwa R. Guardini, Liturgische Bildung 70. Vgl. auch O. Weiß, Die „katholische Ideenwelt" in der Weimarer Republik. Objektivität, Ganzheit, Gemeinschaft, in: ders., Kulturen – Mentalitäten – Mythen. Zur Theologie- und Kulturgeschichte des 19. und 20. Jahrhunderts, Paderborn u. a. 2004, 477–507, bes. 482.489.

27  Dieses Bemühen ist philosophisch in Guardinis Gegensatzdenken begründet, vgl. R. Guardini, Der Gegensatz. Versuche zu einer Philosophie des Lebendig-Konkreten, Mainz 1925.

28  Brief Guardinis an Kunibert Mohlberg 1919, zitiert bei S. Langenbahn, Romano Guardini und Maria Laach, Anm. 41. Vgl. R. Guardini, Der Kreuzweg unseres Herrn und Heilandes, Mainz 1919.

29  Vgl. R. Guardini, Das Objektive im Gebetsleben. Zu P. M. Festugières „Liturgie catholique", in: JLw 1 (1921) 117–125. Die unterschiedliche Bewertung der sog. Volksfrömmigkeit und der Rolle des Einzelnen gegenüber der Gemeinschaft lässt die Zusammenarbeit mit Odo Casel am *Jahrbuch für Liturgiewissenschaft* im Keim ersticken. Eine Fußnote, die Casel als Herausgeber an Guardinis Festugière-Rezension in der ersten Ausgabe des *Jahrbuchs* 1921 anfügte, brachte diesen Dissens zum Ausdruck. Wie Briefe belegen, war dieser aber vor Erscheinen des ersten *Jahrbuchs* bereits vollzogen. Die Zusammenarbeit war „nicht mehr als Nomenklatur" auf den ersten beiden Ausgaben 1921 und 1922 gewesen, vgl. S. Langenbahn, Romano Guardini und Maria Laach, dreizehnte Seite. Dagegen geht Angelus Häußling durchaus von einer Phase der Zusammenarbeit aus, vgl. A. Häußling, Romano Guardini. Um das „Jahrbuch für Liturgiewissenschaft". Briefe an Odo Casel OSB 1920–21, in: ALw 28 (1986) 185 f.

durch geschritten sind."³⁰ Knapp lehnt Guardini hier die Vorstellung ab, die Erneuerung liturgischer Frömmigkeit könne durch einen Rückgriff auf die Alte Kirche den anthropozentrischen Verfall überwinden, den Theologen der Liturgischen Bewegung – unterschiedlich differenziert – für das Spätmittelalter und die Neuzeit annahmen.³¹ Die Absage gilt zugleich der Rhetorik der Gegensätze, die in der Liturgischen Bewegung verbreitet war, etwa Einzelner vs. Gemeinschaft, Subjektives vs. Objektives, volksfromme Formen vs. die als geistliche Quelle wiederentdeckte Liturgie, Alte Kirche und Frühmittelalter vs. Gotik und Renaissance.³²

Und doch formuliert Guardini, dass „die individualistische Entwicklung seit dem ausgehenden Mittelalter eine gewiße Höhe erreicht" habe.³³ Eine seiner Hauptthesen lautet, dass der Mensch im Zuge dieser Entwicklung seinen Sinn für die „Wirklichkeit" verloren habe: als „Individualismus" und „Subjektivismus" spricht Guardini diesen Verlust an, der in der zweiten Hälfte des 19. Jahrhunderts zum Höhepunkt gekommen sei:

> „Sehen wir genauer zu, so war man sich oft genug überhaupt nicht mehr bewußt, daß die religiösen Gegenstände wirklich seien. [...] Dem Menschen dieser Zeit war es in Wahrheit fraglich, ob es einen Gegen-Stand gebe. Er hatte kein unmittelbar starkes Bewußtsein von der Wirklichkeit der Dinge, ja im Grunde auch nicht der eigenen. [...] Es fehlte das ursprüngliche Erlebnis der Wirklichkeit."³⁴

Der Begriff „Gegen-Stand" lässt das schon angesprochene Motiv des „Objektiven" anklingen, das die Proklamation der Liturgie als Heilung der „Not der Zeit" wie ein Leitmotiv durchzieht. Es wird hier außerdem deutlich, dass „Objektivität" nicht einen Gegensatz zu subjektiver Erfahrung meint. Vielmehr, so die These, will Guardinis Rede von „Objektivität" die Wahrnehmung schärfen und religiöse Erfahrung dem Einzelnen so allererst ermöglichen. In der Jugendbewegung hält er dieses Ziel für umsetzbar:

---

30  R. Guardini, Liturgische Bildung 70.
31  Zum Geschichtsbild vgl. A. L. Mayer, Die Liturgie in der europäischen Geistesgeschichte. Gesammelte Aufsätze, hg. u. eingel. von Emmanuel v. Severus, Darmstadt 1971; vgl. A. Schilson, Theologie als Sakramententheologie 74, Anm. 58. Vgl. zur Verfallshypothese A. Angenendt, Liturgik und Historik.
32  Vgl. A. L. Mayer, Die Liturgie in der europäischen Geistesgeschichte. Vgl. P. Parsch. Die objektive und die subjektive Frömmigkeit; ders., Volksliturgie. Ihr Sinn und Umfang (PPSt 1), Würzburg 2004, 129, 145, 150, 288; zur „Profilierung des Gegensatzes als Prinzip" im Kontext der Zeit vgl. B. Beßlich, Wege in den ‚Kulturkrieg' 15.
33  R. Guardini, Vom Sinn der Kirche. Fünf Vorträge, Mainz 1923, 1.
34  Ebd. 3. Thomas Ruster bezeichnet den Begriff „Wirklichkeit" daher als „Korrektiv gegen dem sogenannten Subjektivismus", vgl. T. Ruster, Die verlorene Nützlichkeit 193.

"Die Wirklichkeit der Dinge, die Wirklichkeit der Seele, die Wirklichkeit Gottes treten uns mit neuer Wucht entgegen. [...] Dort, wo die Quellen der neuen Zeit sind, in der Jugendbewegung, heißt das Problem im Grunde nicht mehr: Gibt es Gott? Sondern: Wie ist er? Wo finde ich ihn? Wie stehe ich zu ihm? Wie komme ich zu ihm?"[35]

Dass der Liturgie dabei eine zentrale Rolle zukommt, wird unten verdeutlicht werden.

Die auch etwa von Odo Casel und Pius Parsch beklagte Entwicklung, dass im Spätmittelalter der Mensch sein religiöses Leben auf den Bereich des Persönlichen konzentriert habe,[36] drückt für Guardini aus, dass sich das Individuum bereits in seiner Wahrnehmung und Erkenntnisfähigkeit isoliere: „Sicher war dem Einzelnen nur, was er persönlich empfand, ersehnte".[37] Als „Gegenständliches" versteht Guardini die menschliche Kultur in ihren verschiedenen Facetten von Wissenschaft, Recht, Sitte: zu dieser Kultur trägt der Einzelne produktiv bei, als „Bleibendes" ist sie ihm aber zugleich vorgeordnet.[38] Diese Beziehung zur verobjektivierten kulturellen Leistung anderer Menschen und vorheriger Generationen bezeichnet Guardini als „die gewaltige Zucht des Gegenständlichen".[39] In der Kultur seien immer „Subjektives und Objektives verbunden".[40] Im Bereich des Glaubens sei das „Gegenständliche" die Kirche als „die ungeheure Tatsache religiöser Gegenständlichkeit".[41] Guardini ordnet die Kirche also in den Bereich der Kultur ein, denn „[Ä]hnlich [wie Wissenschaft, Recht, Sitte und alle Kulturarbeit], nur in übernatürlichem Ausmaß, hat auch das religiöse Leben seine Gegenständlichkeit. Es ist die Kirche, die sich in der Geschichte entfaltet, aber in der Ewigkeit wurzelt."[42] Die Kirche hält „Jeder Zeit [...] den ganzen Christus, den ganzen Gott entgegen, und ebenso jedem Menschen."[43] Gegenständlichkeit bedeutet also auch eine Universalität, die dem Einzelnen notwendigerweise abgeht.

---

35 R. Guardini, Vom Sinn der Kirche 11.
36 Vgl. ebd. 1.
37 Ebd. 4.
38 Ders., Neue Jugend und katholischer Geist (= Das neue Münster) Mainz 1920, 38.
39 Ebd.
40 Ebd.
41 Ebd.
42 Ebd. 38f.
43 Ebd. 42.

In der Jugendbewegung sah Guardini die Chance, die „individualistische" Isolierung des Einzelnen aufzubrechen. Sie könne eine „Umkehr von der subjektiven zur objektiven Haltung" vollziehen.[44] Insofern sei die Jugendbewegung eine „Wende von zwei Kulturen".[45] Während die Jugendbewegung ihrem frühen Selbstverständnis nach – formuliert beim Ersten Freideutschen Jugendtag 1913 auf dem Hohen Meißner bei Kassel – für das freie, selbstbestimmte Individuum kämpfte und zugleich die Gemeinschaft zur Trägerin dieses Kampfes erklärte,[46] schrieb Guardini dieser jungen Reformbewegung eine ganz andere „große Aufgabe" auf den Leib. Sie sollte „Ursprünglichkeit des Erlebens, Kraft der Persönlichkeit, Eigenheit des Gefühls mit Zucht und Gehorsam gegen das Gegenständliche […] verbinden".[47] Dass ein kritischer Beobachter diese Verbindung „als einen hinterlistigen Versuch aus Philisterland […], die kaum befreite Jugend unter dem Schein der Weisheit wieder unter das alte Joch zu bringen", ansehen konnte, war Guardini bewusst.[48] Seine Antwort an einen solchen Kritiker fällt knapp aus; er ruft ihm entgegen: *„Es ist aber bloß Wahrheit, sonst nichts! Wahrheit!"*[49] Guardini gab seiner Vision im katholischen Bund Quickborn selbst Gestalt, indem er als Burgleiter von Rothenfels den jugendbewegten Anspruch auf Verantwortung, Selbstbestimmung und „Wahrhaftigkeit" mit einem christlichen Gehorsamsbegriff überformte.[50] Diese Prägung, die den Quickborn denn auch von anderen jugendbewegten Bünden schied, beschreibt Guardini:

> „Im Bekenntnis vom Hohen Meißner wird jenes Grunderlebnis aus dem Geiste kantischer Autonomie heraus formuliert. Höchste Steigerung des Subjektivismus – und doch zugleich Überwindung. Die bloße Forderung der Wahrhaftigkeit hätte an und für sich auch subjektiv sein können. Aber sie gewann bald eine ganz andere Bedeutung. Sie schritt zur Forderung der Wesenhaftigkeit vor, und in die-

---

44 Ders., Liturgische Bildung 70. Vgl. dagegen die Formel vom Hohen Meißner, dem „Ersten Freideutschen Jugendtag" 1913: „Die freideutsche Jugend will nach eigener Bestimmung, vor eigener Verantwortung, in innerer Wahrhaftigkeit ihr Leben gestalten. Für diese innere Freiheit tritt sie unter allen Umständen geschlossen ein."; E. Korn u. a. (Hg.), Die Jugendbewegung. Welt und Wirkung. Zur 50. Wiederkehr des freideutschen Jugendtages auf dem Hohen Meißner, Düsseldorf–Köln 1963, 5.
45 R. Guardini, Liturgische Bildung 70.
46 Vgl. die Formel vom Hohen Meißner, hier Anm. 44.
47 R. Guardini, Liturgische Bildung 72 f.
48 Ders. 45.
49 Ebd. Im Original gesperrt gedruckt.
50 Zu Ostern 1920 besuchte Guardini erstmals die Burg Rothenfels, als Leiter war er 1927 bis 1939 dort tätig, vgl. H.-B. Gerl, Romano Guardini (1885–1968). Leben und Werk, Mainz 1985, 153.212.

sem Wort brach das eigentlich Neue durch [...] nicht das selbstherrliche Erlebnis, sondern das erlebte Sein."⁵¹

Die Abwendung der Jugendbewegung von der als in Konventionen erstarrt empfundenen wilhelminischen Gesellschaft zugunsten der „Wahrhaftigkeit" richtet sich gegen eine Isolierung des Äußeren vom Inneren und fordert, wie die gesamte zeitgenössische Lebensreformbewegung, einen gänzlich neuen Zugang zum Leben.⁵² Guardini nahm dies modifizierend auf: in seinen Überlegungen zur Leiblichkeit und zum Prinzip der Anschauung in der Pädagogik,⁵³ aber auch indem er „Wahrhaftigkeit" als einen Gehorsam des Menschen gegenüber der „Wirklichkeit", des Geschöpfs gegenüber dem Schöpfer, interpretierte. Der privilegierte Ort aber, diesen Gehorsam gegenüber der Schöpfung zu lernen, sei die Liturgie, denn sie sei „Selbstausdruck des Menschen, aber des Menschen, wie er sein soll. So wird sie zur strengen Zucht."⁵⁴ Jugendbewegung und Liturgische Bewegung zum Zwecke dieses „liturgische[n] Um-Werden[s]"⁵⁵ zu verbinden, war die pädagogische Vision des Theologen Guardini.⁵⁶

## 2.2 „Selbstbehalten durch Selbstverlieren": Liturgische Bildung als Selbstentäußerung und Umkehr zur „Wirklichkeit"

„Objektiv" und „subjektiv" sind laut Guardini zwei verschiedene „Polrichtungen des Ausdrucksverhaltens und aller Kultur".⁵⁷ Zwar könne die „konkrete Tatsache des lebendigen Ausdrucksverhaltens [...] immer nur objektiv und subjektiv zugleich, Dienst und Herrschaft sein".⁵⁸ In den vergangenen Jahrhunderten, so Guardini, habe die subjektive Komponente überwogen und solle korrigiert werden durch „ein gewisses schwebendes

---

51  R. Guardini, Liturgische Bildung 71.
52  Vgl. B. Stambolis, Einleitung, in: dies. (Hg.), Jugendbewegt geprägt. Essays zu autobiographischen Texten von Werner Heisenberg, Robert Jungk und vielen anderen (Formen der Erinnerung 52), Göttingen 2013, 13–42.
53  Vgl. besonders Guardinis Begeisterung für die Pädagogik Maria Montessoris, mit der er seine Einführung in die Gebärden der Liturgie in eine Reihe stellt, vgl. ders., Von heiligen Zeichen, Mainz 1927, 9.
54  Ders., Liturgische Bildung 75.
55  Ebd.
56  Schon 1915 verband Guardini beides in der Schülervereinigung Juventus, vgl. E. Tewes, Romano Guardini 134.
57  R. Guardini, Liturgische Bildung 68.
58  Ebd. 69.

Gleichgewicht [...]. Dies Verhältnis wird aber dann wohl in eine entschiedene Vorherrschaft des Objektiven übergehen."[59] Wie bereits angesprochen, kommt in diesem Prozess der Liturgie eine besondere Rolle zu. Guardini übersetzt Objektivität und Subjektivität in eine „Haltung des Dienens" und eine „Haltung der Herrschaft". Subjektivismus bedeute Herrschaft, denn der Gegenstand des Ausdrucks oder die Ausdrucksmittel würden ihrer „Eigengesetzlichkeit" beraubt.[60] Von Interesse sei lediglich das „Gefühlserlebnis", welches sie auslösen.[61] Eine Gemeinschaft, die aus dieser Haltung erwachse, sei entsprechend ein „ausgeweitetes Ich", denn sie sei nur insofern von Interesse, als sie das eigene Erleben steigere.[62] Die andere Weise des Selbstausdrucks ist nicht auf das Erleben, sondern auf das Wesen gerichtet, nämlich als „in seiner Substanz unabhängig von den Weisen, wie es erfahren wird".[63] Dies entspreche der Haltung des Dienens.[64]

Zunächst scheint der Ausgleich dieses „Maßverhältnisses" durch die Geschichte hinweg fortzuschreiten, beinah als wäre der beschriebene Wandel ein Aspekt der Heilsgeschichte – mit der Jugendbewegung als Heilsbringer. Bei näherem Hinsehen jedoch begegnet neben dieser Idee einer historischen Entwicklung auch der Gedanke einer dialektischen Aufhebung von Objektivem und Subjektivem. So bedeutet Gehorsam gegenüber der „Wirklichkeit", dass der Mensch er selbst wird, indem er sich zugunsten der objektiven Wahrheit entäußert. Diese Selbstentäußerung hat weniger historischen Charakter, sondern geschieht je neu auf der personalen Ebene. In diesem personalen Prozess hat die Liturgie eine zentrale Aufgabe:

> „Liturgische Gebetshaltung ist objektiver Ausdruck der Seele im Leib; Ausdruck des Menschlichen in den Dingen; Ausdruck des Einzelnen in der Gemeinschaft und mit ihr – alles aber in der gegenständlichen Haltung, für die Wünschen, Fühlen, Erleben vor Sein, Wirklichkeit, Wesen zurücktritt. Sie will nicht eigenherrlich formen, sondern selbstlos dienen."[65]

Auf diese Weise wird also, auch unter dem angestrebten Primat des Objektiven, der Eigenwert des Subjektiven gewahrt. Der Einzelne wird relativiert, zugleich aber geschützt vor allem, was seine „Eigengesetzlichkeit"

---

59 Ebd. 70.
60 Ebd. 68.
61 Ebd. 68 f.
62 Ebd. 64.
63 Ebd. 65.
64 Vgl. A. Schilson, Perspektiven 54.
65 R. Guardini, Liturgische Bildung 74.

gefährden kann – denn der Maßstab in der „gegenständlichen Haltung" ist immer das jeweils Vorgefundene, also auch der Andere. Gerade Guardinis Individualismus-Kritik schützt auch vor einem Übergriff der Gemeinschaft gegenüber dem Einzelnen. In der beschriebenen, spezifisch liturgischen Art von Gemeinschaft nämlich darf Gemeinschaft nicht zur Erweiterung des Ichs instrumentalisiert werden, sondern soll mir in ihrer „Eigengesetzlichkeit" vor Augen stehen: „Gemeinschaft ist in eigenem Wesensgesetz gründende Ordnung, die Alle umgreift, aber ohne den Einzelnen zu zerstören."[66] In dem *Stück über das Objektive* in *Liturgische Bildung* wird die dialektische Beziehung der gezeichneten „Objektivität" zum Einzelnen besonders deutlich: Liturgie könne den Zeitgenossen den in ihrer Fixierung auf das eigene Erleben verlorenen Sinn für das „Wirkliche" vermitteln. Wie bereits angesprochen, stellt der Begriff „Wirklichkeit" bei Guardini die Welt als Schöpfung Gottes vor Augen. Der Einzelne müsse sich von der Liturgie bilden lassen und so zu dem werden, was er von Gott als seinem Schöpfer her sein soll:

> „[...] und daß du nicht verbildet wirst, sondern wirklich Du selbst [wirst], dafür bürgt dir Gott; er, der dich erschaffen hat, ist´s auch, der die Kirche erfüllt, und sein Geist formt Liturgie".[67]

Liturgische Bildung bedeutet bei Guardini also eine Umkehr des ganzen Menschen. Diese muss sowohl intellektuell wie praktisch erfolgen. So bemerkt A. Winterswyl richtig, dass für Guardini „die Bildung des erwachsenen Christen [...] nur dann anspricht, wenn Gott nicht allein mit den Kategorien formaler Absolutheit, sondern auch mit denen lebendiger Faktizität gesucht" wird.[68] Und doch handelt es sich bei liturgischer Bildung weniger „um praktische Vorschläge", sondern „vor allem um eine Gesinnung", wie Guardini eigens betont.[69] Und zwar um eine Gesinnung der Umkehr, deren Beschreibung zugleich an den im Philipper-Hymnus besungenen Weg Christi von der Selbstentäußerung zur Verherrlichung erinnert:

---

66 Ebd. 67.
67 Ebd. 75.
68 L. A. Winterswyl, Romano Guardini. Eigenart und Ertrag seines theologischen Werkes, in: Hochland 24 (1936/37) 363–383, hier 369. Zu Wintersig/Winterswyl vgl. B. Jeggle-Merz, Erneuerung der Kirche aus dem Geist der Liturgie. Der Pastoralliturgiker Athanasius Wintersig/Ludwig A. Winterswyl (LQF 84), Münster 1998.
69 R. Guardini, Liturgische Bildung 80.

> „Der Mensch muß über die Gesinnung des Selbstbehaltens durch Selbstverlieren hinausschreiten wollen zu einem neuen Selbstfinden in der großen Weite."[70]

Diese Umkehr wird zunächst nicht von einer gefühlsmäßigen „Wahrhaftigkeit" oder Authentizität des Menschen getragen, sondern von willentlichem Handeln, das sich an einem Imperativ ausrichtet:

> „Erst mußt Du werden, was Du sein sollst. Bis dahin muß Deine Wahrhaftigkeit vor allem eine solche der Einsicht, des Gehorsams und der Zucht sein, nicht des Gefühls. […] Wir müssen ‚erst scheinen, bis wir werden'."[71]

Auf dem Weg der Selbstentäußerung wird der Mensch also „wesensgerecht", wie Guardini an anderer Stelle ausdrücklich christologisch formuliert: „Soweit der Mensch „Christo eingebildet", soweit Christus in ihm ausgeprägt wird, soweit ist er wesensgerecht, denn Christus ist das Wesen aller Wesen".[72] Sich in die Ausdrucksformen der Liturgie hineinzustellen, ist nicht nur der sekundär hinzukommende leibliche Ausdruck einer innerlich vollzogenen Umkehr bzw. einer kognitiven Einsicht. Vielmehr ist der leibliche Vollzug bereits Bestandteil der Umkehr.[73] Entsprechend hat die Ein-Bildung in Christo auch einen konkreten Ort, die Kirche als „wiedergeborene Menschheit" und „objektive[r] Inbegriff der in Christus auf Gott bezogenen Schöpfung".[74] So ist Guardinis Kritik am Individualismus und sein entsprechendes Konzept von liturgischer Bildung als Umkehr nur möglich vor dem Hintergrund der erneuerten Ekklesiologie. Statt „als Grenzwert des Subjektiven" solle die Kirche „als in sich ruhende

---

70 Ebd. Thomas Ruster spricht kritisch von einem „Totalsubjekt" Kirche, das „kraft der Offenbarung, die volle und ganze Sicht auf die Welt" besitzt. Im Glauben sei „die Möglichkeit gegeben, an der Sicht des Totalsubjekts Anteil zu erhalten." T. Ruster, Die verlorene Nützlichkeit 191.
71 R. Guardini, Liturgische Bildung 75. Das Zitat stammt aus „So lasst mich scheinen, bis ich werde", einem Lied Mignons aus Goethes „Wilhelm Meisters Lehrjahre". Guardini fügt durch das „erst" eine zeitliche Dimension ein, die das „Werden" als ein erreichbares Ziel erscheinen lässt.
72 Ebd. 74f. Zur „Inexistenz" von Christus und Christ vgl. R. Guardini, Das Wesen des Christentums, 43 ff.; vgl. das Kapitel „Das Inexistenz-Verhältnis" in ders., Das Christusbild der paulinischen und johanneischen Christen, Würzburg ²1961 (1. Auflage 1940) 74 ff.; vgl. A. Schilson, Perspektiven 158–167.
73 Guardini kritisiert die „verlogene ‚Geistigkeit' des neunzehnten Jahrhunderts", vgl. R. Guardini, Liturgische Bildung 1923, 26 f. Vgl. H.-B. Gerl-Falkovitz, Heiliges Spiel. Zur Anthropologie der Liturgie, in diesem Band 149–161.
74 R. Guardini, Liturgische Bildung 79.

Wirklichkeit" verstanden werden, statt „als formale Einrichtung" nun „als leibhaftiges Leben."[75]

## 2.3 Der Einzelne vor Geschichte und Gesetz

Neben der Gemeinschaft, also der sozialen Verfasstheit der Liturgie der Kirche, arbeiten zwei weitere Aspekte von Liturgie sowohl relativierend wie schützend für den Einzelnen, gerade indem sie den Aspekt von „Objektivität" stärken. Es sind Geschichtlichkeit und rechtliche Regelung der Liturgie bzw. Tradition und Autorität:

> „Besonders verschärft wird das Objektive in der Liturgie, da der Einzelne hier dem Geschichtlichen und Positiv-Gesetzlichen gegenübersteht. Die Liturgie ist nicht theoretisch erdacht, sondern geschichtlich geworden. [...] In der Liturgie ist die Geschichte von drei Jahrtausenden und mehreren Kulturen gegenwärtig; die Gegenwart und der Einzelne haben sie anzuerkennen, und sich in sie einzuleben, so sehr sie im Übrigen darum bemüht sein dürfen, ihr eigenes Urteil zur Geltung zu bringen. Und die Liturgie ist positiv gesetzt. Sie ist nicht metaphysisch notwendig; ihre wesentlichen Grundzüge sind durch positive göttliche Einsetzung bestimmt. Sie könnten auch anders sein. Sehr vieles hat die Kirche eingerichtet. Auch dies könnte anders sein, ist aber so. Und wie es ist, gilt es, so lange das positive Gesetz der Kirche es aufrecht hält. [...] Geschichte und Gesetz, Tradition und Autorität – darin verkörpert sich das Objektive in seiner größten Wucht und stellt an die persönliche Zucht des Einzelnen die höchsten Anforderungen."[76]

Auch in Fragen der Veränderbarkeit der Liturgie wird die Doppelfunktion der „Objektivität" deutlich, denn Reformwünschen erteilt Guardini hier keineswegs eine Absage. Er drängt nicht auf eine Konservierung des Status quo, sondern implizit auf eine Reform der liturgischen Gesetzgebung. Die Liturgie „könnte auch anders sein" – darauf weisen zeitgenössische liturgiehistorische Begründungen eines Reformbedarfs hin.[77] Die ausdrücklich positive Bezugnahme auf die rechtliche Regelung liturgischer Vollzüge geht mit Guardinis persönlichem Engagement für deren Reform einher.[78] Die Gestalt liturgischer Vollzüge ist also für den Einzelnen unverfügbar, insofern sie historisch gewachsen und rechtlich gesetzt ist – in denselben Aspekten besteht aber ebenso ihre Kontingenz.

---

75  Ders., Vom Sinn der Kirche 4.
76  Ders., Liturgische Bildung 78 f.
77  Zur historischen Forschung als „Untergrundmethode" vgl. M. Seckler, Theologie, röm.-kath.; R. Pacik, Liturgiegeschichtliche Forschung als Mittel religiöser Reform, in: LJ 43 (1993) 62–84.
78  Vgl. dazu E. Tewes, Romano Guardini 141.

## 3. Fazit: „Objektivität" als Rückbindung und Schutz des Einzelnen

Nicht zuletzt durch seinen pädagogischen Eros und seine Auseinandersetzung mit der Jugendbewegung bedingt, zielte Guardini auf eine Erfahrungsdimension des Glaubens ab und verband damit eine kulturkritische Ablehnung des sog. „Individualismus" und „Subjektivismus" zugunsten der „Objektivität" der Liturgie. Indem sich Guardini mit der Aufforderung zum Gehorsam gegen die „Wirklichkeit" sowie mit der Feststellung eines „Erwachens der Kirche in den Seelen" radikal von der geistesgeschichtlichen Entwicklung des sog. „Individualismus" abgrenzt, stärkt er zugleich die Dimension persönlicher Erfahrung. Diese steht allerdings unter dem Vorzeichen der „objektiven Wende".

Eine – zuletzt antimodernistisch geprägte – Abwertung vermeintlicher Gefühlssubjektivität[79] konnte Guardini so mit einer Neubewertung der spirituellen und damit personalen Dimension gottesdienstlicher Vollzüge der Kirche verknüpfen. Guardini verband, in Absetzung von anderen Theologen der Liturgischen Bewegung, die gegeneinander ausgespielten Aspekte miteinander.[80] Angeklungene christologische Formulierungen weisen darauf hin, dass seine Verhältnisbestimmung von „objektiven" und „subjektiven" Aspekten der Frömmigkeit nicht nur von seinem Gegensatzdenken inspiriert ist, sondern eine christologische Grundlage hat. Anhand der kenotischen Struktur liturgischer Bildung, die er als „Selbstentäußerung zur Selbstwerdung" fasste, wird das deutlich. Den Begriff „Wirklichkeit" formulierte Guardini im Kontext seiner Zeitdiagnose und versuchte sein entsprechendes Konzept liturgischer Bildung auf Burg Rothenfels zu verwirklichen. In der Verbindung anthropologischer, humanwissenschaftlicher und theologischer Perspektiven bleibt er so seinem Ansatz einer „systematischen Liturgiewissenschaft" treu.

---

79 Vgl. F W. Graf, Zu Deutungsmustern der Modernismuskrise, in: H. Wolf (Hg.), Antimodernismus und Modernismus in der katholischen Kirche. Beiträge zum theologiegeschichtlichen Vorfeld des II. Vatikanums (Programm und Wirkungsgeschichte des II. Vatikanums), Paderborn 1998, 67–106, hier 76.
80 Vgl. oben Anm. 19. Vgl. zur personalen Dimension von Liturgie A. Gerhards, Emotionalität in der Kirche. Das „Objektive" und das „Subjektive" in der Liturgie – ein unauflöslicher Gegensatz?, in: ders., Erneuerung kirchlichen Lebens aus dem Gottesdienst. Beiträge zur Reform der Liturgie (Praktische Theologie heute 120), 96–107.

# Bischof Josef Calasanctius Fließers ‚Epistola de actione liturgica' (1944/1948)

*Christoph Freilinger*

## 1. Zur Person Bischof Fließers (1941/1946–1955)

Aufgrund des „Klosterneuburger Ereignisses"[1] (1954) erhielt der Linzer Bischof Franz Sal. Zauner (1949/1956–1980) weltweit Bekanntheit als „Liturgiebischof". Selbst innerhalb der Diözese, geschweige denn über die Diözesangrenzen hinaus, weniger bekannt ist heute das Wirken seines Vorgängers, Bischof Joseph Cal. Fließer, im Sinne der Liturgischen Bewegung.

Seine ersten Verdienste um die Liturgie erwarb sich Joseph Fließer während seines Studienaufenthaltes in Rom, als er bei der Ritenkongregation die Approbation des Linzer Rituale von 1929 betrieb, bei dem ein für damals erstaunlich hoher Anteil an muttersprachlichen Texten genehmigt wurde. „Sein Geschick zu verhandeln dürfte dabei eine große Rolle gespielt haben."[2]

Fließer engagierte sich bei der Erstellung des diözesanen Kindergebetbuchs „Mein Meßbuch"[3]. Als Sekretär im Bischöflichen Ordinariat leitete er die Redaktion des Diözesangebet- und Gesangbuchs „Vater unser"[4], das 1940 offiziell eingeführt wurde und einen Messordo für die Gemein-

---

[1] Vgl. R. Zinnhobler, Von Linz nach Rom. Ein Weg zur liturgischen Erneuerung durch das Zweite Vatikanische Konzil, in: ders., Der lange Weg der Kirche vom Ersten zum Zweiten Vatikanischen Konzil. Beiträge zu Bewegungen und Ereignissen in der katholischen Kirche, Linz 2005, 287–317, hier bes. 306–311: Der Präsident des Pontificio Istituto di Musica sacra in Rom, Higini Anglès, behauptete, die von Zauner gefeierte volksliturgische Messe hätte dem „klaren Willen der Kirche zum Hochamt in lateinischer Sprache" widersprochen. Zauner intervenierte in einem 14-seitigen lateinischen Schreiben an Papst Pius XII.
[2] H. Hollerweger, Erneuerung in Einheit. Bischof Fließers „Epistola de actione liturgica", in: ThPQ 125 (1977) 84–91, hier 84.
[3] Vgl. LDBl 72 (1926) 60.
[4] Vgl. Bischöfliches Ordinariat Linz im Auftrag des Diözesanbischofes Dr. Johannes Maria Gföllner (Hg.), Vater unser. Gebet und Gesangbuch der Diözese Linz. Normalausgabe, Regensburg 1939. Vgl. auch „Offizielle Einführung des ‚Vater unser'", in: LDBl 86 (1940) 10–12 (Nr. 4).

schaftsmesse enthielt, in dem „die bis dahin erreichten Ergebnisse der L[iturgischen] B[ewegung] voll und ganz berücksichtigt"[5] waren.

Im Rückblick lassen auch im Linzer Diözesanblatt veröffentlichte liturgische Weisungen[6] von Fließers Vorgänger, Bischof Johannes Maria Gföllner (1915–1941), der der Liturgischen Bewegung sehr reserviert gegenübergestanden hatte, deutlich die „Handschrift" seines Ordinariatssekretärs, Josef Fließer, erkennen.[7]

## 2. Situation und Anlass

Mit seinem berühmten Schreiben vom 24. Dezember 1943 hatte Staatssekretär Aloys Kardinal Maglione der Liturgischen Bewegung in der Krise die grundsätzliche Anerkennung seitens der höchsten kirchlichen Autorität verschafft. Allerdings wurde es den Ordinarien zur Pflicht gemacht „wachsam zu sein und mit ordnender Hand bestimmt einzugreifen"[8] zugunsten der guten Früchte der Liturgischen Bewegung.

Bereits im März des Jahres 1944 hatte Joseph Fließer, der die Diözese zu dieser Zeit als Kapitelvikar leitete, die Weisungen dieses Schreibens dem Linzer Klerus bekannt gemacht mit dem Hinweis auf nachfolgende Durchführungsbestimmungen[9], die dann in der Pfingstbeilage 1944 als „Epistola de actione liturgica" veröffentlicht wurden.

Bemerkenswert „modern" waren Vorgehensweise und Anliegen des Kapitelvikars Fließer: Im Vorfeld hatte Fließer einen Entwurf des geplanten Schreibens den Mitgliedern des Liturgischen Diözesanreferats und zusätzlich 25 Priestern „verschiedenen Alters und Ranges und verschiedenster persönlicher Einstellung zur actio liturgica aus allen Teilen der

---

5   H. Hollerweger, Erneuerung in Einheit 84. Der Liedteil war gemeinsam mit der Nachbardiözese St. Pölten erstellt worden, um ein gemeinsames Repertoire zu fördern. Die Andachten zeichnen sich aus durch die Integration eines reichlichen Schatzes an Schriftlesungen.
6   Vgl. LDBl 86 (1940) 223–225; LDBl 87 (1941) 29–33.
7   Vgl. H. Hollerweger, Erneuerung in Einheit 84–85.
8   Kardinal Bertram an die Mitglieder der Fuldaer Bischofskonferenz (15. Januar 1944), in: T. Maas-Ewerd, Die Krise der Liturgischen Bewegung in Deutschland und Österreich. Zu den Auseinandersetzungen um die „liturgische Frage" in den Jahren 1939 bis 1944 (Studien zur Pastoralliturgie Bd. 3), Regensburg 1981, 688–691.
9   Vgl. Actio liturgica, in: LDBl 90 (1944) 11–12 (Nr. 29).

Diözese zur freien Meinungsäußerung zugestellt"[10]. Damit wollte er sich einen Überblick über die Praktiken und Ideen verschaffen. Weil auch „die klarsten und präzeptiven oder direktiven Sätze leicht zu missdeuten" seien, wenn man den Geist und die Intention dahinter nicht kenne, wollte er die Vorgaben mit Erwägungen und Motiven einbegleiten.[11] Ziel der Epistola war es, mit klaren Vorgaben die Einheit zu sichern, „soweit es notwendig ist [...] und soweit es gut ist, ohne durch allzu starke Einengung den notwendigen Lebensprozeß der gesunden Entwicklung zu ersticken"[12].

Zu seiner Beratung und Unterstützung in diesen Angelegenheiten setzte der Bischof drei Jahre vor der Empfehlung in *Mediator Dei* (20. November 1947) ein „Liturgisches Diözesanreferat" ein.[13]

Die Epistola de actione liturgica II unterschrieb Bischof Fließer vier Jahre später, am „Fest der Apostelfürsten Peter und Paul", am 29. Juni 1948.[14]

Anlass für die Neuauflage waren die Enzyklika *Mediator Dei* und die „Allgemeine Meßordnung für die volksliturgischen Meßfeiern in Österreich", die der österreichische Episkopat im Februar 1948 verabschiedet hatte. Es spricht für Fließers Weitblick, wenn er in der Einleitung zur zweiten Epistola feststellen kann, dass gegenüber 1944 „keine eigentlichen Korrekturen, sondern nur Ergänzungen und Anpassungen notwendig" gewesen seien.[15] Mit der Neuauflage wollte er den aktuellen Verhältnissen Rechnung tragen.

## 3. Wesentliche Inhalte und Anliegen[16]

Der überwiegend größte Teil der Liturgieschreiben ist – wie die Inhaltsübersicht erkennen lässt – der Feier der Messe gewidmet, vor allem den „volksliturgischen Formen". Die Bezeichnung „volksliturgische Meßfeier"

---

10   J. Cal. Fließer, Epistola de Actione Liturgica, in: LDBl 190 (1944) (Liturgische Pfingstbeilage) (im Folgenden Epistola I (1944)) 1. Fließer dankt in der Epistola dafür, dass die Angefragten reichlich von der freien Meinungsäußerung Gebrauch gemacht hatten.
11   Vgl. J. Cal. Fließer, Epistola I (1944) 1.
12   J. Cal. Fließer, Epistola I (1944) 1.
13   Vgl. Information über die Einsetzung und die Zusammensetzung des Referats: Epistola I (1944) 2; zur Empfehlung in der Enzyklika Pius XII. vgl. Mediator Dei Nr. 84.
14   Veröffentlichung in: LDBl 94 (1948) (1. Juli 1948) 101–122.
15   J. Cal. Fließer, Epistola II (1948) 101.
16   Vgl. die Inhaltsübersichten, die dem Auditorium in Form eines Handzettel bereitgestellt worden waren, im Anhang dieses Beitrags. Die Inhalte beider Schreiben

gebraucht die *Epistola liturgica* für alle „neueren Meßfeiern, bei denen das Volk nicht etwa bloß an den Meßresponsorien sich beteiligt, sondern darüber hinaus liturgische Texte aus dem Ordinarium oder Proprium übernimmt".[17]

Fließer systematisiert die möglichen Formen. Dadurch will er die unübersichtliche Vielfalt der damals geübten Formen vereinheitlichen, um die Verlässlichkeit in der Feierpraxis zu fördern. Außerdem – und hier zeigt sich das Anliegen der Förderung und Entwicklung – sollte die von ihm erstellte „objektive Werteskala" dabei helfen, eine nächste Stufe der Entwicklung anzustreben und das Fernziel im Blick zu behalten.[18] Volksliturgische Feierformen der Messe teilte Bischof Fließer ein in Grundform und Volksform. Die Feiern der Grundform orientierten sich an der konsequenten Anwendung der Hochamtsregel (Aufteilung der Gebete, Gesänge, Lesungen, …) wie in der *missa cantata*.[19] „Da nicht alle Altersstufen und Volksteile gleich befähigt sind, die äußere Mitfeier richtig zu gestalten und innerlich auszuwerten, muß in der einfachen Form die ‚Hochamtsregel' zugunsten „liturgieerzieherlicher Notwendigkeiten zurücktreten."[20] Daraus ergeben sich die Feiern der „Volksform"[21] als Vorstufe der Grundform.

Hinsichtlich der Anwendung dieser wertenden Ordnung in der Praxis fordert der Bischof einen für die Gläubigen passenden Mittelweg zu gehen zwischen einem „extremen Idealismus", der die Gläubigen überfordern würde, und einem „billigen seelsorgerlichen Utilitarismus", hinter

---

laufen im Wesentlichen parallel. Differenzierungen werden deshalb nur an gebotener Stelle ausdrücklich angeführt.

17  J. Cal. Fließer, Epistola I (1944) 3 (RN 4): „Im Anschluss an die Terminologie der offiziellen Eingabe und des Röm. Reskriptes vom 24. Dezember 1943 wird der Ausdruck „Gemeinschaftsmesse" nicht mehr generell, sondern als Eigenname für jene Meßfeiern gebraucht, die das Volk an den liturgischen Meßtexten des Ordinariums und des Propriums weitgehend teilnehmen lassen." (Vgl. ebd.)

18  Vgl. ebd. 4 (Nr. 11).

19  Vgl. Meßordnung für die volksliturgischen Meßfeiern in der Diözese Linz, in: LDBl 94 (1948) 96–99, hier 98–99: Grundformen: Chormesse 1 „Betmesse" (Proprium: gebetet; Ordinarium: gebetet); Chormesse 2 „Bet-sing-messe" (Proprium: gebetet; Ordinarium: gesungen); Chormesse 3: „Singmesse" (Proprium: gesungen; Ordinarium: gesungen).

20  J. Cal. Fließer, Epistola II (1948) 105.

21  Vgl. Meßordnung für die volksliturgischen Meßfeiern in der Diözese Linz (vgl. Fußnote 19) 96–97: Volksformen: Betsingmesse 1, „Liedmesse" (Proprium: Lied; Ordinarium: Lied); Betsingmesse 2 „Lied-bet-messe" (Proprium: Lied; Ordinarium „gebetet"; Betsingmesse 3 „Lied-sing-messe (Proprium: Lied; Ordinarium: gesungen).

dem sich ein Bequemlichkeits- oder „unzugänglicher Beharrungsstandpunkt"[22] verbergen könnte.

Für die richtige praktische Ordnung und die Auswahl der entsprechenden Messformen in einer Kirche legte Bischof Fließer folgende Grundsätze[23] vor, die ganz deutlich die Orientierung an den feiernden Menschen zeigen:

1. Keine Form der Messfeiern – der traditionellen und der volksliturgischen, von der Missa lecta bis zur *Missa cantata sine vel cum assistentia* – durfte ausschließlich geübt werden, damit die jeweiligen Vorteile der einzelnen Feierformen zum Tragen kämen und die Nachteile einer jeden Form aufgefangen würden.

2. Die Häufigkeit in der Anwendung der einzelnen Arten der Mitfeier richte sich nach dem Umfang der notwendigen inneren und äußeren Vorbereitungen und der inneren und äußeren Aufnahmefähigkeit sowie nach den Bedürfnissen der Mitfeiernden und der mitwirkenden kirchenmusikalischen Dienste. Die Gläubigen dürften sich nicht „dauernd überlastet oder belästigt fühlen durch allzu große Zumutungen an Umstellungen, neuen Proben usw.".

3. Immer müsste die äußere Mitfeier im Dienste der inneren Mitfeier der einzelnen Gläubigen stehen („actuosa heißt nicht activa"[24]). Dabei sollte wiederum auf die Disposition der Gläubigen Rücksicht genommen werden.[25]

4. Die berechtigten Gruppenmessen (Kinder, Jugend, Studenten, engere liturgische Gemeinschaften) mit den dort geübten Messformen dürften nicht dazu führen, dass sich die regelmäßig daran Teilnehmenden nicht mehr in die allgemeinen Gottesdienste einfügten.

Mit einer überraschenden Selbstverständlichkeit spricht Fließer übrigens davon, dass sich „die Meßfeier der Kinder (Kindermesse) [...] gewiß dem kindlichen Fassungsvermögen [...] anpassen" muss.[26]

5. Der allgemeine kirchliche Volksgesang und das Liedgut der Diözesangesangbücher sollen grundsätzlich und praktisch nicht aus den Mess-

---

22 J. Cal. Fließer, Epistola I (1944) 4 (Nr. 11) und 5 (Nr. 14).
23 Ebd. 4–5 (Nr. 13–18).
24 Ebd. 4 (Nr. 10).
25 Ebd. 5: „Gerade so manche objektiv hochstehende Art der volksliturgischen Mitfeier setzt diesbezüglich viel zu viel innerlich voraus und läuft darum leider trotz ihrer höheren Gestaltungsform der äußeren Opfer-Feier ernstlich Gefahr, die durch die technischen Schwierigkeiten belasteten und innerlich weniger selbständigen Gläubigen innerlich nicht erfaßt zu haben."
26 J. Cal. Fließer, Epistola I (1944) 10 (Nr. 39).

feiern mit Kinder, Familien oder Jugendlichen sowie der Allgemeinheit verdrängt werden.

Neben diesen Orientierungen ordnete Fließer an, dass in jeder Kirche mit öffentlichem Gottesdienst wenigstens monatlich einmal eine volksliturgische Meßfeier zu halten sei, und zwar in der Form der „Betsingmesse".[27] Wo mehrere Sonntagsmessen die Regel waren, mussten zusätzlich weitere Formen praktiziert werden. Aufgrund der großen Anforderungen wurde die regelmäßige Feier der Grundformen bei Gemeindegottesdiensten an eine Anfrage an das Bischöfliche Seelsorgeamt gebunden, nur für Gruppengottesdienste der Jugend und besonders erfahrene Gruppen freigestellt.

Im letzten Abschnitt seiner ersten Epistola[28] wendet sich Bischof Fließer noch einmal ausdrücklich an die Kleriker. Dabei zeigt er Verständnis für diejenigen, „denen die Feier eines Gemeinschaftsgottesdienstes persönlich schwer fällt" und bittet sie um Geduld. Zugleich verlangt er Rücksichtnahme auf die Feiergemeinschaft und verweist darauf, dass etwa das Warten und zeitliche Abstimmen auf die von der ganzen Gemeinde wahrgenommenen Teile ein Korrektiv sein könnten für eine schlechte Routine im Vollzug der Texte und Riten.[29]

Auch bei den „Einzelheiten zur Meßfeier" erweist der Bischof Gespür für die Bedingungen und die Situation vor Ort. Wenige Beispiele mögen das verdeutlichen.

**Körperhaltungen**

Bischof Fließer anerkennt in seiner ersten Epistola liturgica, dass es richtig und schön sei, die liturgischen Regeln über die Körperhaltungen einzuhalten; zugleich gibt er aber zu bedenken, dass in allgemeinen Gottesdiensten dadurch Spannungen entstünden. Hier müsse „Takt und weitergespanntes Gemeinschaftsempfinden führend sein", weshalb der Bischof den „oftmaligen Wechsel der körperlichen Haltungen" nur dort für angemessen hält,

---

27 Vgl. ebd. 7 (Nr. 24). „Betsingmesse" (nach Linzer Messordnung 1948: „Betsingmesse I") bezeichnet hier eine Gemeinschaftsmesse, bei der die Stücke des Propriums durch Fest- oder Zeitlieder ersetzt wurden; das Ordinarium wurde teils gesprochen und teils durch Messlieder ersetzt.
28 Vgl. ebd. 16: Überschrieben mit „Fratribus ordinatis et ordinandis, saecularibus et regularibus".
29 Vgl. ebd. 16 (Nr. 64).

„wo kleinere Gemeinschaften genügend Platz auch zum […] Stehen haben und wirklich die anwesende Meßgemeinde doch fast zur Gänze aktiv mit der gemeinsamen Meßfeier mithält"; denn wo diese Voraussetzungen nicht gegeben seien, gereichten „diese Formen nicht zur Förderung, sondern zur Störung, nicht zur Erbauung, sondern zum Ärger".[30] An diesen Grundüberlegungen hält auch das Liturgieschreiben desselben Bischofs aus dem Jahr 1948 fest, lässt dann aber doch eine Weiterentwicklung erkennen. Er konstatiert zunächst, dass für Gemeinschaftsmessen „über die körperliche Haltung der Gläubigen (Stehen, Knien, Sitzen) […] keine allgemein anerkannten Regeln und Vorschriften" bestünden, um dann eine Orientierung zu geben, die über die bisherige allgemeine Praxis hinausgeht: Angesichts der „meist sehr unpraktischen Kirchenstühle" und der „altgewohnten Gebräuche der Leute" hält er es für angeraten, „die Gläubigen darauf zu beschränken, daß sie beim Evangelium und Credo stehen und wenigstens während der Wandlung oder, wenn möglich (in den Bänken), vom Sanktus bis nach der Sumptio sanguinis knien".[31] Dass hier von „Beschränkung" die Rede ist, dürfte sich auf die entsprechenden Anweisungen beziehen, die das Messformular im „Weg des Lebens" gab.[32]

**Predigt**

„Kein Sonntagsgottesdienst, mag er in was immer für einer Art gefeiert werden, ohne deutsches Evangelium und ohne Ansprache."[33] Der Linzer Oberhirte untermauerte mit den Anordnungen von 1948 seinen dringenden Wunsch, ja die ausdrückliche Verpflichtung nach einer Predigt in

---

30   J. Cal. Fließer, Epistola I (1944) 9 (RN 37). Hier ist im Schreiben zwar von „Platz auch zum Sitzen" die Rede; aus dem Kontext auch des Schreibens von 1948 müsste es hier jedoch wohl „Stehen" heißen.
31   Ders., Epistola II (1948) 110.
32   Vgl. [J.] Huber/[K.] Kammelberger (Hg.), Der Weg des Lebens. Deutsch – lateinisches Meßbuch, 4. Aufl., Linz 1949, 65–96: Stehen von Introitus über Kyrie und Gloria bis einschließlich Tagesgebet; zu letzterem sollte man in Buß- und Totenmessen niederknien. Nach dem Hören der Epistel im Sitzen sollten sich die Mitfeiernden zum Graduale wieder erheben. Stehend mitzuvollziehen waren gemäß diesen Vorgaben auch Credo, „Opferbereitung" und die Elemente des Hochgebets bis einschließlich Sanctus und nach der Wandlung, zu der man niederkniete.
33   J. Cal. Fließer, Epistola II (1948) 110; hier wird wörtlich zitiert: ders., Epistola I (1944) 10 (RN 40), wobei ein Druckfehler korrigiert wird: statt „Aussprache" (1944) heißt es jetzt richtigerweise „Ansprache".

allen Sonntagsmessen mit dem Hinweis auf die Kontrolle der vorgeschriebenen Predigtbücher bei Visitationen.[34]

Hatte Kapitelvikar Fließer 1944 alternativ zur Predigt noch eingeräumt, dass man den Gläubigen wenigstens ein „ganz kurzes praktisches Leitwort" mitgeben sollte bzw. „der Verlesung des Evangeliums einen Hauptgedanken der Perikope einleitend voraus[setze], den die Gläubigen am Evangelium illustriert sehen und ins Leben mitnehmen können", sah er im Schreiben von 1948 keinen Entschuldigungsgrund mehr, die Ansprache im Sonntagsgottesdienst entfallen zu lassen.[35] Mit selbigem Schreiben wiederholte er die Ermunterung, in Fastenmessen und an „liturgisch wichtigen Tagen während der Woche" nach dem Verlesen des Evangeliums auf Deutsch eine kurze Ansprache zu halten; hingegen warnte er vor „tagtäglichen Ansprachen", die „leicht eingeführt, aber [auf Dauer] schwer durchgeführt" wären.

Zusammen mit diesen Vorgaben machte der Linzer Bischof auf das Dilemma aufmerksam, dass die Predigten innerhalb der Messfeier aufgrund der notwendigen zeitlichen Beschränkung keine „gründlicheren katechetischen Predigten und größer angelegten thematische Predigten und Homilien"[36] sein könnten, andererseits aber – aufgrund des fortschreitenden Mangels an religiösem Wissen – Katechesen, Christenlehren und Nachmittagspredigten ersetzen müssten. Diesbezüglich vertraute er auf das kluge Ermessen der Seelsorger, die er ausdrücklich auch dazu anhielt, mit ihren Predigten die innere und äußere Teilnahme der Gläubigen an der Feier der Eucharistie zu befördern.

**Kommunionausteilung**

Schon im Linzer Diözesangebetbuch *Vater unser* aus dem Jahr 1940 überrascht die Formulierung bei den Erläuterungen zum Messformular nach dem *O Herr, ich bin nicht würdig*, wenn es dort heißt: „Nun empfangen Priester und Gläubige die heilige Kommunion."[37] Das entspricht dem Bestreben Joseph Cal. Fließers, auf breiter Ebene zu vermitteln, dass der

---

34  Vgl. ders., Epistola II (1948) 110. Bischof Fließer macht hier zudem deutlich, dass die Binationsvollmacht an das Einhalten dieser Bestimmung gebunden sei.
35  Vgl. J. Cal. Fließer, Epistola II (1948) 110.
36  Vgl. ders., Epistola I (1944) 11 (RN 47).
37  Bischöfliches Ordinariat Linz, Vater unser. Gebet- und Gesangbuch der Diözese Linz. Hg. im Auftrage des Diözesanbischofes Dr. Johannes Maria Gföllner vom Bischöflichen Ordinariate Linz. Normalausgabe. [3. Aufl.] Regensburg 1940, 42.

Kommunionempfang der Gläubigen seinen eigentlichen Platz innerhalb der Messe, unmittelbar nach der Kommunion des Priesters hat und deshalb an dieser Stelle zur Regel werden sollte.[38] In der *Epistola liturgica II* (1948) konnte sich Fließer auf die Enzyklika *Mediator Dei* (20.11.1947) berufen, in der Papst Pius XII. „sogar darauf drängte, daß die Gläubigen mit den bei ebendiesem Opfer konsekrierten Hostien gespeist werden und zur Kommunion gehen, sobald der Priester selbst die hl. Speise am Altar genossen hat".[39] Als Hauptregel war für den Bischof damit klar: die Austeilung der in dieser Feier konsekrierten Hostien intra missam. Dennoch durfte kein Priester prinzipiell nur innerhalb, aber auch keiner mehr nur außerhalb der Messe die Kommunion austeilen.[40] Der Bischof sah freilich plausible Gründe, die auch weiterhin ein Abgehen von der Hauptregel rechtfertigen konnten: etwa das allzu lange Hinziehen der Kommunionausteilung, wenn zu wenige Priester anwesend waren, oder aber die oft zu beengten Platzverhältnisse. Zugleich gab der Bischof Hinweise, wie der Kommuniongang innerhalb der Messe gut vonstatten gehen konnte: durch das reihenweise Heraustreten und nach vorne gehen zur Kommunionbank. Wenn die Kommunionbank sehr kurz war oder gleichzeitig zwei Priester austeilten, sollten die Gläubigen, „um Unordnung zu vermeiden, ohne Kniebeuge herzutreten und weggehen und nach dem Empfang der Hostie mit einem einfachen Kreuzzeichen sich begnügen".[41]

Die Möglichkeit, die in der gefeierten Messe konsekrierten Hostien zu empfangen, sah der Bischof hauptsächlich für die Gruppenmessen gegeben, wenn von Anfang an die Zahl der Kommunikanten absehbar wäre.

---

38  Als Sekretär im Bischöflichen Ordinariat war Fließer verantwortlich für die Herausgabe des Diözesan-Gebetbuches; als Bischof hielt er dieses Anliegen auch in seinen Epistolae liturgicae fest.
39  J. Cal. Fließer, Epistola II (1948) 111 unter Berufung auf Mediator Dei 89–96.
40  Vgl. J. Cal. Fließer, Epistola I (1944) 11 (Nr. 45): Die Seelsorger sollten Rücksicht nehmen auf die berechtigten Wünsche und Anliegen der Gläubigen. „Die Seelsorger werden die Gläubigen immer wieder mit einladender Überzeugung auf das liturgische Opfermahl aufmerksam machen. Wenn aber Gläubige vor der hl. Messe zur hl. Kommunion an die Kommunionbank kommen, so ist ein vernünftiger Grund hiezu stillschweigend zu präsumieren und die hl. Kommunion willig zu reichen."
41  Vgl. J. Cal. Fließer, Epistola II (1948) 112. Vgl. ebd.: Da der Kommuniongang der Gemeinde als Prozession aufgefaßt werden kann, widerspricht die Weglassung der Kniebeugungen nicht den liturgischen Regeln; jedenfalls bleibt oberstes Gesetz: Ruhe, Würde und Ordnung." Wo das auf Grund des Platzangebotes auch mit Kniebeugungen möglich wäre, sollten diese weiterhin gemacht werden – „aber schön und würdig, sonst unterlasse man sie lieber". Zur Kniebeuge vor dem Kommunionempfang vgl. J. A. Jungmann, Missarum Sollemnia II, Bonn 2003 (= ND Freiburg 1962) 467–468.

## Ars liturgica

Aus heutiger Sicht ist interessant, wie deutlich Bischof Fließer die Notwendigkeit einer „ars liturgica" erkennt – und zwar sowohl mit Blick auf die Kleriker als auch mit Blick auf die Vollzüge der Versammlung –, weil die Gemeinschaftsgottesdienste durch den gemeinsamen Vollzug wesentlich höhere Herausforderungen mit sich brächten.

Schon in seiner ersten Epistola stellte Fließer fest: „Ganz wichtig für die Gestaltung der volksliturgischen Meßfeier [...] ist das richtige gemeinsame Sprechen und Singen sowie das richtige Vorbeten, das Vorlesen, die Ausbildung der Vorbeter, der Schola und des Organisten."[42] Er gab detaillierte Hinweise für den Vollzug bestimmter Formeln und Formelgebete und sensibilisierte für ein angemessenes Sprechen. Bemerkenswert, mit welch differenzierter Achtsamkeit es etwa heißt: „Die Länge der großen wie kleinen Pausen richtet sich nach der Feierlichkeit des Anlasses, nach der Größe des Raumes, nach der Menge der Beter."[43] Genaue Anweisungen und praktische Hilfestellungen dafür gab das Diözesanmessbuch „Vater unser" und ab 1948 das Diözesanmessbuch „Weg des Lebens"[44].

Eine besondere Bedeutung für die Akzeptanz der volksliturgischen Feiern sah Bischof Fließer in einem qualitätsvollen Vorbeter-Dienst, der deshalb einer guten Schulung bedürfe. Unerlässlich nämlich sei: „Die richtige Tonlage [...], der objektive Lesevortrag (ohne Gefühlsbetonung, aber mit Sinngebung des Inhaltes), das richtige Ebenmaß (Legato) im Erklingenlassen der Worte und Silben mit Wahrung des deutschen Wort- und Klangbildes (ohne Deklamieren, ohne staccato) und das richtige Tempo – alles abgestimmt"[45] auf die Situation.

Selbstverständlich müsste sich auch jeder Priester um eine „richtige Sprechkultur" bemühen [...] und sich in seinem Vorbeten und Vorlesen selber immer wieder kontrollieren"; keiner sollte es „unter seiner Würde halten, sich darüber auch einmal etwas informieren zu lassen".[46]

---

42   J. Cal. Fließer, Epistola II (1948) 114. Vgl. schon „Vom schönen gemeinsamen Beten", in: ders., Epistola I (1944) 15 (Nr. 60–62).
43   Ders., Epistola I (1944) 15 (Nr. 61).
44   Vgl. [J.] Huber/[K.] Kammelberger/Katholische Schriftenmission (Hg.), Der Weg des Lebens im Kirchenjahr. Deutsches Sonntagsmessbuch mit allen Hochfesten 1. und 2. Kl. der römisch-katholischen Kirche u[nd] der österreichischen Diözesen, Linz/Donau 1948.
45   J. Cal. Fließer, Epistola I (1944) 12–13 (Nr. 51 f.).
46   Ebd. 13 (Nr. 52).

## 4. Zusammenfassung

Bischof Fließer konnte in der Epistel von 1948 feststellen, dass sein Schreiben von 1944 die beabsichtigte Wirkung entfaltet habe und die liturgische Bewegung in der Diözese „eine ruhige und geradlinige Entwicklung" genommen habe.

Bleibend aktuell erscheint das kluge Maßnehmen des Linzer Oberhirten nicht an besonderen Situationen und Gruppierungen; „vielmehr ist der pfarrliche Gottesdienst, wie er Sonntag für Sonntag gehalten wird, das Maß, nach dem Neues gemessen werden muß, und der Prüfstein, ob es sich bewährt".[47]

Herausfordernd auch für heute bleibt die klare Orientierung und die Anpassung der Liturgie an die feiernden Menschen – (freilich unter anderen rechtlichen Voraussetzungen, nach denen damals letztlich nur der Priester Liturge im eigentlichen Sinn war). Kein Widerspruch zur verlangten Anpassung war es für den Bischof aber, gleichzeitig zu motivieren, „das Volk" von den einfacheren zu den anspruchsvolleren Formen des Feierns zu führen.

Die beiden Liturgieschreiben Bischof Fließers sind durch und durch geprägt von der Intention, die die Liturgiekonstitution Sacrosanctum Concilium in Artikel 19 formuliert: „Die Seelsorger sollen eifrig und geduldig bemüht sein um die liturgische Bildung und die tätige Teilnahme der Gläubigen, die innere und die äußere, je nach deren Alter, Verhältnissen, Art des Lebens und Grad der religiösen Entwicklung. Damit erfüllen sie eine der vornehmsten Aufgaben des treuen Spenders der Geheimnisse Gottes. Sie sollen ihre Herde dabei nicht bloß mit dem Wort, sondern auch durch das Beispiel führen."[48]

---

47   H. Hollerweger, Erneuerung in Einheit 90–91.
48   SC 19. Diese Verbindung zu SC 19 sah schon H. Hollerweger, Erneuerung in Einheit 91.

## Handzettel zum Kurzvortrag:
## Bischof Fließers ‚Epistola de actione liturgica' I/II (1944/1948)

*Christoph Freilinger*

### Quellen
Epistola de actione liturgica, in: Linzer Diözesanblatt 90 (1944) Liturgische Pfingstbeilage.
Epistola de actione liturgica II, in: Linzer Diözesanblatt 94 (1948) 101–122.
Meßordnung für die volksliturgischen Meßfeiern in der Diözese Linz, in: Linzer Diözesanblatt 94 (1948) 96–99.

1) ZUR PERSON BISCHOF FLIESSERS (1941–1955)
2) SITUATION UND ANLASS
3) WESENTLICHE INHALTE UND ANLIEGEN
   - Grundsätze zu den Messformen im Dienst der inneren und äußeren Mitfeier
   - Predigt
   - Kommunionausteilung
4) ZUSAMMENFASSUNG

GLIEDERUNGEN
EPISTOLA DE ACTIONE LITURGICA [I] (Pfingsten 1944)

Einleitung
1. **Actio liturgica**
2. **Liturgisches Diözesanreferat**
3. **Evidenzhaltung und Lenkung der Actio liturgica durch den Ortordinarius**
4. **Die Messfeier des Volkes**
   Terminologie
   „Im Anschluss an die Terminologie der offiziellen Eingabe und des Röm. Reskriptes vom 24. Dezember 1943 wird der Ausdruck „Gemeinschaftsmesse" nicht mehr generell, sondern als Eigenname für jene Meßfeiern gebraucht, die das Volk an den liturgischen Meßtexten des Ordinariums und des Propriums weitgehend teilnehmen lassen."(Ep. Lit. I, Nr. 1).

**Der Liturge**
**Die innere Mitfeier**
**Die äußere Mitfeier**
**Grundsätze für die Praxis** (Epistola I, Nr. 13–18)
1. Keine Art der Mitfeier dürfe ausschließlich geübt werden, damit die jeweiligen Vorteile bestimmter Feiern zum Tragen kämen und Nachteile aufgefangen würden.
2. Die Häufigkeit in der Anwendung der einzelnen Arten der Mitfeier richte sich nach dem Umfang der notwendigen inneren und äußeren Vorbereitungen und der inneren und äußeren Aufnahmefähigkeit sowie nach den Bedürfnissen der Mitfeiernden und der mitwirkenden kirchenmusikalischen Dienste. Die Gläubigen dürften sich nicht „dauernd überlastet oder belästigt fühlen durch allzu große Zumutungen an Umstellungen, neuen Proben usw.".
3. Immer müsste die äußere im Dienste der inneren Mitfeier der einzelnen Gläubigen stehen. Dabei sollte wiederum auf die Disposition der Gläubigen Rücksicht genommen werden.
4. Die berechtigten Gruppenmessen (Kinder, Jugend, Studenten, engere liturgische Gemeinschaften) mit den dort geübten Messformen dürften nicht dazu führen, dass sich die regelmäßig daran Teilnehmenden nicht mehr in die allgemeinen Gottesdienste einfügten.
5. Der allgemeine kirchliche Volksgesang und das Liedgut der Diözesangesangbücher sollen grundsätzlich und praktisch nicht aus den Messfeiern mit Kindern, Familien oder Jugendlichen sowie der Allgemeinheit verdrängt werden.

A. Die volksliturgische Messfeier (geordnet nach dem Grad der Vollständigkeit und Vollkommenheit der Beteiligung an Ordinarium und Proprium)
B. Die traditionelle Messfeier (geordnet nach dem Grad der Vollständigkeit und Vollkommenheit der Beteiligung an Einzelteilen des Ritus)
C. Einzelheiten zur Messfeier

5. **Der öffentliche Gottesdienst außerhalb der hl. Messe**
6. **Vom schönen gemeinsamen Beten**
7. **Fratribus ordinatis et ordinandis, saecularibus et regularibus**
8. **Zurufe des Volkes während der hl. Messe**
9. **Neue für den öffentlichen Gottesdienst approbierte Gebete**
10. **Übersicht**

**EPISTOLA DE ACTIONE LITURGICA II** (29. Juni 1948)
I. Teil:   Die neue Enzyklika „Mediator Dei" (20.11.1947)
II. Teil:  Die hl. Liturgie des Meßopfers
III. Teil: Die heilige Liturgie im kirchlichen Stundengebet,
           im Kirchenjahr und bezüglich der Heiligenfeste
IV. Teil:  Der öffentliche Gottesdienst außerhalb der Liturgie
Schlusswort an den Klerus

**Volksliturgische Feierformen der Messe**
„Grundform": gemäß der konsequenten Anwendung der Hochamtsregel (Aufteilung der Gebete, Gesänge, Lesungen, ...) wie in der *missa cantata*. „Volksform" (= Vorstufe der Grundform): „Da nicht alle Altersstufen und Volksteile gleich befähigt sind, die äußere Mitfeier richtig zu gestalten und innerlich auszuwerten, muß in der einfachen Form die ‚Hochamtsregel' zugunsten „liturgieerzieherlicher Notwendigkeiten zurücktreten."

**Messordnung für die volksliturgischen Messfeiern
in der Diözese Linz (1948):**

Volksformen:   Betsingmesse 1, „Liedmesse"
               (Proprium: Lied; Ordinarium: Lied)
               Betsingmesse 2 „Lied-bet-messe"
               (Proprium: Lied; Ordinarium „gebetet")
               Betsingmesse 3 „Lied-sing-messe"
               (Proprium: Lied; Ordinarium: gesungen)

Grundformen:   Chormesse 1 „Betmesse"
               (Proprium: gebetet; Ordinarium: „gebetet")
               Chormesse 2 „Bet-sing-messe"
               (Proprium: gebetet; Ordinarium: gesungen)
               Chormesse 3: „Singmesse"
               (Proprium: gesungen; Ordinarium: gesungen)

# Liturgische Bildung zwischen katechetischem Hausbuch und pfarrlicher Kirchenzeitung. Überlegungen zu Eucharistie und Kommunion bei P. Nicolaus Cusanus SJ (1574–1636) und Pastor Konrad Jakobs (1874–1931)

*Florian Kluger*

## 0. Hinführung

„Die Schaffung eines einheimischen christlichen Schrifttums gehört zu [den] wesentlichen Aufgaben des Missionars. Um den christlichen Glauben verkünden zu können, muß er die christlichen Worte in die einheimischen Sprachen übersetzen …"[1], schreibt Willi Henkel über das Wirken von Missionaren in Lateinamerika im 16. Jahrhundert.

Die Übersetzung der christlichen Glaubenslehre in die Sprache der jeweiligen Menschen ist jedoch kein Spezifikum missionarischen Engagements in weit entfernt liegenden Ländern, sondern sicher eine Aufgabe, die sich in jeder Zeit und in jeder Kultur gleichermaßen, aber mit je unterschiedlicher Akzentuierung stellt.

Mit dem Aufkommen des Buchdruckes im 15. Jahrhundert eröffneten sich völlig neue Möglichkeiten der Verbreitung auch geistlichen Schrifttums. Sicher wäre die Reformation ohne die schnelle und im Vergleich zur Erstellung von Handschriften relativ kostengünstige Herstellung von Büchern anders verlaufen. Auch die Gegenreformation und katholische Reform bedient sich der medialen Möglichkeiten der Zeit und es entsteht ein reiche literarische Tätigkeit, bei der Katechismen, Hausbücher[2] und Andachtsliteratur eine wichtige Rolle spielen. Später übernehmen auch Zeitungen und Nachrichtenblätter wichtige Funktionen bei der

---

[1] W. Henkel, Katechismen in Lateinamerika (16. Jahrhundert), in: M. Buschkühl (Hg.), Katechismus der Welt – Weltkatechismus. 500 Jahre Geschichte des Katechismus. Ausstellungskatalog (Schriften der Universitätsbibliothek Eichstätt 23), Eichstätt 1993, 23–38, hier 23.
[2] Vgl. G. von Wilpert, Art. „Hausbuch", in: ders., Sachwörterbuch der Literatur, Stuttgart [8]2001, 329: Hausbücher als „Sammelhandschriften didakt[ischen] Inhalts mit Ratschlägen für den Hausvater und die Familie bezügl[ich] Gesundheit, Ehe, Kindererziehung, Wirtschaftsführung usw."; R. Klappenbach/W. Steinitz (Hg.), Wörterbuch der

Weitergabe religiöser Inhalte. In theologischen Zeitschriften und Kirchenzeitungen, Pfarrbriefen und säkularen Druckerzeugnissen finden sich in vielfältiger Weise Themen wieder, die den Leser über entsprechende Inhalte informieren und bilden möchten. Gleiches gilt für Funk und Fernsehen, seit wenigen Jahrzehnten für das Internet. Unbegrenzt scheinen heute die Möglichkeiten der Information über bestimmte Themen. Auf die Erschließung der Inhalte wird künftig ein besonderes Augenmerk zu richten sein. Dies stellt insbesondere die Erwachsenenbildung vor Herausforderungen.[3]

Die Tradierung des Glaubens und die Bemühungen um eine zeitgemäße Darbietungsform kann sich jedoch nicht allein auf die dogmatischen Aspekte beziehen. Ebenso in den Blick gerät der gottesdienstliche Ausdruck des Glaubens. Liturgische Bildung ist daher essentieller Bestandteil religiöser Bildung insgesamt.[4]

Bemühungen um liturgische Bildung geben immer auch geistesgeschichtliche Zusammenhänge wieder. Liturgieverständnis und theologische Akzentuierungen drücken sich in den vielfältigen Quellen aus. Exemplarisch werden an dieser Stelle zwei Seelsorger in den Blick genommen, bei denen Ansätze einer liturgischen Bildung geortet werden können. Sie stammen aus zwei verschiedenen Epochen und haben mit unterschiedlichen Medien gearbeitet: Zum einen soll P. Nicolaus Cusanus SJ (1574–1636) mit seinem katechetischen Hausbuch „Christliche Zuchtschul"[5] vorgestellt werden, zum anderen Pastor Konrad Jakobs (1874–1931), der

---

deutschen Gegenwartssprache, Bd. 3, Berlin [6]1984, 1744: Hausbuch als „Buch, das in vielen Familien vorhanden ist und oft gelesen wird."
3 Zu den veränderten Kommunikationsgewohnheiten und den Herausforderungen für Bildungsprozesse siehe etwa: H. Gruber/C. Harteis/B. Hawelka, Medienkompetenz als Herausforderung. Neue Medien und die Veränderung von Kommunikation, in: DIE Zeitschrift für Erwachsenenbildung 8 (2001) Heft 1, 20–22.
4 Zur Einordung liturgischer Bildung: F. Kluger, „Denn um ein ganz bestimmtes Können handelt es sich hier, um ein Werden und Wachsen …" (Guardini). Thesen zu liturgischer Bildung in der Erwachsenenbildung, in: M. Achilles/M. Roth (Hg.), Theologische Erwachsenenbildung zwischen Pastoral und Katechese. Grundlagen – Arbeitsfelder – Perspektiven (Forum MBW 1), Ostfildern 2014, 195–210.
5 Referenzausgabe: Nicolaus Cusanus, Christliche Zuchtschul. Jn welcher gründliche, vnnd warhafftige Resolution, vnd Aufflösung aller schweren Fragstück, so in jedem Weltlichen Standt, Wandel vnd Handel mögen fürfallen: Wie auch der fürnembsten streittigen Glaubens-Artickeln Erklärung kürtzlich fürgebracht wird …, 4. Aufl., Konstanz 1668. [Standort München Bayerische Staatsbibliothek, Online-Ressource: http://www.mdz-nbn-resolving.de/urn/resolver.pl?urn=urn:nbn:de:bvb:12-bsb 10389370-8] Im Folgenden zitiert als: CZ.

zunächst über den Pfarrbrief in Mülheim an der Ruhr und örtliche Zeitungen liturgietheologische Zusammenhänge erläutert hat. Posthum wurde eine Reihe seiner Artikel und Predigten über Sammelpublikationen einer breiteren Öffentlichkeit zugänglich gemacht.[6] Die verschiedenen Publikationsformate der beiden Protagonisten sind in gewisser Weise auch Ausdruck des gewandelten Medienverhaltens, aber auch der veränderten gesellschaftlichen Rahmenbedingungen. Während das Hausbuch des Nicolaus Cusanus die Situation der familiären Glaubensweitergabe im 16./17. Jahrhundert im Blick hat, versucht Pastor Jakobs in der Phase der gesellschaftlichen Modernisierung des Ruhrgebietes im 20. Jahrhundert eine geistliche Erschließung aktueller Gemeindeereignisse. Beispielhaft werden einige Überlegungen der beiden zur Eucharistie herausgegriffen.

## 1. P. Nicolaus Cusanus SJ (1574–1636) und die „Christliche Zuchtschul"

P. Nicolaus Cusanus SJ, nicht zu verwechseln mit dem gleichnamigen Kardinal, den er sich – weil er ein Landsmann von Cusanus war – als Namenspatron gewählt hatte, wirkte im Trierer Raum an der Schwelle vom 16. zum 17. Jahrhundert. Er ist damit Vertreter einer Epoche, in der sich in Folge der Reformation die Konfessionen ausbilden. In dieser nachtridentinischen Zeit, die im Zeitraum zwischen 1600 und 1770 als Barock[7] bezeichnet wird, betätigen sich insbesondere die Jesuiten als wichtige Träger der Katholischen Reform. Leitend ist die Vertiefung und Verteidigung

---

6 In Auswahl: K. Jakobs, Am Brunnen des Lebens. Gesammelte Sonntags-Aufsätze des verstorbenen Pastor Jakobs aus Mülheim-Ruhr, Oberhausen/Rhld. 1932; ders., „Ihr seid Christi Leib!". Ein Buch von unserer Erlösung, hg. v. W. Cleven, Leutesdorf am Rhein 1933; ders., Von der Luft, die wir atmen. Und andere Betrachtungen zur Gestaltung des christlichen Alltags, München 1935; ders., Das Haus Gottes. Ein Buch vom geistigen Bau der Kirche und der Pfarre, hg. v. J. Heinrichsbauer, Essen 1939.
7 Vgl. J. Bärsch, Spirituelle Akzente im gottesdienstlichen Leben der Barockzeit. Liturgiehistorische Anmerkungen zum Verhältnis von Liturgie und Frömmigkeit am Beispiel der Eichstätter Diözesanritualien, in: Theologie der Spiritualität – Spiritualität der Theologie(n). Eine fächerübergreifende Grundlagenstudie (Eichstätter Studien 57), Regensburg 2007, 125–141, hier 126; W. W. Schnabel, Was ist Barock? Zum Geltungsbereich des literaturwissenschaftlichen Epochenschlagworts und Periodisierungskonstrukts, in: D. Weiß (Hg.), Barock in Franken, Dettelbach 2004, 47–80.

der eigenen konfessionellen Überzeugungen und die Festigung des katholischen Glaubens durch Bildung und Missionstätigkeit.[8]

Die katholische Kirche konnte sich zwar im Trierer Land gegen die Reformatoren behaupten. Dennoch versuchten die Trierer Bischöfe mit der Ansiedelung der Jesuiten in Trier, dem reformatorischen Gedankengut entgegenzutreten und das konfessionelle Bewusstsein im Volk zu stärken. Durch die umfangreiche Bildungsarbeit der Jesuiten an der Universität, durch die Einrichtung von Schulen, durch Predigttätigkeit an wichtigen Kirchen und durch Volksmissionen sollte die Bevölkerung im katholischen Glauben gestärkt werden.[9]

Es ist nicht verwunderlich, dass Katechismen für die Reformation und Gegenreformation ein besonderes Gewicht besaßen.[10] Sie waren ein

---

8  Vgl. zum Themenfeld: M. H. Jung, Reformation und Konfessionelles Zeitalter (1517–1648), Göttingen 2012; W. Brückner, Gibt es eine fränkische Barockfrömmigkeit, in: D. Weiß (Hg.), Barock in Franken, Dettelbach 2004, 243–253, bes. 243–245.251–253; ders., Konfessionsfrömmigkeit zwischen Trienter Konzil und kirchlicher Aufklärung in Unterfranken, in: ders., Frömmigkeit und Konfession. Verstehensprobleme, Denkformen, Lebenspraxis (Veröffentlichungen zur Volkskunde und Kulturgeschichte 86), Würzburg 2000, 324–382 (Erstveröffentlichung 1999); ders., Zum Wandel der religiösen Kultur im 18. Jahrhundert. Einkreisungsversuche des „Barockfrommen" zwischen Mittelalter und Massenmissionierung, in: ders., Frömmigkeit und Konfession. Verstehensprobleme, Denkformen, Lebenspraxis (Veröffentlichungen zur Volkskunde und Kulturgeschichte 86), Würzburg 2000, 411–430 (Erstveröffentlichung 1982).
9  Vgl. Bischöfliches Dom- und Diözesanmuseum Tier/Bibliothek des Bischöflichen Priesterseminars Trier (Hg.), Für Gott und die Menschen. Die Gesellschaft Jesu und ihr Wirken im Erzbistum Trier. Katalog-Handbuch zur Ausstellung Bischöflichen Dom- und Diözesanmuseum Trier. 11. September 1991–21. Oktober 1991 (Quellen und Abhandlungen zur mittelrheinischen Kirchengeschichte 66), Mainz 1991; B. Schneider (Hg.), Geschichte des Bistums Trier. Bd. 3. Kirchenreform und Konfessionsstaat (1500–1801) (Veröffentlichungen des Bistumsarchivs Trier 37), Trier 2010, bes. 240–250.388–403.412–423 u. ö.; J. Marx, Geschichte des Erzstifts Trier. Als Kurfürstentum und Erzdiözese von den ältesten Zeiten bis zum Jahre 1816. Bd. 1.2, Aalen 1969 (Nachdruck von 1859), 468–493; ders., Geschichte des Erzstifts Trier. Als Kurfürstentum und Erzdiözese von den ältesten Zeiten bis zum Jahre 1816. Bd. 2.2, Aalen 1970 (Nachdruck von 1862), 500–538.
10  Vgl. M. H. Jung, Reformation und Konfessionelles Zeitalter (1517–1648) Göttingen 2012, 43.102.221. Zur Entwicklung der neuzeitlichen Katechismen im Kontext von Reformation und Gegenreformation insgesamt vgl. P. Walter, Der Catechismus Romanus. Seine Entstehung und seine Stellung im Rahmen der Katechismen des 16. Jahrhunderts, in: epd Dokumentation 39 (2012) 42–49; G. Bellinger, Der Catechismus Romanus und die Reformation. Die katechetische Antwort des Trienter Konzils auf die Haupt-Katechismen der Reformatoren, Paderborn 1970. Zu Katechismen im Mittelalter siehe exemplarisch die sprachwissenschaftliche Arbeit von E. Weidenhiller, Untersuchungen zur deutschsprachigen katechetischen Literatur des späten Mittelal-

hervorragendes Mittel, um die eigenen Überzeugungen einem größeren (Leser-)Kreis darzulegen. Für den umtriebigen Volksmissionar Cusanus stellt die „Christliche Zuchtschul" eine Verlängerung und Vertiefung seines katechetischen Wirkens im Rahmen von Volksmissionen und Predigttätigkeit dar. Er verfasste sein Hausbuch im Anschluss an die Katechismustradition[11] seiner Zeit, setzt jedoch eigene Akzente.

Die „Christliche Zuchtschul" beschäftigt sich im Frage-Antwort-Stil mit einer Vielzahl von Themen, die sowohl Fragen des Glaubens als auch des sittlichen Lebens der ständischen Gesellschaft behandeln. Darüber hinaus nimmt die Feier des Gottesdienstes eine wichtige Rolle in seinen Darlegungen ein. An mehreren Stellen wendet sich Nicolaus Cusanus dem Sakrament der Eucharistie zu.[12] An dieser Stelle soll lediglich ein Ausschnitt der Ausführungen zur Eucharistie besprochen werden.

### 1.1 Die Eucharistie im Allgemeinen

Nach einer kurzen Hinführung über den Nutzen der Eucharistie fragt Cusanus allgemein:

„11. Was ist im H. Sakrament deß Altars/oder in der H. Hosti?
Christus selbst der im Himmel ist.
12. Ist derselb auch im H. Kelch/oder allein sein Blut?
Christus ist auch ganz darinn.
13. Muß man auch Christum in der H. Hosti und Kelch ehren und anbetten?
Ja freylich/eben so wol als im Himmel/dann es ist derselb Christus.
14. Ist Christus auch im Wein/den man nach der H. Communion gibt?
Nein/sonder das ist allein Wein/dann es werden die H. Wort der Wandlung darüber nit gesprochen.
15. Warumb gibt man dann den Wein zutrincken?

---

ters. Nach den Handschriften der Bayerischen Staatsbibliothek (Münchener Texte und Untersuchungen zur Deutschen Literatur des Mittelalters 10), München 1965.
11   Vgl. G. Bellinger, Art. „Katechismus. II. Geschichte", in: LThK 5 (2006) 1312–1315.
12   In Teil 1 „Der Catechismus mit seiner Außlegung", dort „4. Von den heyligen Sacramenten" (CZ 21–28). In Teil 2 „Von denen Dingen so den Gottesdienst und Liebe deß Nächsten angehet", dort „5. Wie man das Ampt der H. Meß mit Andacht soll hören" (CZ 45–48). In Teil 4 „Von den H. Sakramenten", dort „1. Cap. Von den H. Sacramenten in gemein" und „4. Von der H. Communion" (CZ 267–279). In Teil 6 „Wegzeyger deß wahren und allein Seeligmachenden Glaubens", dort „2. Vom H. Sacrament deß Altars", „3. Von der H. Communion unter einer Gestaltt" und „4. Von der H. Meß" (CZ 566–600).

Allein darumb/damit die H. Hosti füglicher könne genossen werden.

16. Warumb empfahet man das H. Sacrament?

1. Daß man an das Leyden Christi dencke. 2. Daß man sein Seel speise/und Gnad erlange.

17. Was wird erfordert daß man es würdig empfahe/und Gnad erlange?

Daß man zuvor alle seine Todtsünd recht beichte: Sonsten sündigt man tödtlich."[13]

Cusanus wendet sich den bei der Messfeier verwendeten Elementen Brot und Wein zu. Er bestimmt dabei die Hostie und den Wein als eucharistische Gestalten, in denen getreu der Konkomitanz-Lehre des Konzils von Trient jeweils der ganze Christus gegenwärtig ist.[14] Hiervon ausgehend richtet er den Blick auf die Verehrung Christi, die sich in der Anbetung sowohl des eucharistischen Brotes als auch des eucharistischen Weines äußern soll. Cusanus versucht damit die eucharistische Frömmigkeit zu stärken, die seit dem Frühmittelalter vor allem als Schaufrömmigkeit gefördert wurde. Insbesondere der Elevation bei der Messe kam hierbei eine besondere Bedeutung zu, worauf Cusanus vermutlich anspielt, da eine Verehrung des Kelches mit dem eucharistischen Wein außerhalb der Messe keine Rolle spielte.[15] Die Betonung der Verehrung Christi im Kelch führt in der Zuchtschul sogleich zu der Frage nach der Bedeutung des Weines, der damals üblicherweise bei der Kommunion der Hostie gereicht wird. Dieser Ablutionswein diente dem Spülen des Mundes nach dem Kommunionempfang, um zu verhindern, dass Partikel der Kommunion im Mund verblieben. Die Reichung des Ablutionsweines kann zudem als Ersatz für die verlorengegangene Kelchkommunion angesehen werden. Diese seit dem 13. Jahrhundert allgemein übliche Praxis ist in deutschen Katechismen bis ins 18. Jahrhundert hinein belegt.[16] Dass sich gleich zwei Fragen bei Cusanus mit dieser Thematik beschäftigen, zeigt, dass die geübte Form der Kelchreichung in der Praxis nicht eindeutig von der seit dem Hochmittelalter weithin nicht mehr praktizierten und durch das Konzil von Trient nachdrücklich untersagten Form der Kelchkommunion für Laien zu unterscheiden war. Die Ausführungen der Zuchtschul

---

13 CZ 23.

14 Vgl. DH 1640 f., 1729 u. ö.

15 Vgl. D. Burkard, Nähe und Distanz. Eucharistische Frömmigkeit im Mittelalter, in: W. Haunerland (Hg.), Mehr als Brot und Wein. Theologische Kontexte der Eucharistie, Würzburg 2005, 73–96, hier 83–85.

16 Vgl. J. A. Jungmann, Missarum Sollemnia. Eine genetische Erklärung der römischen Messe, Bd. 2, Freiburg–Basel–Wien $^5$1962, 510–520, bes. 513 f.; J. Baur, Art. „Ablutionswein", in: LThK² 1 (1957) 55.

sollen den Leser zur Unterscheidung von eucharistischen und nichteucharistischen Gestalten des Weines anleiten. Die Differenzierung wird nicht nur behauptet, sondern auch theologisch begründet.

Der Kommunionempfang, der jedoch nicht ohne weiteres als Bestandteil der Messe verstanden wird, wird inhaltlich gefüllt mit dem Bezug auf das Leiden Christi: Durch das Kommunizieren wird man in gewisser Weise mit dem Kreuzesgeschehen verbunden und kann sich hierdurch einer besonderen Form der Gnade versichern. Die hiermit implizit angesprochene – wie wir heute sagen würden – Vergegenwärtigung des Pascha-Mysteriums wird weniger an die Feier der Eucharistie selbst angebunden als an den Empfang des Sakramentes. Zugleich ist dieser Empfang an eine bestimmte Disposition gekoppelt: den würdigen Empfang, der gegebenenfalls durch die Beichte der Todsünden vorbereitet wird. Insgesamt bemerkenswert ist, dass die Kommunion losgelöst von der Feier der Eucharistie besprochen wird, was der damaligen Praxis und auch der thematischen Gliederung der Beschlüsse des Konzils von Trient entspricht.[17]

## 1.2 Die Messe hören

Die Feier der Eucharistie thematisiert Cusanus an anderer Stelle. In dem Kapitel „Wie man das Ampt der H. Meß mit Andacht soll hören" spricht er das Verhalten der Gläubigen an, wenn sie einer durch den Priester vollzogenen Messfeier hörend beiwohnen:

„1. Welches ist eins auß den fürnemsten guten Wercken/so Gott am meisten gefallen/und den Menschen am nützlichsten seyn?

Das Ampt der H. Meß mit Andacht hören. Dann darinn wird 1. Gott dem Vatter Christus sein einiger Sohn selbst zu einem Opffer auffgeopffert. 2. In derselben wird das Leyden und Sterben Christ vorgebildet.

2. Was für Nutzen schöpffet man auß Anhörung der H. Meß?

1. Es werden die läßliche Sünden vergeben/und die Todtsünd leichtlicher vermitten. 2. Wird erhalten/die Gnad Gottseelig zuleben. 3. Alle Geschäfften und Werck gehen besser und glücklicher ab. 4. Vil Übels und Unglücks/so ohne die Meß würde begegnen/wird abgewendt: und andere dergleichen mehr.

---

17 Die Konzilsväter behandeln Messe und Kommunion nicht zusammenhängend, sondern an verschiedenen Stellen: Dekret über die Eucharistie vom 11.10.1551 (DH 1635–1661); Lehre und Kanones über die Kommunion vom 16.07.1562 (DH 1725–1734); Lehre und Kanones über das Meßopfer vom 17.09.1562 (DH 1738–1760).

3. Ist es dann auch nützlich deß Wercktags die H. Meß hören?

Gantz und gar/wanns einigerley weiß geschehen kann. Ja wann man Geschäfften halben erwann hinkäme/und allda/oder auff dem Weg Meß gehalten wurde/soll man die Geschäfften so lang auffschieben/und der Meß beywohnen."[18]

In einer ersten Hinführung versucht Cusanus die Messe für den Leser zu erschließen, indem er auf den Nutzen und die Sinnhaftigkeit der Feier eingeht. Zunächst weist er in enger Anbindung an die Aussagen des Konzils von Trient auf die inhaltliche Bestimmung der Messe hin, die er als Opfer beschreibt und vom Kreuzesgeschehen her versteht.[19] Im Hinblick auf den Nutzen der Messe verdeutlicht er den sündenvergebenden Charakter der Feier allein durch das Anhören der Messe, freilich bezogen auf die lässlichen Sünden. Bezüglich der schweren Sünden weist er auf die vorbeugende Wirkung des Messehörens hin. Auch hier greift er die Aussagen des Konzils von Trient auf, das von der stärkenden Kraft der Eucharistie als geistliche Speise spricht.[20] Cusanus sieht diese Wirkung nicht nur durch den Empfang des Sakramentes gegeben, sondern durch das bloße andächtige Hören der Messe. Er geht noch einen Schritt weiter und versucht seine Leser nicht nur von den geistigen Wirkungen zu überzeugen. Das Anhören der Messe birgt für ihn noch weitere lebensdienliche Aspekte. Er stellt in Aussicht, dass viele Aktivitäten des Alltags besser verlaufen und Schaden abgewendet werde;[21] ein Moment, das vom Römischen Katechismus so nicht genannt wird. Wenn in der Alten Kirche von der Eucharistie als Arznei der Unsterblichkeit die Rede ist, klingen ähnliche Vorstellungen an, beziehen sich allerdings auf die sakramentale Kommunion.[22] Bei Cusanus spiegelt sich die – von Franz so bezeichnete – „mittelalterliche Neigung zum Wunderbaren" wider, wonach die „Früchte der Messe" der „bloßen andächtigen Anhörung der Messe" entspringen.[23]

Ein besonderes Augenmerk richtet Cusanus auf das andächtige Hören der Messe und gibt dazu konkrete praktische Hinweise:

„4. Wie soll man die H. Meß mit Andacht anhören?

---

18 CZ 43f.
19 Vgl. DH 1740–1743.
20 Vgl. DH 1638.
21 Vgl. A. Franz, Die Messe im deutschen Mittelalter. Beiträge zur Geschichte der Liturgie und religiösen Volkslebens, Freiburg 1902, 3–114.
22 Vgl. W. R. Schoedel, Die Briefe des Ignatius von Antiochien. Ein Kommentar, München 1990, 56f.174–177.
23 Vgl. A. Franz, Die Messe im deutschen Mittelalter 36.

Wanns geschehen kann/auff den Knyen sitzen und embsig betten/ oder sonst etwas von dem Leyden Christi betrachten.

Da man die Meß anfangt/soll man zugleich mit dem Priester ein Creutz machen/unnd Rew erwecken wie oben am 25. oder die gemeine Beicht sagen.

Zum Evangelio soll man auffrecht stehen/und mit dem Daumen an die Stirn/Mund und Brust das Zeichen deß H. Creutzes machen.

Zum Sanctus soll man dem himmlischen Vatter Christum seinen Sohn also auffopffern: O himmlischer Vatter/ich opffere dir Christum deinen lieben Sohn im H. Sacrament. 1. Zu deiner Ehr. 2. Zur Dancksagung für alle deine Wolthaten/so du mir erzeiget hast. 3. Für mich/meine Eltern/Kinder/Brüder/Schwerstern/Freund/Wohlthäter/und für alle/denen ich verpflicht bin: Auff daß du uns unsere Sünde verzeihest/und Gnad gebest allezeit ohne Todtsünd zuleben: der Kirchen unn Gemeinden in allem Anligen beystehest/all Sünder bekehrest/unn allen glaubigen Seelen die ewige Ruhe veryhest/etc.

So jemand andere Beschwernis hätte/solle er auch für dieselbe Christum mit grossem Vertrawen auffopffern: Auff dieselbe weis sollen die/so in der Meß nicht seynd/Christus auffopffern/und was folget halten: Dann wegen der abwesenden leuttet man. Und darumb soll man allenthalben zu dem Sanctus leutten.

Als man die H. Hostie auffhebt/solle man gedencken/daß Christus warhaftig allda gegenwertig sey/und ihn (als wann er jetzt am Kreuz erhebt würde) mit grosser Demut und Andacht anbetten/und sprechen zum wenigsten: O gekreutzigter HErr JEsu, ich bitte dich/daß dein bitter Todt und Leyden/an mir armen Sünder nicht verlohren werde.

Wann man den Kelch auffhebt/solle man auch gedencken/daß Christus warhafftig im H. Kelch sey/und ihn mit grosser Demuth und Andacht anbetten/und zum wenigsten sagen: O lebendiges Blut/so für mich am Stammen deß H. Kreutzes bist vergossen worden/reinige/heylige und bewahre meine Seel zum ewigen Leben/Amen.

Zum Agnus Dei soll man sich bereiten zur geistlichen Communion/ und solches nimmer underlassen."[24]

Mit dieser kurzen Anleitung versucht Cusanus, eine äußerliche und innerliche Verbindung der Anwesenden zur Messe herzustellen. Die Beschreibung lehnt sich an den Ritus servandus des Missale Romanum 1570[25]

---

24 CZ 45–47.
25 Für eine eingehendere Studie ist hierbei das Trierer Diözesanmissale *Missale Trevirense* 1608 im Blick zu behalten. Vgl. A. Heinz, Das liturgische Leben der Trieri-

an, der allerdings nur den Priester und nicht die Gläubigen im Blick hat. Für die Gläubigen ist dort außer beim Evangelium eine kniende Haltung vorgesehen.[26] Die Adressaten werden nicht direkt als Mitfeiernde der Messe verstanden. Sie sollen sich jedoch dem Geschehen am Altar anschließen, indem sie sich parallel zum Handlungsablauf der Messe persönlichen Gebeten widmen und auch bestimmte Körperhaltungen einnehmen. Thematisch stehen das Gedächtnis des Leidens Christi,[27] Bekenntnis und Reue der eigenen Sünden sowie die Gegenwart Christi in der Eucharistie im Fokus. Dies zielt auf die Kommunion, die jedoch lediglich als geistliche Kommunion angesprochen wird. Ein besonderes Schwergewicht legt er auf den Mitvollzug des eucharistischen Geschehens im Canon, bei dem unter Rekurs auf den Terminus „aufopfern" die Mithineinnahme der eigenen und auch fremden Anliegen in das Opfer Christi angezielt ist. Cusanus verortet diese verdichtete Andacht beim Sanctus und bei der Elevation, die vielfach als Höhepunkt des eucharistischen Geschehens erlebt wurde.[28] Dass Cusanus Wert darauf legt, dass die Gläubigen die Messe mit Andacht

---

schen Kirche zwischen Reformation und Säkularisation, in: B. Schneider (Hg.), Geschichte des Bistums Trier. Bd. 3. Kirchenreform und Konfessionsstaat (1500–1801) (Veröffentlichungen des Bistumsarchivs Trier 37), Trier 2010, 267–322, bes. 271–273. Heinz berichtet von einer abweichenden Praxis, die der Bischof des Trierer Suffraganbistums Verdun, Nikolaus Psalmaeus (1516–1575), notiert. Dieser macht 1563 bei einem Messbesuch in Wittlich einige Beobachtungen, die er in seinem Tagebuch festhält. Nur wenige Gläubige blieben bis zum Ende der Messe, ein erster Teil verließ nach der Elevation bei den Einsetzungsworten die Kirche, ein anderer Teil nach einer zweiten Elevation bei der Doxologie. Heinz vermutet eine Frömmigkeit, die allein auf die „heilbringende Schau" des Sakramentes ausgerichtet ist (vgl. 275). Die Aufzeichnungen des Bischofs werden beschrieben in: B. Fischer, Ein Sonntagshochamt vor 400 Jahren (Wittlich 1563), in: TThZ 66 (1957) 168–176.

26   Vgl. H. B. Meyer, Eucharistie. Geschichte, Theologie, Pastoral (Gottesdienst der Kirche 4), Regensburg 1989, 291. Heinz rechnet dagegen damit, dass die Gläubigen des Trierer Landes in der Regel der Messe stehend beiwohnten, weil Kirchstühle nicht in ausreichendem Maß zur Verfügung standen. Das Knien bei der Messe wurde jedoch mehr und mehr gefördert und eingeschärft. Vgl. A. Heinz, Das liturgische Leben der Trierischen Kirche zwischen Reformation und Säkularisation, in: B. Schneider (Hg.), Geschichte des Bistums Trier. Bd. 3. Kirchenreform und Konfessionsstaat (1500–1801), 289–291; ders., Die sonn- und feiertägliche Pfarrmesse im Landkapitel Bitburg-Kyllburg der alten Erzdiözese Trier von der Mitte des 18. bis zur Mitte des 19. Jahrhunderts (Trierer Theologische Studien 34), Trier 1978, 85–89.

27   Vgl. A. Franz, Die Messe im deutschen Mittelalter. Beiträge zur Geschichte der Liturgie und religiösen Volkslebens, Freiburg 1902, 26. Franz kann sagen: „Den Kern aller Anleitungen für das Messehören bildet die Ermahnung zur Betrachtung des Leidens Christi […]"

28   Vgl. D. Burkard, Nähe und Distanz 84.

hören, ist nach Franz eine allgemeine Forderung. Eine rein körperliche Anwesenheit während der Messe erfüllt demnach nicht die Sonntagspflicht. Weil eine „andächtige Beiwohnung und eine ehrerbietige Haltung"[29] gefordert wurde, musste das katechetische Engagement darauf hinwirken.

## 1.3 Von der Kommunion

Zwar empfiehlt das Konzil von Trient die Kommunion der Gläubigen in der Messe,[30] doch zeigt sich bei Cusanus die allgemein geübte Praxis, dass die Eucharistie nur außerhalb der Messe gereicht wird. Gleichzeitig ist im Blick zu behalten, dass die Kommunionhäufigkeit insgesamt seit dem 4. Jahrhundert stark rückläufig war, wobei die schauende Verehrung der Eucharistie seit dem 12. Jahrhundert stark zugenommen hat und insbesondere im Hochmittelalter sehr ausgeprägt war.[31] Während der Messe kommunizierte lediglich der Priester auf sakramentale Weise. Daher erläutert Cusanus die Art und Weise der geistlichen Kommunion:

„5. Wie kann man geistlicher weis communicieren?

Man soll in seinem Hertzen grosse Begierd erwecken/Christum im H. Sacrament zu empfahen/und ihn auß grund deß Hertzens also anreden: O mein süsser Jesu/köndte ich dich jetzund im H. Sacrament auch empfahen: Dann ich liebe dich O unendliche Gütigkeit von gantzdem Hertzen über alle Ding/und wollte dich gern in meinem Leib bey mir haben/aber jedoch erkenne ich mich dessen unwürdig meiner Sünden halben/die mich von Hertzen gereuwen/weil ich dardurch diech meinen lieben Vatter erzürnet habe/und nimme mir vestiglich für mein Leben zubesseren: Dieweil du aber mir gleiche Gnad verleyhn kanst/ob ich dich schon würcklich nit empfahe/so bitte ich dich gantz demütiglich/du wöllest durch den Mund deß Priesters in meine Seel kommen/und ihr deine Gaben und Gnaden mittheylen.

Zum Domine non sum dignus, etc.

Solle man sich warhafftig unwürdig achten Christum im Sacrament zu empfahen/und sampt dem Priester mit grosser Demuth an seine Brust schlagen/und sagen: Herr ich bin nicht würdig/daß du kommest under mein Dach/etc. Und wann der Priester das H. Sacrament niesset/soll man grosse Andacht erwecken/und gedencken daß man auch zugleich Chris-

---

29  A. Franz, Die Messe im deutschen Mittelalter 19.
30  Vgl. DH 1747.
31  Vgl. D. Burkard, Nähe und Distanz 87–92.

tum empfahe. Durch solche geistliche Communion/wann es mit grosser Andacht geschieht/erlangt man bißweilen so grosse Gnad/als hätte man warhafftig communiciert.

Zum Ende der H. Meß/solle man den Segen mit gebognen Knyen und inbrünstiger Andacht empfahen/als würde er von Christo selbst gegeben/ und sich zugleich segnen."[32]

Cusanus gibt auch hier Hilfestellungen und schlägt Gebete vor, die eng auf das liturgische Geschehen Bezug nehmen. Zur Kommunion wird die Sehnsucht nach dem sakramentalen Kommunionempfang geweckt, auch wenn dies an dieser Stelle aufgrund der Entkoppelung von Eucharistiefeier und Gläubigenkommunion nicht praktiziert wird. Die volle Form des Kommunizierens wird zwar intentional angezielt, die geistliche Kommunion jedoch kaum als defizitär dargestellt. Cusanus ist hier weniger an einer kritischen Reflexion der Praxis interessiert, sondern vor allem an der Hinführung zum fruchtbaren Vollzug der Gläubigen an der üblichen Feierform. Es geht ihm um die Verinnerlichung des liturgischen Vollzugs, an dem die Anwesenden visuell und auditiv Anteil nehmen können. Er fördert dies durch vorformulierte Texte, die unmittelbar während der Messe Verwendung finden können. Die angezielte geistliche Fruchtbarmachung führt er fort, indem er den Blick auch auf möglicherweise nicht anwesende Angehörige lenkt:

„6. Ist es auch nützlich in Anligen und Nöhten für sich/oder die Seinigen lassen Meß halten?

Gantz und gar/dann vilen ist dardurch wunderbarlich geholffen worden."[33]

Auf den Empfang der sakramentalen Kommunion kommt Cusanus im 4. Teil seiner Zuchtschul zu sprechen. Im 4. Kapitel „Von der H. Communion" geht er zunächst auf die rechte Disposition und eine gute Vorbereitung auf den Kommunionempfang ein.[34] In diesem Zusammenhang erläutert er einige kasuistische Fragestellungen vor allem im Hinblick auf mögliche Todsünden, aber auch hinsichtlich konkreter Vorschläge für einen andächtigen Empfang. Zwar stellt er nicht den Ritus der Kommunionspendung vor, doch bietet er ein ausführliches Vorbereitungsgebet, das an den in der Eucharistie gegenwärtigen Christus gerichtet ist.[35] Es folgen konkrete Ausführungshinweise für den Empfang der Kommunion, wie

---

32  CZ 47 f.
33  CZ 48.
34  Vgl. ebd. 267–269.
35  Vgl. ebd. 270 f.

z. B. Niederknien, Öffnung des Mundes usw., und ein Gebet nach der Kommunion.[36] Er erwähnt auch das Verhalten des Kommunikanten am Tag des Kommunionempfanges. Dieses soll durch Gebet, Kirchgang, andächtige Gespräche, gute Werke usw. geprägt sein.[37] Cusanus verbindet so katechetisches Wissen mit praktischen Hinweisen für die Liturgie und deren Auswirkungen auf das Leben.

### 1.4 Beobachtungen

Insgesamt ist bei Nicolaus Cusanus SJ das Bemühen um eine fruchtbare Teilnahme an der Liturgie zu spüren. Es geht ihm weniger um theologische Reflexion, sondern vor allem um die Darstellung der kirchlichen Lehre und deren konkrete Umsetzung. Systematisch – gemäß dem Aufbau der „Christlichen Zuchtschul" – geht er die einzelnen Fragen an. Inhaltlich führt er jedoch zusammenhängend erscheinende Abschnitte an verschiedenen Stellen im Buch aus. Messe und Kommunion werden getrennt dargestellt. Der integrale Zusammenhang wird lediglich über die geistliche Kommunion zum Ausdruck gebracht. Damit greift Cusanus die faktische Situation auf und versucht diese plausibel zu machen. Die Leser sollen mit der bestehenden Praxis umgehen und diese für ihr Leben fruchtbar machen können. Die katechetischen Bemühungen zielen auf eine bessere Mitfeier in der bestehenden Ordnung und bergen kaum kritisches Potential im Hinblick auf eine Veränderung der Praxis. Der Leser soll in die Lage versetzt werden, die bestehende Praxis auf dem Hintergrund der kirchlichen Lehre zu erläutern.

## 2. Pastor Konrad Jakobs (1874–1931) und seine Schriften

Pastor Konrad Jakobs[38] wurde am 28. Dezember 1874 in Theberath bei Heinsberg in der Nähe der niederländischen Grenze im Übergangsland zwischen Maas und Ruhr als drittes Kind der Eltern Sibylla und Gerhard geboren. Weil die beiden älteren Geschwister kurz nach ihrer Geburt ver-

---

36 Vgl. ebd. 271–275.
37 Vgl. ebd. 275 f.
38 Zur Person siehe vor allem: M. V. Hopmann, Pastor Jakobs, Freiburg 1955.

starben, war Konrad Jakobs der älteste Sohn der Familie.[39] Bereits während der Schulzeit wurde seine Begabung zum „Volksredner" wahrgenommen.[40] Er wuchs in bescheidenen Verhältnissen auf. An der Bonner Katholisch-Theologischen Fakultät und später im Kölner Priesterseminar erhielt er seine grundlegende theologische Bildung.[41] Schließlich wurde er am 31. März 1900[42] zum Priester geweiht wurde und kam als Kaplan nach Essen und Köln.[43]

1919 wechselte er nach Mülheim/Ruhr und wurde Pfarrer von Mariae Geburt.[44] Mit großem Einsatz widmete er sich 1928/1929 dem Bau der neuen, von Emil Fahrenkamp geplanten Pfarrkirche, die ihm auch immer wieder Anlass war, auf den Zusammenhang von Gemeindeaufbau und Gottesdienst einzugehen. Ab 1924 kam er verstärkt mit der Liturgischen Bewegung mit dem regionalen Zentrum Maria Laach in Kontakt.[45] Bekannt wurde er durch Vorträge und Publikationen, wie z. B. die Sonntagsaufsätze in der „Mülheimer Volkszeitung" oder im Kirchenblatt der Pfarrei Mariae Geburt. Er starb am 24. Dezember 1931 in Mülheim/Ruhr.

Pastor Jakobs stellt keine systematisch gegliederte Eucharistielehre vor. Vielmehr versucht er in der Vielzahl seiner Beiträge kleine und anschauliche Bausteine für das Verständnis der Eucharistie und der Kommunion zu

---

39 Vgl. ebd. 8.
40 Vgl. ebd. 14.
41 Am Kölner Priesterseminar lehrten zur Zeit von Jakobs: Prof. Dr. Christian Berrenrath (Dogmatik und Moral), Prof. Dr. Franz Peter Witteler (Kirchenrecht, ab 1899 Liturgik), Prof. Dr. Joseph Heinrich Peter Vogt (ab 1899 Kirchenrecht), P. Carl. Christian Stephan Beißel SJ (Spiritual). Vgl. N. Trippen, IV. Das Seminar im Kaiserreich (1886–1918), in: ders.(Hg.), Das Kölner Priesterseminar im 19. und 20. Jahrhundert (Studien zur Kölner Kirchengeschichte 23), Siegburg 1988, 117–133, hier 126.
42 Für das Erzbistum Köln wurden im Jahr 1900 insgesamt 92 Männer zu Priestern geweiht, womit ein Höchststand erreicht wurde. Weder in den Vor- noch Nachjahren wurden höhere Zahlen erreicht. Vgl. E. Gatz, Priesterausbildungsstätten der deutschsprachigen Länder zwischen Aufklärung und Zweitem Vatikanischem Konzil mit Weihestatistiken der deutschsprachigen Diözesen, Freiburg–Basel–Wien 1998, 257.
43 Vgl. M. V. Hopmann, Pastor Jakobs 21–23.
44 Vgl. ebd. 38–43.
45 Vgl. ebd. 63–65. In diese Zeit fällt auch ein besonderer literarischer Impuls: Bei einem Kuraufenthalt in Wolbeck 1924 liest Jakobs das Buch „Eucharistia" von Josef Kramp, das ihn theologisch nachhaltig prägt: J. Kramp, Eucharistia. Von ihrem Wesen und ihrem Kult, Freiburg ³1926. Vgl. T. Maas-Ewerd, Liturgie und Pfarrei. Einfluß der Liturgischen Erneuerung auf Leben und Verständnis der Pfarrei im deutschen Sprachgebiet, Paderborn 1969, 76–85; J. Bärsch, Pastor Konrad Jakobs (1874–1931). Seelsorge aus dem Geist der Liturgie, in: A. Pothmann/R. Haas (Hg.), Christen an der Ruhr. Bd. 1, Bottrop–Essen 1998, 150–164, hier 155–159.

liefern. Die Einlassungen sind jeweils eigenständige Gedanken, die auf die Vertiefung des christlichen Lebens zielen und an dieser Stelle ihre Schnittpunkte aufweisen.

## 2.1 Zur Eucharistie im Allgemeinen

Gedanklich nähert er sich dem Verhältnis des Christen zur Eucharistie, das er zum ersten Osterfest in der neuen Kirche seiner Mülheimer Pfarrei entfaltet:

„Das Verhältnis einer Gemeinde und des Christen zur heiligen Messe ist wahrhaft ihr Verhältnis zu Christus. Unsere neue Kirche will eine Meßkirche sein: darin liegt auch ihre Einladung zum Opfermahl der heiligen Kommunion. Das ist ein großer Osterwunsch der Seelsorger: kommt als Mitpriester zur heiligen Messe und an den Tisch des Herrn!"[46]

Jakobs versteht es, die Bedeutung der Eucharistie für das christliche Leben zu erschließen. Er betont die christozentrische Bestimmung der Eucharistie und kann von daher auch die Beziehung des Christen zu Christus verdeutlichen. Es klingen Vorstellungen an, die bereits bei Augustinus präsent sind, wenn dieser auf „das Leib-Christi-Werden der Gemeinde"[47] Wert legt. Theologiegeschichtlich zeigt sich, dass Jakobs die Leib-Christi-Metapher gegenüber einer von katholischer Seite bis nach dem Ersten Vatikanischen Konzil geübten Zurückhaltung stark macht. Für den deutschsprachigen Raum ist der Einfluss der Tübinger Schule[48] zu nennen, aber auch gesamtkirchlich – bis hin zur Enzyklika Mystici corporis von Pius XII. – gewann die Rede vom Leib Christi in der ersten Hälfte des 20. Jahrhunderts eine größere Bedeutung.[49] Jakobs sieht das Geschehen der Liturgie eng mit dem Tun der Mitfeiernden verbunden.

---

46 K. Jakobs, Das Haus Gottes. Ein Buch vom geistigen Bau der Kirche und der Pfarre, hg. v. J. Heinrichsbauer, Essen 1939, 59. (31.3.1929 – vermutlich Predigt)
47 F.-J. Nocke, K. Spezielle Sakramentenlehre, in: T. Schneider (Hg.), Handbuch der Dogmatik 2, Düsseldorf 2000, 226–376, hier 298. – Augustinus führt dies z.B. in Sermo 272 aus.
48 Vgl. zur Tübinger Schule insgesamt: S. Warthmann, Die Katholische Tübinger Schule. Zur Geschichte ihrer Wahrnehmung (Contubernium 75), Stuttgart 2011.
49 Vgl. H. Jorissen, Art. „Leib Christi. II. Systematisch-theologisch", in: LThK 6 (1997) 771–773, 772; B. Wendel, Die Liturgie-Enzyklika „Mediator Dei" vom 20. November 1947. Zur liturgisch-zeitgeschichtlichen und theologischen Bedeutung einer lehramtlichen Äußerung Papst Pius' XII. (1939–1958) über den Gottesdienst der Kirche (Theorie und Forschung – Theologie 45), Regensburg 2004.

Er geht sogar so weit, für die Mitfeiernden die Bezeichnung „Mitpriester" zu verwenden. Auf diese Weise stellt er die Bedeutung der aktiven Mitfeier heraus und geht terminologisch und theologisch deutlich über jene Ansätze hinaus, die die Liturgie als Handeln des geweihten Amtsträgers verstehen.

Die Einladung, an den Tisch des Herrn zu treten, ist ein wiederkehrendes Motiv bei Pastor Jakobs. Seine Kommunionfrömmigkeit entwickelt sich mehr und mehr zu einer Messfrömmigkeit.[50] Es ist ihm ein besonderes Anliegen, die Gläubigen zum Mitvollzug des eucharistischen Opfers anzuleiten, d. h. dass diese nicht nur die Eucharistie empfangen, sondern der Empfang als Frucht der gemeinsamen Feier verstanden wird. Ebenso hebt er auch das Zusammenwirken von Priester und Gemeinde bei der Messfeier hervor:

„Das Volk, das diesen Altar umsteht und mit dem Priester die heiligen Geheimnisse auch als sein Opfer feiert, ist ebenfalls eingefügt in Christi Tun. Durch die heilige Firmung ist es teilhaftig geworden des Priestertums Jesu Christi und übt dieses Priestertum aus in Verbindung mit dem geweihten Priestertum der Kirche: Priesterweihe und Firmung stehen in lebendiger Beziehung und Ergänzung."[51]

„Der Altar ist aber auch das Symbol der Gläubigen. Er ist die Opferstätte Christi, aber auch die Opferstätte der Christen. Die große Aufgabe und der ernste Gottesdienst der heiligen Eucharistie besteht ja darin, daß die Christen sich einfügen in das Opfer ihres Erlösers und ihre Leiber und ihre Seelen zu einer Opfergabe an den Vater im Himmel gestalten."[52]

Der Altar wird bei Jakobs zum konkreten Haftpunkt, um auf das gemeinsame Handeln von Priester und Gemeinde hinzuweisen. Theologisch versteht er sein priesterliches Handeln ganz als Dienst an der Gemeinde, mit der er zusammen bei der Messfeier das Opfer Christi vergegenwärtigt. Er nimmt dabei Bezug auf die sakramentale Grundlegung des gemeinsamen Handelns in Taufe und Firmung auf der einen Seite und verbindet dies mit der Vollmacht aufgrund der Ordination auf der anderen Seite. Gemeinsames Priestertum und Dienstpriestertum stellt er in ihrer komplementären Relation zum einen Priestertum Christi dar. Ein besonderes Anliegen ist es ihm, den Gläubigen die Bedeutung ihres eigenen Tuns bewusst zu machen. Er verbleibt dabei nicht nur auf theologisch

---

50   Vgl. T. Maas-Ewerd, Liturgie und Pfarrei 78.
51   K. Jakobs, Das Haus Gottes 90. (Kath. Kirchenblatt für die Pfarre St. Mariä Geburt, Mülheim/Ruhr am 15.5.1930)
52   Ebd. 91.

abstrakter Ebene, sondern nimmt auch Bezug auf alltägliche Erfahrungen, wie z. B. bei einer Erklärung zum Kelch, bei der er eine spirituelle Deutung des eucharistischen Geschehens vornimmt:

„Wenn ein Pastor 15 Jahre an einem Altar steht und opfert, dann fließt ein reiches Leben in Freude und Leid in diesen Kelch, manches Braut- und manches Begräbnisamt, manches Hochfest und mancher Werktag flutet an den Altar. Alle Sonntage umgibt ihn die Gemeinde, die durch das Tor der Zeit zum Ewigen wandert. Ihre Hoffnungen und Sorgen, ihre Arbeiten und Anliegen sammeln sich im Kelche des Priesters ..."[53]

„Auch deine Vorfahren und du selber und die Deinigen sind in diesem Kelche. Deine Gegenwart und deine Zukunft sind darin, dein Leben und dein Sterben, und das in mannigfachem Sinn."[54]

Mit einer bildreichen Sprache lässt Jakobs freud- und leidvolle Erfahrungen Revue passieren und verbindet diese mit dem eucharistischen Geschehen. Der bei jeder Eucharistiefeier sichtbare Kelch wird zum Sammelgefäß der menschlichen Erfahrungen, die nicht nur den zeitlichen Horizont umreißen, sondern auch existentielle Fragen des Hoffens und Leidens einbeziehen. Eucharistietheologische Überlegungen verbleiben so bei Jakobs nicht auf einer theoretischen Ebene, sondern werden durch konkrete Erfahrungen gedeckt und symbolisch verdichtet zum Ausdruck gebracht.

## 2.2 Die Messe beten

Ein Anliegen der liturgischen Bewegung war es, die Liturgie der Kirche stärker mit der Frömmigkeit des Einzelnen zu verbinden.[55] Es ging um eine Vertiefung der liturgischen Spiritualität, bei der nicht Formen der Individualfrömmigkeit, sondern die Feier des Gottesdienstes der Kirche als Kern in den Vordergrund treten sollte.[56] Gleichzeitig verstärkt sich damit die Überzeugung von der Notwendigkeit der tätigen Teilnahme aller an der liturgischen Feier. Bis das Zweite Vatikanische Konzil die Par-

---

53  Ebd. 112 f. (Kath. Kirchenblatt für die Pfarre St. Mariä Geburt, Mülheim/Ruhr am 9.10.1927)
54  Ebd. 114. (Kath. Kirchenblatt für die Pfarre St. Mariä Geburt, Mülheim/Ruhr am 9.10.1927)
55  Vgl. A. Adam/W. Haunerland, Grundriss Liturgie, Freiburg–Basel–Wien 2012, 69–76.
56  Vgl. T. Maas-Ewerd, Art. „Liturgische Bewegung. I. Katholische Kirche", in: LThK³ 6 (2006) 992 f.

ticipatio actuosa als Formalprinzip der liturgischen Erneuerung formulieren konnte, versuchte man im deutschen Sprachgebiet mit Formen wie der Bet-Sing-Messe, der Gemeinschaftsmesse oder dem Deutschen Amt eine bessere Mitfeier zu ermöglichen, wenngleich strukturell das Nebeneinander vom Handeln des Priesters und vom Tun der Gemeinde nicht überwunden wurde.[57] In seiner theologischen Argumentation ist Konrad Jakobs erfüllt von dem Gedanken der gemeinsamen Feier von Priester und Gemeinde, bei der sich alle aktiv einbringen, indem sie sich Christus hingeben. Das gemeinsame Tun wurzelt für ihn letztlich in Christus: Dieser fügt die Gemeinde in sein Erlösungsgeschehen ein und ermöglicht ein Wirken in ihm:

„… der unglückliche Ausdruck: die hl. Messe hören. Die Teilnahme am hl. Opfer ist wirklich nicht erschöpft mit dem Anhören dessen, was der Priester betet, zumal das Volk ja kaum ein Wort davon versteht. Sie ist vielmehr ein Tun: das Werk der Erlösung wird vollbracht; die Christen werden von Christus ergriffen und eingefügt in das Heil und die Gnade. Und in Christus opfern sie sich, wie sie ja auch in dem Kreuzesopfer des Herrn enthalten sind. In der hl. Kommunion findet auf Grund ihres Opfers an Gott die Christusgemeinschaft ihre Vollendung: der alte Mensch ist gestorben, ein neuer lebt. Christus in den Christen, der Christ in Christus. Alles Beten und Tun und Leiden des Christen ist ein Wirken Christi, teilhaftig seiner Verdienste und seiner Verklärung."[58]

Ausgehend von der Überzeugung, dass alle an der Feier Teilnehmenden in das Tun Christi[59] eingebunden sind, wendet er sich gegen die Formulierung „die hl. Messe hören", die für ihn Ausdruck einer passiv-distanzierten Haltung der Messfeier gegenüber ist. Tatsächlich spiegelt diese Redeweise ein Liturgieverständnis wider, bei dem der Priester, nicht aber die übrigen anwesenden Gemeindeglieder als Träger der Liturgie betrachtet wurden. Die seit dem frühen Mittelalter üblichen sog. Privatmessen

---

57 Vgl. H. B. Meyer, Eucharistie. Geschichte, Theologie, Pastoral (Gottesdienst der Kirche 4), Regensburg 1989, 281 f.; Siehe auch: M. Conrad, Die „Krypta-Messe" in der Abtei Maria Laach. Neue Untersuchungen zu Anfang, Gestaltungsform und Wirkungsgeschichte, in: ALw 41 (1999) 1–40; S. K. Langenbahn, Jenseits und diesseits der Zentren der Liturgischen Bewegung. Materialien und Marginalien zur Frühgeschichte der „Gemeinschaftsmesse" im deutschsprachigen Raum von 1912–1920, in: ALw 46 (2004) 80–105.
58 K. Jakobs, „Ihr seid Christi Leib!". Ein Buch von unserer Erlösung, hg. v. Wilhelm Cleven, Leutesdorf/Rhein 1933, 56.
59 Hier klingen Motive an, die das Zweite Vatikanische Konzil später in SC 2 entfaltet.

förderten diese Sichtweise, die im CIC/1917 kodifiziert wurde.[60] Jakobs hingegen versucht die theologischen Argumente für die Notwendigkeit einer stärkeren Beteiligung am liturgischen Geschehen plausibel zu machen. Die grundsätzliche Einsicht bleibt bei ihm nicht ohne Konsequenzen, weshalb er die liturgische Praxis der Gemeinde in den Blick nimmt und Beteiligungsmöglichkeiten intensiviert. Diese Bemühungen stützt er mit einer Reihe von Maßnahmen und erklärt diese seiner Gemeinde:

„Darum fingen wir an, die liturgischen Meßgebete in der letzten hl. Messe gemeinsam zu beten. Wir wollen es ein halbes Jahr versuchen, ehe wir uns über das Gelingen ein Urteil bilden. Der Pastor wird treu vorbeten und Sonntag für Sonntag einen Abschnitt der Meßgebete statt der Predigt durchsprechen. Allerdings ist das selber eine Predigt, die uns vielerlei sagt. […] Also mit gutem Willen an die liturgische Messe!"[61]

Zunächst erwähnt der Seelsorger eine bereits geübte Praxis der Betsingmesse[62], nämlich das gemeinsame Beten der offiziellen Texte. Des experimentellen Charakters dieser Übung ist er sich bewusst, weshalb er darauf hinweist, dass zunächst eine gewisse Zeit der Erprobung notwendig ist. Damit die Feier nicht auf dem Niveau des gemeinsamen Rezitierens von Texten verbleibt, erläutert er sein pädagogisches Vorgehen, das er vor allem auf liturgische Predigten stützt, d.h. auf die Auslegung der liturgischen Texte. Das äußere Tun der Gemeinde soll durch eine angemessene Einführung in den Gehalt der Texte auch innerlich mitvollzogen werden können. In diesem Kontext setzt er sich wiederholt für eine stärkere Betonung des gemeinsamen liturgischen Feierns gegenüber individueller Frömmigkeit ein und hebt den Zusammenhang von Messfeier, Kommunion und christlichem Leben hervor:

„Unsere Frömmigkeit muß vereinfacht werden. Es ist ein vielgebrauchtes, nicht unwahres Wortspiel: wir haben zuviel Andachten, zu wenig Andacht. Die Vereinfachung muß von der hl. Messe kommen. Pius X. soll das Wort gesprochen haben: Betet nicht in der hl. Messe, betet die hl. Messe! Das ist ein großer Wegweiser. Die hl. Messe beten, heißt, Christus opfern, heißt auch, die hl. Kommunion als Hauptteil der hl. Messe so mitfeiern, daß man sie wirklich, nicht bloß geistig empfängt. Es war ein Unglück, als sich das Kommunizieren fast allgemein von der hl.

---

60  Siehe hierzu: T. Stubenrauch, Wer ist Träger der Liturgie? Zur Rezeption des II. Vatikanischen Konzils im Codex Iuris Canonici von 1983 (Trierer theologische Studien 68), Trier 2002.
61  K. Jakobs, „Ihr seid Christi Leib!" 50f.
62  Vgl. P. Harnoncourt, Art. „Betsingmesse", in: LThK 2 (2006) 340.

Messe loslöste. Noch heute gibt es genug Kirchen, in denen man während der hl. Messe überhaupt nicht kommunizieren kann. Dann sind die Kommuniondekrete Pius' X. allerdings nicht zum Leben zu bringen; sie sind wie abgeschnittene Aeste, die eine Zeit lang, aber auch nur ein Zeit lang grünen können. Dann kann auch die Monstranz nicht die Eucharistie zum Mittelpunkt von Frömmigkeit und Leben machen; wichtiger als sie ist und bleibt der Kelch, ohne den die Monstranz leer bliebe; das Meßopfer ist ja ihre Geburt."[63]

Unter Rückgriff auf Papst Pius X., dessen Reformtätigkeit im gottesdienstlichen Bereich von einer eucharistisch geprägten Frömmigkeit geprägt war, führt Jakobs zum Kern liturgischen Tuns: Er fordert auf, sich selbst in die Feier der Messe mit einzubringen und diese Feier zur Mitte des gottesdienstlichen Lebens zu machen, die auf den Empfang der Kommunion zielt. Nicht während der Messe irgendetwas zu beten, sondern die Messe selbst zu beten, heißt für ihn auch in letzter Konsequenz am eucharistischen Mahl wirklich teilzunehmen. Gegenüber einer von der Augenkommunion geprägten Schaufrömmigkeit in Bezug auf die Eucharistie macht er deren Voraussetzung in der eucharistischen Feier deutlich. Die spätere Rede der Liturgiekonstitution von der Liturgie als „Quelle" und „Höhepunkt" (vgl. SC 10) lässt er in Bezug auf die Eucharistie bereits anklingen, wenn er von der Messfeier als „Geburt" und „Mittelpunkt" spricht.

## 2.3 Von der Kommunion

Stets verweist Jakobs auf das äußere Tun und den innerlichen Mitvollzug: Äußere Kommunion und inneres Ergriffensein gehören für ihn zusammen. Für die Praxis nimmt er eine Akzentuierung vor, indem er die innerliche Disposition nicht als Kriterium und alleinige Bedingung zum äußerlichen Kommunionempfang versteht, sondern auch darauf hinweist, welche positiven Auswirkungen der Kommunionempfang auf den inneren Mitvollzug haben kann:

„Man darf darum jenen Christen, die vielleicht noch sehr unvollkommen sind, nicht sagen: ‚Gehe nicht kommunizieren und behalte deine Fehler', sondern man muß ihnen sagen: ‚Damit du deine Fehler ablegen kannst, gehe kommunizieren!'"[64]

---

63  K. Jakobs, „Ihr seid Christi Leib!" 54f.
64  Ders., Das Haus Gottes 177 (Kath. Kirchenblatt für die Pfarre St. Mariä Geburt, Mülheim/Ruhr am 12.10.1930).

Jakobs' Einlassungen zielen auf einen fruchtbaren Kommunionempfang und auf eine vertiefte Mitfeier der Messe. Mitfeier und Kommunion haben für ihn in dieser Weise auch eine therapeutische und stärkende Dimension. Der Kommunionempfang ist für Jakobs keine Belohnung, sondern Stärkung:

„Vergeßt nicht, daß die hl. Kommunion kein Lohn für ausgezeichnete Vorbereitung ist, sondern eine Arznei für schwache, fehlerhafte Menschen! Sie ist nicht für Heilige, sondern für Sündhafte. Jeder darf und möge sie empfangen, der sein Gewissen frei weiß von schwerer Sünde; läßliche Sünden sind keine Hemmung für sie. Die hl. Kommunion überwindet sie."[65]

„Es gibt nur ein wahres Hindernis: die schwere Sünde. Weißt du dich davon frei, dann darfst du kommunizieren. Und dies Kommunizieren wird dir die beste und stärkste Arznei gegen sündhafte Neigung und Gewohnheit, gegen Schwäche und Lauheit. Eine noch viel stärkere Arznei als die häufigere Beichte."[66]

Obwohl Jakobs den Blick frei macht für die stärkenden Dimension der Eucharistie, vergisst er nicht auf die Notwendigkeit des Bußsakramentes bei schweren Sünden hinzuweisen. Die Zielrichtung bleibt jedoch die Auferbauung der Gemeinde durch die Eucharistie.

## 2.4 Beobachtungen

Pastor Konrad Jakobs ist ergriffen von der Liturgie als Mitte seines pastoralen Engagements. Ein besonderes Anliegen ist es ihm, dass die Gläubigen mehr und mehr in das liturgische Geschehen eintreten können, zum Kern der Liturgie vorstoßen. Eine zentrale Metapher ist für ihn die Rede vom Leib Christi. Von hier aus entwickelt er seine Grundgedanken und erläutert diese in fragmentarischer Weise. Jakobs legt kein systematisches Gesamtkonzept vor, sondern erläutert in einzelnen Bausteinen liturgietheologische Zusammenhänge, die er als praxisrelevant erschließt. Die theologische Reflexion führt ihn und seine Leser zur Einsicht, die bestehende Praxis im Zusammenhang mit der Messfeier zu überdenken. Dies betrifft zum einen die innere Teilnahme am Geschehen, die nicht durch individuelle Frömmigkeitsformen überlagert werden soll. Er möchte den Leser vom Rand ins Zentrum des liturgischen Geschehens führen. Diese

---
65  Ders., „Ihr seid Christi Leib!" 86.
66  Ebd. 80.

innere Verbindung führt auch zu einer vertieften äußeren Mitfeier, wenn in der Messfeier selbst sakramental kommuniziert werden soll. Bei Pastor Jakobs wird das Bemühen erkennbar, den Gläubigen als Subjekt wahrzunehmen, der in der Messfeier selbst einen Beitrag zu leisten hat und in diesen liturgischen Vollzug einbunden ist. Jakobs hebt hierbei auch kritisches Potential und hinterfragt bestehende Praktiken, sowohl bezüglich der allgemeinen liturgischen Praxis als auch der Praxis des Einzelnen. Der Leser soll bei Jakobs in die Lage versetzt werden, die liturgietheologischen Zusammenhänge zu erkennen und seine bestehende Praxis hinsichtlich der Kommunion daraufhin zu überprüfen.

## 3. Resümee

Nicolaus Cusanus SJ und Pastor Konrad Jakobs trennt ein zeitlicher Abstand von rund 300 Jahren. Beide engagieren sich auf dem Feld der liturgischen Bildung in je unterschiedlicher Weise. Beide wollen mit ihren Schriften helfen, dass die Gläubigen dem liturgischen Geschehen besser folgen bzw. dieses mitfeiern können. Während Nicolaus Cusanus vor allem Glaubenswissen vermittelt, geht es Konrad Jakobs eher um eine geistliche Durchdringung der Liturgie.

Nicolaus Cusanus geht nach einem Frage-Antwort-Schema vor, bei dem in knapper Weise die wichtigsten Inhalte präsentiert werden. Er möchte gesichertes Glaubenswissen bieten, insbesondere auch für jene, die in Berührung mit den reformatorischen Ideen verunsichert werden könnten. Vor allem soll dieses Wissen in eine geordnete Praxis münden, d.h. die „Christliche Zuchtschul" will Handlungssicherheit bieten, weniger Reflexionsfähigkeit ausbilden.

Dagegen möchte Konrad Jakobs seine Leser vor allem innerlich von den theologischen Leitideen überzeugen. Er müht sich um die Erklärung komplexerer Zusammenhänge, die der Leser nachvollziehen soll. Hierbei stößt er von verschiedenen Richtungen auf seine Grundlinien vor. Auf diese Weise vernetzt er konkrete Erfahrungen mit theologischem Denken und entfaltet dies jeweils. Wissen soll hier nicht nur reproduziert werden können, sondern in einen existentiellen Verständnishorizont gebracht werden können.

Nicolaus Cusanus verfolgt einen eher rezeptiv ausgerichteten Ansatz, bei dem der Leser vorgegebene Antworten übernehmen soll. Zwar geht er auch auf mögliche Einwände ein, doch soll der Leser vor allem dazu befähigt werden, sich in die bestehende Ordnung einzufügen. Konrad Jakobs setzt andere Akzente. Sein Ansatz ist eher existentiell, da er ausgehend von konkreten Situationen seine Ideen zu vermitteln sucht. Appelle und Erläuterungen zielen auf die Überzeugung des mündigen Christen, der sich aktiv in das Geschehen einbringen soll.

Inhaltlich sind die beiden Beispiele ein Spiegel der geistesgeschichtlichen Strömungen: Nicolaus Cusanus betont die Anbetung der Eucharistie, die Disposition der Gläubigen und das richtige Verhalten bei der Messe, insbesondere hinsichtlich der geistlichen Kommunion. Konrad Jakobs wird nicht müde auf die Einheit der Glieder des Leibes Christi hinzuweisen. Die Gläubigen sollen sich in das liturgische Geschehen der Messfeier einfügen. Hierzu gehören für ihn die innerliche und äußerliche Teilnahme, zu der auch die sakramentale Kommunion zählt. Die Schwerpunkte verlagern sich von der Anbetung zur Feier, von der geistlichen zur sakramentalen Kommunion, vom Wissen zum Verständnis.

# Angst oder Innovation. Die Prägung der katholischen Liturgie durch Pfingstgemeinden in Ghana

*Michael P. K. Okyerefo*[1]

## Einleitung

Die Studie geht der Frage nach, ob die Katholische Kirche in Ghana die zunehmende Prägung ihrer Liturgie durch Pfingstkirchen als Bedrohung empfinden oder diese Entwicklung als einen Beitrag zu notwendigen Innovationen der katholischen Liturgie begrüßen sollte. Der Beitrag basiert auf der von mir seit 2007 durchgeführten Feldforschung zum wachsenden Einfluss der Pfingstbewegung auf die Öffentlichkeit in Ghana. Zu den Ergebnissen dieser Studie bin ich durch teilnehmende Beobachtung von liturgischen Feiern in zahlreichen katholischen Pfarreien in der Groß-Accra Region und in der Volta Region sowie durch Diskussionen in Fokusgruppen mit einigen Katholiken gekommen.

Es ist festzuhalten, dass die sozio-religiöse Situation in Ghana zur Zeit stark von Pfingstgemeinden oder Freikirchen geprägt wird. Der *Population and Housing Census-Report* von 2010 belegt, dass 71,2 % der ghanaischen Bevölkerung sich zum christlichen Glauben bekennen, 17,6 % zum Islam, 5,2 % zu traditionellen Religionen und nur 5,3 % der Bevölkerung keiner Religion angehören. Der Report macht außerdem geltend, dass „anders als in der Nordregion, wo der Islam die dominierende Religion ist (60 %), in den anderen neun Regionen größere Anteile der Bevölkerung als Christen gemeldet sind".[2] Von der aktuellen Bevölkerung Ghanas von 24.658.823 haben die Groß-Accra Region und die Zentralregion mit 3,1 % das größte Bevölkerungswachstum. In Groß-Accra lebten im Jahr 2000 895,5 Personen pro Quadratmeter. Heute ist Groß-Accra mit einer Bevölkerungsdichte von 1.236 Personen pro Quadratmeter die am dichtesten bevölkerte Region. Dieses Wachstum ist zu einem großen Teil der Tatsa-

---

1 Übersetzung aus dem Englischen von Lea Herberg und Dr. Alexandra Holmes, Pius-Parsch-Institut. Soweit nicht anders vermerkt, wurden auch die Zitate übersetzt.
2 Vgl. Ghana Statistical Service, 2010 Population and Housing Census Report, Accra 2012, 6.

che geschuldet, dass Accra, die Hauptstadt von Ghana, sich am schnellsten urbanisiert und den größten Schmelztiegel der Land-Stadt-Wanderung darstellt.

Groß-Accra hat daher ohne Zweifel eine bemerkenswerte religiöse Landschaft mit einer wachsenden Präsenz von Pfingstkirchen, die die Großkirchen überholen. Der *Population and Housing Census-Report* zeigt, dass die römisch-katholische Kirche mit 3.230.996 Mitgliedern, d. h. 13,1 % der Bevölkerung, als Einzelkirche die Denomination mit der größten Anhängerschaft in Ghana ist. Die protestantischen Denominationen haben gemeinsam 4.534.178 Anhänger, d. h. 18,4 % der ghanaischen Bevölkerung, während die Pfingstlerischen und charismatischen Gruppen mit ihren 6.980.792 Anhängern 28,3 % der Bevölkerung Ghanas ausmachen. Dass die Pfingstlich-Charismatischen Kirchen allein in der Groß-Accra Region 1.786.519 Anhänger haben, während es dort nur 892.537 Protestanten und 300.446 Katholiken gibt, stützt die Auffassung von der Pfinstbewegung als einem vorallem städtischen Phänomen. Es ist aber eine zunehmende Präsenz der Pfingstbewegung auch in den ländlichen Gegenden absehbar.[3]

Diese Entwicklung, die ich an anderer Stelle aufgrund ihres urbanen Charakters unter dem Titel „Pentacostalism in the City of Accra: a Blossom on Functional Appeal and Urban Fecundity"[4] untersucht habe, bestätigt frühere Beobachtungen von Wissenschaftlerinnen und Wissenschaftlern auf diesem Gebiet. Der Einfluss der Pfingstkirchen ist jedenfalls nicht auf den städtischen Raum beschränkt, sondern sie werden allmählich eine erhebliche Herausforderung für ein weites Gebiet, einschließlich des ländlichen Raumes, und bauen sogar transkontinentale Niederlassungen auf der Nordhalbkugel auf.[5] Zweifellos erarbeitet sich die Pfingstbewegung einen Einfluss auf die historischen Missionskirchen – nicht nur, indem sie einige Mitglieder der Letzteren gewinnt, sondern besonders durch eine Veränderung der liturgischen Feiern der historischen Missionskirchen. Daher stellt diese Arbeit die Frage, ob die katholische Kirche in Ghana eine

---

3 Vgl. ebd. 40.
4 Vgl. M P. K. Okyerefo, Pentecostalism in the City of Accra: a Blossom on Functional Appeal and Urban Fecundity, in: American Journal of Sociological Research 1/1 (2011) 27–34.
5 Vgl. ders., Transnational Dynamics in African Christianity: How Global is the Lighthouse Chapel International Missionary Mandate?, in: Journal of Africana Religions 2/1 (2014) 95–110. Vgl. ders., „*Ausländer!*" Pentecostalism as Social Capital Network for Ghanaians in Vienna, in: Ghana Studies 11 (2008) 77–103.

Eroberung ihrer Liturgie durch die Pfingstgemeinden befürchten muss oder ob die Pfingstgemeinden zur notwendigen Innovation der katholischen Liturgie beitragen.

## Die neue religiöse Landschaft

Der Befund der Religionsforschung in Afrika weist darauf hin, dass der Kontinent sich in einer intensiven religiösen Aktivität befindet. Katherine Marshall schreibt bezüglich der letzten ca. 50 Jahre, dass die religiöse Landschaft Afrikas sich dramatisch gewandelt habe, mit heftigen Auswirkungen auf die Angehörigen vieler Glaubenstraditionen.[6] Es gebe eine Tendenz zu einem „großen religiösen Aufschwung", einem „religiösen Wiederaufleben", zu „wachsender Bedeutung Afrikas in den weltweiten Glaubenseinrichtungen" und „in keinem Teil der Welt seien Glaubenseinrichtungen so direkt in die Bereitstellung sozialer Hilfe für das Volk involviert: nach einigen Schätzungen stellen sie über 50 Prozent aller Gesundheitsfürsorge und einen großen Teil der Erziehungs- und Bildungsarbeit in Afrika".[7] Dieser Aspekt mag in Ghana nicht so offensichtlich sein. Die Namen der Schulen werden zwar beibehalten, aber die Kirchen haben wahrscheinlich wenig Einfluss etwa auf das Personalwesen. In Krankenhäusern dagegen haben die Kirchen einen besseren Zugriff und mehr Einfluss. Wie auch immer es jeweils im Einzelnen aussehen mag, Andrew Walls[8] und Philip Jenkins[9] haben beide darauf hingewiesen, dass es eine dramatische demographische Verschiebung in der Christenheit vom globalen Norden zum globalen Süden gibt.[10] Europas Anteil an der weltweiten christlichen Bevölkerung, der laut Jenkins 1900 noch zwei Drittel betrug, ist demnach bis heute auf weniger als ein Viertel geschrumpft und wird bis 2025 voraussichtlich unter 20 Prozent fallen.[11] Sowohl traditio-

---

6   Vgl. K. Marshall, Africa: How and Why is Faith Important and Relevant for Development?, Draft Paper 2005, 2.
7   Ebd.
8   Vgl. A. F. Walls, The Missionary Movement in Christian History: Studies in the Transmission of Faith, Maryknoll 1996.
9   Vgl. P. Jenkins, The Next Christendom: The Coming of Global Christianity, Oxford 2007.
10  Vgl. ebd., vgl. A. F. Walls, The Missionary Movement in Christian History.
11  Vgl. P. Jenkins, The Next Christendom 2.

nelle als auch neue christliche Denominationen nehmen im globalen Süden zu, aber die neuen christlichen Traditionen werden spürbar zum neuen „Normalchristentum der Gegenwart".[12] Dieses neue Christentum, die pfingstlerische und charismatische Strömung, wird von Paul Gifford im Vergleich mit den historischen Missionskirchen als der *newcomer* bezeichnet.[13] David Maxwell schätzt, dass die Pfingstbewegung etwa eine Viertelmilliarde Mitglieder hat.[14]

Birgit Meyer hebt hevor, dass diese Pfingstkirchen in Ghana vorwiegend urban und außerordentlich beliebt geworden seien. Sie beschreiben sich selbst als „Wiedergeborene" und üben große Anziehung auf die junge Mittelschicht Ghanas aus, indem sie eine „christliche Populärkultur" verkörpern.[15] Besonders Studierende sind eine Zielgruppe, da sie die zukünftige Mittelschicht bilden, die als gut situiert in der Lage sein wird, die Kirche zu unterstützen.

Aus der Herausforderung, die die neuen Kirchen für die Missionskirchen darstellen, erkläre sich, dass einige der Missionskirchen pfingstlich ausgerichtete Gebetskreise einbinden, um ihre eigenen Mitglieder vor der Abwanderung zu bewahren, so Meyer.[16] Diese Ansicht wird bestärkt von dem, was Asamoah-Gyedu als „Verpfingstlichung" des Christentums Ghanas[17] bezeichnet und das auch Omenyos Buchtitel „Pentecost Outside Pentecostalism"[18] ausdrückt. Mit anderen Worten: Die Erneuerung, die innerhalb der Christenheit Ghanas stattfindet, übt einen Reformdruck auch auf die Kirchen aus, die in historischer Kontinuität mit der westlichen Mission stehen und in ihrem Denken, ihrer Institution und ihrer Glaubenslehre das Erbe des Christentums fortsetzen.[19] Diese Forscher mögen über das Ziel hinaus schießen, wenn man bedenkt, dass beispielsweise die Katholische Charismatische Erneuerung eine Erneuerungsbewegung

---

12  C. Fyfe/A. Walls (Ed.), Christianity in Africa in the 1990s, Edinburgh 1996, 3.
13  P. Gifford, Ghana's new Christianity: Pentecostalism in a globalizing African economy, Bloomington 2004, 23.
14  Vgl. D. Maxwell, African Gifts of the Spirit: Pentecostalism & the Rise of a Zimbabwean Transnational Religious Movement, Oxford 2006, 7.
15  Vgl. B. Meyer, Delivered from the powers of darkness: Confessions of satanic riches in Christian Ghana, Journal of the International African Institute 65/2 (1995), 236–255, hier 237.
16  Vgl. ebd. 236.
17  J.K. Asamoah-Gyadu, African charismatics: Current developments within independent indigenous Pentecostalism in Ghana, Leiden 2004.
18  C.N. Omenyo, Pentecost outside Pentecostalism: A study of the development of charismatic renewal in the mainline churches in Ghana, Zoetermeer 2006.
19  Vgl. J.K. Asamoah-Gyadu, African charismatics 18.

innerhalb der universalen katholischen Kirche ist, die nicht von den Bedingungen in Ghana erzwungen worden ist. Trotzdem können die historischen Kirchen in Ghana von den vor Ort auftretenden Veränderungen nicht unberührt bleiben.

Mit anderen Worten: Das Christentum im globalen Süden tritt hauptsächlich im Phänomen Pfingstbewegung in Erscheinung, welches somit einen enormen Einfluss auf die Feier der katholischen Liturgie ausübt. Eine Studie über Gebetskreise in Achimota Forest/Accra, die ich von Juni bis August 2010 gemeinsam mit Dr. Laura J. McGough (School of Public Health, University of Ghana) durchgeführt habe,[20] zeigt, dass alle interviewten Mitglieder in Achimota Forest glauben, dass Gebetskreise in Ghana an Popularität zunehmen. Die Teilnehmer der Studie geben für diese Entwicklung Gründe an, etwa das Bedürfnis der Menschen nach einem lebendigeren Gottesdienst, wie er in den pfingstlich-charismatischen Kirchen gefeiert werde und in einem Kontrast zur als langweilig geltenden Liturgie der „old-time religion" gesehen wird. Auch der pragmatische Zugang der neuen Kirchen zu den Bedürfnissen der Menschen, der dazu führt, dass Heilungs- und Wunderkampagnen organisiert werden und den Mitgliedern Darlehen gewährt werden, um wirtschaftlich voran zu kommen, ist eine Verlockung für Mitglieder der historischen Kirchen. Anscheinend können die neuen Kirchen meine Probleme lösen! – spirituell und finanziell, während beispielsweise Katholiken auf Sünde, Vergebung und Erlösung fixiert sind. Die neuen Kirchen haben unmittelbare Lösungen. Warum also auf das Jenseits warten, wenn man jetzt schon alles haben kann?

## Pfingstlerischer Einfluss auf den ghanaischen Katholizismus

Die Liturgie einer Eucharistiefeier in Ghana ist im allgemeinen sehr lang und enthält als Versatzstücke verschiedene pfingstlerisch-charismatische Feierelemente wie zum Beispiel ausschweifende laute Predigten mancher Priester, lange und lautstarke individuelle Fürbitten, wie sie für charismatische Gebetstreffen charakteristisch sind, sowie lautes Trommeln, Singen und Tanzen, besonders während der Kollekte als Gabenprozession.

---

20 Die gemeinsame Studie heißt „Religious and Health Beliefs and Practices of Prayer Groups in Achimota Forest".

Einem meiner Interviewpartner zufolge befindet sich „das Mikrofon immer in der Hand des Priesters. Ich hörte Priester nach pfingstlerischer Art ‚schimpfen und toben'. Für viele ist das ein Ausdruck von Autorität, nehme ich an. Wir werden nicht rational, sondern unter Drohungen dazu überzeugt, gute Christen zu sein. Mir kommt vor, dass das Symbol ‚des Teufels' immer öfter vorkommt"[21].

Positive Facetten dieser Entwicklung sind eine Belebung der eucharistischen Feier und eine große Beteiligung der Gläubigen an der Liturgie. Langeweile existiert in der Feier nicht, und die Teilnehmer verströmen Freundlichkeit, aber die Feier kann dadurch allzu emotional statt reflektiert werden und kaum mehr Raum für die Vertiefung in das Sakrament bieten. Aufgrund dieser Erkenntnisse aus den besuchten Pfarren scheint es, dass die katholische Kirche in Ghana die bestehende, reiche Tradition des Glaubens zugunsten des Kurzlebigen, Zeitgeistigen, das für das Christentum im Land charakteristisch geworden ist, aufgibt. Diese Schlussfolgerung leitet sich aus der gegenwärtigen Erfahrung der katholischen Kirche in Ghana ab, wo manche Mitglieder dem Import der charismatisch-pfingstlerischen Art in die katholische Liturgie den Vorzug geben. Meine kontinuierliche Erforschung der Pfingstlich-Charismatischen Kirchen in Ghana und ihrer transnationalen Netzwerke im globalen Norden erweckt in mir mehr und mehr diese Überzeugung.

In zahllosen katholischen Messen, an denen ich teilgenommen habe, hätte man aufgrund der Liturgie annehmen können, in einer pfingstlerischen Messe zu sein. Natürlich liegen die Wurzeln der Pfingstbewegung in der katholischen Kirche, was in der Apostelgeschichte reichlich verdeutlicht ist. Und natürlich müssen sich Katholiken schon fragen, warum ihre pfingstlerischen Nachbarn im globalen Süden bezüglich des Wachstums ihrer Kirchen so erfolgreich sind. Noch einmal sei einer meiner Interviewpartner zitiert: „Sie versprechen Wunder, Wohlstand, Heilung, Antwort auf Gebete. Ich nehme an, wenn man lange genug gesungen und getanzt hat, dann treibt es die Emotionen hoch und man verfällt in eine Art autosuggestiver Trance. Wir haben alle schon Heilungen gesehen, bei denen die Menschen am Boden herumrollen. Aber könnte es nicht auch sein, dass die Pfingstbewegung einfach näher an traditionelle afrikanische Religion(en) und ihre Praxis herankommt? Könnte es sein, dass man in der Pfingstbewegung den Spagat zwischen christlicher und traditioneller afrikanischer Religion schafft?"[22] Die katholische Tradition aber, die sich

---

21 Interview vom 3. Dezember 2013.
22 Ebd.

in mehr als 2000 Jahren entwickelt hat, bedeutet ein tiefgründiges Erbe, eine reiche Spiritualität, deren Fundament das Pfingsterlebnis eines Lebens aus dem Glauben heraus beinhaltet und darin weit über eine bloße emotionale Selbstdarstellung hinaus geht. Der entscheidende Punkt ist jedenfalls, dass Katholiken in Ghana sich anscheinend nicht auf diese Tradition stützen, sie nicht in all ihrer Tiefe erfassen und in sie eintauchen. Sie sind nicht kulturell in ihr beheimatet. Einer meiner Interviewpartner bemerkte kritisch, dass dieser Zustand des Katholizismus der Tatsache geschuldet ist, dass „die intellektuelle Seite der Kirche heruntergespielt wird, um den Glauben ‚verständlicher' zu machen." Zum Beispiel „unsere Universitätsseelsorge wurde zur Pfarre gemacht, um auf eine sehr schwierige Gemeinde abzuzielen. Werden die Studierenden streng und gründlich genug in katholischer Theologie unterwiesen oder popularisiert die Kirche sich selbst, um die Studenten innerhalb der Kirche zu halten?"[23]

Manche Katholiken in Ghana gestehen ein, dass die katholische Liturgie, mit der sie ja aufgewachsen sind, auf ihr innerstes Sein einwirkt, dass sie ihnen ein Gefühl von Bestimmung und Erfüllung gibt. Katholische Liturgie erweckt in ihnen angesichts ihrer eigenen Unzulänglichkeiten automatisch ein Gefühl von Ehrfurcht und Zittern und im Wissen um die Erlösung durch Christus ein Gefühl von Freude und Leben.

Warum streben dann so viele katholische Pfarren in Ghana – möglicherweise in ganz Afrika – eine „Verpfingstlichung" als neuen Weg an? Einer der Hauptgründe dafür ist die Angst Mitglieder zu verlieren, wenn Katholiken nicht mit diesem Aspekt der Moderne konform gehen. Dabei ist die Angst vor einem Verlust der Jugend, der die Liturgie immer weniger bedeutet, besonders stark. Man kann aber den Erfolg der Kirche nicht notwendigerweise an den Messbesuchen oder Jahresstatistiken messen. Einige Katholiken, mit denen ich während meiner Feldforschung gesprochen habe, glauben, dass die Herausforderung darin besteht, mit sprachlichen Mitteln den christlichen Glauben mit dem Denken unserer Zeit zu vermitteln – und das trifft besonders auf die Universitätsseelsorge zu, in der ich tätig bin.[24] Die katholische Kirche, so wird argumentiert, hat an die Vernunft und an einen lebendigen Glauben zu appellieren, der dem Gemeinwohl dient. Ein so vestandener Glaube führt zu freudvollem Ausdruck, nicht aber notwendigerweise in übertriebener Emotionalität, die all die Energie verbraucht, die zur Gemeinschaftsbildung nötig wäre.

---

23  Interview vom 2. Dezember 2013.
24  Ich lehre an der Universität von Ghana, wo ich zugleich als einer der Priester diene.

Die Inkulturation der Liturgie ist dank des Zweiten Vatikanums eher zur Norm als zur Ausnahme geworden. Zweifellos zieht die Kirche in Afrika Vorteile daraus, um dem Evangelium in ihren Breiten Gestalt zu geben. Der vom Zweiten Vatikanum geförderte Dialog mit indigenen Kulturen und anderen Religionen birgt das Potential einer Bereicherung der katholischen Kirche. Sinneswandel erreicht man selten durch Geschrei, noch weniger durch Verunglimpfung. Dennoch mahnen manche Katholiken in Ghana zur Vorsicht, wenn im Streben nach respektvollem Dialog mit anderen Religionen und Gesellschaften die eigene liturgische Tradition einer Erosion ausgesetzt ist, während man im Dienste der Inkulturation das Gute bei den anderen sieht.

Letztendlich ist die „Verpfingstlichung" der katholischen Kirche eine Euphorie, durch die Katholiken versäumen, eigene Erfahrungen zu sammeln. Vielleicht sollten die Katholiken ihre katholische Lebensweise einer Revision unterziehen und Verbesserungen anstreben, wie in den folgenden Fragen mancher Katholiken in der Feldforschung: „Warum beispielsweise haben wir in unseren Pfarren die Katechese vernachlässigt?" – „Warum bemühen sich Priester nicht um kontinuierliche Besuche bei Gemeindemitgliedern, d.h. um Präsenz und darum, das kirchliche Fundament zu stärken, indem man einander besser kennen lernt und Freude und Ängste teilt?" Die Befragten argumentierten, dass „unsere moderne Gesellschaft immer noch diese Art von Zeugnis braucht, wenn sie ihre Mitglieder halten will." „Schließlich bedeutet wirksame Evangelisierung, dass die Kirche zu den Menschen gebracht werden muss!" „Eine kindische Verpfingstlichung der Kirche kann nur oberflächlich sein, weil sie den Sorgen der Menschen nicht aufrichtig Rechnung trägt."[25] Eine Interviewpartnerin wünschte, dass die katholische Kirche in Ghana von den Fehlern der Lutherische Kirche in ihrer Heimat lernen könnte: „Wie Sie wissen, bin ich in der Lutherischen Kirche aufgewachsen. Aber ich hatte immer das Gefühl, dass die Kirche zu sehr anderen Bewegungen in der Kirche nachgab – zum Beispiel die ‚Innere Mission', die in einer Erweckungsbewegung des frühen 19. Jahrhunderts wurzelte und populärer war als die Kirche selbst, und ich fand, dass sich die Priester zu sehr anpassten und sich in Geiselhaft dieser Bewegung und ihrer puritanischen Tendenzen begaben. Und so wurden wir entmutigt, an der Eucharistie teilzunehmen, bevor wir ‚in uns selbst geblickt' hatten – ich konnte das nie. Ich könnte eine ganze Liste aufzählen. Die Kirche verlor ihre Stimme der Autorität und so hatten wir das Gefühl, dass

---

25 Diese Auffassungen wurden in Gruppendiskussionen am 3. Februar 2013 von einigen der Teilnehmenden der Studie geäußert.

‚die Mehrheitsmeinung zählt'. Das Ergebnis ist, dass die Kirchen in Norwegen leer sind und die Katholische Kirche und die Pfingstbewegung die einzigen wachsenden religiösen Bewegungen sind."[26]

Diese Ansichten spiegeln die Tatsache wider, dass die katholische Kirche in Ghana eher einen fragenden Glauben in ihren Pfarren und Einrichtungen fördern sollte, einen Glauben, der Verstehen anstrebt, welches den Lehrenden auch abverlangt, tatsächlich im Glauben zu unterweisen. Mehr als das bedarf es gebildeter Gläubiger, besser noch einer gläubigen Herde, die sich selbst anhand der Lehren der Kirche ausbildet, anstatt eines naiven Schwelgens in der Pfingstbewegung. Erneuerung und Wachstum im Glauben liegt in Ersterer, nicht in Letzterer. Möglicherweise besteht ein großes Problem der Katholiken in Ghana darin, dass sie sich selbst nicht ausreichend erneuert haben und ihren Gottesdienst nicht in Zusammenhang mit der modernen Welt stellen. Katholische Auseinandersetzung mit der Pfingstbewegung ist absolut wichtig, aber eine pfingstlerische Erosion des Katholizismus ist völlig unnötig.

## Schlussfolgerung

Eine Kirche, die sich nicht ständig erneuert, schläft. Vielleicht sollte das sich verändernde Gesicht des Christentums im globalen Süden, zumindest hinsichtlich der aus der Literatur ersichtlichen demogaphischen Merkmale, die katholische Kirche in Ghana aus dem Schlaf rütteln. In dieser Hinsicht stellt das Wachstum der Pfingstbewegung eine positive Entwicklung dar, die das uralte Monopol einer historischen Kirche herausfordert, die es sich im Laufe der Geschichte und aufgrund ihrer Monopolstellung all zu gemütlich gemacht hat. Von ihrer Einführung in Ghana an bis in die 1980er Jahre hinein hatte die katholische Kirche dort beneidenswertes Gewicht und übte moralische Autorität auf das ghanaische Gewissen aus, insbesondere durch die Verkündigungen der katholischen Bischöfe. Wie ein Interviewpartner redegewandt behauptete, „erinnere ich mich, dass während der Acheampong-Jahre[27] *Der katholische Standard* der ‚Rufer in der Wüste' war."[28] Man fragt sich, ob die Communiqués der Ghanaischen Bischofskonferenz, die diese nach ihren jähr-

---

26  Interview vom 2. Dezember 2013.
27  Ignatius Kutus Acheampong, 1972–78 Staatsoberhaupt von Ghana.
28  Interview vom 2. Dezember 2013.

lichen Versammlungen veröffentlicht, immer noch ähnliche Gefühle in der ghanaischen Öffentlichkeit hervorrufen. Die Pastoren der Pfingstbewegung nehmen ihren Platz auf der Bühne der Öffentlichkeit mit immer mehr Nachdruck ein. Man sieht mehr und mehr Politiker in den Kirchen der Pfingstbewegung – um Wählerstimmen zu erlangen? In der Schlagzeile des *Daily Guide* vom 3. Dezeber 2013 appelliert Erzbischof Nicholas Duncan-Williams von der *Action Chapel International*, bezugnehmend auf die wirtschaftlichen Schwierigkeiten des Landes, an Präsident John Dramani Mahama: „Befreie das Geld!"[29] Und Präsident Mahama besuchte den Gottesdienst. Wohin die Politiker gehen, dorthin kommt auch die Presse. Ob die Botschaft der Pastoren mit gleicher Seriosität ankommt wie die der Bischöfe bei den meisten Katholiken und Menschen guten Willens in Ghana, wird sich weisen, bedenkt man die zahlreiche Kritik, die pfingstlerische Pastoren in ihren Predigten zum Evangelium des Wohlstands erheben. Nichtsdestotrotz hält die Pfingstbewegung Einzug in der Ghanaischen Gesellschaft, und das sollte die katholische Kirche zu nüchterner Reflexion veranlassen, nicht zu Angst. Statt zur Angst sollte das Wachstum der Pfingstbewegung in Ghana die katholische Kirche zur Erneuerung herausfordern, also dazu, den Katholizismus lebendig erlebbar zu machen anstatt die katholische Kirche zu verpfingstlichen.

---

29  Daily Guide, 3.12.2013.

# HOMILIE ZUM FESTGOTTESDIENST IN ST. GERTRUD

# Die Verklärung Jesu (Mt 17,1–9).
# Homilie am Zweiten Sonntag der Fastenzeit

*Philipp Harnoncourt*

Schwestern und Brüder,
unüberhörbar ist in der Botschaft des soeben vorgetragenen Evangeliums von der Verklärung Jesu der Zusammenhang mit der Taufe Jesu. Hier wie dort spricht eine Stimme aus der Wolke: *Dieser ist mein geliebter Sohn, an dem ich mein Wohlgefallen habe. Auf ihn sollt ihr hören!*

Und doch stehen die beiden Ereignisse in einem deutlichen Kontrapunkt zueinander:

Bei seiner Taufe unterzieht sich Jesus von Nazareth, der damals in der Öffentlichkeit noch gänzlich unbekannt war, dem Bußritus der Sünder: Er steigt hinab ins Wasser, wird von Johannes untergetaucht (Taufen heißt Tauchen) und steigt dann wieder aus dem Fluss.

Bei seiner Verklärung hingegen zeigt er sich den von ihm auserwählten Aposteln Petrus, Jakobus und Johannes in seiner vollen, blendenden Herrlichkeit; und er wird als Messias beglaubigt durch die beiden Repräsentanten des Bundes, Mose und Elija. Mose, der Gesetzgeber vom Sinai, steht für das Gesetz; Elija für die Propheten. Jesus zeigt sich als der Vollender und der Vollendete.

Es ist verständlich, dass die Vertreter der Jüngerschaft Jesu hier bleiben wollen. Diese überwältigende Erfahrung wollen sie für immer festhalten!

Bei der Taufe Jesu verläuft der Bewegungsbogen von oben nach unten und wieder hinauf nach oben. Dieser Bewegungsbogen beschreibt die Sendung Jesu ebenso anschaulich wie der Christus-Hymnus im Philipper-Brief (Phil 2,6–11). Der Sohn Gottes ist vom Himmel auf die Erde herabgestiegen, ist wahrer Mensch geworden – sterblich wie alle Menschen – und stirbt den Tod des verurteilten Verbrechers; er steht vom Tod auf und kehrt zu seinem Vater im Himmel zurück.

Bei seiner Verklärung verläuft der Bogen umgekehrt: Jesus steigt mit den Repräsentanten seiner Jünger auf den Berg hinauf; auf dem Gipfel zeigt er sich in vollendeter Lichtgestalt (vgl. Ps 104, 2), und er wird beglaubigt von den Vertretern des ersten Bundes. Die Anwesenheit der Vertreter des Neuen Bundes zeigt die endgültige Einheit des Bundes Gottes mit den Menschen. Aber nach dieser überwältigenden Offenbarung der Herrlichkeit heißt es: Zurück in die Tiefe, wieder hinunter in den

Alltag der Welt. Und es ist begreiflich, dass Jesus verlangt, die Jünger müssten von diesem Erlebnis schweigen, bis der Menschensohn von den Toten auferstehen werde, denn dann erst ist vollendet, was sie als Zeichen im voraus erfahren haben.

Die Verklärung Jesu ist ein deutlicher Hinweis darauf, wozu der Messias in die Welt gekommen ist: Alle Menschen sollen mit ihm zur vollendeten Herrlichkeit gelangen, gekleidet in Licht. Sie ist aber zugleich auch ein deutliches Zeichen für die *eschatologische Situation* seiner Kirche, ihr Hineingespanntsein zwischen seiner schon erfolgten Auferstehung, Auffahrt und Geistsendung und der noch bevorstehenden Vollendung seiner Sendung in der Welt.

Unsere Situation ist zugleich ein „schon jetzt" und „noch nicht". *Schon jetzt* hat der Messias sein Werk der Erlösung ein- für allemal vollendet; *schon jetzt* haben wir im Zeichen unserer Taufe – *hinunter* und *hinauf* – Anteil an der Vollendung Christi erhalten; darum wurde uns bei der Taufe das weiße Kleid der Verklärung angelegt. Aber wir mussten wieder hinunter steigen, zurück in das *Noch nicht*. Wir sind hier unten noch unterwegs auf unser Ziel hin, und in die Welt gesandt, um hier als Glieder am Leib Christi das Werk der Erlösung der noch ausstehenden Vollendung entgegenzuführen – bis an die Enden der Erde und bis zum Ende der Zeit.

Für Pius Parsch, der hier in St. Gertrud seine Liturgie-Gemeinde aufgebaut hat und auch hier begraben ist, für ihn, dessen Person und Werk wir in diesem theologischen Symposium besonders gedenken, für ihn war die eschatologische Prägung der Liturgie immer ein wichtiger Impuls für die Gestaltung der Liturgie. In der Liturgiefeier muss das *schon jetzt* und das *noch nicht* in seiner Spannung erfahrbar sein und bleiben. Es ist ja die tatsächliche Situation der Kirche.

Was wir hier und heute gehört haben, ist auch eine wichtige Interpretation dessen, was wir jetzt gerade miteinander tun. Die Verklärung Christi ist eine Interpretation der Liturgie der Kirche; und auch umgekehrt: Die gefeierte Liturgie heute ist eine Interpretation der vernommenen Botschaft von der Verklärung Christi. Hier und heute sollten wir etwas von der Herrlichkeit der Verklärung erleben, hier und heute sollte uns jene Erfahrung packen, die die Jünger auf dem Berg ausrufen ließ: *Lasst uns hier drei Hütten bauen; hier wollen wir bleiben.* – Hier und heute müssen wir aber auch realistisch erkennen, dass wir noch unterwegs sind zum Ziel; also: wieder hinunter in den Alltag ...

Josef Pieper (1904–1997), der bedeutende katholische Philosoph in Münster, der gründlich bedacht und ausführlich erklärt hat, was *Feiern* bedeutet, stellte fest, dass alles Feiern seine Begründung haben muss, und diese Begründung ist die erfahrene *Zustimmung zum Leben*. – Wo und wann immer Menschen solche *Zustimmung zum Leben* erfahren, und wäre es auch nur das Wiederfinden einer verlorenen Münze (Lk 15,8–10) oder ein gewonnenes Spiel oder eine bestandene Prüfung, stellt sich spontan die Überzeugung ein: „Des muaß g'feiert wern!" (hochdeutsch gesprochen wirkt das der Spontaneität entgegen). Und das heißt immer: in zusammengerufener Gemeinschaft – „Freut euch mit mir!" – und mit Unterbrechung der Arbeit, mit Proklamation des Anlasses, mit Essen und Trinken ... (vgl. Lk 15,3–32).

Eine höhere und intensivere Zustimmung zum Leben als die endgültige Überwindung von Schuld und Tod durch den Tod und die Auferstehung Christi (sein *Hinunter* und *Hinauf*) kann es nicht geben. Das muss und muss immer wieder gefeiert werden. Dieses spontane innere „*muss*", ist natürlich etwas anderes als jenes belastende, gesetzliche „muss" eines Kirchengebotes. – Die je konkrete Atmosphäre kirchlicher Feiern ist verräterisch.

Dass Liturgie tatsächlich als hinreißende himmlische Verklärung erlebt werden kann, wird in der sogenannten *Nestor-Chronik*, in der die Bekehrung der Ostslawen zum byzantinischen Christentum geschildert wird, deutlich. Großfürst Wladimir von Kiew hat sich entschlossen, die ihm anvertrauten Ostslawen einer der drei in der Umgebung gelebten monotheistischen Religionen zuzuführen. Er schickt Kundschafter aus, um die Religionen der Juden, der Christen und der Muslime kennen zu lernen. Heimgekehrt von ihren Erkundungen berichten sie, dass sie die Glaubenspraxis der Juden als sehr streng und jene der Muslime als sehr düster empfunden hätten, jene der Christen hingegen als einladend. Sie werden dann noch einmal ausgesandt, um zu entscheiden, ob das Christentum in seiner oströmischen (byzantinischen) oder in seiner weströmischen Ausprägung vorzuziehen wäre. Es ist anzunehmen, dass sie die weströmische Liturgie in Regensburg kennen gelernt haben, denn die Bayern pflegten Handelsbeziehungen mit Kiew.

Das Urteil der Kundschafter fällt eindeutig zugunsten von Konstantinopel aus. „Die Römer singen falsch", aber bei der Liturgie in Konstantinopel waren sie hingerissen: „Wir wussten nicht mehr, ob wir noch auf Erden oder schon im Himmel waren!" In der byzantinischen Liturgie wurde und wird die eschatologische Komponente immer herausgestrichen: besonders im Gesang, aber auch in der Architektur und in der Ausstattung der Kirchen.

Im Jahr 988 ließ sich Großfürst Wladimir mit seiner Frau Olga und mit angeblich 100.000 Ostslawen nach byzantinischem Ritus im Dnjepr taufen und führte so sein Volk der griechischen Orthodoxie zu, aus der sich bald die ostslawische Tradition mit ihren ukrainischen, russischen und weißrussischen Varianten entfaltet hat.

Die abendländischen christlichen Liturgien sind heute viel stärker von Formen des *noch nicht* geprägt, also von Formen aus dieser vergänglichen Welt hier unten. Die Zeichensprache des *schon jetzt*, die Realität der Verklärung, dürfen wir den Menschen niemals schuldig bleiben!

# Autorinnen und Autoren des Bandes

Bärsch, Dr. Jürgen, Professor für Liturgiewissenschaft an der Katholischen Universität Eichstätt-Ingolstadt; Ostenstraße 26–28, D-85072 Eichstätt. juergen.baersch@ku.de

Böntert, Dr. Stefan, Professor für Liturgiewissenschaft an der Universität Bochum; GA 7/131,132,134, Universitätsstraße 150, D-44801 Bochum. stefan.boentert@ruhr-uni-bochum.de

Freilinger, Dr. Christoph, Wissenschaftlicher Mitarbeiter im Österreichischen Liturgischen Institut (ÖLI) Salzburg; Schriftleiter der Zeitschrift Heiliger Dienst und Leiter von Liturgie im Fernkurs in Österreich; Postfach 113, A-5020 Salzburg. christoph.freilinger@liturgie.at

Gerl-Falkovitz, Dr. Hanna-Barbara, em. Professorin für Religionsphilosophie und vergleichende Religionswissenschaft an der Technischen Universität Dresden; Leiterin des Europäischen Instituts für Philosophie und Religion an der Philosophisch-Theologischen Hochschule Benedikt XVI. in Heiligenkreuz bei Wien; Fichtestraße 5, D-91054 Erlangen. hanna-barbara.gerl-falkovitz@tu-dresden.de

Grillo, Dr. Andrea, Professor für Sakramententheologie an der Theologischen Fakultät der Päpstlichen Universität S. Anselmo in Rom und Lehrstuhlinhaber für Liturgie und Spiritualität am Institut für Pastoralliturgie in Padua; Via Scotto 18/5, I-17100 Savona. grilloreba@gmail.com

Harnoncourt, Dr. Philipp, em. Professor für Liturgiewissenschaft, Christliche Kunst und Hymnologie an der Universität Graz; Heinrichstraße 78 B, A-8010 Graz. harnoncourt.ph@aon.at

Haunerland, Dr. Winfried, Professor für Liturgiewissenschaft an der Katholisch-Theologischen Fakultät der Ludwig-Maximilians-Universität München und Direktor des Herzoglichen Georgianums: Geschwister-Scholl-Platz 1, D-80539 München. haunerland@lmu.de

Herberg, Lea, Assistentin am Pius-Parsch-Institut Klosterneuburg; Stiftsplatz 8/3, A-3400 Klosterneuburg. l.herberg@stift-klosterneuburg.at

Höslinger, Mag. Anton W., Novizenmeister im Augustiner Chorherrenstift Klosterneuburg; Stiftsplatz 1, A-3400 Klosterneuburg. anton@stift-klosterneuburg.at

Kluger, Dr. Florian, Akademischer Rat am Lehrstuhl für Liturgiewissenschaft der Katholischen Universität Eichstätt-Ingolstadt; P.-Philipp-Jeningen Platz 6, D-85072 Eichstätt. florian.kluger@ku.de

Kranemann, Dr. Benedikt, Professor für Liturgiewissenschaft an der Katholisch-Theologischen Fakultät der Universität Erfurt; Postfach 90 02 21, D-99105 Erfurt. benedikt.kranemann@uni-erfurt.de

Mateja, Dr. Erwin, Professor für Liturgie, Hagiographie und Ritualwissenschaft an der Universität Opole; Ul. Kominka 1a, PL-45-032 Opole. erwinmateja@wp.pl

Maurer, Mag. Sabine, Evangelische Religionslehrerin an AHS und APS, Pfarrerin im Ehrenamt in der Evangelischen Pfarrgemeinde A. B. Stainz-Deutschlandsberg; Referentin in der Fortbildung für evangelische ReligionslehrerInnen in der Steiermark; Research Fellow am Pius-Parsch-Institut; Kresbach 137, A-8530 Hollenegg. maurer.sabine@gmx.at

Meßner, Dr. Reinhard, Professor für Liturgiewissenschaft an der Universität Innsbruck; Karl-Rahner-Platz 1, A-6020 Innsbruck. reinhard.messner@gmail.com

Okyerefo, Dr. Michael P. K., Senior Lecturer für Soziologie an der University of Ghana; Research Fellow am Pius-Parsch-Institut, Klosterneuburg; Department of Sociology University of Ghana, P. O. Box LG 65, Legon/Ghana. okyerefo@ug.edu.gh

Pacik, Dr. Rudolf, em. Professor für Liturgiewissenschaft der Kath.-Theol. Fakultät der Paris-Lodron-Universität Salzburg; Karschweg 7/A2, A-5026 Salzburg. rudolf.pacik@sbg.ac.at

Planyavsky, Peter, em. Professor für Orgel, Improvisation und Liturgisches Orgelspiel an der Hochschule für Musik Wien; Alszeile 5/2/10, A-1170 Wien. p.plany@gmx.at

Redtenbacher, Dr. Andreas, Professor für Liturgiewissenschaft an der Philosophisch-Theologischen Hochschule Vallendar, Direktor des Pius-Parsch-Instituts Klosterneuburg; Stiftsplatz 1, A-3400 Klosterneuburg. a.redtenbacher@stift-klosterneuburg.at

Roth, Dr. Cornelius, Professor für Liturgiewissenschaft und Spiritualität an der Theologischen Fakultät Fulda; Eduard-Schick-Platz 2, D-36037 Fulda. roth@thf-fulda.de

Schmiedl, Dr. Joachim, Professor für Mittlere und Neue Kirchengeschichte an der an der Philosophisch-Theologischen Hochschule Vallendar; Pallottistraße 3, D-56179 Vallendar. jschmiedl@pthv.de

# PIUS-PARSCH-STUDIEN
## Quellen und Forschungen zur Liturgischen Bewegung
Herausgegeben von Andreas Redtenbacher

Pius Parsch (1884–1954) war neben Romano Guardini und Odo Casel OSB einer der wichtigsten Pioniere der Liturgischen Bewegung des 20. Jahrhunderts, auf deren theologische und praktische Arbeit viele Aspekte der Liturgiereform des Zweiten Vatikanischen Konzils zurückzuführen sind. Mit seiner „volksliturgischen Bewegung" bildete Parsch ein eigenes Profil innerhalb der Liturgischen Bewegung des deutschen Sprachraums aus. Parschs Schriften wurden in 17 Sprachen übersetzt und lösten international ein beachtliches Echo aus. Die Reihe „Pius-Parsch-Studien – Quellen und Forschungen zur Liturgischen Bewegung" publiziert Werke von und über Pius Parsch, um seine Theologie für die Wissenschaft und Praxis fruchtbar zu machen.

Band 1 bis 10 erschienen im Echter Verlag, Würzburg; seit Band 11 erscheint die Reihe im Verlag **HERDER**.

Band 1
Pius Parsch
**Volksliturgie. Ihr Sinn und Umfang**
2004. 512 Seiten
ISBN 978-3-429-02613-4

Band 2
Roman Stafin
**Eucharistie als Quelle der Gnade bei Pius Parsch**
2004. 320 Seiten
ISBN 978-3-429-02662-2

Band 3
Winfried Bachler/Rudolf Pacik/Andreas Redtenbacher (Hg.)
**Pius Parsch in der liturgiewissenschaftlichen Rezeption**
Klosterneuburger Symposion 2004
2005. 332 Seiten
ISBN 978-3-429-02695-0

Band 4
Pius Parsch
**Messerklärung im Geist der liturgischen Erneuerung**
Neu eingeleitet von Andreas Heinz
2006. 448 Seiten
ISBN 978-3-429-02773-5

Band 5
Eugen Daigeler
**Liturgische Bildung als Weg zur tätigen Teilnahme bei Pius Parsch**
2006. 188 Seiten
ISBN 978-3-429-02850-3

Band 6
Boleslaw J. Krawczyk
**Der Laie in Liturgie und Theologie bei Pius Parsch**
2007. 224 Seiten
ISBN 978-3-429-02938-8

Band 7
Pius Parsch
**Das Jahr des Heiles**
Neu eingeleitet von Harald Buchinger
2008. 730 Seiten
ISBN 978-3-429-02939-5

Band 8
Andreas Redtenbacher (Hg.)
**Neue Beiträge zur Pius-Parsch-Forschung**
2014. 208 Seiten
ISBN 978-3-429-03341-5

Band 9
Pius Parsch/Robert Kramreiter
**Neue Kirchenkunst im Geist der Liturgie**
Neu eingeleitet von Rudolf Pacik
2010. XXXII + 240 Seiten
ISBN 978-3-429-03166-4

Band 10
**Römisches Rituale Deutsch**
Neu eingeleitet von Jürgen Bärsch
Festgabe für Rudolf Pacik
2012. 592 + 104 Seiten
ISBN 978-3-429-03344-6

Band 11
Josef Keplinger
**Der Vorstehersitz**
Funktionalität und theologische Zeichenstruktur
2015. 432 Seiten
ISBN 978-451-31585-5

Band 12
Andreas Redtenbacher (Hg.)
**Liturgie lernen und leben – zwischen Tradition und Innovation**
Pius Parsch Symposion 2014
2015. 352 Seiten
ISBN 978-451-31586-2

Erhältlich in jeder Buchhandlung!
**HERDER**